西北师范大学资助出版

科学出版社“十四五”普通高等教育本科规划教材

Introduction to Educational Technology

教育技术学导论

俞树煜◎主编

科学出版社
北京

内 容 简 介

本书在总结国内外教育技术理论与实践前沿成果的基础上构建内容体系，对教育技术的核心概念、理论范式与知识架构做了较为系统的阐述。通过聚焦学科基础理论探究，力求为构建中国特色教育技术学理论体系建设提供助力。

全书共分 7 章。第 1 章阐述了技术与教育的关系；第 2 章阐述教育技术的基本概念；第 3 章阐述了教育技术的起源与发展；第 4 章阐述了教育技术的理论基础，包括系统科学与复杂性科学、学习理论、教学理论和传播理论；第 5—6 章分别阐述了教育技术学的两个研究对象——信息化教学环境与资源、信息化教学过程；第 7 章阐述了教育技术实践及前沿领域，包括技术支持的资源共享、技术支持的学校变革和技术支持的教学方式变革等。

本书适合教育技术学专业本科生、研究生，教育硕士（现代教育技术方向）、教育数字化从业者及教育理论研究者阅读。

图书在版编目（CIP）数据

教育技术学导论 / 俞树煜主编. -- 北京 : 科学出版社, 2024. 8. -- (科学出版社“十四五”普通高等教育本科规划教材). -- ISBN 978-7-03-079179-5

Ⅰ. G40-057

中国国家版本馆 CIP 数据核字第 20243UZ276 号

责任编辑：卢　淼 / 责任校对：何艳萍
责任印制：徐晓晨 / 封面设计：润一文化

科学出版社出版
北京东黄城根北街 16 号
邮政编码：100717
http://www.sciencep.com
北京建宏印刷有限公司印刷
科学出版社发行　各地新华书店经销
*
2024 年 8 月第　一　版　开本：720×1000　1/16
2024 年 8 月第一次印刷　印张：19 1/4
字数：360 000

定价：79.00 元

（如有印装质量问题，我社负责调换）

前　言

随着创新驱动战略的深入推进，科技革命和产业变革正以前所未有的速度发展，物联网、云计算、大数据、人工智能、5G、区块链等尖端技术不断进化，其应用范围持续扩大。这一趋势正深刻影响着社会的数字化和智能化转型，进而推动了教育领域迎来一场深刻的数字化革命。党的二十大报告将“建成教育强国”列入2035年我国发展的总体目标，并提出“推进教育数字化，建设全民终身学习的学习型社会、学习型大国”。习近平总书记在中共中央政治局第五次集体学习时强调：“教育数字化是我国开辟教育发展新赛道和塑造教育发展新优势的重要突破口。”加快建设教育强国，其中推进教育数字化既是重要内容，也是重要途径。教育技术学是推进教育数字化的重要支撑学科和专业，也是当前教育科学中最为活跃和最富生命力的学科和专业。鉴于中国特定的教育实践环境，我们需要发展符合国情的教育数字化理论，以指导教育数字化创新实践。因此，当前教育技术学界迫切需要加强教育技术学科和专业的理论建设，特别是构建具有中国特色的教育技术学科理论体系，已成为教育技术学界当前及长期的重要且迫切的任务。

“教育技术学导论”是教育技术学专业的一门入门课程、必修课程，也是一门理论课程，自教育技术学（原为电化教育）专业创立之初便得以确立，且历经各阶段和学校的调整，名称有所变迁（如“电化教育原理”“电化教育导论”“信息化教育”“教育技术学”“教育技术导论”等），课程内涵不断演变，课程内容不断发展。此课程致力于向学生传授教育技术学的基本理念、知识和理论体系，确保知识体系与学科发展同步。鉴于我国教育技术理论体系仍在不断深化与探索中，主要分为两大流派：一种是以美国教育技术AECT定义为依据建立的理论体系，另一种是结合我国本土的理论研究与实践经验所形成的理论体系。两种理论体系有所不同，这就使得“教育技术学导论”课程的教材内容体系也不统一，已经出版的“教育技术学导论”课程教材在框架和侧重点上各有不同，甚至差别很大。本教材以南国农先生的信息化教育定义为基础构建内容体系，力求全面反映中国教育技术（信息化教育）的本土理论研究和实践探索成果，同时彰显中国教育技术学界在构建中国特色教育技术（信息化教育）理论体系的不懈追求。本教材内容由七部分构成：技术与教育、教育技术概述、教育技术的起源与发展、教育技术的理论基础、信息化教学环境与资源、信息化教学过程、教育技术实践及前沿领域。

本教材编写的指导思想是：①坚持以中国特色教育技术（信息化教育）理论为基础，构建教材结构和内容体系；②注重吸收国内外教育数字化领域的最新理论研究和实践探索成果；③将教法、学法与教材内容融为一体，既便于教师的教，也便于学生的学。

本教材是在“教育技术学导论”课程讲义的基础上精心编撰而成。该讲义历经在西北师范大学教育技术学专业十余届本科生的教学实践检验，并随着教育数字化的发展持续进行修订、更新与扩充，从而确保了教材体系的科学性与内容的全面性。此外，讲义还得到了兄弟院校教育技术学专业的认可，并广泛应用于教学中，获得了积极的反馈。本书具有以下特色：

1）历史悠久，积淀深厚。自1985年西北师范大学开设电化教育专业以来，“教育技术学导论”课程就以“电化教育原理”的课程名称开设，采用自编讲义进行教学。随着电化教育专业更名为教育技术学专业，本课程也随之更名为“教育技术学”“信息化教育”“教育技术学导论”。经过南国农先生、李康教授等多位资深教师的辛勤耕耘和不懈努力，本课程已构建了以南国农先生信息化教育定义为核心的内容体系，教学内容不断完善，形成了深厚的积淀。

2）内容系统，注重更新。本教材系统阐述了教育技术学的基本知识、基本概念和基本理论，同时吸纳了教育数字化理论研究和实践发展的最新成果。如随着新兴信息技术发展成果的教育应用，加入了网络学习空间、智慧教室、翻转课堂等方面的内容。

3）挖掘元素，融入思政。本教材注重立德树人根本任务的实现，从课程内容和教学过程等方面挖掘思政教学元素和素材。如从中国教育技术发展史、中国特色教育技术（信息化教育）理论体系、中国教育数字化发展成就等方面挖掘思政元素，融入课程教学中，有效增强了学生从事教育数字化事业的使命感和自豪感。

本教材的编写团队由经验丰富的高校教育技术学专业教师组成，他们长期致力于教育技术学专业的教学与研究工作，积累了深厚的专业知识和实践经验。具体编写分工：俞树煜教授（西北师范大学）负责拟定大纲并统稿，并编写了第1—4章及第6章，王妍莉教授（西北民族大学）和俞树煜教授合作编写了第5章，王国华副教授（河南师范大学）编写了第7章。俞树煜教授指导的西北师范大学教育技术学院2017级至2022级硕士研究生为本教材的编写做了大量工作，他们在资料整理、插图绘制以及文字校对等多个环节付出了辛勤的劳动，正是有了他们的协助与贡献，本教材才能如此顺利地完成。由于参与人数众多，无法一一列举，在此对他们的工作表示深深的谢意。

在编撰本教材的过程中，我们广泛参考并引用了大量国内外权威文献资料。为了保持教材的简洁与使用的便捷性，这些文献并未在书中逐一注释，而是统一收录在书末的参考文献部分。我们向所有文献的作者表示衷心的感谢。如有遗漏，敬请作者谅解，也请作者联系我们，以便及时补正。

本教材的编写得到了西北师范大学教育技术学院领导的大力支持和无私帮助，无论从教材编写，还是立项申报、经费资助等都得到了他们的帮助和支持，在此表示深深的感谢。同时，本教材的顺利出版也离不开科学出版社的大力支持，特别是乔宇尚和卢淼两位编辑对书稿进行了细致的修改和完善，付出了辛勤的努力，对此我们深表感谢。

随着新一代信息技术的飞速发展，教育数字化领域的理论研究与实践探索正持续深化，新理念、新技术、新方法层出不穷。为了适应当前教育数字化深入推进的需求，本教材在编写过程中致力于吸纳和融入中国教育数字化领域的最新理论与实践研究成果。然而，由于个人精力与学术涉猎的局限性，可能难以全面覆盖所有最新的理论与实践成果，并可能存在疏漏之处，我们对此深表歉意并恳请读者谅解。我们热切期待读者能就本教材提出宝贵的讨论和建议，以便我们在后续的修订中不断改进和完善。我们深知，一部优秀的教材编写是一个长期而艰巨的过程，需要作者与读者共同努力，持续学习、研究且不断完善。让我们携手并进，共同为我国教育技术学专业教材建设贡献力量，为我国教育技术学专业的蓬勃发展添砖加瓦！

俞树煜

于西北师范大学

目 录

前言

第 1 章　技术与教育

学习目标

1. 了解技术的起源与人类的起源、技术起源的学说以及技术的发展；
2. 认识与比较各学者对技术本质的观点，进而理解技术的本质；
3. 阐述技术构成要素及其相互关系；
4. 从技术的定义与技术的属性两方面理解技术与人的关系；
5. 了解技术的发展时期与现代社会的形成；
6. 阐释信息技术影响教育发展的原因以及如何影响教育的发展；
7. 掌握技术影响教育发展的机制；
8. 学会运用马克思主义的立场分析技术的内涵、技术与人的关系及技术对教育发展的影响。

学习导航

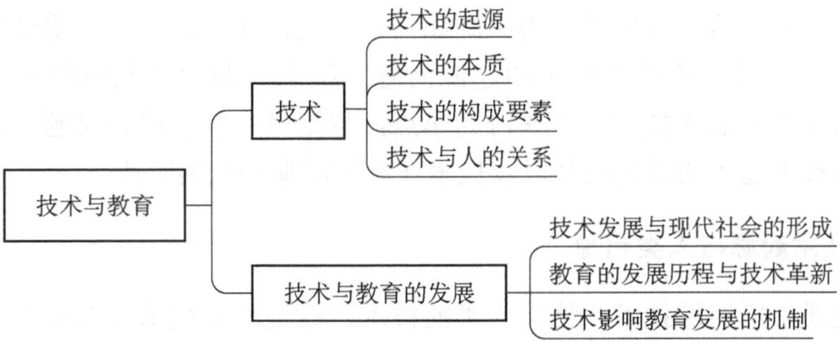

本章导学

本章内容关注技术的本质、技术与人及教育的关系。正确理解这些核心内容是本章学习的关键。为了达到此目的，建议学习者首先通过广泛阅读和思考对技术本质有一定的认识，然后按照本章的编写思路，尝试从技术的本质认识技术与教育发展的关系。通过本章学习，学习者可更清楚地认识技术的起源、技术的本质、技术的构成要素、技术与人的关系、技术发展与现代社会的形成等，对教育的发展历程与技术革新的关系、技术影响教育发展的机制形成更加深入的认识。由于本章内容偏向抽象概念和原理，建议学习者结合实例和实践案例，以加深对教材和文献中核心观点的理解。

1.1 技　　术

深入理解教育技术的前提之一是有效地理解什么是技术。若未能真正把握技术的本质，感受其人性与精神的内涵，则对教育技术的理解必将浮于表面。缺乏这样的认识，容易导致对信息技术的盲目追捧和工具主义的泛滥，使人无法与技术和谐共处，反而让技术凌驾于人之上，成为其奴隶。若对技术的本质认知模糊，那么我们便无法从被技术工具长期占据的主体地位中夺回主导权，也就难以认识到技术实则是人类内在的一部分，随人体的存在而存在，人体的消亡也意味着技术的终结。

1.1.1 技术的起源

“起源”一词在《现代汉语词典》中有两种词性：其一作为动词，是“开始发生”的意思；其二作为名词，则表示“事物发生的根源”，因此，技术起源可以理解为“技术产生的根源”。像所有的事物一样，技术也经历了一个从无到有的过程。这个过程的动力机制如何，有无操作规范，有无明显的标的物等相关问题，共同构成了技术的起源问题。技术起源的研究横跨多个学科领域，不仅是技术史和技术哲学探讨的焦点，也是考古学的核心议题。这里我们重点关注技术起源的动力机制以及技术在萌初时期的发展阶段。

1. 技术起源与人类起源

我们通常所谈的技术，特指人类的技术，这是因为技术与人类之间存在着密不可分、紧密相连的关联。技术的起源与人类的出现这两个问题在本质上是相互交织的，从而引出了技术起源与人类起源之间深刻而复杂的关系问题。

仅从时间维度考量，技术起源与人类起源之间存在三种逻辑上的关系：一是技术起源先于人类起源；二是技术和人类同时起源；三是技术起源晚于人类起源。从刚才我们定位的技术（这里的技术仅指人的技术）看，第一种关系显然容易排除，因为技术是人类创造的，没有人自然不存在人的技术，因此技术不可能先于人存在。对于第二种观点，尽管基于“人是制造工具的动物”，“劳动创造人本身”等说法看似合理，认为技术的历史和人类的历史等长，这几乎成为公认的观点，但这一观点在科学上仍存诸多模糊之处。例如，具体的时间点如何界定、技术萌初的形态和标准是什么、猿到人进化中哪个阶段能被称为“人”，称为“人”的标准是什么？这些问题都是第二种观点必须回答的问题。由于这些问题的不确定性（之所以不确定，是因为考古证据不断刷新人类诞生以及技术诞生的新标志），直接支持了第三种观点的合理性，也就是技术起源晚于人类起源。

2. 技术起源的观点——技术需求论

在众多关于技术起源的观点中，仅有少数几个产生了深远影响：技术起源于生存需要，起源于劳动，起源于巫术，起源于好奇心、兴趣，起源于游戏，起源于知识，起源于科学，起源于经验直觉，起源于机会等。尽管每种学说均有其合理性，但同时也都面临难以克服的困难。它们能够解释某些特定类别技术的起源和进化，却缺乏普遍性，无法全面阐述一般技术的起源和进化规律。目前，更为广泛接受和认可的观点是技术起源于需求。通过大量史实可以佐证，人们的生活需求、劳动需求以及其他各类需求是推动技术发明和发展的重要动力。例如，无尘粉笔的发明是对有尘粉笔健康危害的响应；电子计算机的诞生旨在解放科研人员的计算工作，随后晶体管计算机的发明则旨在降低能耗和提高效率；而便携式笔记本计算机则是为了满足人们移动办公的需求。系统考察技术的产生和发展过程，我们不难发现人类需求在其中扮演着核心角色，因为只有需求才能激发动力，并促使资源投入支持技术的持续进步和进化。

3. 技术起源的发展阶段

下面我们尝试从原始技术的起源与发展问题展开分析。一是进一步阐释需求论的观点；二是阐释和分析原始技术起源过程中不同阶段的特征。

王伯鲁在探讨技术起源问题时，提出了技术起源的本能延伸假说。该假说深入剖析了技术萌初时期可能经历的三个阶段。

1）动作技能发展阶段。当古猿被迫离开原有的生活环境（比如森林、高山等）以后，它们原有的天赋本能和后天技能无法立即适应新的环境需求，这就迫使古猿进入了后天技能的快速发展时期。这一时期是以心理体验与感知为基础的、不自觉地调整自己以适应新的生存环境，其核心在于肢体器官的特定姿态的定向化以及这些器官间的协调配合。这一阶段的技术发展主要属于身体技术的范畴，显著的技术成果体现在前后肢的明确分工以及“爪”向“手”的功能性进化等。

2）利用外物技能阶段。在进化的过程中，古猿前后肢的功能明确分化，并随着直立行走能力的形成，它们迈出了向人类转化的关键一步。这一时期的古猿，被称为直立人，正处于向人类转变的过渡阶段。它们的活动范围开始显著扩展，受趋利避害的本能驱使，以及动作技能的不断进步，它们逐步进入了利用外在天然物来延伸自身肢体功能的时代。这个阶段的特点是依赖于非理性思维与感性经验的指导，核心是肢体器官与外在天然工具之间的和谐协作。其目的是将外在天然工具融入直立人的活动系统中，转化为它们“无机器官”的延伸。在这一过程中，技术开始显现其外在的形态，其功能性和效率也得到了明显的提升。

3）制造工具技术阶段。天然工具的高效性能逐渐使其成为直立人日常生活中不可或缺的元素。直立人很可能已经观察并理解了石块、枯枝等天然工具的自然形成过程，如大石块经过砍砸变为小石块，形成尖锐或锋利的形状。在生活与生产过程中，由于环境变迁，他们有时难以找到适合使用的天然工具。这时，基于以往对天然工具自然形成过程的感性经验和动作记忆，直立人开始有意识地模仿这些过程，迈出了具有历史意义的一步，踏上了尝试制作人工工具的艰难道路。经过多代人的不懈努力和无数次的尝试与失败，他们逐渐摸索出了较为稳定的工具制作方法和流程。尽管最初的石器与天然石块在外观上差异不大，但它们无疑是早期直立人智慧和创造力的体现。

思考1-1

为什么说技术起源于需求？

1.1.2 技术的本质

技术的本质是什么？这是教育技术学领域中的一个核心问题，对于理解和解决教学中的技术难题具有深刻的启示和指导作用。在现代信息技术迅猛发展的背景下，我们有必要从技术哲学的视角深入探讨这一问题。然而，准确地界定技术的本质并非易事，因为人们对技术的理解随时代变迁而不断演变。正如尼采所言：“只有没有历史的东西才是可以定义的。”在社会科学领域，对于技术的理解并不存在一个普遍接受的结论，研究者们往往基于各自的研究视角和需求，提出不同的观点和见解。实际上，这也是社会科学研究的常态，因为无法找到一个让所有人完全认同的标准答案。如果真的有这样的结论，那么这个学科的发展也就失去了活力和动力。

人类对技术的认知经历了一个漫长而持续的演进历程。不同的历史阶段，论者们都基于社会科学的视角，提出了各自独特的理解和界定。基于历史唯物主义的视角，有必要从历史的角度对各种技术观点进行深入的审视和考察。

古希腊哲学家亚里士多德（Aristotle）首先将科学和技术区分开来，他把技术和人们的实际活动联系起来，将技术界定为人类活动的技能。随着机器和工业应用占据统治地位，技能逐渐变为制造和利用机器的过程，导致人们普遍认为技术的本质仅限于工具、机器和设备，这也许就是人们目前将教育技术归于手段或工具的重要原因之一。此时，技术就出现了两个含义，一个是活动方式（技能），另一个是代替人类活动的装置。随后，技术的定义进一步扩展为“指导物质生产过程的科学或工艺知识”。随着认识的深入，现代西方技术哲学家们对于技术的本质问题发表了各自的看法，有人认为技术是用来制造或生产物质的知识和装置；而有人认为技术是理性的有效活动，技术是在一切人类活动领域中，通过理性活动而产生的绝对有效的各种方法的总和，强调技术远非仅仅是机器和工具的简单组合。

马克斯·韦伯（Max Weber）认为，“某项活动的技术是我们头脑中对该项活动实施的必要手段的总和，与该项活动最终所确定的方向的指向或目标相比，合理的技术对于我们来说就是有意识、有条理地实施已经明确了方向的手段”。韦伯十分强调技术的思想内涵。他认为技术首先是一个内部过程，并且一定具有伴随着人类自身活动的特征，是为了有利于完成人类活动已经明确了的方向和最终目标而存在的，技术具有明确的目的性。

哈贝马斯（Jürgen Habermas）借鉴了韦伯“合理性”的概念，在《作为“意识形态”的技术与科学》一书中写道：“我想把‘技术’理解为对对象化过程的科学上合理的支配。”他强调“合理的支配”，是谁支配？很显然是人在“支配”。怎样支配？是“合理的”支配，合理即是合目的，有利于人类实现活动的目标。在合理与不合理之间，存在一个关键的“选择”问题，这一选择的概念是哈贝马斯技术理解的核心。随着技术的不断进步，人类对于技术的支配力量也在不断增强。

埃吕尔（Jacques Ellul）认为，技术是合理的、有效活动的总和，是秩序、模式和机制的总和。技术是在一切人类活动领域中通过理性得到的具有绝对有效性的各种方法的整体。

与西方相比，日本的技术论对技术的认识则更为明确与辩证。日本学者认为技术是作为主体的劳动手段和客体的劳动手段在劳动过程中的统一。强调技术是主观的存在方式——观念的技术（技能、智能）和客观的存在方式——物质的技术（工具、机器）的统一体。

马克思则认为技术是人和自然的中介，特别强调技术的中介性，这样就在理论上为我们提出信息化学习方式的基本结构提供了坚实的基础。他一方面把技术归结为劳动资料，另一方面又指出技术内涵中有理性因素。马克思强调“怎样生产”的重要性，他认为技术的本质是“怎样生产”，至于用什么劳动资料生产，则是技术活动方式本身外在的表现形态。马克思又借用黑格尔的话，说明了技术的理性因素，即“理性何等强大，就何等狡猾。理性的狡猾总是在于它的间接活动，这种间接活动让对象按照它们本身的性质互相影响，互相作用，它自己并不直接参与这个过程，而只是实现自己的目的”。由此看来，马克思所理解的技术本质，除了物质因素外，还有精神因素。也就是说，技术的本质应该既包括客观要素，又包含主观要素。工具、设备或手段只是技术的外壳，并不是技术的全部，而技术的灵魂则是精神因素，或称为理性因素，它可包括知识、理论、思想观念、方法和策略等因素。让-伊夫·戈菲在《技术哲学》一书中指出：“技术的特征之一就是既具有看得见的技术，又具有看不见的技术。一种技术并不总是与一种工具或用品联系在一起。还存在一些抽象的技术，其实在性是无可辩驳的，尽管它们并不涉及某种重要的设备。”技术绝对不是工具、机器的代名词。

从技术的分类出发，可以更深入地理解技术的本质。有学者将技术区分为个体技术、社会技术、知识技术和现实技术。个体技术是指其客体从属于个人心理的和躯体的实在性的技术，如体育运动技术、放松的技术等；社会技术是指其客体是个人之间关系的变革实践，如治安技术、教学法技术等；知识技术是指其客体属于知识范畴的方法论的实践，如心算技术、发言之前草拟提纲的技术等；现实技术是指以改变包括有机和无机自然界在内的直接外部世界为客体的技术，如电力生产技术、小麦种植技术等。暂且不论这些学者观点的科学性如何，单从他们观察和解释技术的独特视角来看，就足以引起后来研究者的重视和关注。还有学者认为，技术是指人类在改造自然、改造社会和改造人自身的全部活动中所应用的一切手段、方法、知识等活动方式的总和。主要包括三个内容，一是生产技术，二是社会组织技术，三是精神技术。这些技术为我们提供了应对各种问题的模式和工具，通过它们，人们能够更深入地理解世界、人类以及自身的本质，进而把握其间的意义和价值。

通过总结和分析学者们的不同观点，我们赞同技术是人的活动方式的本质观。活动方式的说法比较侧重方式的社会性、群体性，一般是指群体表现，而行为方式则更强调个体性、个人化，一般是指个体表现。活动的概念与行为的概念有一种必然的本质性联系，活动的概念大于行为的概念，活动可以包含行为，人类行为组成了人类活动。可以说，“行为”比“活动”更具体、更微观，更具个性化。从教育技术的具体实际情况考虑，教育技术兼具群体化和个性化特征，我们一方面可以将技术定位在人的活动方式上，另一方面也可以将技术定位在人的行为方式上。有专家认为，从教育技术的具体实际情况考虑，为了强调教育技术的个性化特征，我们应该将教育技术定位在人的行为方式上。以往将教育技术的本质视为人的行为方式是恰当的，然而在当今技术已深入教育各领域的情况下，单纯将教育技术视为人的行为方式则显得片面。

1.1.3　技术的构成要素

技术的定义体现了对技术本质理解的多样性，不同学者提供了不同的阐释。经过对技术定义的探讨，我们可以观察到，有的观点将技术视为工具、机器或设备的集合，有的则将其视为知识或知识应用的表现。为了更系统、全面地探讨技术的本质，研究者们展开了对技术构成要素的研究，并基于前人的认识，提出了包括“三要素”说、“四要素”说和“五要素”说等在内的多种理论。在此，我们不深入探讨这些理论的具体内容，仅简要介绍“三要素”说。

技术构成的“三要素”说认为，技术由实体要素（客体要素）、智能要素（主体要素）和结构要素（工艺要素）构成。要深入理解这一理论，需要将其放到技术系统、技术过程中考察，不能静止地、片面地理解和讨论。

1. 实体要素

实体要素，又称客体要素，指在技术过程中出现的能够“看得见”“摸得着”的实实在在的“物”。这些“物”可以作为技术加工的原材料（如铁矿石、木材等）、工具（如扳手、钳子、熔炉），以及成品和半成品（如粉笔、钢笔、计算机、打印机）。笼统地讲，尽管似乎自然界中的每个实体都可能被视为技术的实体要素，但实际上，只有那些真正参与技术活动过程的自然物才具备此属性。例如，大山中的石头，直到它被用于铺路或制造水泥等技术过程，并在其中发挥作用，它才成为技术的实体要素。同样，技术加工的产品，如扳手和钳子，在不同的技术过程中，其功能身份也可能发生变化，对于五金工厂而言，它们可能是最终产品，而对于电工和修理工，它们又转化为工具。因此，在分析某项技术的实体要素时，必须将其置于特定的技术过程中进行考察，避免片面、静止地将某物简单地归类为技术或技术的实体要素。

2. 智能要素

智能要素，又称主体要素，指与技术活动紧密相关的知识与经验。如果实体要素是“看得见”“摸得着”的话，那么智能要素则是“看不见”“摸不着”的，但其存在也是实实在在的。智能要素需置于技术过程中审视，只有当知识与某一技术过程紧密相关时，它才能被视为该技术的智能要素。以爱因斯坦的“质能方程（$E=mc^2$）”为例，若无人以其为理论基础探索核能与原子弹的研发，它便仅是20世纪物理学领域中的一块闪耀的基石。然而，当有人发掘其内在价值，并以此为基础进行核能开发和原子弹制造时，它便成为了这两个技术过程不可或缺的理论基石，无可争议地成为智能要素。值得注意的是，技术智能要素所涵盖的知识不仅限于科学原理，还包括与实体要素相关的程序、步骤及操作方法等，它们同样是技术过程中不可或缺的要素。此外，智能要素中的人的经验同样重要，尽管它可能不具备严格的科学性，但在技术活动中具有不可替代的价值，经验需要传递、体会和不断摸索。

从上面论述可知，智能要素应该是技术过程中可以言说的东西，科学知识、操作程序、方法、步骤等，甚至包括经验，无不如此，可以通过某种方式表达出来，语言的、文字的。可以表达，不管哪种方式，都给传递提供了方便和可能性。在技术活动中，有一种东西非常重要，更多的时候不可言说，我们将其称为工艺要素，或结构要素。

3. 结构要素

结构要素（工艺要素）是在技术活动中，将知识、经验等智能要素与原材料、工具和设备等实体要素相结合的过程与方法。这些结构要素是技术活动的核心组成部分，它们与智能要素和实体要素紧密相连，但又独立于这两者之外，通过它们之间的相互作用和结合，技术活动得以顺利进行。为了更直观地理解结构要素，我们可以借助几个典型的例子来加以阐述。

《庄子·天道》讲述了一个《轮扁斫轮》的故事：

桓公读书于堂上，轮扁斫轮于堂下，释椎凿而上，问桓公曰：“敢问，公之所读者，何言邪？”公曰：“圣人之言也。”曰：“圣人在乎？”公曰：“已死矣。”曰：“然则君之所读者，古人之糟粕已夫！”

桓公曰：“寡人读书，轮人安得议乎！有说则可，无说则死！”轮扁曰：“臣也以臣之事观之。斫轮，徐则甘而不固，疾则苦而不入，不徐不疾，得之于手而应于心，口不能言，有数存焉于其间。臣不能以喻臣之子，臣之子亦不能受之于臣，是以行年七十而老斫轮。古之人与其不可传也死矣，然则君之所读者，古人之糟粕已夫!”

“有数存焉于其间”这一表述，所指的是那难以言表的快慢节奏与力度之感。这种感悟深藏于心，个人能得心应手地运用，却难以言传于他人。轮扁认为，他的工作之精髓，既不在于被加工的木材（实体要素），也不在于他手中所使用的凿子和斧子（实体要素），更不是斫轮的操作步骤（智能要素）。这个故事中他所推崇的，正是那种无法用言语表达、亦难以直接传承的技艺精髓，即技术活动中的结构要素。

在生活中，类似的现象屡见不鲜。以驾驶汽车为例，新手司机与拥有数十年驾龄的老司机相比，差异究竟何在？两人驾驶同一辆汽车，但乘客的感受却大相径庭。汽车（实体要素）相同，掌握的知识，如交通法规、启动、刹车等步骤和方法（智能要素），也并无二致。然而，为何两者给人的感觉会有如此显著的差异？通常我们会说，老司机技艺娴熟，而新手则稍显生疏，或者认为老司机的经验更为丰富。然而，这个所谓的“经验”究竟是什么，却难以用言语精确描述。在出租车行业中，经验丰富的司机们常用“手艺”这一抽象的词汇来形容彼此驾驶水平的差异，这里的“手艺”其实正是指技术活动中的结构要素。

在教学领域中，我们也可以观察到类似的现象。当两位教师使用相同的教案，面对相同的学生，在相同的教室里，利用相同的教学资源进行教学时，其教学效果往往存在显著差异。这种差异常被归因于教师教学经验的不同，然而，这仅仅是其中的一部分原因。在教学研究过程中，我们常常强调教学时机的精准把握以及语言使用的技巧，这些同样是造成教学效果差异的重要因素。这些要素，实际上构成了教学活动（我们视其为一种技术活动，因为其中涉及技术的运用并发挥关键作用）的结构要素。

在一般技术系统中，实体要素、智能要素和结构要素构成了其基本的、不可或缺的组成部分。实体要素表征其中“看得见”“摸得着”的“物”；智能要素表征其中“看不见”“摸不着”，但能够言说和传承的知识和经验；结构要素则表征其中既“看不见”也“摸不着”，而是连接前两者的纽带，只能在技术活动的过程中被察觉和体验，是无法言说和直接传承的。

这三要素在通常情况下，并没有明确的决定性、主要或次要的区分。更多时候，我们应该聚焦于它们之间的协调性和关联性，以确保技术活动能够顺畅且高效地进行。然而，在讨论这些要素相互间的关系时，我们不可避免地需要探讨它们之间的主次关系。在此，我们仅对此进行简要阐述，旨在进一步澄清各要素与人之间的相互作用和联系。

1.1.4 技术与人的关系

人类的起始、历程及演进，始终与技术息息相关，互为支持。技术的起源和发展亦依赖于人类，而其持续进步的动力正源自人类多元化的需求。可以说，人类在生活与生产活动中持续产生的各种需求，已成为推动技术持续发展的无尽源泉。正是这些需求与人类的智慧相结合，共同铸就了当今辉煌的技术文明。因此，技术与人类之间存在着密不可分的关系。这种关系不仅体现在人类依赖于技术，更在于技术同样依赖于人类。二者相互促进、相互构建。技术塑造人，具体体现在它推动了人的进化和发展，无论是“自然人”还是“社会人”的层面。在这个意义上，人已经成为技术化的人，这一事实无法回避，无论个体是否认同或愿意。而人建构技术则体现在技术的各个方面，包括其属性、功能、构成要素以及相关过程中，都深深地烙印着人的意志品质、价值观念、文化特性、知识水平以及智慧程度。通过对技术进步的深入分析，我们可以清晰地看到技术这种人的“痕迹”，从而更深刻地理解技术与人的紧密联系。

1. 从技术的定义看技术与人的关系

技术的定义在数量上丰富多样，据统计高达上百种，呈现出五花八门的特性，且彼此间往往存在显著的歧义。然而，深入剖析后，按照其定义的适用范围，技术的定义可以归纳为三种主要类型：权威辞书的定义，学术共同体的定义，哲学家和思想家的定义。

（1）权威辞书的定义

权威辞书的定义在多数情况下是面向广大公众的，它们追求的是普遍适用性，倾向于一般理解和一般认识，强调易读性和易懂性，甚至能够与常识相互贯通。在权威辞书中，这样的定义不胜枚举。

中国《辞海》（1980 年版）中“技术”的定义：“①泛指根据生产实践经验和自然科学原理而发展成的各种工艺操作方法和技能，如电工技术、木工技术、激光技术、作物栽培技术、育种技术等。②除操作技术外，广义地讲，还包括相应的生产工具和其他物质设备，以及生产的工艺过程或作业程序、方法。”

苏联《苏联百科词典》中“技术”的定义：“为实现生产过程和为社会非生产性需求服务而制造的工具的总和。技术的基本使命是全部或部分地代替人的生产职能，以减轻人的劳动和提高生产率。”

德国《弗塞尔大百科词典》中“技术”的定义：“用科学的语言讲，技术是各类工具的发展、制造及其有意识地运用；用专业的语言讲，技术是根据对自然规律及其内在联系的认识，并有意识地运用它来设计和使用各种复杂工具（机器）和器械。”

美国《简明不列颠百科全书》中“技术”的定义：“技术是人类活动的一个专门领域。技术一词出自希腊文 techné（工艺、技能）与 logos（词、讲话）的组合，指对造型艺术与应用技术的论述。当它在 17 世纪英语中出现时，仅指各种技艺。到 20 世纪初，技术的含义才逐渐扩大，它涉及工具、机器及其使用方法和过程。到 20 世纪后半期，技术被定义为‘人类改变或控制客观环境的手段和方法’，人类在制造工具的过程中产生了技术，而现代技术的最大特点是它与科学的结合。”

（2）学术共同体的定义

学术共同体的定义，源于某一专业领域的学者在长时间深入研讨的基础上，达成的在该领域内广泛认可的概念界定。这种定义显著体现了高度的专业性，它紧密关联于特定专业人员的知识结构和经验背景，同时也与本专业的核心问题和研究方向紧密相连。鉴于其专业性，这种定义不一定能获得其他专业人士的普遍认同，且对于普通大众而言，理解起来也具有一定的难度。然而，其价值和意义在于能够在特定的专业领域内提供有效的阐释、分析和问题解决方案，这构成了学术共同体定义存在的前提和基础。

在日本，20 世纪 40 年代前后，学术界掀起了一场关于技术定义的热烈讨论，并形成了三种影响深远的学说，它们分别是户坂润的“手段说”、相川春喜的“体系说”和五谷三男的“应用说”。这些学说至今仍在学术界广泛流传。其中，“体系说”强调技术是人类社会物质生产力特定阶段下社会劳动的物质手段体系，而“应用说”则主张技术是人类在生产实践中对客观规律有意识的应用。这些不同的学说为技术概念提供了多元而深入的解读。

在 20 世纪 60 年代的苏联，关于技术定义的讨论最终达成共识，采纳了兹渥雷金（Zworykin）的定义：技术旨在物质资料的生产，它基于人类对自然的认识，并在社会生产和社会生活中不断发展的人类活动手段。在社会生产领域，技术被理解为人类劳动的核心手段。这一观点与俄罗斯《物理学史与技术史》的作者库德里亚夫采夫（П. С. Кудрявцев）和康费杰拉托夫（И. Я. Конфедератов）的看法相吻合，他们认为直接作用于劳动对象的劳动工具以及附加的物质条件，如照明和运输等，共同构成了劳动的手段，而这些受社会支配的劳动手段正是技术概念的核心内容。

在国内，20 世纪 60 年代曾开展过一场关于技术定义的深入讨论，然而，由于特殊的政治原因，这次讨论被迫中断，之后并未得到继续。到了 80 年代初，全国范围内兴起了研讨“世界新技术革命与我国的对策”的热潮，学术界人士再次将目光投向了技术的定义，纷纷展开研讨。此次讨论吸引了十余家科研院所的研究人员参与，他们陆续发表了相关文章和论述。最终，这些讨论汇聚成了一个共识，即“技术是人类改造自然、创造人工自然的方法和手段的总和”。

（3）哲学家和思想家的定义

哲学家和思想家的定义，是他们为了阐释个人的哲学观点和某些理念而抽象出来的，这些定义服务于他们的观点和理念，或者正是这些观点和理念的直接体现。一般而言，这些定义个人色彩浓厚，抽象程度较高，且带有鲜明的个性特征。有些定义可能不容易被人理解，除非通过系统剖析其相关的著述，但也往往存在较大分歧。

德国技术哲学家卡普（E. Kapp）被视为技术哲学的奠基人，他对技术的理解既独特又充满人性。卡普通过对工具形状和作用机理的深入分析，提出了一个独到的见解：他认为所有工具在某种意义上都是人体器官的延伸或投影，人体的外在形态和器官的功能是工具发明的灵感源泉。换言之，人类发明的工具在形状、结构和功能上往往与人体的相应器官存在某种映射关系。在他看来，技术就是人体器官结构和功能的外化形式，所有技术手段都可以被视为以人体器官为原型而发展出来的。此外，卡普还强调，人类通过不断创造和使用工具来塑造和完善自己，因此，人类的历史在某种程度上也是一部不断改善和革新工具的历史。

拉普（F. Rapp）将技术定义为，“技术”一词指物质技术，它是以遵照工程科学进行的活动和以科学知识为基础的。

海德格尔（M. Heidegger）认为，技术是一种真理或展现，特别现代技术是一种展现，它揭示自然并同自然较量，以产生一种独立贮存起来并可以传递的能量。现代技术还是一种解蔽方式，表现为对自然的开发、改变、贮藏、分配和转换。

雅斯贝斯（K. T. Jaspers）认为，人对自然的认识和对自然规律的把握，是构成技术可能性的前提，技术在于人的追求、操作和执行，是人为达到目的的中介手段。

道西（G. Dosi）认为，技术是一种知识，既是直接适用的知识，也是可以在实际中应用的理论知识，还包括诀窍、方法、程序和经验，当然也包括实际的设备装置。

韦伯（M. Weber）认为，某项活动的技术是我们头脑中对该项活动实施的必要手段的总和，与该项活动最终所确定的（具体地讲）方向的指向或目标相比，合理的技术对于我们来说就是有意识、有条理地实施已经明确了方向的手段，并依据经验、思考将这一合理性推向其最高阶段——科学认识的阶段。

弗雷（F. Ferre）将技术定义为“智力在实践上的实现”。

德韶尔（F. Dessauer）认为技术本体源于想象、理念，而想象和理念是技术发明的前提。他将技术定义为：技术是掌握知识的人为了实现目的而进行的统治自然的操作程序，参与制造并从中获得对周围世界的命令方式。

上述三类定义，虽然在逻辑上界限分明，但在形式上仍相互关联。首先，这三类定义均出自专业学者之手，只是其目的和出发点各不相同。权威辞书的定义更多地考虑了大众化、通俗化的需求，甚至力求与常识相契合；学术共同体的定义则侧重于满足各专业领域学术研究的需要，因此具有高度的专业性，是领域内学者们集体智慧的结晶，通常由某一权威学者或团体提出；哲学家和思想家的定义则是学者为了阐释个人思想而提出的，具有强烈的个人色彩，专为揭示和阐释其个人思想服务。其次，这三类定义均能在一定程度上反映技术的本质特征，只是由于受众的差异，其抽象程度有所不同。权威辞书的定义最为通俗易懂，虽离技术的本质核心稍远，但并非毫无关联；学术共同体的定义更多地揭示了相关专业领域内“技术问题”的本质特征，既专业又具有较高的抽象性；而哲学家和思想家的定义，其抽象程度最高，它们各自从某一独特视角揭示了技术的本质。最后，鉴于这三类定义的定位与用途各异，在使用过程中应恰当选择，合理取舍。在研究工作中，应更多地关注学术共同体中的技术定义；而一些初学者往往过分信赖权威辞书的权威性，忽视了专业性的把握，从而可能导致理解上的偏颇甚至片面，这是值得警惕的现象。

在技术的定义中，寻找人的“痕迹”其实并不难。总结起来，主要体现在三个方面，这些方面共同证明了人的存在：首先，技术活动的行为主体都是人；其次，技术定义中的“属词项”归属于人；最后，属词项的定语或修饰副词也与人紧密相连。因此，从技术的定义中，我们可以清晰地看出，技术与人的关系是如此紧密，以至于它们之间的联系是不言而喻的。如果有人提出“技术是人”这样的界定，虽然这一表述在抽象层面上较高，指向性看似不够明确，但它却以鲜明的方式揭示了技术的本质属性——技术是人的技术，技术是人的意志的外在体现。

2. 从技术的属性特征看技术与人的关系

技术是由人创造的，并且以人的需求为动力源泉不断发展和进化。因此，在技术的过程中，不可避免地会融入人的主观因素，如人的目的、愿望和意志，这些都会逐步渗透到技术之中。由此可见，技术具有主观性。然而，仅有主观性是不够的，技术同样具有客观性。人生存于天地之间，人的活动受到客观规律的制约。技术制造作为人的活动之一，也必须遵循自然规律，受其制约。这种天然自然的限度是无法突破的，技术活动必须严格遵守，这构成了技术的客观性。主观性表明技术活动是以人的目的为导向，而非技术本身为目的；而客观性则说明，即便技术活动以人的目的为标杆，以需求为动力，也必须遵循客观规律，只有这样，技术才能成为真正的技术。这两者既不可或缺又相互依存。没有人的主观性的技术是不存在的，同样，不遵循客观规律的技术也是不可能实现的。主观性最终体现为技术的社会属性，而客观性则体现为技术的自然属性，这两者共同构成了技术的二重性特征。

（1）技术的自然属性

首先，技术所依托的自然物是客观实在的，自然必须服从自然规律。技术作为人的活动，是在“自在自然”的框架内进行的，人只有依托自然物的客观实在性，才能够进行技术的发明创造。因此，任何技术的设计和制作过程都必然遵循自然规律，违背自然规律的技术是不存在的。其次，技术过程，尽管有人的参与，但从根本上说仍是自然过程，具有其必然性，这一点由天然自然的规律性所决定。例如，人可以使煤燃烧，煤燃烧后产生热能，热能再转化为机械能和电能；同样，人还能使原子核发生裂变产生核能，核能再转化为电能。这些过程中虽有人为参与，但人的作用主要是为过程的实现创造转化条件。一旦条件成熟，技术过程将按照自然规律自然发生，不受人的意志左右。实际上，人在技术过程中的作用远不止于“煤燃烧”过程中的“点燃煤”这一初始阶段。在遵循自然规律的技术过程中，人还能在一定程度上控制这个自然过程，使其按照人的需求发展，这正是“自然过程”转变为“技术过程”的关键所在，也是人在技术过程中能动性和创造性的体现。最后，技术的结果同样是自然的。尽管人有主观能动性，但无法改变技术在带来利益的同时，也可能带来损害的事实。比如，人类利用煤的燃烧产生动力，动力本身是人类所需的，但燃烧过程中产生的烟会污染空气，燃烧后留下的灰烬也是不可避免的。这些残留物并非人类所愿，却是自然过程的结果。即煤燃烧在产生人类所需动力的同时，也污染了空气，留下了煤渣。因此，人类在享受技术便利的同时，也必须承担技术的后果。美国学者杰里米·里夫金等在其著作《熵：一种新的世界观》中指出，包括以“消解”自然界报复为目标的技术在内的一切技术都是有缺陷的，都不是绝对安全的。随着新技术对自然界某一报复现象的克服，新的报复又将开始，这只不过是转嫁危机的权宜之计。因此，任何技术都将在某种程度上对自然造成破坏，进而可能对人类造成危害。这是由技术的自然属性所决定的，与使用者和使用方式无关。

（2）技术的社会属性

社会属性即是技术的人性方面。作为社会的人，人必然存在于某一具体社会之中，其活动必然与所处社会相联系，受社会的影响和制约，技术活动亦不例外。因此，技术所展现的人性化方面，实际上也是其社会性的反映。首先，技术活动是人类的一种社会实践活动，而所有社会实践活动都具有明确的目的性。同理，技术活动也必然有其目的性。任何技术的目的都源自生活，源自特定社会中的人，是人为之赋予的，是人的目的转化而来的，与技术所依赖的“自然世界”无直接关联。那么，这种目的又是如何产生的呢？我们知道，技术的起源、发展和进化，其动力均源自人的各种需求。正是这些不断产生的需求，先转化为人的目的，进而转化为技术的目的。其次，存在于特定社会中的技术活动，本身还承载着该社会中人所固有的价值观念、伦理道德和文化传统。技术活动是人类自我表达的一种方式，技术的发明、设计、改进和应用等环节，不可避免地融入了技术行为人的价值观等因素。最后，技术的社会后果往往难以预料，这既非技术发明者，也非整个社会在技术产生之初所能想象的。

技术与人关系的深刻性，还体现在技术的自然属性上。虽然技术的自然属性不以人的意志为转移，但技术的设计、研发却与人们对自然规律的认识和利用有着密切的关系。原始技术时期甚至古代技术时期的技术水平低下，与人们对自然规律的认识水平不高有直接关系。那时，制造技术更多地是凭借经验和技巧，而非科学知识的合理利用。然而，在工业革命以后，尤其是最近一百多年，人类发展出了璀璨的技术文明，这与人类科学知识的丰富有着极大的关系。这充分说明，人们对自然规律的认识在很大程度上决定了技术的发展方向和趋势。此外，许多技术的设计巧妙地利用了技术所应遵循的自然科学原理。这种设计上的精妙，不仅体现了人类对自然规律的深刻理解和利用，更是人类智慧的集中展现。

思考 1-2

如何理解技术与人的关系？

教学活动建议

本节的教学重点是技术的本质、技术与人的关系，旨在使学生形成对技术本质、技术与人的关系的知识和理解。建议教师采取叙述的方式，尽可能多地举例讲解，从而帮助学生深入掌握本节知识。

学习活动建议

学生要掌握技术的本质、技术与人的关系（从技术的定义与属性特征两个角度理解）。建议学生开展的学习活动有：

1）通过阅读教材和文献等，分析实际例子以加深理解；

2）对比技术本质的典型观点与技术的典型定义，以深化对技术本质及技术与人类关系的理解；

3）利用线上及线下的讨论，与同学和教师交流，共同建构和深化自己的知识体系与理解。

1.2 技术与教育的发展

1.2.1 技术发展与现代社会的形成

人类的体内进化完成后，随着人体机能和智慧水平的提升，技术水平也持续进步，相应地，人类的生活水平和生产力得到了快速提高和发展。接下来，我们将从技术发展的历史分期出发，进一步阐述技术发展与人类社会逐步形成和发展之间的关系，以及在此基础上，作为主体的人类的进化与发展。

一般而言，从历史维度分析技术的发展，可以依据人类社会发展的历史分期来进行。一定的技术水平往往对应着一定的社会状态，这是二者相互关联的根本所在。基于此，技术的历史分期可以划分为原始（亦称史前）技术时期、古代技术时期、现代技术时期和当代技术时期。下面，我们将分别简要阐释这些时期，以说明技术水平与人类社会发展的对应关系

1. 原始技术时期

从技术起源，即人类起源之时，特别是能够制造石器工具的那一刻起，直至一万多年前农业技术出现之前，这一时期通常被划分为人类历史上的原始技术时期。从技术材料的分期角度来看，这一时期对应于人类的石器时代（分为旧石器和新石器两个阶段）：它是以使用打制石器为标志的人类社会发展阶段；而从人类进化的阶段来看，这一时期则属于人类体内进化的关键时期。自此以后，现代人的身体进化基本完成，而随后的技术发展则主要影响并推动着人类社会的进化过程。

原始技术时期的技术水平是非常低的，相应地，生产力水平也十分低下，这标志着技术发展的萌芽阶段。与这一时期的技术水平相匹配，人类的生活和

生产水平也相对较低，通常，采集、狩猎和捕鱼构成了人类食物的全部来源。受限于食物来源，加之人们尚未掌握食物保存的方法，随着四季的更迭和动物的迁徙，人们不得不四处迁徙，过着居无定所的生活。在迁徙的过程中，人们主要利用山洞、岩洞和溶洞等天然洞穴作为生活的居所；考古发现中，也显示了这些天然洞穴中存在人工加工的痕迹。同时，在没有天然洞穴的地区，人们也建造了粗糙简陋的人工居所，有的类似于帐篷，有的则发展为地下居所，如挖掘出来的洞穴。建造简单的房屋以及使用火，都极大地推动了这一时期人类社会的发展与进步。

2. 古代技术时期

古代技术时期，大约始于一万年前人类开始使用陶器，直至约 1000 年前人类能够熟练制造和使用铁器工具。在此期间，技术水平经历了从陶器时代到铜器时代，再到铁器时代的飞跃，每个时代的技术进步都极为显著，同时带动了人类生活状况和生产力水平的显著提升。在生活方式上，人类逐渐从逐水而居、四处迁徙的状态转变为村落聚居，并最终迈向城镇化生活；在食物来源与结构上，随着畜牧和农作物耕种的兴起，食物来源不再仅仅依赖于采摘和狩猎，实现了多样化；在生产方式上，狩猎活动逐渐转变为畜牧，采摘则逐步被耕种农作物所取代，且随着农业技术水平的不断提升，农业逐渐成为了社会的主流产业；在艺术与文化领域，文字的诞生无疑是人类历史上具有划时代意义的重要事件，此外，人类在宗教、政治、艺术等多个领域也都取得了显著的进步与成就。

3. 现代技术时期

这个时期开始于公元 1000 年前后，从整个世界历史来看，也就是封建社会晚期，资本主义萌芽的时间，一直到 20 世纪中叶第四次科技革命之前，1000 多年的时间。这个时期，铁器的使用，生产力的发展，社会分工愈发明确，士、农、工、商的社会身份和地位逐步确立起来，人们开始走出自给自足的农业社会的生活方式。资本主义的萌芽，就是在这种情况下产生的。在整个资本主义发展的历史过程中，三次技术革命起了关键的促进作用。

（1）以蒸汽动力为主导的第一次技术革命

在纺织业迅速发展的推动下，瓦特发明了蒸汽机。蒸汽机发明之后，迅速在采矿、纺织、化工、冶金、交通运输、机械制造等多个行业中引发了动力系统的革新，进而逐步构建起了以蒸汽动力为核心的技术体系，这一体系涵盖了造纸技术、金属加工技术、农产品加工技术以及农田排灌技术等多个领域。从社会效益的角度来看，蒸汽机的应用全面推动了机械化生产的快速发展与广泛普及，显著提高了社会生产效率。

（2）以电力技术为主导的第二次技术革命

进入19世纪以后，随着生产和经济的迅速发展，蒸汽动力逐渐显现出无法满足生产需求的局限。尽管随后出现了内燃机及其他新型热机，它们在效率上有所提升，但总体而言，产能仍然滞后于生产发展的迫切需求，亟需新的动力革新。1882年，随着发电站和电力传输技术的发明，电气技术迅速在全社会范围内得到推广，并在一定程度上开始替代蒸汽动力，逐步成为社会的主流动力技术。相应地，这也促使了以电力为主导的技术体系的形成，该体系涵盖了照明技术、电加工技术、电化学技术以及应用于采矿和原材料加工等领域的电气技术。第二次技术革命标志着人类从“蒸汽时代”迅速迈入“电气时代”，各生产部门也由机械化生产逐步向电气化生产过渡。

（3）以电子技术为主导的第三次技术革命

电子技术是以电子运动为基础，以电子器件为核心的一系列相关技术的总称。它在20世纪40至50年代兴起，至今已历经五代发展：电子管时代、晶体管时代、集成电路时代、超大规模集成电路时代，以及目前正在迅速发展的智能计算机时代。蒸汽革命和电气革命极大地解放了人类的体力劳动，而电子技术与控制技术的深度融合，则直接催生了自动化技术的诞生及自动化生产线的出现，标志着生产过程全面自动化的可能性。自1955年起，计算机开始广泛渗透于各产业之中，基本实现了自动流水线与计算机控制的紧密结合。与此同时，以电子技术为核心，也逐步构建起了包括仪器仪表技术、电子材料技术、精密机械技术、电子器件技术、计量技术、遥控遥感技术等在内的技术体系。第三次技术革命在20世纪50年代达到高潮，社会生产在机械化和电气化的坚实基础上，进一步迈向了全面自动化的新阶段，人们的社会生活水平也随之得到了显著提升。

这三次技术革命对人类社会产生了革命性的影响。首先，在技术层面上，它们实现了从体内技术向体外技术的转变，使得能够在人体之外、脱离人本身而自动运转的“现代技术”得以诞生并迅猛发展。其次，在社会发展的推动上，人类社会从“田园牧歌”般的农业时代迅速跨越到了“机器轰鸣”的工业时代，生产力水平得到了极大提升，整个社会的物质财富也急剧增长。总体上，人们的生活水平得到了全面提升，贫困和疾病得到了有效遏制，人类生活步入了工业文明的新纪元。再次，随着现代技术的广泛应用，其弊端也逐渐显现并被人们所认识，如空气污染、资源浪费以及因技术运用而引发的职业病等问题日益突出，这促使有识之士开始反思人类盲目追求工业效率可能带来的代价。

4. 当代技术时期

当代技术时期始于 20 世纪 70 年代微电子计算机的兴起，并持续至今。与前三个技术时期相比，尽管这个时期的时间跨度相对较短，但其技术水平和影响力却是前三个时期所无法比拟的。第四次技术革命是这个时期的标志性事件，它所带来的一系列技术革新，极大地提升了人类的技术水平，并对人类社会的生产、生活方式产生了翻天覆地的变化。

在技术革新上，第四次技术革命以信息技术革命为引领，相继在生物技术（如基因工程、细胞工程、微生物工程及克隆技术等）、新材料技术（包括光导纤维、纳米材料等前沿材料）、新能源技术（涵盖太阳能、地热能、核能等可再生能源）、激光技术（涉及激光全息、激光医学、激光核聚变等多个应用领域）、先进制造与加工技术（如精密装配机器人技术、微加工技术等）、海洋开发技术（如海洋能的利用、海洋科技）和空间开发技术（如人造卫星的发射与利用、空间工业化）等多个领域产生了深远且革命性的影响。

在社会影响方面，前三次技术革命主要聚焦于社会生产领域，显著提升了全社会的生产力。而第四次技术革命则不同，它的影响深远且广泛，触及了人类社会的方方面面。在社会生产领域，生产力再次得到大幅提升；而在人类生活领域，衣、食、住、行等各个方面都经历着前所未有的变革。从全球视角来看，人类已经基本解决了生存问题，贫困和饥饿在大多数地区已不再是主要社会问题。然而，随着现代技术的广泛推广和使用，人类也面临着新的挑战，这些挑战主要源于技术的负面影响，包括环境污染、食品安全问题、核能利用引发的潜在危机，以及社会伦理道德的冲击等。

在社会思想领域，人们对技术进步的态度呈现出两极分化。一方面，乐观者积极看待技术进步为人类生活带来的各种便利与优势；另一方面，以“罗马俱乐部”为代表的悲观派则深刻反思了技术进步可能引发的灾难性后果。他们指出，现代人已深陷于一个极端错综复杂的困境中，尽管付出了诸多努力，却仍难以使现代化社会完全摆脱当前的困境。这种困境的形成，很大程度上归咎于现代技术：其好的一方面令人“无法自拔”，而坏的一方面则使人“无法摆脱”。悲观派认为，随着世界形势的巨变，人类的生存环境正持续恶化，进而对人类的未来持黯淡无光的悲观态度。

1.2.2　教育的发展历程与技术革新

关于技术变革与教育发展的关系，有一个广为流传且影响深远的隐喻：假如一百年前的教师和一百年前的医生都能够复活的话，医生再走进手术室，他将无所适从，什么都不认识，什么也做不了；但是教师的情况则完全不同，他走上讲台，除了部分知识内容有些许变化外，其他的跟一百年前没有什么变化，“拍拍身上的尘土”就能完全胜任教师工作。这个隐喻深刻地揭示了为何世界历经三次技术革命，其带来的巨大而深远的影响几乎触及了社会的每一个角落，却唯独对教育领域的直接影响相对有限。这成为我们在探讨教育发展历程与技术变革相互关系时，不得不深入思考和解答的问题。

1. 为什么信息技术能够影响教育的发展

在当今时代，信息技术对教育产生的深远影响，使我们无法忽视其在教育领域中的价值和作用。然而，一个值得深思的问题是：在此之前，教育是否真的是“技术不在场”的呢？通过考察中外教育史，我们不难发现，事实并非如此。那么，是否可以认为信息技术的早期形态或前现代形式，同样对教育产生了影响？或者，从更宏观的历史发展视角来看，信息技术是否一直在以某种方式塑造着教育的发展轨迹？更进一步，信息技术是否可以被视为影响教育发展的关键技术之一？为了解答这些问题，我们计划通过回溯教育发展的历史，并结合对教育实践特性的深入分析，来探寻答案。

有学者认为，人类教育的发展史实质上是技术不断介入并深刻影响教育的过程。在这个过程中，共发生了四次具有里程碑意义的教育革命。第一次教育革命源于生产力的提升和社会分工的细化，这导致了教育年轻一代的任务逐渐从家长手中转移到教师身上，教育场所也从家庭拓展到学校。此次革命的标志性事件是专门从事教育活动的教师的出现和学校的诞生，这标志着教育活动正式从社会生活的其他领域中独立出来，系统化教育体系的形成。第二次发端于文字的产生和广泛应用，使书面形式成为教育的主要手段。在此之前盛行的是口头语言与身体动作的教学，而此后书面语言开始与口语并存于教育过程中。第三次教育革命则是由造纸术和印刷术的发明所引发的，这两项技术的突破促使书籍大量涌现，为知识的广泛传播和教育的普及奠定了坚实基础。这一变革极大地降低了知识获取的成本，使得学校教育得以进一步普及和发展。第四次教育革命则源自于电子技术和信息社会的迅猛发展，特别是音像技术和计算机技术在教育领域的广泛应用。此外，心理学、行为科学等领域的专家也积极参与其中，为这场革命注入了新的活力和深度。

考察技术发展史，近代以来确实发生了四次具有深远影响的技术革命，有学者称其为蒸汽时代、电气时代、原子能时代和信息时代。将这四次技术革命与四次教育革命相对比，我们发现：除了第一次教育革命直接源于生产力的发展和社会分工的细化，导致教育从社会生活中独立出来之外，后三次教育革命均与技术发展密切相关，但从时间线上看，它们并未与四次技术革命完全一一对应。第二次教育革命和第三次教育革命均发生在 18 世纪之前，而第四次教育革命则与信息时代同步进行，正深刻地改变着教育的面貌。从第四次教育革命的形式和内容来看，它确实导源于第四次技术革命，也就是我们通常所说的世界新科技革命，具体而言，就是信息技术的迅速发展和广泛应用。从前三次技术革命的社会影响和意义来看，每次技术革命都对社会生产和人们生活产生了重大影响，并且一次比一次广泛，一次比一次深入，而唯独对教育的影响没有人们期望的那么大。

我们深入分析这四次教育革命。除了第一次（第一次教育革命之所以特别，是因为它发生在教育尚未形成独立形态之前，其主要意义在于确立了教育的独立地位）之外，接下来的三次教育革命，均与技术，尤其是信息技术的显著发展紧密相关。文字的发明无疑是信息技术史上的一次重大飞跃。当文字被引入教育领域时，彻底打破了口语教育的垄断，开创了口语与书面语言并存的新教育模式。尤为重要的是，书面语言的出现赋予了学生从时间和空间上相对独立地进行学习的能力。随后，造纸术和印刷术的诞生，在信息存储和传递方面做出了不可磨灭的贡献。它们不仅以轻便、廉价的纸质书籍替代了笨重昂贵的简牍和缣帛，极大地减轻了知识传播的成本和负担，还推动了教育的普及化，使教育不再是贵族的特权，而是成为了广大民众可以享有的资源。至于当前的现代信息技术，其核心在于计算机和网络技术。这些技术在信息存储、表示、传递、处理等方面都带来了前所未有的变革。它们对教育的影响是全方位的，不仅体现在外在的媒体使用和教学信息的表示、交流方式上，更深刻地触及了教育理论、教学方法、教学模式乃至教学方式的内在变革。这种影响是深刻而广泛的。

显然，上述分析充分揭示了教育革命与信息技术迅猛发展之间的紧密关联。这种内在联系的存在，同样可以通过对教育本质及其实践特性的深入分析来进一步证实。桑新民教授指出，教育活动是认识与实践的有机结合，它属于“信息型实践”，这种实践类型与“物质能量型实践”存在根本性差异。“物质能量型实践”的消耗与产出均直接关联于物质和能量的转换，而“信息型实践”则不然。尽管“信息型实践”过程中也会伴随物质和能量的消耗，但其最终目的并非物质和能量的产出，而是聚焦于所作用对象信息状态的转变。教育实践正是这样一种典型的“信息型实践”。在教与学的全过程中，物质与能量几乎全部被投入到信息的收集、存储、表示、呈现、传递、处理等一系列活动中。因此，信息活动自然而然地成为了教育实践的核心环节，而信息技术也顺理成章地成为了推动教育实践发展的关键性技术。

2. 信息技术怎样影响了教育发展的历史

信息技术作为教育实践的关键技术，其深入介入给教育领域带来了哪些具体变化？为探究此问题，我们尝试以历史上四次教育革命为观测点，重点分析信息技术介入后教育所展现出的新变化。

（1）独立教育的产生：从“原始的丰富”到与生产实践相脱离

在人类蒙昧时期，教育活动与生产活动紧密相连，同步进行，二者紧密融合。这种形态下的教育能够确保受教育者全面掌握生活与生产所必需的知识和经验，使得“单个人显得比较全面”，从而赋予了教育“原始的丰富性”。随后，随着社会生产力的显著提升，社会成员逐渐不必全体投身于繁重的体力劳动之中，一小部分人开始专门投身于智力活动，如规划分配剩余产品、整理并总结来自实践的知识与经验，以及培养未来的智力劳动者等。这些智力劳动者的工作不仅促进了文字的产生，还促使教育逐渐从生产实践活动中分离出来，成为一项独立且独特的社会活动，这标志着第一次教育革命的到来。在第一次教育革命前后，教育活动主要依赖于口语结合肢体语言来传递和表达信息，因此其影响范围相对有限，主要局限于少数人之间。

（2）文字的应用：从师生面对面的必然要求到师生分离成为可能

随着信息表示技术的文字及其相关技术的诞生，书面语言与口语及肢体语言在教育过程中并存，使得需要传授的知识和经验开始以文本的形式存在，教育因此发生了显著变化。从教育形式来看，以往的教育形态受限于口语和肢体语言传播范围的有限性，师生之间的面对面交流成为教育发生的必要条件。然而，文字和相应承载知识与经验的文本出现后，学生得以通过阅读文本实现自我教育，不再完全依赖于教师的直接指导。从教育内容来看，文字产生之前，教育内容主要源自生活和生产实践的直接经验和知识，教育过程往往与社会实践紧密结合，因此教育内容具有很强的实践性。而文字产生后，知识和经验经过加工、整理、抽象，以文本的形式系统记载下来，这些按逻辑组织的文本成为学校教育和自我教育的核心知识源泉。这使得教育从原本的实践导向逐渐转变为文本逻辑导向，教育过程有可能脱离直接的社会实践，转而依据文本的逻辑进行，这种转变从理论上的可能性变为了现实。

（3）造纸术、印刷术的应用：从贵族到平民，从书院到学校，从个别化到标准化

造纸术和印刷术在降低教育成本、扩大教育范围、推动学校教育发展以及促进系统化教育的形成等方面，作出了卓越的贡献，这些影响在教育形式和教

育内容等多个方面均有所体现。

在我国古代，文字的载体主要包括甲骨、金石、简牍、缣帛等，而在西方，还有“羊皮纸”等作为书写媒介。公元 105 年，“蔡侯纸”的发明标志着造纸技术的一大飞跃，它用廉价的纸张替代了那些昂贵且笨重的传统载体，极大地降低了教育成本，并深刻影响了教育形式。随着纸张的普及，学术典籍不再仅为教师所独有，学生也能通过抄录的方式获取，这使得师生分离和学生自学成为了可能。这一变化为贫寒学子开辟了学习的新途径，使教育逐渐从“贵族”的专利转变为平民也能享受的权利。随后，印刷术的发明更是进一步推动了教育的普及和发展。大量书籍的涌现，使得以自主阅读为主的学习方式变得更加普遍。学生不再受限于某一师门或学派的典籍，而是能够广泛接触并学习不同学派的思想和知识。这种信息的多元化不仅拓宽了学生的视野，还直接动摇了传统的师承关系，促进了教育和社会文明的进步。

（4）现代信息技术的应用：从文本逻辑到影像逻辑，从教育方式的单一化到多样化，从标准化到个别化

直到 19 世纪末，随着视听教育的初步萌芽，以纸、笔为基础构建的教育体系，在经历了近 2000 年的稳固发展后，逐渐显现出松动与变革的迹象。从广播、幻灯、投影，到电影、电视，再到计算机及其网络技术的兴起，现代信息技术正逐步且深刻地渗透到教育领域，对教育的影响日益广泛而深远。

教育内容的变化。现代信息技术能够依据文本的逻辑结构呈现教育内容，同时也能够按照影像的逻辑进行展示。影像与文本在表现形式上存在显著差异。一方面，影像以其感性、直观、具体的特性，能够生动地再现现实，相较于文本的抽象性，它更易于被学生接受和喜爱。将影像与文本恰当结合，可以在一定程度上提升教学效率。另一方面，影像作为现实的直接摹写，相较于作为现实间接反映的文本，它更贴近现实，更贴近人类的生活和生产实践。因此，影像逻辑的出现打破了文本逻辑在教育中的垄断地位，实现了两者在教育体系中的并存，促进了教育向实践导向的回归。

教育目的的变化。数字化信息在表示、存储、检索方面具有显著优势，不仅传输速度快、存储空间小，而且检索也极为便捷。特别是网络的支持，使得获取信息变得异常简单和快速。在纸质媒体教育中，记忆与书写是关键环节，但随着信息时代的到来，这一点正发生根本性变化。一方面，海量的信息远远超出了人类的记忆能力；另一方面，由于信息获取的便捷性和信息的时效性，部分信息变得无需刻意记忆。因此，相关的教育目的必然需要调整。尽管学界对这种变化的合理性存在诸多争议，但这种变革正悄然进行。

教育方式的变化。由于现代信息技术在信息的收集、处理、存储、传递、

呈现等方面实现了质的飞跃，信息活动的方式发生了巨大变化，相应地，教育方式也在不断地创新与发展。当前的教育已远远超越了传统的自主阅读和班级授课制的“标准化”模式。在教育方式上，这种变化体现在多个方面。教师授课过程得到了多媒体技术的全面支持，优秀教师的教学过程可以被录制下来供其他学生学习，甚至可以利用智能计算机模拟教师授课。学生的学习方式也变得更加灵活多样，既可以在多媒体教室中聆听教师现场讲授，也可以在不同时间和地点观看优秀教师的教学视频，还能通过计算机及其网络构建的教学系统实现随时随地的学习。此外，师生交流的方式也日益丰富多样，除了传统的面对面交流和书信往来外，还增加了各种实时和非实时的在线交流方式。从教育方式的多样化来看，突破教育的“标准化”，实现“个别化”教学已具备理论上的可行性和实践上的可操作性。

综合以上四个方面来看，自教育从社会中独立出来之后，信息技术的介入始终深刻地影响着教育的发展和方向。在教育目的方面，从“原始的丰富性”与实践的初步分离，到文本逻辑单一主导，再到文本与影像逻辑并存，从而使得向实践的回归成为可能；在教育规模上，教育从少数人的特权转变为大多数平民的权益，并最终实现了全民普及；在教育方式上，经历了从聚徒讲学、自主阅读的两难抉择，到班级授课制的标准化模式，再到如今多种教学方式并存、各展所长的局面。教育的这些变化无不凸显了信息技术的巨大价值。

1.2.3 技术影响教育发展的机制

在马克思看来，技术的本质不过是人的本质力量的对象化。换言之，人在技术实践的过程中创造并发展了技术，这一过程正是人的本质力量得以外化和展现的途径。同时，不可忽视的是，技术在这个过程中也反过来影响和塑造着人，促进了人的自我创造和发展，这一过程通常也被称为人的本质力量的非对象化或内化。技术正是在这种对象化与非对象化的过程中不断发展的，而人的本质力量也在这个过程中得到了不断的增强和提升。

由于非对象化过程的存在，技术的属性和特点不可避免地影响人的实践活动，甚至从某种程度上决定着人的实践方式。这种差异可以通过技术与人的不同关系得以体现。有学者正是基于这一视角，对技术的发展阶段进行了划分：原始体内技术阶段（技术与人不可分离）、体外技术阶段（技术与人相分离）、现代体内技术阶段（技术与人相互结合）。这三个阶段的技术各自具有鲜明的特点，相应地，人的实践方式也呈现出显著的差异。信息技术对教育发展的影响，从根本上讲，也是基于这一原理。不同特点、不同阶段的信息技术，在融入教育领域后，不仅影响了教育主体的本质力量，还对其教育实践活动产生了深刻的影响，甚至是改造和重塑。在教育领域中，信息技术的前两个阶段已经显现其影响力，而第三个阶段正处于形成之中。接下来，我们将详细分析前两个阶段，以揭示非对象化过程如何影响人的本质力量，并在此基础上进一步探讨其对教育实践活动的影响。

在原始体内技术阶段，技术几乎完全依赖于人的肢体操作作为工具。从驱动工具运动，到控制其有序、准确地作用于被加工的物件之上，整个过程都需要人亲自、全程参与。因此，技术需要完全纳入人的四肢和感官的控制之下。口语、肢体语言，以及在龟甲、简牍、羊皮纸等载体上刻写文字，乃至中国古代的书法等相关技术形态，均属于信息技术的原始体内技术阶段。以此为基础的教育实践活动也因此而具备了鲜明的技术实践特征：由于实践活动的高度个人化，其实践范围、效果、效率和内容都受到个体能力的制约。首先，教育范围受限。口语和肢体语言的传播范围有限，而简牍、布帛等载体因昂贵稀少，也限制了信息的广泛传播，从而决定了教育实践范围的有限性。聚众授徒、演讲、个别辅导成为教育实践的主要方式。其次，教育活动的效率和效果因教育者的实践能力及其对教育的理解和认识而有显著差异。好的教育实践能启迪智慧、促进发展，而不当的教育则可能导致学生“读死书、死读书”。这里举两个正面案例，直接体现了教育者的实践能力和对教育的正确理解：如孔子的“因材施教”和逍遥学派的“散步”教学法。这些教育实践虽有其独特的章法，但因富含个性化色彩而难以完全复制。尽管这一阶段的教育实践在范围和内容上受到一定制约，但它却深受人文思想家的推崇。原因在于，教育者能够按照自由的理念和理想教育人，充分享有“因材施教”的自由和权利；同时，受教育者也能获得个性化的、有针对性的教育，使教育真正成为“人”对“人”的教育。

在体外技术阶段，通常认为机器的出现标志着其诞生。机器的引入极大地改变了技术行为主体的实践方式，它能够将原本需要人参与的复杂劳动分解为一系列程序化、有规则的动作序列，从而使机器能够“脱离”行为主体的直接操作而“自动”运转，完成相应的技术活动。这一转变导致技术行为主体的技艺在某种程度上被机器所替代，技术实践的个性色彩也被削弱。尽管技术行为主体仍需操作和控制机器，但其劳动过程往往变得更为单调、机械，可能伴随着空虚和乏味的感觉。然而，不可否认的是，这种技术实践的变化带来了范围、效果和效率上的空前提升，实践主体的本质力量在实际操作中得到了增强。在教育系统中，这种变化可以从时间维度上划分为两个阶段来进一步阐释。

其一，从班级授课制的产生到现代信息技术广泛介入教育领域之前，这个阶段可以称为以班级授课制为基础的学校教育系统的“巨机器”时代。

“巨机器”这个概念是由当代著名人文主义学者芒福德（Mumford）提出的，用以描述以机器为中心的单一技术出现后，并以此为基石构建起来的集体式、规模化技术发展的阶段。课本、练习册虽非直接运作的机器，但它们作为造纸术、印刷术等技术设备的产品，在教育系统中扮演着不可或缺的角色，尽管这些设备在教育现场不常直接展现，但它们作为潜在资源，深刻影响着教育系统。以课本、练习册等印刷媒体为基石，逐步形成了班级授课制。进一步地，结合工业化社会对标准化人才的需求，以班级授课制为基本教学组织形式的学校教育系统应运而生。将这一时期的教育系统喻为“巨机器”，是因为其教育目标、内容、方式及评价均实现了标准化。这种标准化不仅体现在忽视学生个体差异，追求“标准件”式的培养，还反映在教师教学的全过程，包括方法、理念、时空安排等，均有可参照的模板。在此“巨机器”下，教师更像是维持其正常运转的“部件”，负责按照既定规程执行教学任务，而学生则被视为按照标准流程产出的“产品”。学校教育系统作为这样的“巨机器”，无疑极大地扩展了教育的覆盖范围，提升了教育效率，使得全民普及一定程度的教育成为可能。群体层面上的教育主体本质力量因此得到了前所未有的增强。

然而，这一系统也引发了广泛争议。除了教育内容与社会实践脱节外，教育的“机器化”和“非人化”问题尤为突出。群体教育主体力量的提升，往往伴随着个体主体自由的某种牺牲。教师个人在服务于这台“巨机器”时，其教育理念与实践受到一定限制，只能在既定框架内、特定时空下，按照固定模式进行教学活动，这不可避免地导致教育过程模式化、机械化，甚至出现了“人教机器”与“机器教人”的现象。学校教育系统的这一特性常被批评为教育的“机器化”“非人化”，被认为有悖于教育的本质与理想。

其二，现代信息技术介入教育领域后，不仅强化了“巨机器”的功能，还带来了弥补“巨机器”固有缺陷的潜力。

现代信息技术深刻改变了人类的信息活动方式，极大地提升了人们的信息处理能力。在教育领域，它扮演了双重角色：一是强化学校教育系统这一“巨机器”的功能，服务于“标准化”的教育需求；二是从时空维度上突破“巨机器”的局限，利用技术优势巧妙设计教育活动，旨在弥补标准化教育带来的不足，推动教育向“个别化”与“人性化”方向回归。现代信息技术能够介入教育系统的首要原因，在于它解决了学校教育系统中存在的诸多问题（如信息表现形式单一、教学资源匮乏等），其在信息处理上的卓越能力为此类问题的解决提供了可行的路径。而现代信息技术所扮演的第二个角色，则源自于人们对学校教育系统缺陷的深刻反思以及对教育活动人性化的不懈追求。这些技术打破了学校教育系统的时间和空间限制，凭借其独特的技术优势，能够设计出多种在传统学校教育系统中难以实现或难以充分实现的教育活动，如跨时空的个性化教学、灵活多样的在线学习等。这些活动的人性化特点，有效弥补了学校教育系统标准化所带来的不足。这两种角色的相互结合，从客观上拓宽了教育的边界，为教育质量的提升开辟了新途径，也进一步彰显了教育主体本质力量的增强。

思考 1–3

技术如何影响教育发展？

____

教学活动建议

本节的教学重点是探讨技术影响教育发展的机制，旨在使学生深入理解信息技术影响教育发展的原因、具体方式以及这一过程的内在机制。建议教师在授课过程中尽可能多地引入实际例子和实践案例。同时，鼓励学生积极参与，分享他们自己的案例或见闻，通过师生共同对案例进行深入分析，以此帮助学生更全面地掌握本节的知识内容。

学习活动建议

学生要深入理解信息技术影响教育发展的原因以及如何影响教育的发展，掌握技术影响教育发展的机制。建议学生开展的学习活动有：

1）阅读教材和推荐阅读文献等，分析实际例子和实践案例以加深理解；

2）与同学、教师以线上或线下的方式进行讨论，以建构自己的知识和理解。

学习评价

（一）学习经历评价

1. 你是否阅读了教材第一章的所有内容？

建议：如果答案为“否”，请暂停自我评价，阅读未读过的部分。

2. 你能否理解第一章中所有内容？

建议：如果答案为“否”，请首先列举不理解的内容，然后可以尝试利用以下方法解决遇到的问题。

- 利用图书馆和网络资源，查找相关文献。

- 与同学进行讨论。
- 向教师提问，争取教师的帮助。
- 将问题发布在线上讨论区，争取更多人的帮助。

(二)自测题

1. 技术起源于__________。

2. 技术萌初时期可能经历的三个阶段：__________、__________、__________。

3. 技术是人的__________。

4. 技术构成的“三要素”说认为，技术由__________、__________和__________构成。

5. 技术既具有__________，又具有__________。

6. 技术的历史分期，可以分为__________时期、__________时期、__________时期和__________时期。

7. 描述四次技术革命的特征。

第一次技术革命以____________________为主导。

第二次技术革命以____________________为主导。

第三次技术革命以____________________为主导。

第四次技术革命以____________________为主导。

8. 为什么信息技术能够影响教育发展？信息技术是如何影响教育发展？

9. 试阐述技术影响教育发展的机制。

推荐阅读文献

[1] 陈昌曙. 技术哲学引论[M]. 北京：科学出版社，1999.

[2] 姜振寰. 技术哲学概论[M]. 北京：人民出版社，2009.

[3] 颜士刚. 教育技术哲学[M]. 北京：中国社会科学出版社，2015.

[4] 颜士刚. 信息技术影响教育发展的历史、原因及趋向[J]. 电化教育研究，2009（12）：10-15.

第2章　教育技术概述

学习目标

1. 了解教育技术和信息化教育名称的演变过程；
2. 理解教育技术、信息化教育的定义与特征；
3. 比较教育技术、信息化教育的概念，进而理解其内涵；
4. 理解教育技术的功能和作用；
5. 树立理论自信，建立为建设中国特色教育技术学理论体系努力的意愿。

学习导航

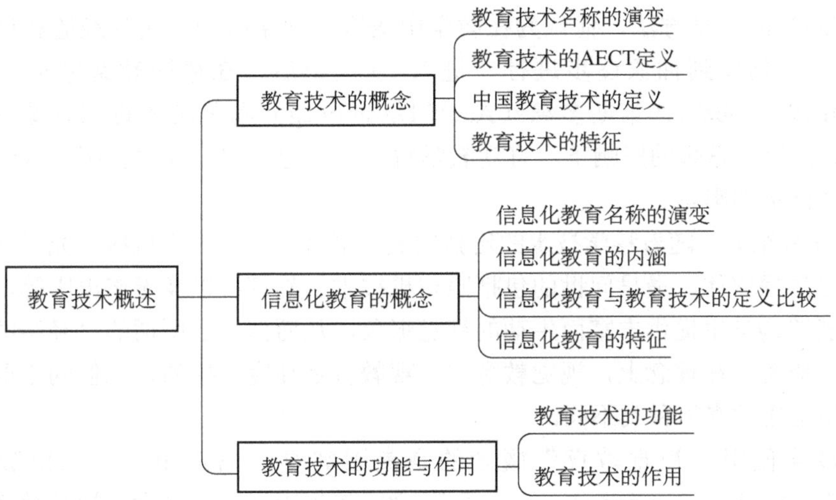

本章导学

对教育技术、信息化教育概念内涵的正确理解是学习者学习本章的关键。为了达到此目的，建议学习者首先通过广泛阅读和思考对教育技术、信息化教育名称的演变有一定的认识，然后按照本章的编写思路，理解教育技术和信息化教育的内涵。另外，在理解教育技术、信息化教育内涵的基础上，正确把握教育技术的功能和作用，从而对教育技术有正确的认识。

2.1 教育技术的概念

2.1.1 教育技术名称的演变

随着技术手段的持续更新和认识水平的逐步提升，教育技术领域的名称与概念也经历了不断的迭代与演进。这一过程大致可以划分为视觉教育、视听教育、视听传播和教育技术这几个主要阶段。

1. 视觉教育

视觉教育可以追溯到近代欧洲的直观教学。17 世纪，捷克教育家约翰·夸美纽斯（Johann Comenius）提出了直观教学原则，他主张采用图片、实物、模型等直观教具来补充口语或书面教学。1658 年，他编写了一本附有 150 幅插图的教科书《世界图解》，因此被西方国家誉为“直观教学之父”。随后，瑞士教育家裴斯泰洛齐（Johann Heinrich Pestalozzi）明确提出了直观教学（object teaching）的教学方法，他认为在教学中语言、文字必须与实际经验相结合，学习应由具体到抽象逐步进行。进入 19 世纪后，在德国教育家福禄培尔（Friedrich Fröbel）、第斯多惠（Adolf Diesterweg）和美国教育家杜威（John Dewey）等人思想的影响下，直观教学得到了迅速发展，并对美国的视觉教育产生了深远的影响。

20 世纪后，随着科学技术的迅猛发展，涌现了众多基于机械、光学和电气的信息传播媒体。最早问世的包括照相机技术、幻灯机以及无声电影等，这些媒体能够为学生提供丰富而生动的视觉形象，从而催生了所谓的“经验的视觉教育”概念。在理念上，视觉教育与直观教育是高度一致的，它们的主要区别在于所运用的媒体种类不同。

最早使用“视觉教育”概念的是美国宾夕法尼亚州的一家出版公司（KeyStone View Company）。该公司于 1906 年出版了一本名为《视觉教育》的书籍，主要介绍了如何拍摄照片、如何制作和利用幻灯片，内容主要面向教师，指导他们如何摄制照片、制作和使用幻灯片。随着视觉教材和设备在教学中的广泛应用，视觉教育的概念逐渐清晰并得以定义。1923 年，美国教育协会（National Education Association，NEA）成立了视觉教学分会（Division of Visual Instruction，DVI），这类专门机构的建立为教育研究开辟了一个新的领域。

视觉教育的倡导者强调利用视觉教材作为辅助工具，以使学习活动更为具体生动，主张在学校课程中灵活组合运用各种视觉教材，将抽象的概念以具体化的方式呈现。因此，也出现了“视觉辅助”和“视觉教具”等名称。当时的视觉教育理论以 C. F. 霍邦（C. F. Hoban）的观点为代表。1937 年，霍邦等人在《课程的视觉化》一书中提出了一个视觉教材的分类模式（图 2-1）和选用原则。

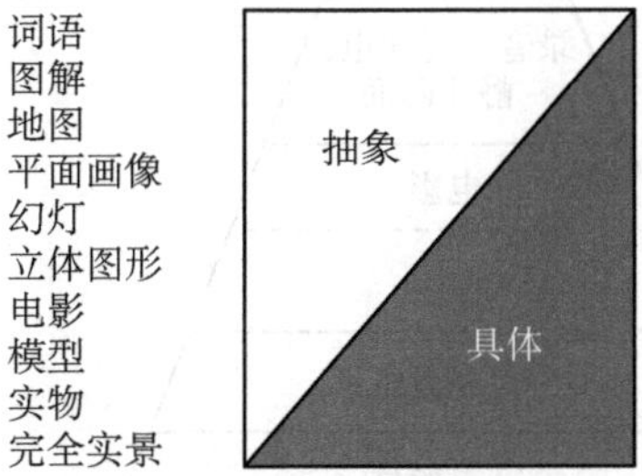

图 2-1　视觉教材的分类模式

这个模式主要以教具为基准，将教具按照其所能提供的教材从具体到抽象的程度进行排列，形成示意图：从完全实景开始，它提供的教材最具体；越向上，具体性逐渐减少而抽象性逐渐增加；相对来说，词语最抽象。霍邦还指出，在选用视觉教材时，有四个方面的因素值得考虑，即视觉教材本身的现实性、学生过去的经验范围和性质、教育目的和教室环境、学生智力的成熟程度。

2. 视听教育

20 世纪 20 年代末，随着无线电广播、有声电影、录音机等新技术在教育领域的广泛应用，人们逐渐意识到“视觉教育”这一名称已经无法全面涵盖当时的教育实践，因此开始采用“视听教育”（Audio-Visual Instruction）这一术语。视觉教育由此向视听教育演变。

在视听教育的初期阶段，由于学校普遍缺乏相应的设备、教学资料以及专家的理论指导，其发展进程相对缓慢，并未对整个教育领域产生显著的影响。然而，在第二次世界大战期间，视听教育在工业和军事训练中得到了大力推广和发展，其重要性日益凸显。

1947 年，美国教育协会的视觉教学分会正式更名为视听教学分会（Division of Audio-Visual Instruction）。在这一领域的研究中，爱德华 • 戴尔（E. Dale）

于 1946 年出版的《教学中的视听方法》一书无疑具有里程碑式的意义。书中提出的“经验之塔”理论，为当时及后来的视听教育实践提供了重要的理论支撑。戴尔认为，人的经验可以通过直接和间接两种方式获得，这些经验可以大致划分为三大类十个层次（图 2-2）。

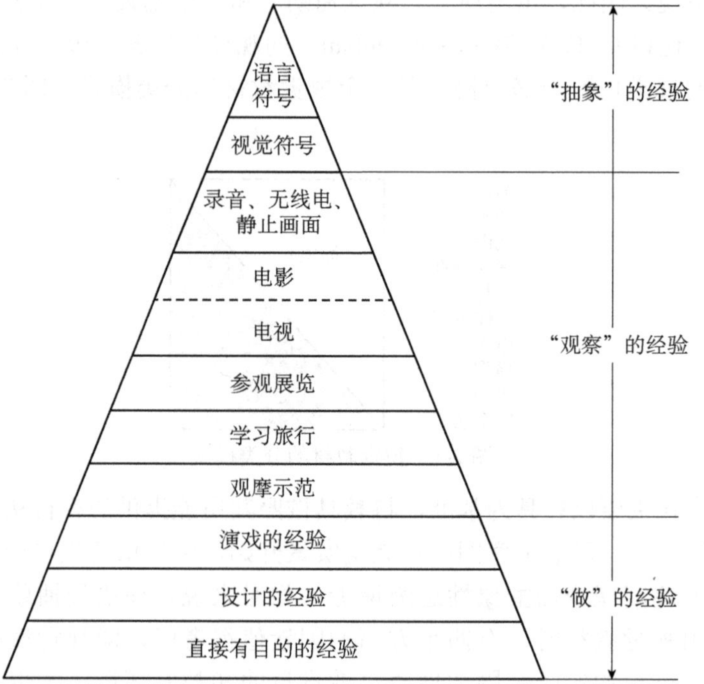

图 2-2 戴尔的“经验之塔”

“经验之塔”的理论要点是：①经验层次从底部到顶部逐渐由具体转向抽象，各类教学活动可根据经验的具体至抽象程度排列成一个连续的序列；②教学活动应从具体经验入手，逐步引导学生进入更抽象的理解层次；③在学校教学中，广泛运用各种媒体能够使教学活动更加生动具体，同时也为抽象概念的概括提供有力支持；④位于“塔”中部的视听教材和视听经验，不仅比上层的言语和视觉符号更为具体、形象，还能超越时间和空间的限制，有效补充并弥补下层直接经验方式的局限性。

从总体上看，视听教育的概念与视觉教育在基本理念上并无显著差异，并未构成质的飞跃，主要变化在于将原有的视觉辅助工具扩展至包括听觉在内的视听辅助工具。然而，到了 20 世纪 50 年代初，视听教育领域开始融入两种新的并行理论观点——传播理论和早期的系统观念，这些理论的引入逐渐推动了教育技术领域实现了一次重大的质的飞跃。

3. 视听传播

进入 20 世纪 50 年代以后，西方学校中视听设备和资料急剧增加，教育电视由实验阶段顺利迈入实用阶段，程序教学和教学机器风靡一时，同时，计算机辅助教育也开始了实验研究。这些新兴的媒体手段的开发和推广使用，为视听教育注入了新的活力。与此同时，由拉斯韦尔（H. Lasswell）等人在 40 年代创立的传播学开始向教育领域渗透，有人已将教学过程视为信息传播的过程进行深入研究。

1961 年，美国教育协会视听教学分会成立了定义与术语委员会，专门探讨视听教育的本质问题。1963 年 2 月，该委员会提交报告，建议将“视听教育”的名称更改为“视听传播”，并对此进行了详尽的阐释。此外，众多探讨视听教育的文章和著作也开始倾向于以传播学作为视听教育的理论基础。

传播的概念和原理被引入视听教学领域后，令广大教育工作者豁然开朗，他们的关注点从静态的、单维度的物质手段转向了动态的、多维度的教学过程。这一转变从根本上改变了视听教育的实践范畴和理论框架，即由原先仅重视教具教材的使用，转变为全面关注教学信息如何从发送者（如教师）通过各种渠道（如媒体）传递给接受者（如学生）的整个传播过程。鉴于教学信息的传播是一个复杂的多要素相互作用的过程，传播理论与几乎同时形成的系统观念相结合，共同推动了“视听教育”向“视听传播”的转变。

至此，教育界普遍采用“视听媒体”这一术语来替代原先的“视听辅助”名称，并明确区分了硬件和软件。视听教材被视为传递教学信息的媒体，而不仅仅是辅助教学的工具。同时，一个更具包容性的名词“教学资源”开始崭露头角。学者们的研究焦点逐渐从单一的视听教具转向了整体的教学传播过程以及教学系统这一更为宏观的层面。

4. 教育技术

20 世纪 60 年代中后期，视听传播领域深受行为科学和系统理论的影响，视听传播理论逐渐与系统的教学设计方法相融合。因此，在当时美国教育协会视听教学分会主席芬恩（J.D. Finn）的建议下，由唐纳德·伊利（Donald P. Ely）领导的定义与术语委员会致力于该领域范畴和定义的界定，并于 1963 年提出了名为《视听过程在教育中的作用的改变：定义与有关术语汇编》的专题报告。该报告建议在视听教学领域已有基础上，拓展并界定出一个更为广泛的教育技术领域，并提议将“视听传播”与“教育技术”两个名词并行使用。随后不久，视听教学领域内出现了多种相关术语并存的现象，如视听教学、学习资源、教育传播、教学技术、教学媒体、教育技术等。

1970 年 6 月 25 日，美国教育协会视听教学分会正式更名为教育传播与技术协会（Association for Educational Communications and Technology，AECT）。1972 年，该协会进一步明确了其实践和研究的领域，正式命名为“教育技术”（educational technology）。此后，又逐渐衍生出“教学技术”（instructional technology）、“学习技术”（learning technology）等不同的名称。尽管名称有所变化，但从学科的角度来看，“教育技术”仍然是该领域公认的学科名称，这些名称的变化更多地体现了学科概念和理念的深化与拓展。

思考 2-1

教育技术名称演变的原因是什么？

2.1.2 教育技术的 AECT 定义

教育技术的定义是一个持续发展的过程。随着学科和技术的不断进步，教育技术的内涵和外延不断发生变化，其定义也随之不断修订。美国教育传播与技术协会是全球范围内最具影响力的教育技术学术组织。自 1963 年以来，该协会已六次发布并更新教育技术的定义，每一次都对教育技术领域产生了深远影响，极大地推动了教育技术学理论的发展，并清晰地指明了教育技术学的研究方向。

1963 年，在美国教育协会的视听教学分会主席芬恩的建议下，该协会的技术开发项目组首次提出了“教育技术”的定义（这一定义后来被视作 AECT 的第一个定义）。显然，当时的教育技术主要被视为视听传播技术：它作为教育理论与实践的一个分支，专注于对控制学习过程的信息进行设计和使用，具体包括：①研究在有目的的学习过程中，图像信息和非表征性信息的独特性和相对优缺点的应用；②在教育环境中，利用人员和设备将信息结构化、系统化的方法。这些任务涵盖了教学系统及其各个组成部分的计划、制作、选择、管理和应用。其实际目标是有效利用每一种传播方法和媒体，以充分挖掘学习者的全部潜力。其特征包括：①教育技术属于教育理论和实践的一个分支；②它以控制学习过程的信息为主要研究对象；③视听传播以对控制学习过程的信息进行设计和使用为主要研究内容；④教育技术的目标是开发学习者的全部潜力。

1972 年，美国教育传播与技术协会对教育技术进行了新的界定（即 AECT 1972 定义）：教育技术是一个领域，它通过对所有学习资源的系统化鉴别、开发、组织和利用，以及通过对这些过程的管理，来有效地促进人类的学习。1972 年定义的一个显著特点是将教育技术视为一个广泛的领域，而不仅仅局限于视听传播，尽管视听传播是其中的重要组成部分。这一决策进一步强化了视听传播作为一个独立行业的思想。其特征可归纳如下：①教育技术以学习资源为主要研究对象；②教育技术的研究内容涵盖学习资源的鉴别、开发、组织和利用以及管理；③教育技术的最终目的是促进人类的学习。

1977 年，美国教育传播与技术协会再次对教育技术进行了界定（即 AECT 1977 定义）：教育技术是一个分析问题，并对解决问题的方法进行设计、实施、评价和管理的综合性的、有机的过程，它涉及人员、程序、思想、设备和组织等各个方面，与人类学习的所有方面都有关联。该定义在随后的很长时间内都被广泛认为是教育技术领域的权威概括，直到 20 世纪 80 年代末，美国教育技术领域的学者才开始提出该定义已经过时，需要进行修订。其特征可归纳如下：①教育技术以与人类学习所有方面紧密相关的综合性、有机性过程为研究对象；②教育技术的研究内容包括对问题的分析以及对解决问题的方法进行设计、实施、评价和管理；③教育技术的研究目的是促进与人类学习所有方面都有关系的过程的优化与发展。

1994 年，美国教育传播与技术协会出版了由西尔斯（Barbara Seels）与里奇（Rita Richey）合著的《教学技术：领域的定义和范畴》一书，书中提出了 AECT 1994 定义。该定义是在 AECT 的主持下，由美国众多教育技术专家共同参与制定，并经 AECT 正式批准使用的。然而，在 AECT 1994 定义中，一个显著的变化是将“教育技术”（educational technology）改为了“教学技术”（instructional technology），这一变动在学术界引起了广泛的争议。

2004 年 6 月，美国教育传播与技术协会开始对教育技术定义进行进一步修订，并发布了相关草案。随后，在 2008 年上半年，AECT 通过出版《教育技术：定义与评析》（Educational Technology：A Definition with Commentary）一书，正式推出了 AECT 2008 定义。值得注意的是，这个定义其实早在 2004 年就已经在其官方网站上公布。AECT 2008 定义的一个重要变化是将之前使用的“教学技术”重新改回为“教育技术”。

2017 年 12 月，美国教育传播与技术协会（AECT）发布了教育技术的新定义，即 AECT 2017 定义：教育技术是通过对学与教的过程和资源进行策略设计、管理和实施，以提升知识、调节和促进学习与绩效的关于理论、研究和最佳方案的研究且符合伦理的应用。

在美国教育传播与技术协会历次发布的教育技术定义中，AECT 1994 定义和 AECT 2008 定义对我国教育技术学界产生了较大的影响，并受到了广泛的关注。因此，下面将主要对这两个定义进行深入探讨。

1. 教育技术 AECT 1994 定义

1994 年，美国教育传播与技术协会（AECT）所发表的定义（简称 AECT 1994 定义）是：教育技术是关于学习过程和学习资源的设计、开发、利用、管理和评价的理论与实践。AECT 1994 定义的主要内容：①教育技术的研究对象是学习过程和学习资源；②教育技术的研究内容是对学习过程和学习资源的设计、开发、应用、管理和评价；③教育技术是一种理论和实践。教育技术 AECT 1994 定义的框架如图 2-3 所示。

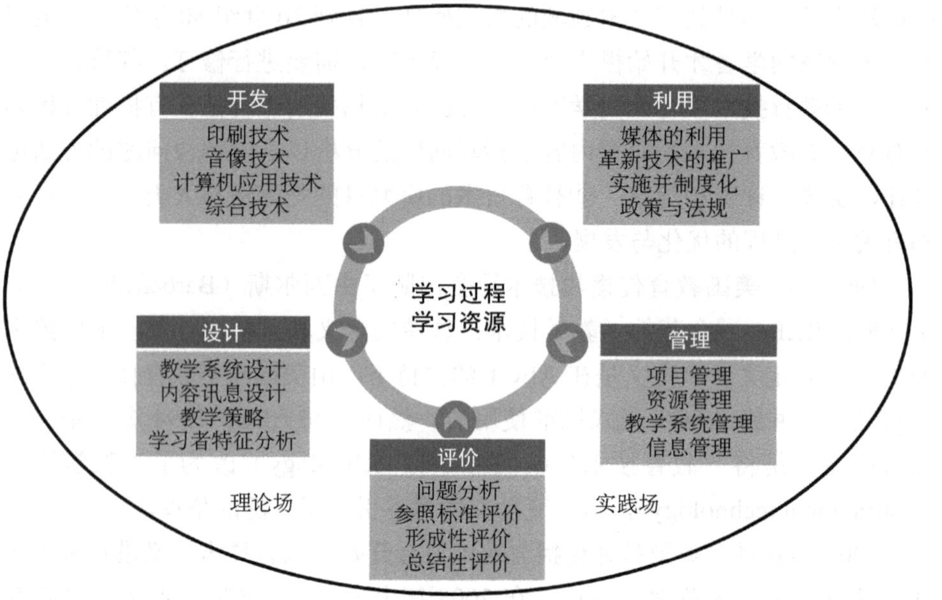

图 2-3 教育技术 AECT 1994 定义的框架

2. 教育技术 AECT 2008 定义

2008 年，美国教育传播与技术协会所发表的定义（简称 AECT 2008 定义）是：教育技术是通过创建、利用、管理适当的技术过程和资源，以促进学习与改进绩效的研究和合乎伦理道德的实践。教育技术 AECT 2008 定义的框架如图 2-4 所示。

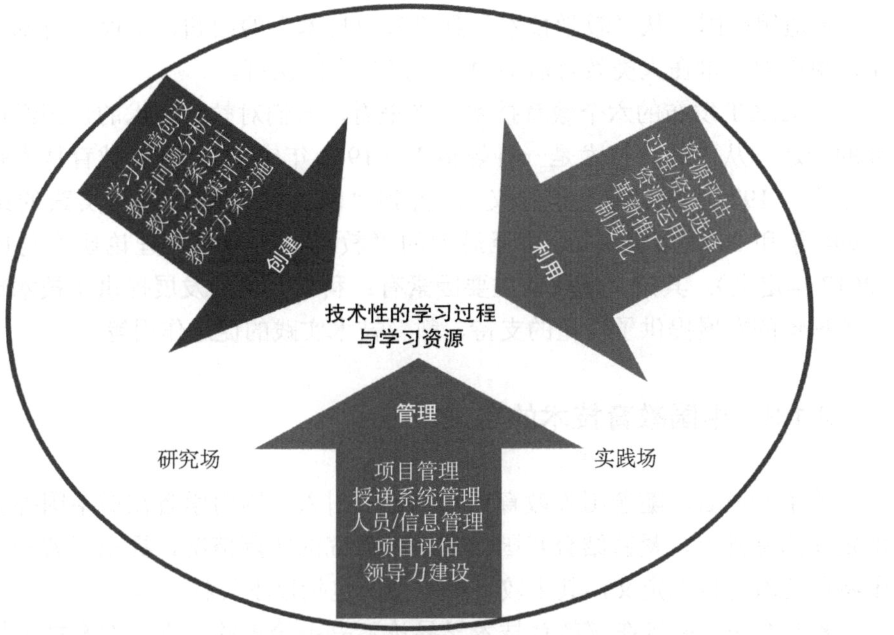

图 2-4　教育技术 AECT 2008 定义的概念框架

将 AECT 2008 定义与 AECT 1994 定义做一对照，可以解读出以下几点明显变化：

- 对象。AECT 2008 定义更聚焦于促进学习和改进绩效的技术性过程和资源，相较于 AECT 1994 定义中的学习过程和学习资源概念，其范围更为具体。此外，从“教学技术”到“教育技术”的转变，不仅恢复了术语的原始含义，还显著扩大了技术的教育应用范畴，体现了面向整个社会的大教育观。
- 目的。①促进学习，更加强调学生的自主性；②改进绩效，一是强调了结果的重要性，二是说明了技术不仅支持学习，还能支持工作实践。
- 内容。①将设计和开发合并为“创建”，这涵盖了为产生多样化学习环境而开展的研究性、理论性和实践性活动，蕴含了持续创新的理念；②将评价融入创建、利用、管理的全过程中，强化了形成性评价，体现了经常性评价和持续改进的现代管理学理念；③强调技术的适用性和实践的社会规范约束，体现出技术哲学的理性思维。
- 理论基础。尽管两个定义都未直接给出明确的理论基础说明，但从其措辞中可以分析出不同的理论倾向。AECT 1994 定义偏重于客观主义认识论和现代主义价值观，而 AECT 2008 定义则更多地体现了建构主义认识论和后现代主义价值观。此外，将“理论”改为“研究”，意味着教育技术工作者不仅要能运用理论，还肩负着理论探究和建构的重任。

• 适用范围。从“教学技术”到“教育技术”的回归，不仅是对术语的修正，更是对技术在人类教育活动中广泛影响力的认可。

从 AECT 发布的六个教育技术定义来看，人们对教育技术的认识经历了显著的变迁：从“教育技术是一种媒体”（1963 年定义），到“教育技术是一种过程”（1972 年和 1977 年定义），再到“教育技术是理论与实践的结合”（1994 年和 2008 年定义），直至最近的“教育技术是一种理论研究与应用”（2017 年定义）。其定义演化的主要因素有：科学技术的发展提供了技术支持、相关理论的发展提供了理论的支持、教育技术实践的促进作用等。

2.1.3 中国教育技术的定义

改革开放后，随着国外教育技术理论的引入，国内学者在借鉴国外教育技术定义的基础上，紧密结合我国教育技术研究的实际情况，提出了若干具有中国特色的教育技术定义，其中较有影响力的包括以下几种。

• 尹俊华教授等在《教育技术学导论》书中给出的定义：教育技术指的是在解决教育、教学问题中所运用的媒体技术和系统技术。

• 《教育大辞典》的定义：教育技术是人类在教育活动中所采用的一切技术手段的总和。包括物化形态的技术和智能形态的技术两大类。

• 章伟民教授等在《教育技术学》书中给出的定义：教育技术是依据教育理论和科技知识，开发和使用各种媒体及其他学习资源，优化教与学的一种实践和研究。

• 李克东教授以教育技术 AECT 1994 定义为基础，结合我国实际，提出教育技术的定义：教育技术是在先进的教育思想和教育理论的指导下，充分利用现代信息技术，通过对教与学过程和教与学资源的设计、开发、利用、评价和管理，以实现教学优化的理论和实践。

• 李龙教授认为，教育技术本质的定义、教育技术实践层面的定义和教育技术理论层面的定义（即规定性定义）共同组成了教育技术学科完整的定义体系。教育技术本质的定义：教育技术是人类在教育、教学活动中所采用的一切技术与方法的总称。教育技术实践层面的定义：教育技术是在先进教育思想、理论的指导下，运用相关的技术和方法促进教育效果优化的实践活动。教育技术理论层面的定义：教育技术学是研究在教育中运用相关技术来提高绩效的理论、规律和方法的一门科学。教育技术本质的定义说明了教育技术“是什么”，教育技术实践层面的定义说明了教育技术能够“做什么”和“如何做”，教育技术理论层面的定义则揭示了教育技术学科的内涵。

● 李康从广义和狭义两个角度对教育技术进行了定义。广义的定义：教育技术是指人们为满足教与学的需要，所创造的教育经验、方法、技能和媒体工具的总和。狭义的定义：教育技术指在现代视听媒体和信息技术应用基础上产生的教育经验、方法、技能和相关教学过程。广义的定义旨在揭示教育技术的本质；而狭义的定义则特指我国教育技术学所涉及的那部分教育技术活动和现象。

● 何克抗教授的定义：教育技术就是运用技术来优化教育、教学过程，以提高教育、教学的效果、效率与效益的理论与实践。这里的“技术”既包括有形的“物化形态技术”（物化形态技术中又分硬件技术和软件技术），也包括无形的“智能形态技术”（如绩效技术和教学设计均属智能形态技术）；既包括现代技术，也包括传统技术。效果是指各学科教学质量与学生综合素质的提高；效率是指用较短的时间来达到预期的效果；效益是指用较少的资金投入获取更大的产出（对教育而言，即培养出更多的优秀人才）。

从以上定义可以看出，尽管国内教育技术界对教育技术有多种界定，但大多数定义都强调了以下几个方面：先进教育思想、理论的指导；技术手段的支持；教与学过程和资源的设计、开发、利用、管理和评价；以及教育教学过程的最优化。

思考 2-2

你最赞同的教育技术定义是哪个？为什么？

2.1.4　教育技术的特征

1. 作为操作性系统

从广义上讲，技术指的是人类在改造自然、社会以及自我过程中所应用的一切规则、方法和工具的总和。简而言之，一切具有效用的操作性体系都属于技术范畴。

根据操作对象的不同，技术系统可分为硬技术和软技术两类：硬技术系统的操作对象为自然物和人工物（作为系统输入），其产生的结果是物化的技术制品（technical /technological artifact）或称“硬制品”（作为系统输出）；软技术系统的操作对象为社会人文要素，其产生的结果是非物化的概念制品（conceptual artifact）或行为制品（behavioral artifact），可统称为“软制品”。硬技术系统与软技术系统之间存在交互作用：软技术需要一定的硬技术为支撑，同时，硬技术的过程和制品中大多隐含着软技术的内容。教育技术是以软技术为主，硬技术为辅的系统。

从教育技术作为一种操作性系统的角度来看，其本质特征可以表述为：经由一定的技术过程（technological processes），以设计（designing）作为核心活动，产生目标导向的制品的过程；另一个重要活动是利用现有的制品资源，这在相对意义上是服务于设计活动的。

2. 作为实践领域

教育技术是一门具有很强实践意义的应用学科。如图 2-5 所示，根据行为主体的不同，教育技术可以分为面向专业工作者的教育技术、面向职业工作者的教育技术以及面向学习者的教育技术。

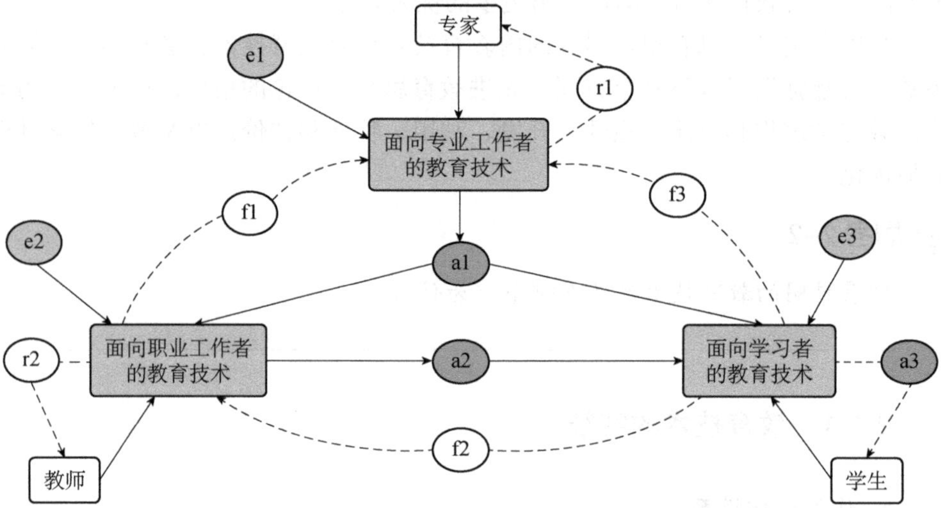

图 2-5 教育技术的实践场所

资料来源：祝智庭，顾小清，闫寒冰. 现代教育技术——走进信息化教育（修订版）[M]. 北京：高等教育出版社，2011.

面向专业工作者的教育技术代表着教育技术专家的实践领域，其行为特征是“他用设计”（designing for），其目标是为他人（包括工作者和学习者）创建技术资源。面向职业工作者的教育技术，在通常意义上转变为绩效技术，兼有“他用设计”和“与用设计”（designing with）的特点，后者一方面表示工作者通常利用已有的技术资源进行再设计，另一方面表示经常与专家或同事进行合作设计；教师作为一类特殊的工作者，从本质上讲也是利用技术来改进绩效的。面向学习者的教育技术具有“在用设计”（designing within）或“用户中心设计”（user-centered designing）的特点，即学习者在特定的学习环境中进行内部的认知操作，属于真正的学习技术（learning technology）。

这三类不同的技术过程互相耦合，产生了四种不同类型的制品。

- 标的制品（target artifact）：作为每类技术过程的主要产品，其中面向专业工作者的教育技术过程之标的制品 a1 主要包括工具平台、方法模板、知识库、技术规范等；面向职业工作者的教育技术过程之标的制品 a2 主要包括教案、课件资源、学习支架等；面向学习者的教育技术过程之标的制品 a3 主要为知识技能、过程方法、情感价值等精神层面的产物。
- 反馈制品（feedback artifact）：是技术系统从下游过程获取的反馈信息，用于评估和改善本系统的行为（图 2-5 中的反馈制品以“f”表示）。
- 反思制品（reflective artifact）：是行为主体在技术活动中获得的经验，可以看作技术过程的副产品，具有改善主体行为的价值。但对学生而言，其标的制品兼有反思制品属性（图 2-5 中的反思制品以“r”表示）。
- 境域制品（contextual artifact）：是各类行为主体在执行技术过程中，根据需求和可能性从工作环境中选取和利用的各种资源（图 2-5 中的境域制品以“e”表示）。

值得注意的是，尽管在概念上我们区分了三种不同的教育技术，但在实践中它们往往相互交织。这是因为个体可能同时扮演多种角色，例如教师既是教育工作者也是终身学习者，而学习者在参与真实任务时可能转变为工作者或研究者。因此，未来的教育技术应用系统将不可避免地展现出学习系统、绩效系统、研究系统相融合的趋势。

3. 面向教师的教育技术

从实践角度来看，教师们可以围绕其教学工作与专业发展主线来开展教育技术应用活动，主要包括以下几个方面。

（1）开发和使用各种学习资源

任何领域都依赖各种资源来开展工作，教育技术所涉及的资源特指那些能够用来促进学习的资源。学习资源涵盖了学习者能够与之发生有意义联系的知识信息、设备工具/环境、学习活动及其由教学人员提供的服务。

有些资源是专为学习目的而设计的，我们称之为“被设计的学习资源”。另外，还有一些资源原本是为其他目的设计的，但也能被学习者所利用，这类资源我们称之为“被利用的学习资源”。表 2-1 列举了学习资源的类型和形态。

表 2-1 学习资源的类型与形态

形态	类型	
	被设计的学习资源	被利用的学习资源
人员	教师、教辅人员、行政管理者	校外辅导员、专家和顾问
资料	课本、录音/录像带、挂图、计算机课件	专题画展、经典名著、优秀影片、网络资源
设备	黑板、直观教具、实验仪器、视听装置	复印机、示波器、计算机
活动	集体讲授、课堂讨论、程序教学	娱乐、旅行、课外活动
环境	教学楼、图书馆、操场、实习场所	历史遗迹、工厂、农田、博物馆

然而，根据教育技术 AECT 2008 定义，资源概念被限定于技术性的范畴内，因此不宜将人员视为资源，而应视为产生学习服务的要素。此外，活动的概念也较为复杂，在设计时，它被视为一个过程；而在利用时，又可作为资源来看待。显然，表 2-1 是从较为广义的视角来划分资源类型的。

（2）用系统方法设计和组织教学过程

各种学习资源并不总是能够直接促进教学，关键在于我们如何有效地综合利用它们。因此，许多学者早已将目光投向了教学系统的各个组成部分之间的联系及其整体组织上，致力于采用科学的系统方法来理解和开发整个教育体系的不同层次，而教学媒体等学习资源仅仅是这一系统中的一部分。

教育技术中的系统方法是一个自我纠正的、逻辑严密的计划、开发和实施教育的过程。它构建了一个程序化的框架：首先明确系统的目标；其次对目标进行深入分析，以寻找实现这些目标的最佳途径；接着选择最适合于提升系统成功性能的组成部分；最后对系统进行持续的评价，为提升系统的经济效益和性能提供修改的基础。进一步具体化，该过程包括以下步骤：阐释和分解既定的教育目标；分析满足目标所需要的教育任务和内容；制定教育策略；安排教育顺序；选择教育媒体；开发和确定必要的学习资源；评价教育策略和学习资源的效果；修改策略和资源直至达到有效状态。

（3）改进工作效能与支持自我发展

在教育技术实践领域中，教师的角色具有双重性：他们既是教育工作者，又是终身学习者。作为一种特殊的工作者，教育技术已逐渐演变为改进教师工作效能的绩效技术。开发和使用各种学习资源、应用系统方法设计与组织教学过程，都是利用技术来优化工作绩效的实践体现。为此，教师需要熟练掌握适用的技术工具，以便根据教学要求对技术资源进行再设计。同时，他们还需与专家、同事或其他相关人员进行积极的合作与交流，以实现对学生学习过程的有效评价与管理。教育技术的有效应用，已成为提升教师工作成效的关键因素。

另一方面，现代社会的快速发展要求教师必须成为终身学习者，以不断适应并胜任教师职业的专业要求。在此背景下，教育技术又成为了支持教师自我发展的重要实践平台。它不仅为教师提供了丰富的专业发展资源，还促进了专业实践者共同体的建设，为教师的实践反思提供了有力的工具与平台。

思考 2-3

除了以上特征，你认为教育技术还具有哪些特征？

教学活动建议

本节教学内容的重点是教育技术概念，旨在使学生了解教育技术名称的演变和定义的变迁，理解教育技术的内涵，初步认识教育技术的本质。建议教师采取叙述的方式，尽可能多地举例讲解，从而帮助学生深入掌握本节知识。

学习活动建议

学生要掌握教育技术的内涵和特征。建议学生开展以下学习活动：

1）阅读教材和推荐阅读文献等；

2）比较教育技术的定义，以加深对教育技术内涵的理解；

3）与同学、教师以线上或线下的方式进行讨论，以建构自己的知识和理解。

2.2　信息化教育的概念

2.2.1　信息化教育名称的演变

1. 电化教育名称的产生

关于我国"电化教育"名称的起源，大致有三种说法。①陈友松和戴公亮的说法。1936 年，他们阅读了美国联邦政府教育署出版的《学校生活》杂志上的一篇文章，该文章将西方国家已经兴起的视听教育统称为 Electrifying Education，并建议将其译作"电化教育"。然而，他们也注意到，视听教育所涵盖的媒体或资源并非全部与电相关。因此，他们提议从视听教育手段中挑选出效果显著且确需用电的四种媒体——幻灯、电影、播音、电视，并将采用这些媒体进行的教育活动称为“电化教育”。②刘之常的说法。他认为，电化教育的概念在 1934 年由镇江民众教育馆首次提出。当时，该馆认为教育电影、教育播音以及幻灯等，都是利用电能来传播教学信息的。鉴于此，该馆在 1935 年就已将电影放映厅命名为“电化教育放映场”。③舒新城的说法。他认为电化教育的提法源自 1933 年，由时任国民政府教育部社会教育司司长陈礼江提出，主要指的是教育电影和教育广播。

目前看来，第三种说法（舒新城的说法）更为接近事实。因为，至少在 1936 年，国民政府教育部已正式采用“电化教育”这一名称。该部不仅设立了播音教育委员会（1935 年）和电影教育委员会（1936 年），以管理全国的电影和播音教育器材供应、推动相关教育活动及提供技术指导，而且为便于管理和行文简洁，司长陈礼江将这两个委员会的工作统称为“电化教育”。此外，国民政府教育部还委托金陵大学理学院举办了针对电影、播音人员的“电化教育人员训练班”，这进一步确立了“电化教育”的名称。训练班学员结业后，将这一名称带回各地，随后，各级教育行政部门也相继正式采用“电化教育”名称，并在全国范围内广泛推广。

2. 电化教育的名称争议

“电化教育”这一名称自 1936 年出现后，争议不断。20 世纪 40 年代初，金陵大学影音部的负责人孙明经最先对这一名称表示异议，他主张采用“影音教育”来替代，并于 1947 年将该校的“电化教育专修科”更名为“影音专修科”。随后，在 20 世纪 50 年代初，北京师范大学电教部门的负责人廖泰初也提出了类似的见解，他不仅提出了这一观点，还将该校的“电化教育馆”更名为“直观教育馆”。

在我国，关于“电化教育”名称的争议，规模较大、持续时间较长的主要有四次。

第一次争议发生在 1984 年至 1986 年间。争议主要围绕三个方面展开：①是否需要改变“电化教育”这个名称；②何时改变以及为何改变；③应该改成什么名称。然而，这次争议并未达成共识。直到 1987 年，国家教育委员会发布《高师本科专业目录》，正式确立了“电化教育”的名称，争议才暂时告一段落，但并未最终解决。

第二次争议大致发生在 20 世纪 90 年代前期。争议焦点在于：是应该采用引进的“教育技术”这个名称，还是保留原有的“电化教育”名称。尽管讨论热烈，但仍未形成统一意见。1993 年，国家教委发布《普通高等学校本科专业目录》，将“电化教育”改为“教育技术学”，使得争议暂时平息，但问题依然存在。

第三次争议始于 2005 年，主要由美国教育技术 AECT 2008 定义在同年传入中国所引发。争议的主要问题包括：①将“电化教育”改为“教育技术”是否真的有必要？②是否需要再次更名？这次争议同样未能达成共识。

第四次争议大致发生在 2011 年左右。2010 年，国务院学位委员会和教育部发布了《关于修订学位授予和人才培养学科目录的通知》，决定对学科门类和一级学科做进一步修订，很多专家提出了将教育技术学升格为一级学科的建议。2011 年，教育部征求对《普通高等学校本科专业目录（修订一稿）》的修改意见，修订一稿将专业名称由“教育技术学”改为“教育信息技术”，很多专家反对改名，认为如果要改，改为“信息化教育”为宜。

考察我国电化教育名称的使用和演变，我们可以清晰地看到，在 20 世纪 80 年代和 90 年代初期，“电化教育”这一名称的使用相当普遍，并占据了主流地位。然而，自 90 年代中期以后，“教育技术”名称的使用逐渐普及，并取代“电化教育”成为主流。值得注意的是，在任何时期，无论是理论研究还是实践应用，都存在着多种名称并用的现象。在 90 年代中期以前，除了“电化教育”外，还同时使用了诸如“视听教育”“教育技术”“现代化教学手段”“现代教育技术”“现代教育传播与技术”“教育工艺”等多种名称。进入 90 年代中期以后，除了“教育技术”外，还常见的有“电化教育”“教育信息技术”“信息化教育”“信息技术教育”等名称。到目前为止，在众多的名称中，“教育技术”、“教育信息化”和“信息化教育”是使用最为频繁的。在学科专业领域内，更多地使用“教育技术”这一名称；在谈及整个教育事业的发展时，则倾向于使用“教育信息化”（自 2022 年起，“教育数字化”这一新概念也开始被广泛使用），而在讨论具体的教育技术应用领域时，多用“信息化教育”。

思考 2-4

“电化教育”名称之争的焦点是什么？

2.2.2 信息化教育的内涵

1985 年，南国农先生在《电化教育学》中提出了电化教育的定义，即：运用现代教育媒体，并与传统教育媒体恰当结合，以传递教育信息，实现教育最优化的过程，就是电化教育。1988 年，萧树滋先生在《电化教育概论》中也给出了电化教育的定义，即：电化教育是依据教育理论，运用现代教育媒体，有目的地传递教育信息，以充分发挥多种感官功能，从而实现教育活动最优化的过程。1998 年，在《电化教育学》（第 2 版）中，电化教育的定义得到了进一步修订，具体内容如下：电化教育，是在现代教育思想和理论的指导下，运用现代教育技术开展教育活动，旨在实现教育过程最优化的过程。电化教育具有以下特征：①电化教育属于现代化教育范畴，是一种新型的教育方式。②电化教育是以现代教育媒体的研究和应用为核心。③电化教育并不排斥传统教育媒体。④电化教育是一门科学，一项事业，也是一种产业。⑤电化教育的服务对象广泛，涵盖了各种教育领域。⑥电化教育系统是一个大系统，由五个子系统组成。

2004 年，《电化教育学》被修订为《信息化教育概论》，其中将“电化教育”的概念更新为“信息化教育”，并对“信息化教育”进行了明确的界定。到了 2011 年，修订的《信息化教育概论》（第 2 版）沿用了这一定义：信息化教育就是在现代教育思想、理论的指导下，主要运用现代信息技术，开发教育资源，优化教育过程，以培养和提高学生信息素养为重要目标的一种新的教育方式。我们进一步认为，信息化教育的最终目标不仅仅是信息素养的培养和提高，更重要的是推动和实现教育的现代化。因此，我们将信息化教育的定义理解为：信息化教育，即在现代教育思想、理论的指导下，主要运用现代信息技术，开发教育资源，优化教育过程，旨在实现教育现代化，同时也不忽视信息素养作为关键教育成果的重要性的一种新型教育方式。

在此定义中，有几个关键术语需要简要说明如下：

（1）现代教育思想、理论

对信息化教育影响较大、较直接的现代教育思想，主要包括六种现代教育观：核心素养教育观、终身教育观、双主体教育观、创新教育观、情商为主教育观、四大支柱教育观（表 2-2）。

表 2-2 六种现代教育观及其观点

现代教育观	基本观点
核心素养教育观	教育的根本任务是发展学生的核心素养。学生发展核心素养，主要指学生应具备的，能够适应终身发展和社会发展需要的必备品格和关键能力。应围绕学生发展核心素养来设计、实施、管理、评价教育、教学工作，以是否有利于学生发展核心素养作为衡量各项工作好坏的标准
终身教育观	教育是个人从生到死持续不断的过程，应该将一个人接受教育的机会和时间分散在整个一生中，并要使教育和劳动、学习和工作相互交替进行。唯有全面的终身教育，才能培养出完善的人
双主体教育观	在教育教学中，教师和学生都是主体，只有充分发挥这两个方面的积极性、主动性和创造性，才能取得良好的教育教学效果

续表

现代教育观	基本观点
创新教育观	教育的主要功能是培养和发展人的创新素质。创新素质主要体现在创新意识、创新精神和创新能力三个方面。创新素质是数字时代人才必须具备的基本素质
情商为主教育观	情商是教育成功的关键因素。在教育教学上，必须从重视智商转到既重视智商，又更加重视情商上来，并大力提升年轻一代的情商，才能取得教育教学上的成功，培养出新时代所需要的新人
四大支柱教育观	教育要适应未来世界的发展，必须围绕四种基本学习来重新设计和组织。这四种基本学习是：学会认知、学会做事、学会做人、学会生存

此外，对信息化教育影响较大、较直接的现代教育理论主要是当代学习理论和教学理论。当代学习理论主要包括行为主义学习理论、认知主义学习理论、建构主义学习理论、人本主义学习理论和联通主义学习理论等。当代教学理论主要包括赞可夫的发展教学理论、布鲁纳的“结构-发现”教学理论、巴班斯基的教学最优化理论和多元智能教学理论等。

（2）现代信息技术

信息技术（information technology，IT），是指用来存储、处理、传播、接收和呈现各类信息的技术。这些技术包括印刷技术、视听技术、基于计算机的技术和以计算机为核心的整合技术。现代信息技术主要指视听技术、基于计算机的技术，以及以计算机为核心的整合技术。

（3）开发教育资源

教育资源包括教育信息、教育媒体、教育人员、教育环境等。在信息化教育中，需要积极开发和充分利用的教育资源，最主要的是信息化教学环境和信息化教学资源。

（4）优化教育过程

优化教育过程，是指使教育过程中的各个组成要素——包括两个主体（教育者和学习者）、教育任务、内容、手段、方法以及效果等，以及它们之间的相互关系，都达到良好的状态，从而实现整体优化。

（5）教育现代化

教育现代化的内容十分广泛，包括教育观念、教育制度、教育内容、教育设备和手段、教育方法以及教育管理的现代化。其中，教育观念，即教育思想的现代化，是核心与灵魂。若教育管理工作者和教师缺乏现代化的教育理念，那么其他方面的现代化都将难以有效发挥作用。因为现代教育的实施，离不开具备现代教育理念的人才。教育制度的现代化则是教育现代化的重要保障体系。值得注意的是，教育现代化不能等待所有教师的思想观念完全转变后再启动，往往是由一部分先进分子率先引领，随后将先进的理念转化为制度，再由全体人员共同遵守。此外，教育设备和手段的现代化构成了教育现代化的物质基础。在拥有了现代化的教育制度和设备条件后，将能进一步促进教师教育观念的逐步转变。当教师具备了现代化的先进教育理念，他们便能创造出丰富多彩的教育经验，从而培养出符合时代需求的现代化人才。

（6）教育方式

信息化教育是现代教育范畴内的一种新兴教育方式。它不仅仅局限于一种新的教育工具、教育方法、教育内容传递形态或教育组织形式，而是这些方面的综合体现，构成了一种全新的教育模式。信息化教育以“人-机-人”的协作模式为特色，强调人机协作，其中人为主导，机器为辅助，这是信息时代所特有的教育方式。

2.2.3 信息化教育与教育技术的定义比较

信息化教育是电化教育的延续和发展。在 20 世纪 90 年代中期以前，我们广泛使用的名称是电化教育或视听教育，这两个名称在实质上是等同的，可以互换使用。然而，从 20 世纪 90 年代中期开始，随着信息技术的迅猛发展，我们更多地使用“信息化教育”这一名称，信息化教育即电化教育。也可以说，视听教育是工业时代的电化教育，信息化教育是信息时代的电化教育。

信息化教育与电化教育，尽管在名称上有所不同，但其本质是一致的，即都在现代教育思想的指导下，充分利用现代信息技术来改进和优化教育教学活动。自 20 世纪 90 年代中期以来，其优化教育教学的功能得到了显著增强；在主流技术方面，2010 年前多侧重于计算机多媒体技术、网络技术，而 2010 年后则更多地涵盖了互联网、云计算、大数据、人工智能以及区块链技术等前沿科技；同时，其内涵也更加丰富和完善，这主要体现在“三件”建设上，即硬件、软件和潜件的全面发展。

信息化教育与教育技术是两个截然不同的概念，它们的区别主要是：

1）“教育技术（educational technology）”一词，是 20 世纪 70 年代末由美国引进的；“信息化教育”一词，则是在 21 世纪初，随着我国教育信息化建设的推进和网络教育的蓬勃发展而逐渐兴起的。

2）从教育技术 AECT 1994 定义看，教育技术的研究对象涵盖了所有的学习过程和学习资源；相比之下，信息化教育的研究对象则更为具体，它聚焦于在现代信息技术作用下的学习过程，而非一般性的学习过程；同时，它关注的是那些与信息化教育资源紧密交织在一起的学习资源，而非所有的学习资源。

3）信息化教育明确要求必须运用现代信息技术作为其实施的基础；而教育技术并没有提出这个要求。

4）信息化教育强调必须在现代教育思想和理论的指导下进行；而教育技术并未直接提出这样的理论指导要求。

思考 2–5

信息化教育与电化教育有什么异同点？

2.2.4　信息化教育的特征

信息化教育的特征是什么？我们可以分别从技术层面和教育层面加以考察。

从技术层面上看，信息化教育的基本特点是数字化、多媒化、网络化和智能化，这是数字化聚合带来的直接结果。

1）数字化。从广义上讲，信息技术历史悠久，但现代所强调的信息技术主要是指以计算机为基础的数字化技术。数字化使得教育技术系统的设备简化、性能可靠，并实现了标准的统一。

2）多媒化。以计算机为基础的多媒体技术，实现了信媒设备一体化、信息表征多元化，以及真实场景虚拟化。

3）网络化。网络化的优点是资源共享、时空不限、多向互动以及便于合作。

4）智能化。人工智能正逐步成为信息化教学系统的核心技术，智能化将使教学行为更加人性化，人机通信更加自然，繁杂任务得以自动化处理。

当今的教育信息化，除了上述四个基本特征外，还应凸显出物联化、移动化、大数据化、多维化、区块链化等新的技术特征。这些特征不仅增加了技术“种类”的多样性，也使得同一技术特征的应用更加深入和广泛。技术特征的丰富与发展，使教育信息化在新时代的教育现代化进程中，发挥着越来越重要的作用。

从教育层面上看，信息化教育具有以下特点。

1）教材多媒化。利用多媒体，特别是超媒体技术，建立教学内容的结构化、动态化、形象化表示。已有越来越多的教材和工具书实现了多媒体化，它们不仅包含文字和图形，还能呈现声音、动画、录像以及模拟的三维景象。

2）资源全球化。利用网络，特别是 Internet，可以将全世界的教育资源连接成一个巨大的信息海洋，供广大教育用户共享。网上的教育资源种类繁多，包括教育网站、电子书刊、虚拟图书馆、虚拟软件库、教育论坛、公众号等。开发网上教育资源，不仅是教育部门的任务，也是社会各部门以及知识分子的共同责任。

3）教学个性化。利用人工智能技术构建的智慧教学环境和学生知识图谱等，能够根据学生的不同个性特点和需求进行教学和提供个性化帮助。

4）学习自主化。随着以学生为主体的教育思想日益得到认同，利用信息技术支持自主学习已成为必然趋势。超文本/超媒体等电子教材为自主学习提供了极大的便利。

5）活动合作化。通过合作方式进行学习活动是当前国际教育的重要趋势。信息技术在支持合作学习方面发挥着重要作用。其形式包括通过计算机合作（如网上合作学习），在计算机面前合作（如小组作业），与计算机合作（如计算机扮演学生同伴角色）。

6）管理自动化。利用现代信息技术管理教学过程已成为现实，包括学习问题诊断、学习任务分配、学习数据采集、智能化测试与评价等功能。随着物联网、云计算、大数据等新一代信息技术的普及应用，教育管理逐渐走向智慧管理模式。在智慧教育管理过程中，管理者通过物联网感知系统、大数据分析系统、泛在网络系统等各种先进技术平台，全面采集和分析教育数据，为教育决策、经费分配、质量监督、安全预警和公平发展提供数据支持，推动教育事业的可持续、均衡发展。

7）环境虚拟化。教育环境虚拟化意味着教学活动可以在很大程度上摆脱物理空间和时间的限制。虚拟教室、虚拟实验室、虚拟校园、虚拟学社、虚拟图书馆等一系列虚拟化的教育环境应运而生，推动了虚拟教育的发展。虚拟教育可分为校内模式和校外模式，前者利用局域网开展网上教育，后者则通过互联网进行远程教育。线上线下结合、虚实融合已成为未来信息化学校的发展方向。

教学活动建议

本节的教学重点是信息化教育的内涵，旨在使学生了解信息化教育名称的演变历程，并深入理解信息化教育的实质。建议教师采用举例等教学方法，以帮助学生更好地掌握和应用本节所学知识。

学习活动建议

学生要掌握信息化教育的内涵。建议学生开展的学习活动有：

1）阅读教材和推荐阅读文献等；

2）比较教育技术与信息化教育的定义，加深对信息化教育内涵的理解；

3）与同学、教师以线上或线下的方式进行讨论，以建构自己对信息化教育的理解。

2.3　教育技术的功能与作用

2.3.1　教育技术的功能

教育技术在不同的社会时期确实发挥了多样化的功能，但无论处于哪个社会时期，我们利用教育技术时总会思考的一个核心问题是：教育技术是否能真正帮助我们将复杂的教育内容与技术有效连接，从而简化学习内容的复杂程度，实现以往难以达成的教学效果。加拿大语言教学领域的知名专家汉斯·斯特恩（H.H. Stern）认为，教育技术的功能本身是毋庸置疑的，关键在于技术的复杂性与教学内容或教学目标的复杂性之间并无直接关联。因此，如何将技术与教学内容或目标进行深度融合，就显得尤为重要。

鲁本·普特杜拉（Ruben Puentedura）博士创建了一个旨在指导技术在教学和学习中整合的 SAMR 模型框架。该模型框架为评估教师如何将技术融入教学提供了有力工具，同时也在一定程度上揭示了技术在教育教学过程中的功能定位。SAMR 模型（图 2-6）将技术在教学和学习中的整合分为四个层次，分别是替代（Substitution）、扩充（Augmentation）、修改（Modification）、重构（Redefinition）。

图 2-6　SAMR 模型

1. 替代

在这个层面，技术直接取代了更传统的教学工具或方法。它充当了一种简单、直接的替代品。在此层次，技术或工具所支持的学习活动与传统模式相比，并未发生显著的变化，也不会直接导致认知水平向更高层次的发展，仅仅是学习活动的实现方式有所不同。例如，我们曾使用挂图、实物模型来展示教学内容，而现在可以预先采集图片、音频等媒体信息，进行数字化存储、编辑修改后，在教学软件中加以利用。在这一层面，需要考虑的关键问题是：使用技术取代传统工具，学生能获得哪些具体的好处？

2. 扩充

在扩充层面，技术不仅直接取代了传统的工具或方法，还显著增强了学生的学习体验。尽管扩充层面的技术运用与替代层面的某些方面相近，但它并不局限于简单地替换传统方式，而是为教学模式、策略或学习活动提供了额外的功能或改进。这个层面的技术运用能为教学带来明显的扩充性功能。例如，在课堂上使用移动设备登录测试系统，完成学生答题和即时自动化评测反馈的教学活动，这种方式相较于传统的学生在纸质材料上答题、教师逐一批改后再统计评价的形式，明显提高了教学效率，同时也为学生提供了更即时、个性化的学习反馈。

3. 修改

修改层面体现了技术对教学的深远影响，其中技术的运用促使技术运用者（即教师）对学习任务和学习过程进行更为高效和有效的设计。从这一层面开始，技术对教师的教学设计能力提出了更高的要求，同时也对学习者在学习活动中的主动性和协作性寄予了更大的期望。例如，学习者可以通过游戏化情境的支持来代替传统的外语单词识记方式，游戏关卡的设计和奖惩策略能够有效提升学习者的学习动机水平。此外，软件系统还能根据学习者识记单词的正确率等反馈信息，智能地制定或调整学习计划及任务。在此层面，需要深入思考的关键问题是：技术的运用是否显著地改变了学习任务？

4. 重构

在重构层面，技术使我们能够真正重新定义任务本身，甚至创造出在过去没有技术支持的情况下根本无法想象的全新学习任务或教学模式。例如，学生可以围绕某一特定主题制作视频作品。在这个过程中，小组成员首先通过书籍、互联网搜集并分享素材，进行在线讨论以达成一致观点；随后，利用在线文档编辑工具共同撰写视频脚本，并决定制作所需的技术工具；视频制作完成后，将其上传至视频分享平台，接收来自各界的反馈。显然，没有技术的支持，这样的学习任务是无法实现的。在这一层面，我们主要探讨的问题是：技术工具是否赋予了教育者能力，让他们能够以一种前所未有的方式重新定义传统学习任务，从而为学生创造一种全新的学习体验。

SAMR 模型框架中的替代和扩充可以视为“增强”（Enhancement）步骤，即技术直接取代了更传统的教学工具或方法，技术和其他教学工具旨在学习过程中发挥辅助作用。而修改和重构则是“转型”（Transformation）步骤，即技术可以对学习任务进行明显的重新设计、创造前所未有的新任务。尽管 SAMR 模型框架是针对教师将技术融入教学提出的，但也可以用它来认识教育技术的功能，技术之于教育的功能可以概括为替代、扩充、修改和重构。从替代、扩充到修改、重构，在一定程度上也说明了我们对教育中技术功能和作用的认识需要从“辅助”走向“创新”。

随着互联网、云计算、大数据、人工智能等新兴信息技术在教育中的不断应用和渗透，我们对教育中技术功能和作用的认识也需要不断深化，不能再停留在“辅助”的认识阶段，应该走出技术工具论的桎梏，重新认识教育中技术的功能和作用，这样才能使我们认识到技术在教育的系统性结构变革方面显现出的巨大作用，主动用技术去创新或变革我们的教育教学，使之更加适应信息化社会的要求。

2.3.2　教育技术的作用

1. 宏观层面的作用

从宏观角度来看，教育领域引入现代信息技术将引发系统性的变革，这些变革将进一步提升教育质量，提高教学效率，扩大教育规模，并促进教育改革的深化。

（1）提高教育质量

教育质量的高低用什么来衡量？主要是看其能否有效促进学生核心素养的发展。教育技术在此方面能够发挥积极作用，它通过现代教育技术为学生营造了一个宽松、和谐的学习氛围，促使学生从被动接受知识转变为主动建构知识。这一转变为学生搭建了连接创新思维与学习问题的桥梁，有助于培养他们的创新意识、创新精神和创新能力。此外，教育技术还显著增强了教学信息的表现力与感染力，能够轻易触动学生的情感，激发他们的学习热情，使他们更加积极地参与到学习过程中来。从教学内容的角度来看，无论是浩瀚的太空、深邃的海底，还是遥远的历史、纷繁的社会，甚至是异国风情与本土文化，教育技术都能将其生动地呈现在课堂上，让学生仿佛置身于其中，获得前所未有的学习体验。同时，学习者通过掌握一定的技术手段，能够培养出适应时代发展的必备品格与关键能力，从而更好地应对这个快速变化的世界中的各种挑战。因此，我们可以清晰地看到，应用现代信息技术不仅能够有效提升教育质量，更是推动学生核心素养发展的强大驱动力。

（2）提高教学效率

提高教学效率是什么意思呢？对教师而言，它意味着在相同或更短的时间内，能够完成比原先更多的教学任务；对学生来说，则是在同样的时间内，能够掌握比原先更多的知识或技能。通过现代信息技术的运用，我们可以在极短的时间内向学生展示和传递大量所需信息，这极大地缩短了学生获取这些信息的时间，从而提高了他们的学习效率。此外，现代信息技术还能为学生提供图文并茂、音像结合的丰富交互式人机界面，这种多感官参与的学习方式有助于学生更全面地理解和掌握知识，进而提升他们的学习效果，同时也提高了整体的教学效率。

（3）扩大教育规模

在教育中，利用网络向学校、家庭及社会广泛传播教育课程，使得任何联网并拥有终端设备的地点都能成为学习的课堂。这种模式下，一位教师能够同时教授成千上万的学生，极大地节省了师资资源、校舍空间及设备需求，从而显著地扩大了教育的规模与覆盖面。现代信息技术为构建网络化、数字化、个性化、终身化的教育体系奠定了坚实基础，为“人人皆学、处处能学、时时可学”的学习型社会愿景提供了强有力的技术支持。它不仅打破了传统教育的时空限制，还促进了教育资源的优化配置与共享，是扩大教育规模、实现终身学习理念不可或缺的重要手段。

（4）促进教育改革

在教育的手段上，教育技术成功地将现代信息技术手段引入教育领域，实现了教育手段的多媒化；在教育方法层面，现代信息技术的广泛应用，不仅促进了教育方法的多样化，还为学生探索式、发现式学习提供了有力支持；在教育模式方面，现代信息技术的引入深刻改变了传统教育过程的结构，催生了多种“人—机—人”或人机协同的教育新方式。这些新模式不仅使得个别化学习成为可能，还推动了交互式远程教学的发展，孕育了在线教学、混合教学等新颖的教育方式；在教育观念方面，现代信息技术的引入为教育发展带来了全新的视角与思路，有力地促进了现代教育观、现代教学观、现代学校观以及现代人才观等先进教育理念的形成与发展。综上，现代信息技术与教育教学的深度融合，正引领着一场全面而深入的历史性变革。

2. 微观层面的作用

我们应该全面认识以计算机为核心的现代信息技术在教育中所扮演的重要角色。早期，当人们开始使用计算机辅助教学时，最直观的想法是让计算机充当导师的角色，从最初的程序式教学逐步演变出更为智能的导师系统。然而，麻省理工学院的西蒙·帕珀特（Seymour Papert）教授却提出了一个独特的观点，他认为计算机应扮演学员的角色，鼓励学生以教师的身份来教授计算机，并据此设计了一种适合儿童使用的图形编程语言——Logo。通过 Logo，儿童可以从指挥计算机作图绘画开始，逐步踏入程序设计的抽象世界。既然计算机既能当教师又能当学员，那么为何不能作为学伴呢？如今，虚拟学伴系统已经应运而生，它们能够与学习者进行互动，实现互帮互助的学习模式。此外，计算机还能作为教师和学生的得力助手，协助寻找和整理资料、管理通信联络、提醒事务日程等。这些功能都可以视为信息技术在教育中的"拟人作用"。

另一方面，信息技术在教育中的"拟物"作用也日益受到重视。我们可以利用计算机和网络构建各种便于学生进行探索性学习的虚拟环境，如微型世界、虚拟实验室、虚拟学社、虚拟教室等。借助网络资源的丰富性，我们可以发展基于资源的学习模式。更为自然的做法是让教师和学生充分利用各种信息工具，包括效能工具、认知工具和通信工具，以支持他们的教学活动。图 2-7 较好地展示了信息技术在教育中的拟人和拟物作用。随着以学生为中心的教育理念日益深入人心，信息技术的拟物作用和从属拟人作用变得愈发凸显。

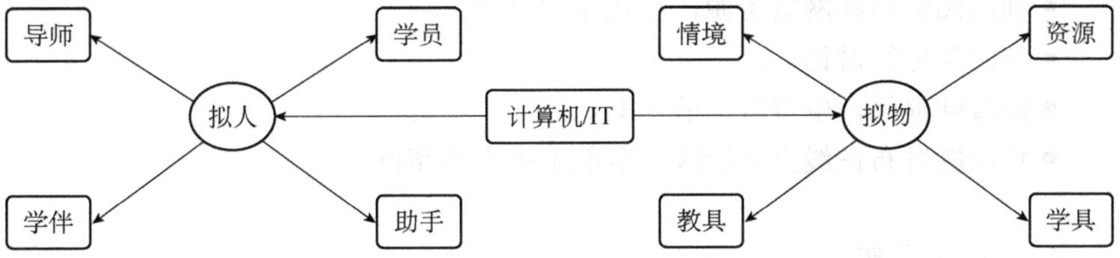

图 2-7　信息技术在教育中的微观作用

思考 2–6

结合你所经历的教育，试着谈论教育技术的作用是如何体现的，它是否实现了理想中的教育技术的功能？若没有，那么你认为教师如何做才能最大限度上实现教育技术的功能。

教学活动建议

本节的教学重点是教育技术的功能与作用，旨在使学生对其有更深刻的理解。建议教师尽量多地通过举例来讲解，并鼓励学生结合自身教育经历和体验，以便更深入地掌握本节知识。

学习活动建议

学生要深入理解教育技术的功能。建议学生开展的学习活动有：

1）阅读教材和推荐阅读文献等；

2）根据自己的学习经历和学习体验，理解教育技术功能和作用，并进行分享；

3）与同学、教师以线上或线下的方式进行讨论，以建构自己的知识和理解。

学习评价

（一）学习经历评价

1. 你是否阅读了第二章的所有内容？

建议：如果答案为“否”，请暂停自我评价，阅读未读过的部分。

2. 你能否理解第二章中所有内容？

建议：如果答案为“否”，请首先列举不理解的内容，然后可以尝试利用以下方法解决遇到的问题。

- 利用图书馆和网络资源，查找相关文献。
- 与同学进行讨论。
- 向教师提问，争取教师的帮助。
- 将问题发布在线上讨论区，争取更多人的帮助。

（二）自测题

1. 教育技术名称的演变大致经历了________、________、________、________这样一个演变的过程。

2. 面向教师的教育技术的特征有：________________________；________________________；________________________。

3. 信息化教育的特征

技术层面：________、________、________、________。

教育层面：________、________、________、________、________、________、________。

4. 教育技术的作用

宏观层面________、________、________、________。

微观层面________、________。

5. 请阐述教育技术的内涵。

6. 请阐述信息化教育的内涵。

7. 试比较教育技术与信息化教育。

8. 阐述教育技术的功能。

推荐阅读文献

[1] 尹俊华，庄榕霞，戴正南. 教育技术学导论（第 3 版）[M]. 北京：高等教育出版社，2011.

[2] 何克抗，李文光. 教育技术学（第 2 版）[M]. 北京：北京师范大学出版社，2009.

[3] 黄荣怀，沙景荣，彭绍东. 教育技术学导论[M]. 北京：高等教育出版社，2006.

[4] 南国农. 信息化教育概论（第 2 版）[M]. 北京：高等教育出版社，2011.

[5] 祝智庭，顾小清，闫寒冰. 现代教育技术——走进信息化教育（修订版）[M]. 北京：高等教育出版社，2011.

第3章　教育技术的起源与发展

学习目标

1. 了解教育技术的起源和中国电化教育（教育技术）的诞生；

2. 掌握国内外教育技术发展历程；

3. 了解国内外教育技术发展历程中的重要事件；

4. 对我国教育技术（电化教育）史的学习、研究产生兴趣，并有在此领域进行深入探讨的意愿。

学习导航

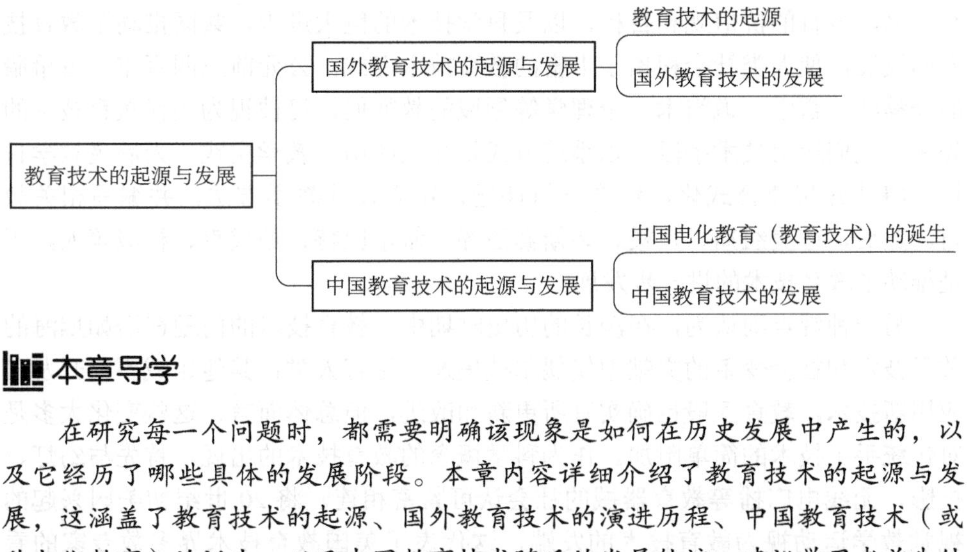

本章导学

在研究每一个问题时，都需要明确该现象是如何在历史发展中产生的，以及它经历了哪些具体的发展阶段。本章内容详细介绍了教育技术的起源与发展，这涵盖了教育技术的起源、国外教育技术的演进历程、中国教育技术（或称电化教育）的诞生，以及中国教育技术随后的发展轨迹。建议学习者首先结合本章内容，广泛阅读相关的资料与文献，以便对教育技术的起源和发展有一个初步而全面的认识。随后，可以遵循本章的编写思路，通过逐步深入地分析，进一步理解和掌握教育技术发展的脉络与特点。这样的学习方法有助于学习者构建完整的知识体系，并加深对教育技术发展历程的理解。

3.1 国外教育技术的起源与发展

3.1.1 教育技术的起源

教育技术的起源是什么？人们主要有两种观点。

一种观点认为，教育技术根植于广义的技术概念之中。技术，简而言之，是在解决实际任务中运用科学及其他普遍性知识以解决具体问题的手段。例如，在设定或接受教学目标后，规划教学方法时，自然而然地会从技术层面进行考量。换言之，没有适当的教育技术，教育目标便难以具体实现，教育本身也将失去其存在的基石。“自教育诞生的那一刻起，教育技术便随之孕育。”这一观点赋予了教育技术一个较为宽泛的内涵。

依此而论，教育技术的发展过程可追溯至古代，如部落祭祀中对知识体系的系统化整理，以及象形文字或书写符号的发明，用以记录和传递信息。此后，每个时代都伴随着为文化教育而采用的各种教育技术，且随着文化的进步，为反映特定思维、言语及表达需求而设计的教育技术也日益复杂。几个世纪以来，教育的价值观和目标，以及科学技术的巨大进步，共同推动了教育技术的发展，使人类社会积累了丰富的教育技术形式。公元前三四百年，古希腊的修辞学、哲学、诡辩术、伦理学等领域的教师们，可被视为当代教育技术的先驱。他们运用技术手段，以系统方式将知识应用于教学实践，为满足教学目标，将认知规律公式化，综合分析课题，精心设计教学方法，并编写相关教材。随后，夸美纽斯、卢梭、裴斯泰洛齐、赫尔巴特、桑代克、杜威等人，更是推动了教育技术的进一步发展。

另一种观点则认为，在漫长的历史时期中，教育技术的问题在浩如烟海的关于技术和社会变革的文献中仅偶尔被提及。尽管人类在其他领域不断开发和应用新技术，教育手段也确实有所更新和改进，但总体而言，这些变化大多是对传统手工技术的简单附加。作为科学概念的教育技术的出现，首先与幻灯、投影、无线电广播等教育器械的社会认可紧密相连。将 20 世纪初美国兴起的视觉教学运动视为教育技术的发端，这代表了美国教育技术界多数专家的看法。这种观点对教育技术的起源持有较为狭窄的理解。

依此见解，教育技术的起源可追溯到现代传播媒体的运用。最早的是 20 世纪初的照相、幻灯和无声电影，它们为学生提供了生动的视觉影像，与学生的直接、具体经验相结合，催生了“视觉教育”。随后，有声电影、无线电广播、录音等也逐步融入教育过程，视觉教育进而扩展为“视听教育”。电视和电子计算机的崛起更是对教育产生了深远影响。20 世纪 70 年代初，美国教育协会视听教学分会更名为教育传播与技术协会，标志着教育技术作为一项事业和专业得到了教育界的广泛认可。在此过程中，霍邦、戴尔、芬恩、普莱西、斯金纳、米切尔、坂元昂等人做出了重大贡献。

综上所述，两种观点各有侧重，难以简单评判其是非。前者侧重于广义的教育技术，后者则聚焦于现代教育技术。本书采用狭义的教育技术观点，认为教育技术起源于 19 世纪末 20 世纪初，幻灯、投影、无线电广播等教育器械进入教育领域，并随之兴起的视觉教学运动。

3.1.2　国外教育技术的发展

南国农先生将中国电化教育的发展分为两个阶段：视听教育阶段和信息化教育阶段，考察国外教育技术的发展，也可以分为视听教育阶段和信息化教育阶段（图 3-1）。

<table>
<tr><th colspan="2">阶段</th><th>时间</th><th>新媒体、新技术介入</th></tr>
<tr><td rowspan="2">视听教育</td><td></td><td>20世纪初—70年代</td><td>幻灯、投影、广播、录音、电影</td></tr>
<tr><td rowspan="2">信息化教育</td><td>20世纪80—90年代前期</td><td>电视、录音；计算机辅助教学系统；卫星电视系统</td></tr>
<tr><td></td><td>20世纪90年代后期至今</td><td>多媒体计算机；Internet；校园网</td></tr>
</table>

图 3-1　国外教育技术的发展阶段

1. 视听教育阶段

20 世纪初至 70 年代，是视听教育发展的前期阶段。在这一阶段，幻灯、投影、电影、广播、录音等多媒体手段开始在教育教学中广泛应用，催生了一系列新颖的教学模式，对提高教育教学质量和效率产生了显著的积极影响。随后，20 世纪 80 年代至 90 年代前期，被视为视听教育发展的后期阶段。在这一时期，电视、录音、计算机辅助教学系统以及卫星电视系统等先进技术逐步融入教育教学之中。其中，电视与录像技术发展迅速，并显著展示了它们对于提升教学效果的重要作用。

视听教育实际上起源于视觉教育，而视觉教育之前，直观教育已有所萌芽。一般而言，直观教具的使用可追溯到近代的欧洲，但值得注意的是，我国北宋时期便已出现了先例。具体而言，1026年，北宋翰林医官王惟一铸造了针灸铜人，供教学和考试之用，这一创举可视为世界医学教学模型的首创。到了明朝，出现了《蒙养图说》，清朝则有《字课图说》等图文结合的教科书，进一步体现了直观教育的理念。著名捷克教育家夸美纽斯更是积极倡导直观教育，他主张“让一切学校布满图像”“让一切教学用书充满图像”，并于1658年编写了附有150幅插图的教科书《世界图解》，这本书的影响深远，历经200余年仍被传颂。此外，裴斯泰洛齐、福禄培尔等教育家也主张使用实物、模型等辅助教学工具，尽管受限于当时的科学技术条件，教学的直观性和层次相对较低，但这些先驱者的理念为后来视觉教育的兴起奠定了坚实的基础。

较早问世的传递图像的机器装置包括幻灯机、卷片放映机和无声电影。17世纪，荷兰发明了幻灯机，其渊源可追溯至中国古代的走马灯和皮影戏。1898年，法国国家教育陈列馆设立幻灯展出部，并配备幻灯片复制设施。19世纪早期，卷片放映机问世。1895年，法国卢米埃尔兄弟在爱迪生等人研究基础上，发明电影放映机，摄制了世界首部无声电影《工厂大门》等，并在巴黎一家咖啡馆地下室播放。然而，初期电影放映机受限，如仅35毫米型且胶片易燃，不适宜教室等环境广泛使用。直至1923年，随着16毫米型放映机和安全胶片的出现，教室放映电影逐渐可行。1922年，美国成立美国电影协会；1924年，意大利成立国家教育电影联盟。较早问世的传递声音的机器装置有留声机、录音机和无线电收音机。1877年，留声机发明；1887年，首张唱片出现。1898年，丹麦生产首架永磁钢丝录音机。1935年，德国制成磁带录音机，1941年投入广播使用。1920年，美国匹兹堡KDKA电台正式建成并开始播音。1928年，俄亥俄州航空学校建立针对成年人的教育广播台。1937年，威斯康星州“空中学校”利用无线电台播送7个科目教程，供5—12年级学生收听。

早期的图像和声音结合的信息传播媒体是有声电影。据记载，1924年前后，多个国家的公司都在努力研发有声电影技术，其中美国韦斯顿公司成功试制了有声电影放映机，标志着有声电影时代的正式到来。1928年，美国柯达公司成立了教学电影部，专门组织生产教学影片，进一步推动了有声电影在教育领域的应用。30年代，有声电影开始广泛用于学校教育，成为教育技术现代化的一个重要里程碑。视听教育的发展，在1941年底美国正式参加第二次世界大战时暂时告一段落。由于战争的影响，美国学校中的视听教学因缺乏设备、资料和专家而发展缓慢。然而，在军队和工业领域，视听教学却得到了大力的发展，尤其是在战时人员培训方面取得了显著成效。这些成功激发了人们对战后在学校教育中使用视听媒体的兴趣和热情。战后，幻灯、投影、电影、无线电广播等视听媒体得到了进一步的推广应用。特别是 1957 年苏联发射第一颗人造地球卫星之后，美国掀起了一场长达 10 年之久的教育改革运动，这场运动对视听教学产生了巨大的促进作用，推动了教育技术的进一步发展。

20 世纪 50 年代，电视技术逐渐由试验阶段进入实用阶段。1950 年，美国爱德华专科学校创办了第一个校园电视台。两年后，即 1952 年，联邦通信委员会拨出了“242 频道”专供教育使用。1957 年，美国实施了“资助小学电视教学方案”。到了 50 年代末至 60 年代初，教育电视台如雨后春笋般在世界各地涌现，仅美国就建立了 300 多个，日本也有 100 多个。同时，闭路电视教育系统在许多大学和地区开始建立，例如，当时的美国马里兰大学约有一百门课程使用闭路电视进行教学，密歇根州立学院也有 1.5 万名学生学习农业科学等闭路电视课程。60 年代以后，电视在教育中的应用得到了迅速发展。在发达国家中，日本学校的电视使用率增长显著，1968 年为 17%，而到了 1970 年已高达 71%。同年，美国在 75%的公立学校中，以某种形式利用教学电视节目进行教学活动。一些发展中国家也积极开展电视教学，例如，尼日尔的电视教学实验覆盖了全部的小学课程；科特迪瓦在 1973 年利用电视教学的班级达到 1257 个，学生约 6 万人，从小学一年级开始，就利用 30 周的时间进行电视教学，而小学六年级学生每周用于电视教学的时间平均达到 30 多小时。为了增加其适应性，70 年代中期开始，教育电视向远距离、大范围和近距离、小范围两个方向发展。远距离、大范围的教育电视可以通过通信卫星向全球转播，而近距离、小范围的教育电视则可以通过同轴电缆的闭路直播，甚至通过录像进行个别观看。例如，1974 年美国发射了“实用技术卫星 6 号”，开始直接转播地面站发射的电视教学节目。1975 年，印度在联合国发展计划资助下，租用了这颗卫星开展为期一年的“卫星电视教育实验”，每天早上专为 5—12 岁儿童广播 2 小时教学节目，使得印度 6 个邦约 350 万居民能够从中受益。我国于 60 年代初开始在上海和北京等地试办电视大学，但直至 70 年代末，利用广播电视进行教学才有了积极的开端。1978 年，中央广播电视大学正式成立。此后，1986 年中国电视师范学院成立，1990 年中国燎原广播电视学校成立，进一步推动了我国电视教育的发展。

20 世纪 50 年代末到 60 年代初，程序教学得到了迅速发展。然而，其历史渊源可追溯至更早时期。1924 年，在美国心理学协会的会议上，普莱西（Pressey）发表了阐释教学机器的第一篇论文，并宣布自己已设计出一台能够进行测验、记分和教学的简单仪器。这一创举为程序教学的诞生奠定了基础。随着时间的推移，教学机器的设计不断完善。1930 年，彼特森（Peterson）设计了一种能够自动记分并即时反馈的教学装置，该装置能对学生回答的问题进行正误判断。1932 年，普莱西又进一步介绍了一种可用于自动记分装置的答案纸，它能记录学生所发生的错误，从而为教师改进教学提供宝贵线索。到了 50 年代中期，美国著名心理学家斯金纳（Skinner）根据操作条件反射原理，提出了教学材料程序化的思想，并设计了新一代的教学机器，这一机型后来被称为斯金纳型教学机。在斯金纳的积极推动下，教学机器逐渐从试验阶段步入实用阶段。1958 年，美国哈佛大学和拉德克利夫大学率先采用了 10 架程序教学机进行人类行为课程的教学，这标志着程序教学在教育领域的正式应用。进入 60 年代初，程序教材已在一些国家的各级各类教学和训练中广泛推行。例如，1961 年，美国空军成功应用了教学机器进行了为期 6 个月的军事技术训练，这一实践不仅显著缩短了训练时间，还有效降低了训练成本，充分展示了程序教学的优势。

世界上最早开展计算机辅助教育实验的是美国 IBM 公司。该公司的沃森研究中心于 1958 年设计了第一个计算机教学系统，该系统利用一台 IBM 650 计算机连接一台电传打印机，向小学生教授二进制算术，并能根据学生的要求自动生成练习题。与此同时，伊利诺伊大学也开始研制著名的 PLATO（Programmed Logic for Automatic Teaching Operations，自动教学操作程序逻辑）教学系统，该系统从 1960 年的 I 型发展到 1979 年的 V 型。它储存了百余门课程的 6000 套教学程序，一年可提供的学习机会相当于一所拥有 2.4 万名学生的全日制大学的教学能力，惠及千余万人。在这一阶段，开发和应用的主要为中小型计算机分时教学系统，这些系统通常配备有数十至数千个教学终端，分布广泛，必须通过电话通信网络或局域网将各教学终端与中央主机相连。进入 20 世纪 70 年代中期，随着微型计算机的问世，计算机教育应用迈入了第二阶段。由于设备价格的大幅下降和运行费用的显著减少，计算机在学校和社会上的普及率迅速增长。在这一阶段，美国的计算机教育应用重点逐渐从大学转向了中小学。至 80 年代末，中小学的计算机拥有量已超过 200 万台，其中用于辅助教学的时间占总用机时间的三分之一以上。同时期，加拿大的中小学计算机普及率也达到了 60%以上。1986 年，日本文部省投资 20 亿日元推动计算机教育的发展。至 80 年代末，日本高中有 80%以上的学校装备了计算机教室，初中和小学的计算机拥有量也在 60%以上。

案例 3-1

在第二次世界大战期间，美国政府通过其“战争培训视觉教具部”制作了457 部工业培训电影。政府为军队采购了 5.5 万台电影放映机，并在影片上的投资总额达到了 10 亿美元。利用电影进行技术人员的培训取得了显著成功，在短短六个月内，成功地将 1200 万缺乏军事知识的平民训练成为陆、海、空各兵种作战部队的成员，同时将 800 万普通青年培养为制造军火、船舶的技术工人。战争期间，军队训练中除了大量使用电影外，还引入了多种其他视听媒体，例如，在军训中初显成效的投影设备，主要用于航空器识别的幻灯教学，用于外语学习的录音材料，以及用于飞行训练的模拟训练器材等。第二次世界大战中，美国在工业和军队训练中推广视听教学，取得了巨大的投资效益。据报道，1945 年德国投降后，德军总参谋长威廉·凯特尔（Wilhelm Keitel）曾表示：“我们精确计算了一切因素，只是没有预见到美国训练军备的速度，我们最大的错误就是低估了他们迅速采用电影教育进行训练的能力。”

● 活动指导

根据以上案例，请思考视听设备在人员培训方面具备哪些特点？

● 案例提示

在这些成功经验的推动下，加上战时受聘到军队和工业界主持视听教学培训的专家在战后回归教育部门，以及视听设备的逐渐普及，战后学校教育中人们对视听教学的兴趣重新高涨。

2. 信息化教育阶段

20 世纪 80—90 年代，是信息化教育的萌芽与起步阶段，这一阶段也可以被视为从传统的视听教育向信息化教育过渡的关键时期。而自 20 世纪 90 年代以后，信息化教育则进入了迅速发展的阶段。

（1）实施国家教育信息化行动计划

在推进教育信息化的过程中，世界各国普遍将教育信息化视为提升本国全球竞争力和实现可持续发展的重要因素，并通过政府行为直接制定和推动本国的教育信息化行动计划。

美国的信息化教育始终走在世界前列。自 1992 年美国总统克林顿上任以来，他高度重视本国的信息化教育发展规划。1996 年，美国政府正式提出了第一个教育技术行动计划——《让美国学生为 21 世纪做好准备：迎接技术素养的挑战》（Getting America’s Students Ready for the 21st Century：Meeting the Technology Literacy Challenge）。该行动纲领明确指出：到 2000 年，美国的每一间教室和每一个图书馆都将接入信息高速公路，确保每个孩子都能在 21 世纪的技术环境中接受教育。2000 年，美国推出了第二个国家教育技术发展计划——《电子学习：将世界一流的教育置于所有孩子的指尖》（E-Learning：Putting a World-Class Education at the Fingertips of All Children），旨在通过电子学习手段提升教育质量，扩大教育资源的覆盖面。2004 年，美国又发布了第三个教育技术行动计划——《迈向美国教育的黄金时代：因特网、法律与当代学生如何重塑教育期望》（Toward A New Golden Age in American Education：How the Internet，the Law，and Today’s Students are Revolutionizing Educational Expectations）。该计划的核心内容包括加强领导力、创新投资模式、优化教师培训、支持 e-Learning 与虚拟学校发展、促进宽带网络接入、推动数字化内容创作以及实现数据系统集成等，旨在全面推动美国教育进入一个新的黄金时代。

20 世纪 90 年代初，欧盟发布了《信息社会中的学习：欧洲教育创议行动规划（1996—1998）》，旨在加速学校的信息化进程，并同时推出了多项与教育信息化和教育改革相关的开发计划。此外，欧盟各国也先后制定了各自的学校信息化发展计划。例如，丹麦政府在 1994 年制定的 INFO2000 IT&T 行动计划中提出，到 2000 年将实现全部中小学的联网；芬兰教育部则在 1995 年提出了《信息社会中的教育、培训与研究：国家战略》的五年计划，明确规定到 2000 年要使全部学校和教育机构实现联网；意大利教育部也于 1995 年提出了一个行动计划，目标是在 2005 年前为 20%的小学和 30%的中学配备多媒体设备与软件。

教育信息化是联合国教科文组织关注的核心问题之一。从《学会生存：教育世界的今天和明天》（Learning to Be：The World of Education Today and Tomorrow，UNESCO，1972）到《学习：财富蕴藏其中》（Learning：The Treasure Within，UNESCO，1972），这些报告都强调了教育信息化对于现代教育体系的重要性。进入 21 世纪以来，联合国教科文组织进一步聚焦于信息素养问题，分别发布了以信息素养为核心的两大宣言：布拉格宣言（2003）和亚历山大宣言（2005）。这些宣言明确指出，“信息素养是人们有效参与信息社会的一个先决条件，是终身学习的一种基本人权”。它们还强调，“信息素养和终身学习是信息社会的灯塔，信息素养作为终身学习的核心……是数字社会的一种基本人权”。这些宣言呼吁各国政府积极重视教育信息化，以应对数字化时代对传统教育模式的挑战，满足终身学习的需求。

随着数字经济的迅猛发展，教育数字化转型和数字化人才的培育已成为教育界广泛关注的议题。为适应数字化教育的发展需求，世界各国纷纷发布了数字教育发展战略文件，开启了以数字化技术驱动教育变革的新篇章。欧盟相继出台了《数字教育行动计划（2018—2020）》和《数字教育行动计划（2021—2027）》两份重要文件，旨在支持其成员国更好地推进数字化教育转型，构建欧洲高质量、包容性和无障碍的数字教育体系。2022 年 9 月 28 日，美国联邦教育部主办了全国数字公平峰会。在此期间，教育技术办公室发布了《促进全民数字公平：制定有效数字公平计划的社区建议，以消除数字鸿沟并实现技术赋能学习》的报告。该报告明确指出了数字公平的紧迫性，深入分析了阻碍数字公平的因素，并提出了解决策略及实施计划，旨在通过有效的数字公平计划来弥合数字鸿沟、实现数字学习、促进教育公平。2023 年 1 月 27 日，法国发布了《2023—2027 年教育数字化战略》。该战略不仅强调了数字技术在人们工作和生活中的重要性，还明确要求学校将培养学生的数字化素养和技能作为重要任务，以帮助学生更好地适应数字化社会。这一战略的实施，无疑将进一步推动法国乃至全球教育的数字化转型进程。

（2）全方位推进中小学教育信息化的进程

为了应对信息化社会的挑战，世界各国普遍将中小学教育视为本国教育信息化发展的基石、重心和关键领域。围绕中小学教育信息化，各国在基础设施建设、信息资源开发、信息技术教育普及、课程与技术的深度融合以及教师教育技术专业化标准制定等方面，展开了深入的研究和切实的行动。

在 20 世纪 90 年代初期，美国政府就启动了几项规模较大的中小学教育信息化工程。例如，由教育部发起的“明星学校”计划（1988—1997 年）；由美国科学基金会资助的“全国学校网络试点项目”（National School Networks Trial，NSNT）。1997 年 3 月，美国总统科技顾问委员会特别成立了一个教育技术专家组，针对中小学如何有效应用现代教育技术以改革美国中小学教育进行了深入研究，并发布了专门报告。报告的核心建议包括：将计算机辅助学习作为教学中心，而非仅仅学习如何使用计算机，确保信息技术全面融入 K-12 课程体系；强调教学内容与教学方法的创新，倡导采用以学生为中心的教学模式，注重培养学生的高阶思维能力、推理能力和问题解决能力；重视师资培养；保障实际投资；保证平等使用技术和积极开展实验研究。

1998 年和 2000 年，美国分别发布了《面向学生的国家教育技术标准》和《面向教师的国家教育技术标准》。到了 2007 年和 2008 年，为了适应社会发展的新需求，美国又相继推出了新版面向学生和教师的国家教育技术标准，这些标准着重强调了利用信息技术的目的在于促进学习与创新。具体而言，对学生的教育技术标准要求已从 1998 年版的以“技术的基本操作与概念”为首要标准，发展到将技术促进“创新与变革”作为教育技术标准的首要要求。而对于教师的教育技术标准，则明确要求教师自身应成为信息时代创新的典范和表率。

英国基础教育信息化的主要目的有两个：一是培养学生信息与通信技术能力；二是在教学中有效应用信息与通信技术以提高教育质量。英国在培养学生的信息与通信技术能力方面主要是采取开设学科课程和学科整合两种途径。这些措施不仅关注学生的学习过程，也强调教师在此过程中的教学技能提升，其根本宗旨在于促进学生的全面发展。此外，英国政府对基础教育信息化的投入呈现出逐年增长的趋势。

德国政府认为，通过基础教育中计算机信息学课程的学习，学生应掌握信息技术的应用，特别是要学会信息的获取、处理以及在网络环境下的传播。同时，学生应认识到自己是计算机系统的使用者，是交流技术的参与者，应积极参与其中。此外，还应培养学生辨别各类信息及适应信息通信技术快速发展的能力，促使他们以对社会和个人负责的态度使用这些技术。在教育过程中，应强调使学生能将计算机作为工具，用于信息管理、信息处理、信息表达和信息传递，以此实现相关的教学目标。

日本于 2020 年修订了《科学技术基本法》，并推出了新一期的科学技术创新基本计划，进一步细化了社会 5.0 的愿景。该计划旨在通过信息教育来培养学生的学习力以及面向社会 5.0 时代的生存能力。同时，日本重新定义了信息素养，将其与语言能力、问题发现与解决能力一同视为学生应具备的三大基础能力。此外，该计划还着力强调教育数字化转型的重要性，并系统地推进 STEM 教育。

此外，世界上许多大型计算机和通信公司都积极推进了教育信息化的发展。在这方面，我们较为熟悉的是“Intel 未来教育项目”（Intel Teach to the Future）。该项目是英特尔公司设计的一个全球性培训项目，旨在支持计算机技术在课堂上的有效利用。该项目的核心目标是对一线学科教师进行培训，使他们掌握如何促进探究型学习，以及如何将计算机的使用与现有课程紧密结合，从而最终提升学生的学习效果。正如英特尔公司前首席执行官克瑞格·贝瑞特（Craig R. Barrett）博士所言，“‘Intel 未来教育项目’表明，我们整个业界都认识到，如果教师不了解如何更加有效地运用技术，所有与教育有关的技术都将没有任何实际意义。计算机并不是什么神奇的魔法，而教师才是真正的魔术师”。

（3）加速全社会网络远程教育发展

随着计算机和网络通信技术的飞速发展，构建学习型社会、满足全民终身学习的需求日益迫切，各国的远程教育因此实现了质的飞跃。网络远程教育已成为世界各国教育信息化进程中的一个热点领域。

以美国为例，其远程教育主要呈现出两大特点：一是依托视频会议系统实现了实时远程教育，二是以 Internet 为核心开展了自主式远程教育。为加速网络远程教育的发展，美国国会在 1998 年的高等教育法修正案中，明确了三项关键措施：建立远程教育示范项目、推动远程教育合作项目以及成立网络教育委员会。此外，美国还积极布局在线课程建设，成功打造了 edX、Coursera 与 Udacity 这三大慕课平台。

英国作为世界上远程教育的先驱，近年来充分利用网络远程教育的优势，将传统的开放大学推向了一个崭新的发展阶段。2001 年 2 月，英国高等教育基金理事会提出了“E-university”计划，旨在整合英国各大学的资源，共同建立一所网上大学。该计划通过英国现有的 JANET 网络系统，向全球提供远程教育服务。为此，英国政府投入了 5000 万英镑，旨在与美国竞争，占据至少 25%的海外英语国家教育市场，并计划在 2005 年前吸引超过 75 000 名海外远程学员。计划的制定者强调，E-university 是一个无需实体校园的大学组织，学员可以自由选择任何一所大学提供的课程，其运营模式则借鉴了公司的管理模式。

早在 1996 年 10 月，日本国立多媒体教育研究所建立了空间合作系统。如今，国立多媒体教育研究所已成为空间合作系统的中央控制站，该系统覆盖了 116 所国立高等教育院校，建立了 139 个卫星地面站。通过通信卫星，各院校可以相互交流授课内容、专题报告、录像资料等，进行演示、会议、研讨和小组讨论等活动。这标志着日本大学的改革和创新已迈入了空间时代。

进入 21 世纪的数字化时代，世界各国纷纷致力于构建 21 世纪无所不在的网络社会。日本和韩国在 2004 年分别推出了国家信息化战略——U-Japan（泛在网日本）和 U-Korea（泛在网韩国）。其中，U-Japan 计划旨在发展泛在网络（ubiquitous network）及相关产业，期望通过这一举措引领新一代信息科技革命，在 2010 年实现“泛在网日本”的愿景。而韩国的信息和通信部则制定了详细的“IT 839 战略”，重点扶持泛在网络的发展。此外，美国提出了 I -USA 计划，欧洲则推出了 U-Europe 战略。2006 年，在中国举办的“无处不在的网络与中国 IT 发展战略研讨会”上，U-China（泛在网中国）的概念被明确提出。显然，泛在网为泛在教育或泛在学习（ubiquitous learning）提供了坚实的基础，并全面加速了全社会网络远程教育的发展步伐。

总之，世界各国都将加速发展网络远程教育视为推进本国教育信息化进程的重要一环。在网络远程教育的战略决策上，各国均希望通过这一方式构建全社会的终身教育体系，打造学习型社会和学习型组织，以满足不同层次学习者的多元化需求；同时，利用网络远程教育的形式来弥补传统中小学和大学教育模式的不足，并塑造出适应信息时代要求的新教育模式。当前，全球网络远程教育的发展态势如火如荼，展现出蓬勃的生机与活力。

思考 3–1

推动教育技术发展的原因有哪些？

教学活动建议

本节的教学重点聚焦于教育技术的起源与发展，旨在使学生深入了解并认识教育技术的起源、诞生以及其发展的各个阶段。在这一章中，建议教师可组织如下活动：组织学生阅读本章内容并对教育技术的起源和发展进行讨论，要求学生能够根据自己的理解，用自己的语言，说明教育技术的起源与发展。

学习活动建议

学生要了解和掌握教育技术的产生和发展。建议学生开展的学习活动有：

1）阅读教材和推荐阅读文献等，分析实际例子和实践案例以加深理解；

2）与同学、教师以线上或线下的方式进行讨论，以建构自己的知识和理解。

3.2 中国教育技术的起源与发展

3.2.1 中国电化教育（教育技术）的诞生

教育技术，作为一个新兴的实践与研究领域，在美国起源于视听教育，而在我国，其标志则是电化教育的出现。我国的电化教育发展历程独特，呈现出“先有其事实，后有其名称，再有其学科体系”的发展脉络。

所谓“电化教育之事”，即是指利用现代技术媒体来开展教育教学活动，旨在解决教育教学过程中遇到的各种问题。这一实践活动，在“电化教育”这一名称正式提出之前，早已在我国悄然展开。下面进行举例：

例一：1915 年，金陵大学设立了校园专用的电影放映场地，并每周举办校园电影放映活动以进行宣传教育。每次放映时，不仅吸引了本校师生，还吸引了附近民众的热情参与。同时，放映过程中辅以广播，以增强民众教育的效果。

例二：1920 年，金陵大学利用电影和幻灯技术来推广良种棉花的种植知识。

例三：1922 年，赵元任先生运用现代技术促进语言教育，编著了《国语留声片课本》，该书由上海商务印书馆出版，并配套有 12 张国语留声机片，由赵元任亲自发音录制，由歌林唱片公司发行。

例四：1923 年，晏阳初先生积极采用幻灯技术来开展平民识字教育活动。

例五：1928 年，中国广播电台正式建立，其广播内容中包含了丰富的教育节目。

例六：1932 年，中国教育电影协会宣告成立，蔡元培先生担任了该协会的首席监察委员。

例七：1934 年，镇江民众教育馆在城西设立了分场，按照既定时间轮流放映教育影片和展示教育幻灯片。同时，该馆还成功研制了集收音、扩音、播放功能于一体的三用机，用于巡回教学活动。随后，更是创新性地组装了一辆电影教育巡回施教车，进一步提升了教育普及的灵活性和覆盖面。

李龙教授将 1915 年金陵大学设立校园电影专用放映场地视为我国电化教育（教育技术）诞生的标志性事件，并认为这一年可以作为我国电化教育（教育技术）的起始年。这一观点基于充分的文献资料和实物证据（如照片），因此具有较高的可信度。然而，实际上，我国电化教育（教育技术）的萌芽可以追溯到 20 世纪初，但要精确确定一个起始的时间点确实存在难度。

3.2.2　中国教育技术的发展

1. 起步与草创时期（20 世纪初—1949 年）

1915 年，南京金陵大学在新校区建成的第一座教学楼——东大楼前方空地上，设立了“校园电影专用放映场地”，周末组织放映电影，并借助电影、播音、幻灯等多种形式开展民众教育活动。1922 年，南京金陵大学农学院增设了农业专修科，并设立了推广部。该部门从美国农业部购入了幻灯片、电影片等教学材料，同时采用唱片或播映员讲解的方式进行教学。1923 年，我国教育家陶行知在长沙、烟台、嘉兴等地成功举办了大规模的千字课教学实验。1932 年，中国教育电影协会于南京正式成立，至 1945 年共召开了 9 次年会。其主要活动包括宣传教育电影、参与国际教育电影会议、巡回放映和制作教育影片等。这是我国最早的群众性电教学术团体。1935 年，上海大夏大学社会教育系开设“教育电影”课，这标志着我国大学中电化教育课程的正式设立。1936

年，国民政府教育部核准金陵大学理学院开办“电影与播音专修科”。1940年，教育部改组原电影教育委员会与播音教育委员会，成立电化教育委员会，并在社会教育司下设立了第三科，专门负责电化教育工作的管理。

1936年9月，江苏省立教育学院设立电影播音教育专修科，学制两年，主要招收高中毕业生。这是我国最早设立的电化教育专业。1938年，教育部电影教育委员会和播音教育委员会与金陵大学理学院合作，共同创办了电影播音（电化教育）专修科，学制同样为两年。1945年，苏州国立社会教育学院创设电化教育系，这是我国最早成立的电化教育系。1947年，北平师范大学电化教育馆（后更名为直观教育馆）不仅设立了使用中波段的教育广播电台，还在教育系首次开设了“电化教育”选修课。

1936年，上海教育界人士创立了“中国电影教育用品公司”，并出版了《电化教育》周刊，共发行了6期，这是我国最早的电化教育专业刊物。1937年，上海商务印书馆出版了陈友松撰写的《有声教育电影》，该书成为我国第一本电化教育领域的著作。1942年，金陵大学理学院创办《电影与播音》（月刊），孙明经任执行主编。1940年，教育部社会教育司编印了《电化教育》一书，该书被纳入社会教育辅导丛书系列。同时，舒新城编著的《电化教育讲话》也由中华书局出版发行。

2. 调整和停滞时期（1949—1978年）

1949—1965年期间，我国电化教育进入了调整阶段。在这一时期，中央电化教育管理机构的职能发生了显著变化，同时地方和学校的电化教育机构也得到了进一步的发展。电化教育的重心逐渐从社会电化教育转向了学校电化教育。

（1）社会电化教育的发展

中华人民共和国成立后，社会电化教育迎来了迅速发展的时期。在推行机构、基础设施、人员配备及教育内容等方面均取得了显著进步，同时，社会电化教育的覆盖范围和教学方式也不断丰富和扩展。

广播教育在这一时期迅速普及。1949年，北京人民广播电台和上海人民广播电台率先推出俄语讲座。1950年，中央人民政府新闻总署决定建立广播收音网，旨在利用广播这一现代宣传工具，迅速传播新闻、传达政令、指导工作并教育干部，要求各地党委和宣传部门给予高度重视。同年，中央人民广播电台开播社会发展史和政治经济学讲座。1951年，上海人民广播电台成立俄语广播学校。此后，各类广播教育项目如雨后春笋般涌现，如1953年上海人民广播电台与上海市教育局合办的“文化补习”广播节目，1955年北京市、天津市分别创办的广播函授学校，以及 1956 年上海市建立的广播学校等。至 1958 年，天津市创办了广播函授大学，北京人民广播电台也将俄语讲座改为俄语广播学校。进入 60 年代，北京教育广播电台成立，由北京人民广播电台管理；山西、江苏等地也相继创办了教师进修和教师培养的广播学校。

电影教育同样迎来了快速发展。新中国成立后，文化部科学普及局内设立了电化教育处，由梁泽楚担任首任处长，并下设技术科与管理科，其中管理科由从美国归来的萧树滋担任科长。1950 年，文化部组织召开了五省二市幻灯工作会议，萧树滋在会上主讲了“幻灯教学”课程，并编印了《幻灯工作参考资料》。同年，东北人民政府卫生部成立了电化教育所，专注于电化教育的普及与卫生教育电影片、电动模型的制作，三年间共拍摄了 18 部卫生教育影片。1951 年，北京市利用幻灯技术成功举办了抗美援朝宣传周活动，效果显著。1952 年，中央电影事业管理局设立了教育片组，由新中国科教电影的奠基人之一洪林担任组长。次年，上海正式建立了我国第一个专业生产科教电影的基地——中央电影事业管理局科学教育电影制片厂，洪林任厂长。此后，政府通过发布多项指示与决定，进一步推动了电影事业的全国性普及与发展。这一时期拍摄的多部科教电影，如《生命的凯歌》、《石油》和《消灭飞蝗》等，不仅具有扎实的科学内容，还对当时的工农业生产起到了积极的促进作用。1960 年，沈阳市成立了教育电影工作组，1962 年改称沈阳市教学电影幻灯组，1964 年成立沈阳市电化教育馆。

此外，广播电视大学的建立也标志着我国电化教育进入了一个新的阶段。1958 年，天津市红专广播电视大学成立，后改名为天津市广播函授大学。1960 年，北京电视大学开学，成为我国第一所电视大学。随后上海、沈阳、长春、哈尔滨、吉林、重庆等地也相继成立了电视大学或业余广播大学。

在总结与培训方面，1963 年北京电化教育馆举办了电化教育展览会，展示了北京市在电影、幻灯、录音等方面的教学成果和经验。1965 年，该馆还举办了多期电化教育干部训练班，为各区、县培养了大量技术人员，为电化教育事业的持续发展奠定了坚实基础。

（2）学校电化教育的发展

学校电化教育是我国电化教育事业的重要组成部分，主要包括中小学电化教育和高等学校电化教育。

1954 年，北京市教育工作会议之后，北京市第三中学、西城区宏庙小学等学校开始利用幻灯进行教学，并组织学生观看科教影片。1958 年，北京电教馆筹备处设立了教学幻灯组，以推广幻灯教学。1959 年初，该组织开始绘制教学幻灯片。1960 年暑期，北京电教馆邀请了 60 余名小学教师，集中编绘了小学自然、常识、语文和历史等多学科的教学幻灯片共30多部。这些画稿被无偿提供给北京幻灯制片厂，用于生产和发行玻璃纸大插片教学幻灯片，每科制作200套。1959年，沈阳市教育局抽调张岗琴等人组建了教学电影编导组，地点设在市二十中。1960年，该电影编导组成功完成了高中物理教学影片《静电学》和《内燃水泵》。在此基础上，沈阳市科学教育电影制片厂得以成立。同样在1959年，北京电教馆与西城区教师进修学校合作，在女三中、女六中、三十六中及崇文师范等学校开展了生物、物理电影教学研究。后来，随着4台电影放映机的获得，他们成立了四个教学电影放映队，定期、定点为中小学生放映教育教学电影。1963年1月，教育部在北京召开了新中国第一次电化教育经验交流会。会议后，各地以不同的形式展示了电化教育成果，有效促进了中小学电化教育的发展。

关于高校电化教育，1951年，西北大学建立了电教室，由高汝淼担任室主任，并开设了电教课，吸引了十多个学生听课。1954年，贵州省贵阳医学院购进了实物反射幻灯机，用于辅助教学。1953年，西北师范学院也建立了电教室，购置了钢丝录音机、幻灯机、电影机等设备，进行了外语电化教学的试验。1958年，北京师范学院参与首都教育电影制片厂建设；同年，西安交通大学也开展了电化教育，在外文和机械制图教学中，充分利用了电影、幻灯、录音、唱片、扩音等多种手段辅助教学。进入70年代，电化教育继续发展。1973年，北京大学成立了电化教育组；南京市教师进修学院重新筹建了电化教育组。1975年，华南师范大学成立现代教育技术研究室，李运林担任该研究室主任。

1950—1965年间，我国的教育技术（电化教育）领域取得了显著成就，并保持了快速发展的态势。然而，自1966年“文化大革命”爆发以来，我国的教育事业遭受了严重冲击，作为其中重要组成部分的电化教育同样未能幸免。省、市级电化教育馆被迫撤销，大量电化教育资料散失，广播和电视教学等活动也相继停办，整个电化教育事业陷入了停滞状态。

3. 重新起步和全面发展时期（1978—2012年）

“文化大革命”后，我国的电化教育工作逐步得到了恢复并迅速发展，取得了显著的成绩。

（1）教育技术事业的发展

1978年以来，我国教育技术（电化教育）领域在组织机构建设、基础设施建设、专业队伍建设等方面均得到了迅速发展。教育技术机构逐步形成了系统，管理体制也日益完善。

1978 年，经国务院批准，教育部设立了电化教育局并成立了中央电化教育馆，这一机构采用了一套班子、两种职能的运行模式，既是事业单位，又承担着管理全国教育技术（电化教育）工作的行政职能。随后，全国各级各类教育技术（电化教育）机构相继建立，共同构成了一个完整的体系。在 20 世纪 80 至 90 年代，我国教育技术（电化教育）的管理体制以自上而下的“条条加块块”模式为主。行政上，主要由地方教育行政部门进行“块块”系统管理；业务上，则遵循由上而下的“条条”系统指导。进入 21 世纪后，管理体制有所调整，“条条”管理逐渐转变为宏观调控，而“块块”管理则成为主体。

硬件环境建设方面，经历了从“两机一幕”到“电化教育系统工程”（八室一站三系统的建设），再到“校校通”工程、农村中小学现代远程教育工程的显著发展。2000 年，教育部全面启动了中小学“校校通”工程。2003 年，农村中小学现代远程教育工程全面实施，这些举措极大地推动了中小学信息化基础设施的建设。此外，2000 年后，中国教育科研网、中国教育卫星宽带传输网的升级扩容及与有线电视网的三网互联互通，成为网络发展的重要方向。

软件资源开发方面，从个别学科的重难点幻灯、录音教材的开发，逐步扩展到各科现代教材体系的开发，再到网上课程、数字化教材和教育资源库的建设。特别是 2000 年以后，“校校通”工程和农村中小学现代远程教育工程的实施，极大地促进了中小学教育资源库的建设。这些资源通过计算机网络、卫星宽带网、电视节目、光盘等多种渠道提供给中小学，旨在提升中小学特别是农村小学的教育质量，促进义务教育的均衡发展。2002 年，教师教育信息资源库成为建设重点，推动了“全国教师教育网络联盟计划”的实施。自 2003 年起，精品课程、大学视频公开课、精品资源共享课以及教育资源公共服务平台、教育管理公共服务平台的建设逐步展开，并取得了显著成就。

（2）教育技术队伍不断壮大，素质日益提高

1978 年以来，我国教育技术队伍建设发展迅速。1985 年的统计数据显示，当时我国拥有教育技术人员 101 794 人。到现在，已有上千万之众（包括学科教师），已成为一支非常庞大的队伍。在过去的二十多年里，我国教育技术队伍建设不仅在数量上实现了巨大的飞跃，而且在人员素质上也取得了显著提升。这些教育技术人员通过不断学习专业知识与技能，参与各种教育技术培训，以及实践经验的积累，其信息素养得到了有效提高。

（3）教育技术学科的发展

20 世纪 80 年代以来，我国教育技术（电化教育）理论体系的建设大致经历了三个关键的发展阶段：①立框架阶段（20 世纪 80 年代至 90 年代初）。1981 年 9 月，教育部电化教育局在杭州召开了“电化教育”课程教学大纲讨论

会，会上制定了“电化教育”课程教学大纲草案，内容涵盖了电教理论、电教媒体、电教教材编制、电化教学法、电教管理等几个关键部分。这一大纲为电化教育理论体系的初步构建奠定了坚实基础，确立了由本质论、功能论、发展论、媒体论、过程论、方法论、管理论七大部分组成的理论框架。此后，电化教育的理论体系便主要在这一框架下不断扩展和完善。②多元发展阶段（20世纪90年代中期至 2005 年）。进入20世纪90年代中期，随着教育技术 AECT 1994定义的引入，以及多媒体技术、网络技术等新兴技术的崛起，加之建构主义学习理论和教学系统设计理论等新理论的引入，我国教育技术（电化教育）领域经历了深刻的变革，理论体系建设步入了多元化发展阶段。这一时期，各类教育技术理论专著和教材纷纷涌现，各自构建了独特的理论框架，有的沿用七论结构，有的扩展至十三论，还有的则按照三大部分或五大支柱加三大应用领域等方式进行划分。这些理论框架大致可归为两类：一类是基于教育技术 AECT 1994定义构建的，另一类则是基于我国自身的理论研究和实践经验总结而成的。③重构阶段（2005 年至今）。自2005年起，我国教育技术（电化教育）理论研究步入了重构阶段。这一阶段的重构并非从零开始，而是在已有研究基础上进行的。其主要目标是促进两类理论框架的融合，构建一个适应中国文化环境、满足中国实际需求、具有中国特色的教育技术理论体系。这是该阶段理论研究的核心议题。

我国在高等学校设立教育技术学（电化教育）专业始于20世纪30年代。在1993年以前，该专业通常被称为电化教育专业；而自1993年起，则普遍更名为教育技术学专业。1983年，我国高校开始恢复设置电化教育专业，如西北师范大学等多所高校设立了电化教育专科，学制通常为两到三年。同年，华南师范大学创办了新中国成立后首个电化教育本科专业，学制为4年。自1986年起，我国开始培养研究生层次的教育技术学（电化教育）专业人才。1986年，北京师范大学、河北大学、华南师范大学率先设立了教育技术学专业硕士点，学制3年。1993年，北京师范大学更是领先设立了教育技术学专业博士点，学制同样为3年。进入21世纪后，我国教育技术学专业迅猛发展，形成了涵盖本科、硕士、博士的完整人才培养体系，这在全球范围内处于先进水平。

（4）教育技术产业的发展

教育技术产业是涵盖教育技术软件与硬件的研发、生产、销售及服务的多个行业和部门的集合。自1978年以来，我国教育技术产业的建设，经历了从以引进为主，到软件产业兴起，再到硬件产业壮大，直至系统集成产业的快速发展，最终转向自主研发生产与出口的几个关键阶段。

20 世纪 80 年代初，我国教育技术（电化教育）重新起步，并迅速发展。面对教育技术设备器材的严重短缺，我国不得不从西方发达国家大量引进。这些引进的设备器材主要包括幻灯投影设备、语言实验室等。20 世纪 80 年代中期，我国教育技术软件产业开始蓬勃兴起，涵盖了幻灯投影软件产业、音像教材出版产业、电视教材产业以及计算机多媒体教学软件产业等多个领域。随着国外教育技术产品的不断引进，我国积极消化吸收国外技术，通过“关键部件引进，其他配件本地生产”的策略，逐步开始自主生产教育技术设备。这一过程中，诞生了一批教育技术硬件产业，如教学投影机产业、数字语言实验室产业、学习机产业等。进入 20 世纪 90 年代，随着校园网系统的广泛建设，各种系统集成产业应运而生，包括多媒体组合教学系统集成产业、多媒体网络教室系统集成产业、校园闭路电视系统集成产业以及校园网络系统集成产业等。我国的一些科技公司更是将最新的科学技术与先进的教学理念紧密结合，研发出了多种具有鲜明特色的信息化教学器材，并成功出口到美洲、欧洲、东南亚等多个国家和地区。其产品主要有：互动电子白板、视频展示台、电子书包、学习机、自动录播系统等。

4. 多元融合和创新发展时期（2012 年至今）

走进中国特色社会主义新时代，信息技术与教育教学的深度融合，正引领着新一轮的教育变革，催生了诸如 AI 教育、网络教育、智能教育等多种新兴教育形式，这些形式在多个领域获得了优秀案例和成功经验。自党的十八大以来，我国教育技术的发展迈入了一个崭新的发展阶段。从教育信息化向教育数字化的转型过程中，数字化教育资源持续扩充，数字化教学平台日益完善，数字化服务效能显著提升，信息化和数字化已成为推动教育强国建设的重要驱动力。根据教育部 2023 年发布的数据，全国中小学（含教学点）全部接入互联网，“三通两平台”目标任务基本完成，教师信息技术应用能力明显提升，教育信息化应用模式不断创新，为迈向教育数字化新阶段奠定了坚实基础。

（1）出台政策，以数字化转型赋能教育高质量发展

自 2012 年以来，国家制定并出台了一系列关于教育信息化和数字化的政策文件，数字化转型正以前所未有的速度赋能教育的高质量发展。

2012 年 3 月，教育部颁布了《教育信息化十年发展规划（2011—2020 年）》，宣布实施“中国数字教育 2020”行动计划，旨在促进优质资源共享、学校信息化、教育管理信息化、可持续发展能力与信息化基础能力等方面的发展。

2013 年 11 月，十八届三中全会首次将教育信息化写入了中央全会决议，

明确提出“构建利用信息化手段扩大优质教育资源覆盖面的有效机制，逐步缩小区域、城乡、校际差距”的重要任务。

2016 年 3 月，在十二届全国人大四次会议上通过了《中华人民共和国国民经济和社会发展第十三个五年规划纲要》（简称“十三五”规划），正式将“数字中国”上升为国家战略，推动以物联网等信息技术促进数字中国的建设。

2016 年 6 月，教育部发布《教育信息化“十三五”规划》，规划中提出将教育信息化发展的四大转变作为基石，并重点规划了“四个提升”与“四个拓展”的任务。

2018 年 4 月，《教育信息化 2.0 行动计划》印发，提出到 2022 年基本实现“三全两高一大”的发展目标，并实施了“八大行动”；同时，《中小学数字校园建设规范（试行）》也得以发布。

2019 年 2 月，《中国教育现代化 2035 》印发，明确提出建设智能化校园，统筹建设一体化智能化教学、管理与服务平台，培育具备现代化素质的人才，建立数字教育资源共建共享机制，推进管理精准化和决策科学化。

2020 年 6 月，教育部发布《职业院校数字校园规范》。2021 年 3 月，又发布了《高等学校数字校园建设规范（试行）》。这些关于建设数字校园的政策文件，有力地推动了我国教育信息化的深入发展。

2021 年 11 月，《关于推进“互联网+教育”发展的指导意见》下发，提出统筹部署“互联网+教育”的方针，完善顶层设计，正式吹响了教育数字化转型的号角。

2021 年 12 月，中央网络安全和信息化委员会印发了《“十四五”国家信息化规划》，其中提出实施全民数字素养与技能提升行动，构建全民数字技能教育资源体系，开展数字技能教育培训，确保全民数字素养与技能提升重点任务的落实。

2022 年 1 月，国务院印发了《“十四五”数字经济发展规划》，强调深入推进智慧教育，推动“互联网+教育”持续健康发展。

2022 年 2 月 8 日，《教育部 2022 年工作要点》发布，明确提出实施教育数字化战略行动，加速了教育领域的数字化变革进程。

2022 年 10 月 16 日，中国共产党第二十次全国代表大会首次将“推进教育数字化”写入大会报告，提出要“全面推进教育数字化进程，建设全民终身学习的学习型社会、学习型大国”。

2022 年 12 月，在教育部主办的世界慕课与在线教育大会上，我国正式发布《无限的可能——世界高等教育数字化发展报告（2022）》。这是中国牵头编制的世界首部高等教育数字化战略研究报告，具有重要标志性意义，标志着我国从国际规则执行者向创新引领者的角色转变。

2023 年 6 月 19 日，在全国教育数字化现场推进会议上，教育部正式启动实施国家教育数字化战略行动，以国家智慧教育平台为着力点，全面优化教育资源供给服务，坚定地走中国特色的教育数字化发展道路。

（2）建设项目，增强教育信息化水平和数字化能力

自 2012 年以来，我国启动和实施了一系列有关教育技术的建设和应用项目。

2012 年 9 月，在全国教育信息化工作电视电话会议上提出，“十二五”期间，要以建设好“三通两平台”为抓手，也就是“宽带网络校校通、优质资源班班通、网络学习空间人人通”，建设教育资源公共服务平台和教育管理公共服务平台。据教育部统计，截至 2022 年底，全国中小学（含教学点）互联网接入率达到 100%，比 2012 年提高了 75 个百分点；99.9%的学校出口带宽达到 100 M 以上，超过四分之三的学校实现无线网络覆盖，99.5%的学校拥有多媒体教室，进一步夯实信息化教学基础条件。

2012 年 11 月，教育部全面启动实施“教学点数字教育资源全覆盖”项目，为农村边远地区教学点提供设备和资源，帮助其补足国家规定的课程。

2013 年 10 月，教育部启动“全国中小学教师信息技术应用能力提升工程”。到 2018 年，完成了全国 1000 多万中小学（含幼儿园）教师新一轮的提升培训，提升了教师的信息技术应用能力、学科教学能力和专业自主发展能力。

2014 年 7 月，教育部启动“一师一优课、一课一名师”活动，旨在推动教师对信息技术在教学改革中作用的认识，并充分调动各学科教师在课堂教学中应用信息技术的积极性和创造性。

2014 年 11 月，以西藏教学点完成设备安装调试为标志，“教学点数字教育资源全覆盖”项目全面完成，6.36 万个教学点实现设备配备、资源配送和教学应用的“三到位”。

2015 年，《国务院关于积极推进“互联网+”行动的指导意见》出台，鼓励开展“互联网+”试点示范，推进“互联网+”区域化、链条化发展。为助力推进“互联网+教育”的发展，多省份积极响应国家号召，认真落实文件精神，以“互联网+教育”示范区建设为抓手，为加快教育高质量发展提供了有力支撑。

2018 年，宁夏回族自治区启动实施“互联网+教育”示范区建设。该建议以优化升级自治区教育大平台、推动网络学习空间应用全覆盖、大力助推教育教学改革和创新素养教育、加快推进“互联网+教育”达标县数字校园建设、

利用人工智能助推教师队伍建设等为重点任务，旨在加快推进教育数字化进程，着力实现高质量教育的发展。2023 年 4 月，宁夏的“互联网+教育”示范区建设顺利通过了教育部的验收。专家组表示，宁夏在“云—网—端”一体化服务体系建设、政研企校一体化合作机制创新、中小学教师信息素养测训提升、数字化教育教学模式变革以及“互联网+教育”标准规范体系构建等方面，都凝练了大批实践成果，形成了可复制、可推广的“宁夏经验”。

2018 年 9 月，教育部批准湖南省作为国家教育信息化 2.0 的首个试点省份，通过探索“互联网+教育”综合实践平台、“教育资源”开放共享服务体系等方式，积极推进教育信息化 2.0 的建设。

2019 年 1 月，教育部启动“智慧教育示范区”创建项目，旨在为推动教育信息化融合创新发展、提升教育质量提供可供推广的优秀案例，并探索推进教育现代化的新路径。

2021 年 8 月，上海成为国内首个教育数字化转型的试点区，将推进中小学教学数字化转型作为改革方向。通过研发数字教学系统——“三个助手”（备课助手、教学助手、教育辅导助手）以及各方协作互补的推进方式，上海致力于推动信息技术与学科教学的深度融合，共同促进基础教育的优质发展。

以上项目的实施，有力促进了我国教育信息化的建设和应用，加速了数字化教育新阶段的演变。

案例 3–2

2019 年 1 月，根据《教育信息化 2.0 行动计划》的部署，教育部办公厅决定遴选一批符合条件的地区，开展“智慧教育示范区”建设，推进教育信息化融合创新发展。

以《教育信息化 2.0 行动计划》为指引，“智慧教育示范区”致力于打造纵向衔接、横向贯通的教育新格局，形成全方位、多层次、立体化的教育体系。它旨在构建网络化、数字化、智能化、个性化、终身化的教育体系，为智慧社会的构建奠定基础。

2021 年 2 月，教育部公示了 2020 年度“智慧教育示范区”创建项目名单。创建区域名单包括北京市海淀区、天津市河西区、江苏省苏州市、浙江省温州市、安徽省蚌埠市、福建省福州市、江西省南昌市、山东省青岛市、广东省深圳市、四川省成都市成华区。同时，培育区域名单包括重庆市璧山区和甘肃省兰州市。

● 活动指导

根据以上案例，请查阅“智慧教育示范区”建设的相关资料，思考智慧教育采用何种方法推进教育资源的差异化供给，并提升区域教育资源供给服务能力？

____。

● 案例提示

以武汉市国家"智慧教育示范区"为例，该示范区以"三通两平台"为基础构架，采用智能化技术构建了武汉教育资源云。这一云平台能够实现优质教育资源的共享，其方便快捷的特点让教师和学生能够走出教室，同时也让教师充分体会到了"既是资源的贡献者，也是资源的受益者"的云平台应用特色。

（3）构建平台，促进师生信息化和专业化发展

随着云计算、物联网等新兴技术的创新使用，信息技术在教育领域的影响力显著增强。国家加大了对教育信息化平台和资源的建设力度，国家教育资源公共服务平台于 2012 年正式上线运行，教育管理公共服务平台也相继建成并投入运行。

2012 年 7 月，中央广播电视大学更名为国家开放大学，标志着开放大学的高质量发展进入了一个新阶段。这所大学以现代信息技术为支撑，以"互联网+"为特征，旨在为全民提供终身教育服务，并致力于促进"人人皆学、处处能学、时时可学"的学习型社会的形成。

2012 年 12 月底，网易公司推出的在线学习平台——网易云课堂正式上线。该平台不仅为用户提供了海量、优质的教育资源，还帮助用户实现了自主学习。

2013 年春季新学年伊始，上海市推出了"上海高校课程资源共享平台"。从 3 月 3 日起，上海市 30 所高校的学生可以在该平台上选择心仪的课程，并实现校际的学分互认。

2013 年 4 月，由重庆大学发起，联合中国人民大学、复旦大学等多所高校，中国东西部高校课程共享联盟成立。10 年来，联盟成员增加到现在的 275 所正式成员高校，成为国内规模最大、服务学生最多的慕课课程联盟。10 年来，各成员单位在联盟运行课程 5176 门，累计大学生总选课人次 1.15 亿人，其中西部地区学生超过 3000 万人次。

2013 年 5 月，北京大学和清华大学宣布加入 edX 平台，成为 edX 的首批亚洲高校成员，在与 edX 团队对接全球网络课程的同时，宣布将建立自己的在线教育平台，促进教育资源的开放共享，为社会提供更广泛的社会服务。

2013 年 8 月，C20 慕课联盟（高中）正式成立，旨在推动中国高中开发大规模在线公开微视频课程，促进"翻转课堂"的实施，改善人才培养模式。

2013 年 10 月，上海交通大学宣布与 Coursera 平台合作，和耶鲁大学、斯坦福大学等百家高校、科研机构一起向全球提供在线课程。

2013 年 10 月 10 日，清华大学研发的中文 MOOC 平台——学堂在线正式上线，面向全球提供在线课程。截至 2023 年底，学堂在线运行的课程数量约 8000 门。截至 2024 年底，学堂在线注册用户数超 1.44 亿人，选课人次达 11.4 亿人，运行的课程数量已经超过 1000 门。

2015 年 2 月，由北京大学与阿里巴巴集团联合打造的华文慕课平台上线。华文慕课的首批合作院校包括北京大学、台湾大学等名校。

2016 年，教育部与中国移动签署了为期 5 年的第二期战略合作框架协议。网络可覆盖 20 多万所学校。同时，中国移动搭建的“和教育”云平台已服务 9000 万教育用户。

2016 年 6 月 16 日，清华大学和学堂在线联合宣布推出智慧教学工具——雨课堂。这款工具连接了师生的智能终端，将课堂的每一个环节都赋予了全新的体验，最大限度地释放了教与学的能量，推动了教学改革。

2018 年 1 月，教育部发布了首批 490 门国家精品在线开放课程。截至 2022 年 2 月底，我国上线慕课数量超过 5.25 万门，注册用户达 3.7 亿，已有超过 3.3 亿人次在校大学生获得慕课学分，慕课数量和应用规模世界第一。在线教学模式覆盖范围持续拓展，高校在线教学英文版国际平台“爱课程”和“学堂在线”入选教科文组织全球教育联盟，首批已上线 500 余门英文版课程。

2022 年 3 月 1 日，教育部在“国家中小学网络云平台”运行服务经验的基础上，将原云平台改版升级为国家中小学智慧教育平台，并上线试运行。截至 2023 年底，该平台的累计注册用户突破 1 亿，周活跃用户数量在 1500 万左右。

案例 3–3

“北信在线”是北京信息职业技术学院打造的全业务平台，包括课程教学平台、远程教育平台、在线考试平台和教学资源库管理平台。作为一种新在线教育模式，“北信在线”支持“混合学习”，不仅支持学生的混合学习、教学资源库远程访问，还能够辅助教师开展在线考试，教学资源库管理平台也可以与教学资源库连接，用户可以建立个人空间，收集相关资源，完成个人空间的资源管理。

- 活动指导

请登录“北信在线”网站，查看这一平台的课程种类、资源分类等模块，并思考“北信在线”平台的优点和缺点。

优点：______________________________。

缺点：______________________________。

● 案例提示

“北信在线”是提供预习、混合式学习和学习效果评测的平台，可以满足学生自主导学、线上线下混合式学习和学习资源整理的需求，提供丰富的课程视频，可供社会学习者参与学习，教师还可以在平台上设定试题、组卷，进行在线考试并生成成绩分析表。

2022 年 3 月 28 日，国家智慧教育公共服务平台上线，其中，在基础教育平台提供资源 3.4 万条，在职业教育平台上线教育资源库 1194 个、在线精品课 6628 门，在高等教育平台上线 2.7 万门课程。开设德育、教学、劳动教育等 10 个板块，不仅是学生参与数字化学习的平台，也成为教师培训数字化转型的重要渠道。平台上线一年多以来，访客量超 11 亿人次，用户覆盖全球 166 个国家和地区，现已成为世界第一大教育数字化资源中心和服务平台，成为助力我国教育数字化转型的关键推手。2022 年 4 月，国家中小学智慧教育平台的移动端“智慧中小学”APP 正式上线，为学生自主学习、家校协作提供了更为便利的渠道。

2023 年 7 月 28 日，广西教育数字化转型推进会在广西南宁市成功召开。会上，桂教通平台正式上线。该平台致力于构建教育产业互联新模式，旨在将政府、学校、企业、教师、学生和家长互联，并提供数字化服务应用。它将成为促进教育产业转型升级、推动广西教育数字化变革的高效平台。

2023 年 9 月，在经过两年的试运行后，华中师范大学自主研发的智能教学平台“小雅”正式启用。该平台拥有线上课程空间 5.5 万个，已建设数字化学习资源 220 余万个，累计用户超过 15 万人。它构建了教、学、评、测等多个智能模块，全面促进了大数据、人工智能与教育的深度融合，为教育数字化转型的发展之路提供了有力支持。

活动 3–1

在对我国教育技术的发展历程进行分期时，采用了什么样的分期依据？每一个阶段都有哪些特点？

请用思维导图的方式将我国教育技术的发展历程呈现出来，总结每一发展阶段的特点。

教学活动建议

本节的教学重点是中国教育技术（电化教育）的诞生与发展，旨在使学生对我国教育技术（电化教育）的诞生与发展阶段等有所了解和认识。在这一章中建议教师可组织如下活动：组织学生阅读本章内容并对中国教育技术（电化教育）的起源和发展进行讨论，要求学生能够根据自己的理解，阐述我国教育技术（电化教育）的起源与发展。

学习活动建议

学生要了解我国教育技术（电化教育）的发展阶段，掌握我国教育技术（电化教育）的诞生和发展。建议学生开展的学习活动有：

1）阅读教材和推荐阅读文献等，分析实际例子和实践案例以加深理解；

2）与同学、教师以线上或线下的方式进行讨论，以建构自己的知识和理解。

学习评价

（一）学习经历评价

1. 你是否阅读了教材第三章的所有内容？

建议：如果答案为“否”，请暂停自我评价，阅读未读过的部分。

2. 你能否理解第三章中所有内容？

建议：如果答案为“否”，首先请列举不理解的内容，然后可以尝试利用以下方法解决遇到的问题。

- 利用图书馆和网络资源，查找相关文献。
- 与同学进行讨论。
- 向教师提问，争取教师的帮助。
- 将问题发布在线上讨论区，争取更多人的帮助。

（二）自测题

1. 教育技术起源于 20 世纪初的__________。

2. 国外教育技术的发展历程大致可以划分为____________________、____________________两个阶段。

3. __________和__________是电化教育学科开始诞生的两个主要标志。

4. 中国教育技术发展经历的四个阶段__________，__________，__________、__________。

5. 请你谈谈对教育技术起源的认识。

6. 通过本章学习，对你有何启示？

推荐阅读文献

[1] 章伟民，曹揆申. 教育技术学[M]. 北京：人民教育出版社，2000.

[2] 南国农. 中国电化教育（教育技术）史[M]. 北京：人民教育出版社，2013.

第 4 章　教育技术的理论基础

学习目标

1. 掌握系统科学与复杂性科学理论的思想及其对教学的指导意义；
2. 理解和掌握学习理论、教学理论的要义及其对教学的指导意义；
3. 掌握传播理论及其对教学活动的意义和作用；
4. 学会运用马克思主义的立场分析各派理论的内容要义，以及这些理论对教育技术实践的指导意义。

学习导航

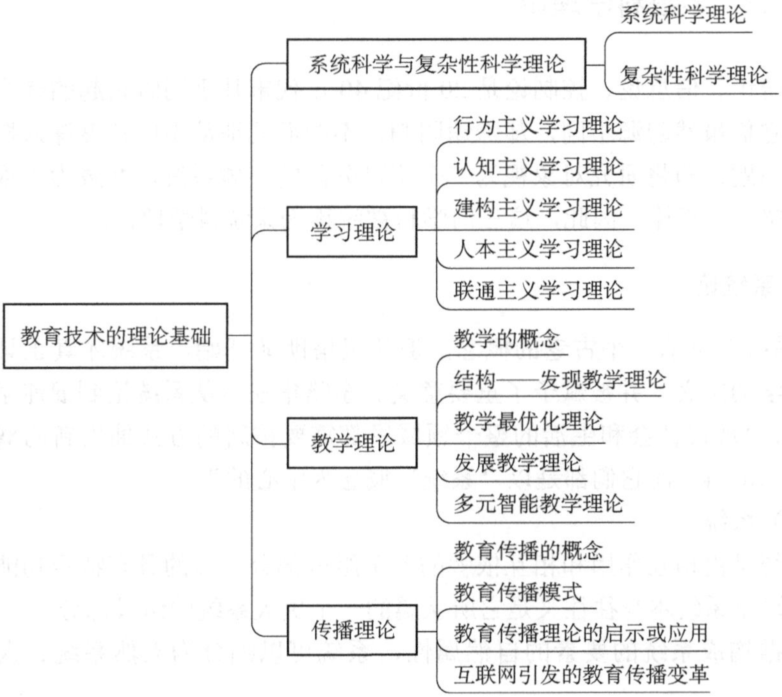

本章导学

在学习本章时，我们不仅要系统学习有关的理论基础，更重要的是要深刻了解和领会这些理论和教育技术学之间的关系。教育技术的产生和发展不仅有现代信息技术作基础，而且还与当代学习理论、教学理论、传播理论以及系统科学与复杂性科学理论有着密切的关系。学习者可以通过自身的学习或者教学经验来理解这些理论对教学活动的指导作用和意义。

4.1 系统科学与复杂性科学理论

系统科学理论涵盖了系统论、信息论、控制论，这三者合称为“三论”。其奠基者致力于摆脱机械决定论和“还原论”的传统分析框架，超越了几百年来基于机械论的科学简单性信念，从而开辟了一条对复杂系统进行整体性综合研究的新途径。兴起于 20 世纪 80 年代的复杂性科学，标志着系统科学发展的新阶段，并成为了当代科学发展的前沿领域之一。在复杂性科学的后期研究阶段，涌现出了耗散结构理论、协同学、突变论等理论，这些理论被统称为“新三论”。

4.1.1 系统科学理论

系统论、信息论、控制论是 20 世纪 40 年代末几乎同时兴起的综合性横断学科，它们虽然起源不同，却殊途同归，不约而同地从不同角度深入探讨了同一核心问题：即将研究对象视为一个不可分割的整体系统，并致力于揭示这一系统的整体性规律。因此，这三门学科被统称为系统科学理论。

1. 系统论

“系统”可谓一个古老的概念，但从贝塔朗菲开始，系统才真正具有了明确而科学的定义，并被赋予了重要意义。李曙华在《从系统论到混沌学》一书中指出，“现代社会和生活的整个领域里都需要按新的方式抽出新的概念、新的观念和范畴，而它们都是以‘系统’概念为中心的”。

（1）系统

系统是由相互作用和相互依赖的若干组成部分合成的具有特定功能的有机整体，这个系统本身往往又是它所从属的一个更大系统的组成部分。

根据构成系统的要素的自然属性，系统可以细分为天然系统、人造系统

（包括人造自然系统、人造社会系统、人造认识系统）以及复合系统（如人-机系统、自然-社会系统）。而从系统与外部环境的关系来看，系统则可分为孤立系统（无物质、能量和信息交换）、封闭系统（允许能量交换，但不允许物质交换）和开放系统（允许物质、能量、信息的自由交换）。此外，系统还可以根据其他特性进行分类，如线性系统与非线性系统、自组织系统与他组织系统，以及白箱系统、灰箱系统和黑箱系统等，这些分类进一步揭示了系统内部运作和外部交互的复杂性和多样性。

（2）整体性原理

整体性原理是系统论最重要的原理，也是系统论之为科学革命的根本所在。“整体大于部分之和”是亚里士多德的一句名言，也是一个经典的系统论观点，以一种“隐喻”的方式生动地表达了系统论的整体性原理。系统的整体不可分性、非加和性、突现性、层次性、开放性都可作为次一级原理统摄在这一总的原理之下。

● 整体不可分原理

整体性原理突出了科学中分析程序的局限性，是对机械论模式的否定，我们将整体性原理表达为整体不可分性，这是整体性原理最基本的意义。

部分在整体中只是名义上的部分，不存在转化为独立物的可能性，原子性原则不成立。譬如有机体、人体。这类系统皆具有整体不可分性，部分在整体中与在整体外有根本的区别，而且整体本身亦因此而休戚相关。

● 非线性或非加和性原理

“整体大于部分之和。”大于即表示不等于不等同。整体既然不可分，加和性条件便不能成立。其根源仍在“相互作用”。

显然，系统整体性特征的出现，关键在于各部分之间的组织性。与孤立的部分不同，系统的各部分之间具有不可忽略的“强相互作用”或“非常重要”的相互作用，而且它们具有复杂的非线性关系和作用，譬如正负反馈，以及由此而产生的信息。一旦部分与整体分离，便不能复原，或不能完全复原。正是这种复杂的非线性的相互作用，导致了加和关系与机械论模式的失效。系统越复杂，系统内部联系越紧密，非线性关系越占主导地位。譬如，大分子的总和并不能产生出有组织的生物整体，基因组是作为一个整体产生生物整体。

● 突现性原理

突现性是系统具有整体性的最明显的标志和判据，它表明系统整体具有组成它的要素及要素的总和所不具有的性质和特点。因此突现性本身即包含着不可还原性。系统的整体突现性是对还原论的否定。还原论认为，我们总可以找到系统的最小“原子”，并且总可以将整体还原为组成它的最小单元。而且认为，我们只要了解部分，就能了解整体。系统的整体突现性，强调系统整体具有部分所不具有的特性和功能，了解部分并不能了解整体。因此系统具有整体向部分的不可还原性，较高层次向较低层次的不可还原性。系统规模越大，结构越复杂，整体超过部分性能之和的性能就越多。

在这个意义上可以说，突现性是整体大于部分之和，简并性是整体小于部分之和。我们必须把整体与部分的关系建立在复杂的多样性统一的基础上。

● 等级层次性原理

层次序列的一般理论是一般系统论的主要支柱。层次性是系统的基本特征。系统层次性是由整体的突现性决定的，要素与系统处于不同的层次。与经典科学同质的等级层次不同，系统的层次性突出了部分与整体间的质的差异，强调高层次向低层次的不可还原性。具有低层次所不具有的性质和机制（或规律），即突现性。层次是从“原子”到各级系统的质变过程中呈现出来的进化阶梯，是一定的部分质变所对应的结构。

具有多级异质层次的系统必然是复杂的。同理，一切复杂系统都是由具有质的差异的不同层次组成的。等级层次结构是复杂系统最合理或最优组织方式。

系统的层次与层次之间具有不可分割的相互联系和作用。因此，原则上一切系统，特别是有机体都是开放的。就客观世界而言，孤立性原则不能成立。就方法而言，尽管不可能考虑所有的因素和互相关系，但必须考虑尽可能多的因素和互相关系。

2. 信息论

信息论是一门系统科学的技术基础学科，其创始人是美国数学家香农（Claude E. Shannon）。香农在第二次世界大战期间从事通信方面的工作。1948年，他的著作《通信的数学理论》奠定了通信科学，亦称信息论或狭义信息论的现代科学基础。香农的信息论运用数理统计方法来深入研究信息处理和传递的规律，它探索的是通信与控制系统中信息传递的普遍规律，以及如何提高各传输系统的有效性和可靠性的通信理论。狭义信息论作为这一领域的一门技术性较强的新兴学科，其内容广泛，涵盖了信息量、信源编码、信道编码、信道容量、信息失真率理论、信号检测和估计等多个方面。这里仅对信息量和通信系统模型进行介绍。

（1）信息量

信息的度量是信息论研究的基本问题之一。对于应用范围如此广泛的信息提出一个统一的度量是困难的。美国数学家香农在1948年提出信息熵作为信息量的测度。若一次试验有 M 个可能结果（事件），或一个信源可能产生 M 个消息（事件），它们出现的概率分别为 P1、P2、…、PM，则信息熵用来度量一次试验或一个消息所给出的平均信息量。

$$H = -\sum_{i=1}^{M} P_i \log P_i$$

当对数取 2 为底时，单位为比特；当对数取 e 为底时，则单位为奈特。H 的表达式与熵的表达式差一个负号，故称负熵或信息熵。

（2）通信系统模型

香农研究了一般的通信系统，认为通信系统主要由信源、信道和信宿组成（图 4-1）。其中，信源是产生消息的系统；信宿是接受消息的系统；信道则是传输消息的通道。在图 4-1 中，编码、译码的作用是把消息变换成便于传输的形式。

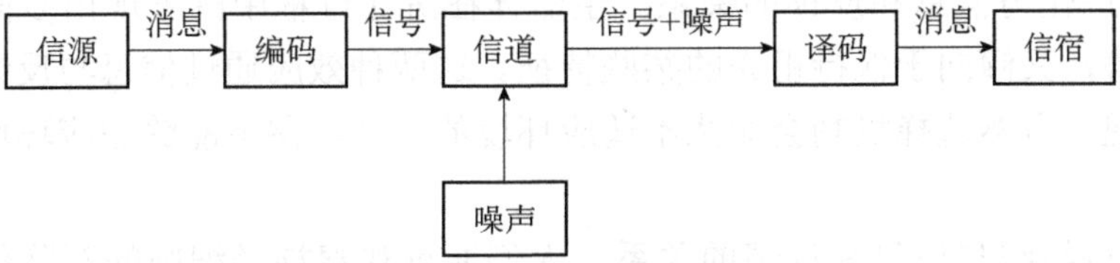

图 4-1　一般通信系统

3. 控制论

控制论与信息论几乎在同一时期诞生，它们共同构成了系统科学的技术基础理论。控制论由美国麻省理工学院数学系教授、著名科学家诺伯特·维纳（Norbert Wiener）于 1948 年创立。维纳不仅是控制论的奠基人，还是信息论和电子计算机原理领域的早期开创者之一。在他的晚年，维纳还运用控制论的理论框架深入研究了生物学和神经生理学，并取得了显著成就。此外，维纳曾于 1935 年至 1936 年间来中国讲学，并担任清华大学的客座教授。

（1）控制论的核心问题

控制论的核心问题是从一般意义上探讨信息提取、信息传播、信息处理、信息存储和信息利用等五个方面。控制论与随后形成的信息论之间存在着基本区别。控制论以抽象的方式揭示了包括生命系统、工程系统、经济系统和社会系统等在内的一切控制系统的信息传输和信息处理的特性和规律，它研究的是采用不同控制方式以实现不同控制目的的可能性和途径，而不直接涉及具体信号的传输和处理技术。相比之下，信息论则侧重于研究信息的测度理论和方法，并在此基础上探讨实际系统中信息的有效传输和有效处理的相关方法和技术问题，如编码、译码、滤波、信道容量和传输速率等。控制论的核心问题涉及以下五个基本方面。

1）通信与控制之间的关系。所有系统为达成预定目标，均需实施有效的控制。而有效的控制机制必然包含信息反馈环节。无论是人类还是计算机控制机器，都是一个包含信息提取、传输和处理的双向信息流过程。

2）适应性与信息和反馈的关系。适应性是系统能够在环境变化中保持原有性能或功能的一个特性。人的适应性正是通过获取、利用信息，并据此调节对外部环境中不确定性的反应来实现的。

3）学习与信息和反馈的关系。反馈机制具有利用过去行为来调节未来行为的能力。在复杂反馈系统中，过去的经验不仅用于调整具体动作，还用于制定全局策略，使系统具备学习能力。

4）进化与信息和反馈的关系。生命体在进化过程中既表现出多向发展的自发趋势，又倾向于保持祖先的某些特征。这两种效应通过信息与反馈的结合得以实现。自然选择机制会淘汰不适应环境的个体，留下能够适应环境的生命形式。

5）自组织与信息和反馈的关系。人们通过观察神经细胞的新陈代谢和神经细胞间突触形成的随机性，来理解信息与系统结构之间的关系。可以认为，记忆的生理基础乃至学习的生理条件都是组织性的一种连续变化，即通过控制将外界信息转化为结构或机能上较为持久的变化。

（2）控制论的方法

控制论是从信息和控制两个方面研究系统。控制论的方法主要涉及以下四个方面。

1）确定输入输出变量。为了达到一定的目的，控制系统需要以某种方式从外界提取必要的信息（这被称为输入），然后按照一定的法则对这些信息进行处理，产生新的信息（这被称为输出）来反作用于外界。输入输出变量既可以表示行为，也可以表示信息。

2）黑箱方法。这是一种根据系统的输入输出变量来找出它们之间存在的函数关系（即输入输出模型）的方法。黑箱方法特别适用于研究复杂的大系统和巨系统。

3）模型化方法。模型化方法通过引入仅与系统相关的状态变量，并利用两组方程来构建系统模型。一组方程称为转移方程或状态方程，用于描述系统内部状态的演变规律；另一组则称为作用方程或输出方程，用于描述系统与外界环境的交互作用。这种抽象后的系统模型不仅便于进行一般性研究，还能帮助确定系统的分类和特性。此外，控制系统数学模型的形式并非唯一，除了常见的方程形式外，在自动机理论中，还常采用状态转移表或状态转移图的方式来描述系统。系统的特性源自其结构，因此，同类系统往往具有相似的结构特征。控制论的模型化方法和其基于推理的属性，使得控制论能够广泛应用于各个领域的控制系统，极大地促进了对控制系统一般特性的深入研究。在研究大系统和巨系统时，还需要引入同态、同构、分解与协调等高级概念，以更全面地理解和控制这些系统。

4）统计方法。控制论方法属于统计方法的范畴，需要引入无偏性、最小方差、输入输出函数的自相关函数和相关分析等概念。采用广义调和分析和遍历定理，可从每个个别样本函数来获取所需的信息。维纳采用这种方法建立了时间序列的预测和滤波理论，称为维纳滤波。非线性随机理论不但是控制论的数学基础，而且是处理一切大规模复杂系统的重要工具。

思考 4-1

阐述系统科学对解决教育问题的意义与作用。

4.1.2　复杂性科学理论

复杂性科学是指以复杂性系统为研究对象，以超越还原论为方法论特征，以揭示和解释复杂系统运行规律为主要任务，以提升人们认识世界、探究世界和改造世界的能力为主要目的的一种“学科互涉”（inter-disciplinary）的新兴科学研究形态。复杂性科学的发展不仅深刻影响了自然科学领域，还逐渐渗透到哲学、人文社会科学等多个领域，促进了这些学科的交叉融合与创新发展。尽管目前学术界对复杂性科学的理解尚存在分歧，但普遍认为，复杂性科学的理论和方法将为人类的发展提供一种新思路、新方法和新途径，具有很好的应用前景。

1. 耗散结构理论

耗散结构理论是由比利时俄裔科学家伊利亚·普里高津（Ilya Prigogine）于 20 世纪六七十年代创立的。普里高津早期在化学热力学领域工作，1945 年他提出了最小熵产生原理，此原理和昂萨格倒易关系共同为近平衡态线性区热力学奠定了理论基础。普里高津经过多年的努力，试图将最小熵产生原理扩展到远离平衡的非线性区域，但最终未能成功。在深入研究了众多远离平衡态的现象后，他认识到系统在远离平衡态时，其热力学性质与平衡态、近平衡态存在重大的原则性差别。以普里高津为首的布鲁塞尔学派又经过多年的努力，终于建立起了一种新的关于非平衡系统自组织的理论——耗散结构理论。这一理论于 1969 年由普里高津在一次“理论物理学和生物学”的国际会议上正式提出。由于他在非平衡热力学，尤其是建立耗散结构理论方面的杰出贡献，他荣获了 1977 年诺贝尔化学奖。

耗散结构理论可以概括为：一个远离平衡态的非线性开放系统（无论是物理的、化学的、生物的，还是社会的、经济的系统），通过不断地与外界交换物质和能量，在系统内部某个参量的变化达到一定的阈值时，通过涨落，系统可能发生突变，即非平衡相变，由原来的混沌无序状态转变为一种在时间、空间或功能上的有序状态。这种在远离平衡的非线性区域形成的新的稳定的宏观有序结构，由于需要不断与外界交换物质或能量才能维持其有序性，因此被称之为“耗散结构”（dissipative structure）。

2. 协同理论

协同理论（Synergetics），亦称“协同学”或“协和学”，是 20 世纪 70 年代以来在多学科交叉研究基础上逐渐形成和发展起来的一门新兴学科，是系统科学的重要分支。其创立者是联邦德国斯图加特大学教授、著名物理学家赫尔曼·哈肯（Hermann Haken）。1971 年，他首次提出了协同的概念，而后在 1976 年系统地论述了协同理论，并发表了《协同学导论》等著作，还著有《高等协同学》等。

协同理论致力于研究有序结构形成和演化的内在机制，描述各类非平衡相变的条件和规律。它认为，尽管不同系统间属性各异，但在整个环境中，各系统间存在着既相互影响又相互合作的关系。协同理论进一步指出，对于同一模型，随着参数、边界条件的不同以及涨落的作用，所展现的图样可能大相径庭；而对于截然不同的系统，却可能产生相似的图样。由此可以推断：形态发生过程的不同模型能够导向相同的最终图样。在每一种情况下，都可能存在一大类能够生成相同图样的模型。

协同理论的主要内容包括以下几方面：

（1）协同效应

协同效应指的是由于系统内各子系统间的协同作用而产生的整体效应或集体效应。无论是自然系统还是社会系统，都普遍存在着这种协同作用，它是系统有序结构形成的内在驱动力。当系统受到外部能量作用或内部物质的聚集态达到临界点时，子系统间会产生强烈的协同作用，导致系统在临界点发生质变，产生协同效应，从而使系统从无序状态转变为有序状态，从混沌中诞生出稳定的结构。协同效应深刻揭示了系统自组织现象的本质。

（2）伺服原理

伺服原理简而言之，即快变量服从于慢变量，序参量支配子系统行为。这一原理从系统内部稳定与不稳定因素的相互作用出发，描绘了系统自组织的动态过程。其实质在于规定了临界点上系统的简化原则——“快速衰减组态被迫跟随于缓慢增长的组态”，即系统在接近不稳定点或临界点时，系统的动力学和突现结构通常由少数几个集体变量即序参量决定，而系统其他变量的行为则由这些序参量支配或规定。正如哈肯所言，序参量以不可阻挡之势席卷整个系统，掌控全局，主导着系统演化的全过程。

（3）自组织原理

自组织与他组织相对立。他组织依赖于系统外部的指令和组织能力，而自组织则是指系统在没有外部指令干预的情况下，其内部子系统能够依据特定规则自动形成一定的结构或功能，展现出内在性和自生性的特点。自组织原理阐释了在外部能量流、信息流和物质流输入的条件下，系统如何通过子系统间的协同作用，形成新的时间、空间或功能有序结构的过程。

3. 突变论

突变论最初由荷兰植物学家和遗传学家雨果·玛丽·德弗里斯（Hugo Marie de Vries）提出。他基于多年对月见草（Oenothera lamarckiana）的实验观察，于 1901 年提出了生物进化可能起因于骤变的“突变论”，这一理论在历史上产生了重大影响，使许多人对达尔文的渐变进化论产生了质疑。然而，后续研究表明，月见草的骤变现象实际上是较为罕见的染色体畸变所致，并非生物进化的普遍规律。到了 20 世纪 60 年代末，法国数学家勒内·托姆（Rene Thom）为了解释胚胎学中的成胚过程，重新定义了突变论，并提出了新的理论框架。1967 年，托姆发表了《形态发生动力学》一文，阐述了突变论的基本思想；1969 年，他又发表了《生物学中的拓扑模型》，为突变论的理论体系奠定了坚实基础。1972 年，托姆出版了专著《结构稳定性与形态发生学》，系统地阐述了突变论的理论和应用。自 70 年代以来，E. C. 塞曼等人进一步发展了突变论，提出了著名的突变机构，并将其应用于物理学、生物学、生态学、医学、经济学、社会学等多个领域，产生了深远的影响。

在自然界和人类社会活动中，除了渐变和连续光滑的变化现象外，还广泛存在着突然变化和跃迁现象，如水的沸腾、岩石的破裂、桥梁的崩塌、地震、细胞的分裂、生物的变异、人的休克、情绪的波动、战争爆发、市场急剧变化、经济危机等。突变论正是试图用数学方程来描述和解释这些现象。简而言之，突变论研究的是系统如何从一种稳定状态跃迁到另一种稳定状态的现象及其规律。

突变论认为，系统的状态可以用一组参数来描述。当系统处于稳定态时，代表该系统状态的某个函数会取唯一确定的值。当这些参数在某个范围内变化，导致该函数值有多个极值时，系统便处于不稳定状态。托姆在《结构稳定性与形态发生学》一书中指出，系统从一种稳定状态进入不稳定状态，随参数的再变化，又使不稳定状态进入另一种稳定状态，那么，系统状态就在这一刹那间发生了突变。突变论给出了系统状态的参数变化区域。

此外，突变论还提出了一个重要的观点：高度优化的设计往往伴随着许多不理想的性质。因为结构上的最优化往往导致系统对缺陷的高度敏感性，这可能会引发难以预测的破坏性事件，甚至导致真正的“灾变”。在工程建造中，高度优化的设计常常存在不稳定性，一旦出现微小的制造缺陷，由于结构的高度敏感性，其承载能力可能会突然大幅下降，从而导致全面的塌陷。因此，突变论不仅可以在多个领域得到应用，而且其应用方式也是多种多样的。

思考 4-2

举例说明“新三论”对教育技术带来了哪些冲击？

教学活动建议

本节的教学重点是系统科学和复杂性科学的理论原理，旨在使学生理解系统是动态有机的，而不是一成不变的，从而发现其对教育技术的指导意义。建议教师寻找一些案例，从而帮助学生更深入地掌握本节知识。

学习活动建议

学生要深入理解系统科学理论和复杂性科学理论的原理，并能在教育技术活动中加以应用。建议学生开展的学习活动有：

1）阅读教材和推荐阅读文献等，分析实际例子加深理解；

2）理解新三论与旧三论的区别，加深对系统科学理论和复杂性科学理论的理解；

3）与同学、教师以线上或线下的方式进行讨论，以建构自己的知识和理解。

4.2 学习理论

学习理论是教育技术学科重要的理论基础。教育技术学致力于探究学习者如何学习，以有效掌握学习规律，进而寻找并应用有效的教学方法和策略。对学习理论的研究是教育技术研究的前提。若不能深刻理解和把握人类学习的本质，就无法深入进行教育技术学的研究与实践。历史经验表明，每一次学习理论研究的突破性进展，都推动了教育技术学科的飞跃，可以说，学习理论一直引领着教育技术学的发展方向，决定着教育技术学科发展的未来。自 20 世纪 50 年代末以来，学习理论经历了行为主义、认知主义和建构主义等多个不同的发展阶段。这些在不同历史时期涌现的学习理论流派，并非通过革命性方式产生，而是在继承与批判先前理论的基础上逐步发展起来的。它们之间的关系并非简单地替代或消亡，而是一种共生共存、相互丰富的关系。各学习理论流派的主要分歧体现在对学习本质的不同理解上，特别是在回答“学习是什么”、“人们是如何学习的”等问题时，各流派间存在显著差异，从而催生了多样化的学习和教学方法。当前，国际教育科学界已将研究重心转移至学习科学领域，借助各种先进的科学技术手段，深入探索人类及动物的学习机制，期望在学习科学领域取得突破性进展，以增进人们对学习的全面理解。

“学习”作为心理学中的一个术语，其内涵与人们日常生活中的理解有所不同。在心理学语境下，“学习”不仅指人类的学习行为，也包括动物的学习，它指的是学习者因经验积累而引起的行为、能力及心理倾向的持久性变化，这些变化非由成熟、疾病或药物直接引起，且不一定都以外显行为的形式表现出来。

4.2.1 行为主义学习理论

在 20 世纪的前半个世纪，占主导地位的学习理论是行为主义，学习被看作是明显的行为改变的结果，是能够由选择性强化形成的。因此，在行为主义者看来，环境和条件，如刺激和影响行为的强化，是学习的两个重要的因素，学习等同于行为的结果。

美国学者华生（John Watson）是行为主义学习理论的创始人。行为主义学习理论的代表人物有巴甫洛夫、桑代克、斯金纳。斯金纳认为，行为是人类生活的一个基本方面。因而他一直以行为作为自己的研究对象。他认为，通过对行为的研究，可以获得对各种环境刺激的功能进行分析的方法，进而影响和预测有机体的行为。斯金纳创立了操作性条件作用学说和强化理论，并把它们应用于人类学习的研究，提出了程序教学的概念。他总结了一系列的教学原则，如小步调教学原则、强化学习原则、及时反馈原则等，形成了程序教学理论。图 4-2 为程序教学的基本过程。

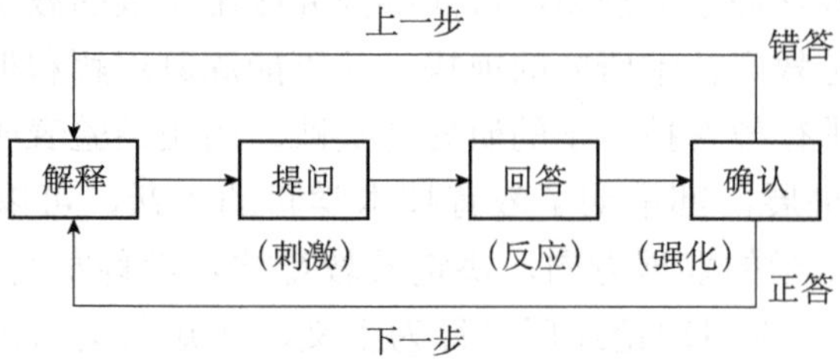

图 4-2 程序教学的基本过程

行为主义学习理论极其重视外部环境对学习主体的影响，主要聚焦于外部刺激对学生行为的直接影响。该理论认为学习者的内部心理过程或人的意识如同“黑箱”，难以直接探知或研究，而只有可观察、可测量的外显行为才能作为科学研究的对象。行为主义学习理论将人的学习视为由刺激—反应—强化这一系列联结所构成的过程。该理论坚信学习的起因在于个体对外部刺激的反应，并强调认识主要来源于外部环境的刺激，且学习效果可通过行为目标进行检查和控制。在知识、技能的习得和掌握方面，以及在训练、操练、行为矫正等实践中，行为主义学习理论确实展现出了显著的作用。此外，该理论还揭示了大量的学习规律和学习应遵循的基本原则，并催生了许多具体的学习方法。因此，在 20 世纪 50 年代至 70 年代期间，行为主义学习理论在学习理论领域中占据了主流地位，并对早期教育技术的发展产生了深远的影响。即便时至今日，行为主义学习理论在探讨如何进行有效教学方面，依然发挥着重要的指导作用。然而，也正因为该理论未能积极深入探究学习者的内部心理过程，未能充分阐释学习者认知过程的基本规律，从而为后续的学习理论研究留下了广阔的空间。一些关注人的内部状态的学者，对行为主义学习理论进行了深入的剖析与反思，并主张将研究重心转向人的内部心理过程，认为人的内部心理发展状态同样是可以被研究和理解的。这一转变促成了认知主义学习理论的诞生。

4.2.2 认知主义学习理论

认知主义学习理论的正式确立，是以美国心理学家乌尔里克·奈塞尔（Ulric Neisser）在 1967 年所著的《认知心理学》一书为标志。其代表人物包括皮亚杰、奥苏贝尔、布鲁纳和加涅等。在 20 世纪 60 年代，认知主义学习理论逐渐在学习理论研究领域占据了主导地位。

认知主义学习理论强调，人的认知并非直接由外界刺激所赋予，而是外界刺激与认知主体内部心理过程相互作用的结果。环境仅提供潜在的刺激，而这些刺激是否被注意或加工，则取决于学习者内部的心理结构和状态。该理论坚决反对“白板说”，否定使用成人逻辑教学，强调学习的情境性。

认知理论之中的信息加工理论值得我们深入研究。加涅认为，人类的学习是一个过程，此过程是一个学习者内部的信息加工过程。在学习活动中，有许多不同的过程在发挥作用。信息加工理论阐释了人类如何将信息由输入转换为输出。它是人类主动进行信息加工的一种模式。人总是以信息的寻求者、传递者，甚至信息的形成者的身份出现。人们在对信息进行处理时，也像通信中的编码与解码一样，必须根据自身的需要进行转换和加工。信息加工理论将学习过程分解为几个主要阶段（图 4-3），外部信息通过感受器进入感觉登记器，经辨别且引起注意的信息进入工作记忆，未被识别和未引起注意的信息则会消退。通过复述的方法保持在工作记忆中的信息，经过进一步加工的信息可以进入长时记忆，长时记忆中的信息能够被提取。信息被提取后，有的直接通向反应发生器，有的又回到短时记忆。在短时记忆中对提取出的信息进行核实确认，合适的通向反应发生器，反之则回到长时记忆再次提取。这些被成功提取出来的信息最终通过效应器作用于环境。此外，该模式还包括执行控制和预期两个部分，它们影响着信息加工的整个过程，是信息加工模式中的重要结构。其中，执行控制与知觉策略起着调节和控制作用，预期（动机）起着学习定向作用。

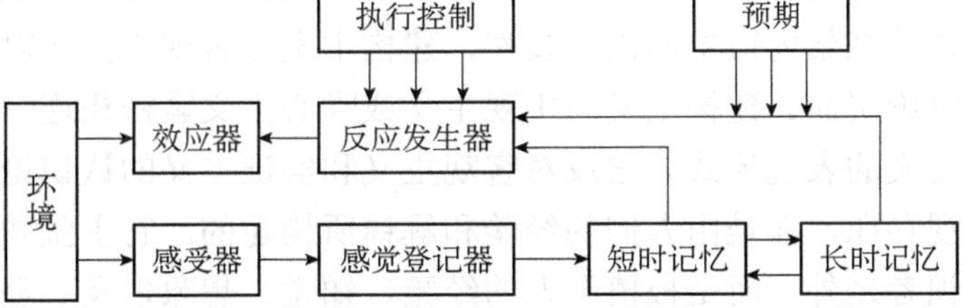

图 4-3　加涅的信息加工理论

认知主义学习理论模型如图 4-4 所示。该理论认为，学生应主动加工有意义的信息，以取得最佳的学习效果。学习过程是学习者根据自身态度、需求、兴趣和经验，对当前外界刺激进行主动、有选择的信息加工过程。教师的角色不再是单纯的知识灌输者，而是应激发学习者的学习兴趣和动机，促进新旧知识之间的有机联系。学习者不是外界刺激的被动接受者，而是主动地选择和加工外界信息的学习主体。

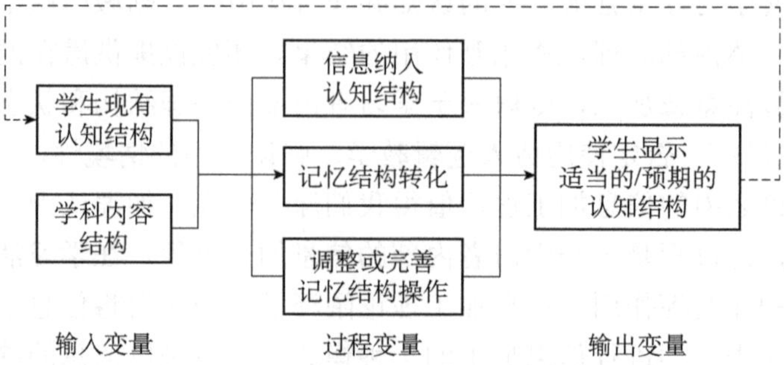

图 4-4 认知主义学习理论模型

思考 4-3

个体如何将客观的知识结构内化为自身的认知结构？

4.2.3 建构主义学习理论

建构主义（constructivism）的理论基础源自皮亚杰（Jean Piaget）和维果斯基（Lev Vygotsky）的理论。当前美国教育技术学界的领军人物乔纳森（David Jonassen）指出，建构主义不仅是一种哲学理论，也是一种哲学观。它代表了一种关于实在（reality）、知识、心灵（mind）、思想观念和意义的认识论和本体论观点，而非特指某种具体的教学方法或方法论，亦非一种独立的学习理论。建构主义构成了众多心理学、社会学和人类学理论的基础，这些教学法和模式均在其框架内衍生而出。显然，建构主义与客观主义相对立，两者处于同一哲学讨论层面。建构主义与主观主义或唯心主义紧密相连，甚至可被视为一种主观主义的表现形式。它反对客观主义和实证主义的认识论，认为实在并非纯粹客观存在，而是由人们的经验和解释所构建的。它主张知识并非客观地独立于认识者之外，而是根植于人的经验、知觉、想象以及心理和社会建构之中。将行为主义与建构主义进行比较，犯的是混淆科学范畴的错误，二者不在一个层面上，不具有可比性。因此，“建构主义学习理论是由行为主义发展到认知主义以后的进一步发展”的说法是不妥当的。正是通过建构主义理论对学习活动的分析、认识和解释，才逐渐形成了以建构主义为指导的学习理论或学习方法。

正确认识建构主义，是当前教育教学研究领域的一项关键任务。建构主义指导下的学习理论是众多学习理论流派之一，它从一个独特的视角阐释了学习的基本规律，为理解学习的本质和基本规律提供了理论支持。它促使教育者更加重视学生的主体性，强调学习者在知识建构中的主观作用，以及学习的主动性、社会性和情境性。然而，这一理论并非万能，不能涵盖所有学习规律，也不能作为现代教育、教学改革的唯一理论基础。建构主义者认为，虽然世界是客观存在的，但每个人对世界的理解和赋予的意义却是主观的，由个人经验决定。学习者依据自身经验构建对现实的认知。由于个体经验及其理解的差异，对外部世界的理解也各不相同。因此，建构主义者更加关注如何利用原有的经验、心理结构和信念来建构知识。

建构主义学习理论认为，学习是学习者在与环境相互作用的过程中，主动地建构内部心理表征的过程。在学习过程中，帮助学习者建构知识意义，就是要引导他们深入理解当前学习内容所反映的事物的性质、规律以及该事物与其他事物之间的内在联系。这种理解在大脑中的长期存在形式，就是关于所学内容的认知结构。“情境”、“协作”、“会话”和“意义建构”是建构主义学习环境中的基本要素。大多数建构主义学者对学习有以下几点共识：①以学习者为中心；②学习是学习者主动建构内部心理表征的过程，强调学习过程中要充分发挥学习者的主动性；③学习过程同时包括两方面的建构，既包括对旧知识的改组和重构，也包括对新信息的意义建构；④学习既是个别化行为，又是社会性行为，学习需要交流与合作；⑤强调学习的情境性，重视教学过程对情境的创设；⑥强调资源对意义建构的重要性。

德国的一则关于“鱼牛”的童话，可以生动地说明建构主义学习理论。故事讲述了一个小池塘里住着鱼和青蛙，它们是一对好朋友。它们听说外面的世界好精彩，都想出去看看。鱼因无法离开水生活，只能让青蛙独自踏上旅程。这天，青蛙回来了，鱼迫不及待地向它询问外面的情况。青蛙告诉鱼，外面有很多新奇有趣的东西。“比如说牛吧，”青蛙说道：“这真是一种奇怪的动物，它的身体很大，头上长着两个犄角，吃青草为生，身上有着黑白相间的斑点，长着四只粗壮的腿，还有大大的乳房。”鱼听后惊叹道：“哇，好怪哟！”同时，它在脑海中勾勒出自己理解的“牛”的形象：一个大大的鱼身子，头上长着两个犄角，嘴里吃着青草……（图 4-5）。显然，鱼的想象并非现实，但它确实是将新获取的信息与自身已有的知识相结合，构建出了独特的“牛”的形象。这个例子深刻体现了建构主义学习理论的一个核心观点：学习的结果依赖于学习者的原有经验，学习的结果是基于学习者积极主动的自我建构。将此理论应用于人类学习，我们不难发现，每个人对世界的认知和理解都是独一无二的，这很大程度上取决于他们各自的先前经验和知识背景。

图 4-5 “鱼牛”的童话

4.2.4 人本主义学习理论

人本主义学习理论起源于 20 世纪 50 年代，并在 60 年代后开始盛行。其代表人物是马斯洛（Abraham Maslow）和罗杰斯（Carl Rogers）。人本主义心理学的学习理论从全人教育的视角阐释了学习者整个人的成长历程，旨在发展人性；它强调启发学习者的经验和创造潜能，引导他们将认知与经验相结合，肯定自我，进而实现自我。人本主义学习理论的核心在于研究如何为学习者创造一个良好的环境，使其能够从自身角度感知世界，发展对世界的理解，最终达到自我实现的最高境界。

罗杰斯是人本主义心理学对教育领域产生最直接、最重要影响的人物之一。他提出的“以学生为中心”的教育和教学理论，成为了 20 世纪最重要的教育理论之一。他的学习理论观主要体现在以下几个方面。

1. 知情统一的教学目标观

罗杰斯认为，情感和认知是人类精神世界中两个不可分割的组成部分，二者相互融合。因此，罗杰斯的教育理想是培养“躯体、心智、情感、精神、心力融汇一体”的人，即情知合一的人。这种人被称为“全人”（whole person）或“功能完善者”（fully functioning person）。人本主义重视的是教学过程而非内容，教学方法而非结果。

2. 有意义的自由学习观

罗杰斯认为，学生学习主要分为两种类型：认知学习和经验学习；相应地，学习方式也分为无意义学习和有意义学习。他进一步指出，认知学习与无意义学习相对应，而经验学习则与有意义学习相对应。这是因为认知学习的很大一部分内容对学生而言缺乏个人意义，它主要关注心智层面，不涉及个人感情或深层意义，因此被视为一种“在颈部以上发生的学习”，与全人发展无直接关联，故而被认为是无意义学习。相反，经验学习以学生为中心，围绕学生的经验生长展开，以学生的自发性和主动性为驱动力，将学习与学生的愿望、兴趣和需求紧密结合，因此经验学习本质上是有意义的学习，能够有效促进个体的发展。

所谓有意义学习（significant learning），并不仅仅局限于知识的增长，更是一种与个体经验深度融合的学习过程，它能够引发个体行为、态度、个性乃至未来行动选择的深刻变化。值得注意的是，罗杰斯所倡导的有意义学习与奥苏贝尔所提及的概念存在本质区别。前者聚焦于学习内容与个人之间的内在联系；而后者则侧重于新旧知识之间的逻辑联系，更多关注理智层面的构建，而不特别强调个人意义。罗杰斯认为，有意义学习主要包含四个要素：①学习具有个人参与的性质，即整个人（包括情感和认知两方面）都投入学习活动；②学习是自发的，即便在推动力或刺激来自外界时，要求发现、获得、掌握和领会的感觉仍然是来自内部的；③全面发展，也就是说，它会使学生的行为、态度、人格等获得全面发展；④学习是由学生自我评价的，因为学生最清楚这种学习是否满足自己的需要，是否有助于导致他想要知道的东西，是否明了自己原来不甚清楚的某些方面。

3. 学生中心的教学观

罗杰斯从人本主义的学习观出发，认为凡是可以教给别人的知识，相对来说都是无用的；能够影响个体行为的知识，只能是他自己发现并加以同化的知识。因此，教学的结果，或者是毫无意义的，或者可能是有害的。教师的核心任务并非单纯地教授知识或学习方法，而是为学生创造丰富的学习资源，营造一种促进学习的氛围，让学生自主决定如何学习。为此，罗杰斯对传统教育进行了深刻的批判。他认为，在传统教育中，“教师是知识的拥有者，而学生只是被动的接受者；教师可以通过讲演、考试甚至嘲弄等方式来支配学生的学习，而学生无所适从；教师是权利的拥有者，而学生只是服从者”。因此，罗杰斯主张废除“教师”这一角色，代之以“学习的促进者”。他认为学生自身具有学习的潜力，促进者只需为他们提供适宜的学习环境和学习资源，并引导他们掌握学习方法，他们就能自主地学习所需的一切。

罗杰斯认为，促进学生学习的关键并不在于教师的教学技巧、专业知识、课程计划、视听辅导材料、演示和讲解、丰富的书籍等，而是在于特定的心理气氛因素。这些因素存在于“促进者”与“学习者”之间建立的人际关系之中。在这样一种心理气氛下进行的学习，是以学生为中心的，教师只是学习的促进者、协作者或者说伙伴、朋友。学生才是学习的关键，而学习的过程本身即被视为学习的目的。

深入分析罗杰斯的学习理论，我们不难发现，它确实对传统教育理论构成了有力挑战，它特别强调了学生作为生命个体的存在价值，关注学生的个人经验、独特个性以及全面发展。然而，值得注意的是，罗杰斯等人的理论在某种程度上也存在矫枉过正之嫌。他们在批判传统教育忽视学生主体性的同时，可能过于极端地忽视了教师在教学过程中的重要作用以及其他不可或缺的外部教学因素。这种倾向在我国当前中小学课程改革的实践中偶有体现，成为了一种较为普遍且潜在危险的思潮，亟须引起教育界的广泛关注和深刻反思。我们要认识到，教育技术不仅应服务于学生学习，同样应助力教师更有效地进行教学活动。

4.2.5 联通主义学习理论

随着信息技术在各个领域的广泛渗透，人们的学习方式日益展现出多元化和随时随地的特性。在此背景下，传统的行为主义、认知主义等学习理论不再适用于阐释和指导当下主流的网络学习活动。为应对这一挑战，加拿大学者乔治·西蒙斯（George Siemens）提出了联通主义学习理论。该理论将学习视为一个构建社会知识网络的过程，而非孤立的个人活动。同时，它重新定义了数字化时代的知识观、资源观和学习观，能够有效地解释网络环境下丰富多样的学习行为。近年来，作为网络时代的重要学习理论，联通主义学习理论已在知识管理、混合学习等多个领域得到了广泛应用。

西蒙斯在综合分析和高度抽象网络时代的学习行为的基础上，提出了联通主义学习理论。由于该学习理论具备社会性、分布式、共享性和发展性等特点，顺应了时代发展潮流，并在当前教育领域中占据了重要地位。联通主义学习理论的核心代表人物，除了广为人知的西蒙斯外，还有他的重要伙伴斯蒂芬·唐斯（Stephen Downes）。在西蒙斯的标志性著作《联通主义——数字时代的学习理论》发表之前，两人已有多年的紧密合作。至今，他们仍是联通主义学习理论及其实践形式——cMOOCs 的核心推动者。

联通主义学习理论最基本的观点体现在以下八条原则中，分别为：①学习和知识存在于多样性的观点中；②学习是与特定的节点和信息资源建立连接的过程；③学习也可能存在于物化的应用中；④学习能力比掌握知识更重要；⑤为了促进持续学习，我们需要培养和维护连接；⑥发现领域、观点和概念之间关系的能力是联通主义学习中的核心能力；⑦流通（准确、最新的知识）是一切联通主义学习活动的目的；⑧决策本身就是学习过程。

这八条原则反映了联通主义学习理论初创阶段最基本的思想：前三条和第八条原则强调了学习和知识的网络分布性、学习的联通性、多样性和过程性特征；第四、五、六条原则概括了在开放联通的网络时代，学习者应具备的能力；第七条原则指出了联通主义学习的目的——让知识流通。

联通主义学习理论的主要观点体现在其知识观、学习观。

1. 知识观：知识存在于联通中，是一种联通化知识

联通主义学习的知识观主张，学习目标是基于创造的知识生长，即实现知识的流通。联通主义学习不仅重视与已有知识节点建立连接，更强调在学习过程中主动创造新的节点，并与之建立紧密的联系，以此推动知识的持续生长。

联通主义学习的知识概念与传统的知识概念不同，它强调知识是连接的建立，但这种连接建立的基础并非对已有信息或资源的重复，而是在理解的基础上进行创造，即人工制品的生成过程。知识生长即是创造，但创造本身不是最终目标，其最终目标是通过创造吸引更多的参与者，保持知识的持续生长。联通主义学习中的知识生产模式即是这种有机的知识生长模式。

在联通主义学习中，个体作为社会的组成部分，通过寻径与意会的过程，构建起信息之间的连接。这一过程不仅在网络中定向，还确保了碎片化、分布式的信息能够保持其内在的凝聚性，并由此创建学习制品，从而促进知识的持续流动和生长，这便是系统化的联通主义学习理论的知识观。

2. 学习观：学习即连接的建立和网络的形成

学习是形成三个基本网络的过程：内部认知神经网络、概念网络和外部/社会网络间的连接。网络作为独特的认知元素，能够处理、过滤、评价和验证新信息，具有适应性、易流动性和可定制性。联通主义学习网络模型把某些知识流的处理交给网络的其他节点。个人创建由人和网络等可信节点构成的技术增强型个人学习网络。学习者聚合这些节点，并与节点中的知识进行联通。学习者通过学习发展个人知识网络，这种发展有助于保持知识的时代性。网络节点的聚合形成了学习结构，如果从学习网络中移除关键节点，整个组织就会失效。学习不是单一的事件，也不是最终的目的，而是一个不断发展的过程。个人网络通过新节点而被持续扩大和增强。未知和迷惑是学习和知识生成过程的

一部分。

联通主义学习理论除了知识观、学习观外，还有课程观、教师观、学生观、学习环境观等。该理论主张，开放网络课程是开放、分布式、学习者定义、社会化和复杂性的课程。这类课程包括课程参与者（学习者和促进者）、资源（网络中的开放资源和学习者创建的资源），以及将参与者和资源连接起来的机制，其中将学习者和资源连接起来的机制是其他课程所不具备的。联通主义学习理论对教师的定位发生了改变，它认为教师是课程促进者，即教师角色由课程的控制者变为影响者，教师的职责不再是单纯地控制课堂，而是转变为积极影响并塑造学习网络。联通主义学习理论认为，学生是自我导向、网络导向的学习者和知识的创造者。联通主义学习强调每个学习者在复杂信息环境中，通过寻径和意会建立个人独特的学习环境和学习网络。

案例 4–1

广东某中学数学老师在一次《方程与方程组》的教学中，在 A、B 两班采用了不同的教学流程。

A 班仍然按照传统的"回顾旧知—讲解新课—课堂小结—作业布置"进行授课。B 班授课则颠覆原来的教学模式，打破常规，进行课程改革试验。教学流程如下：①合作复习，讨论分式方程和方程组的不同解法；②独立思考，合作探究例题、习题；③挑选探究案例，展示特色案例；④小组编题，每个小组编一道题，汇总后作为第二天全班的作业。

课后，该老师分别对两个班进行了一次 15 分钟的课堂小测。结果显示，B 班学生仅用了 10 分钟就完成小测的 3 道题目，且准确率相当高。而 A 班在 15 分钟内仍有一部分学生无法全部完成题目，且出现了许多计算及解题方法上的失误。另外两堂课中学生表现出来的学习兴趣及主动性也明显存在差异。

● 活动指导

根据以上案例，请你谈谈为什么 B 班课堂教学中学生的主动性与兴趣较高，且准确率也较 A 班更好？

● 案例提示

该老师采用基于建构主义的"以学为主"的教学设计，充分发挥学生的主动性，创设情境。学习过程包括两方面的建构，既包括对旧知识的改组和重构，也包括对信息的意义建构。教师需要创设情境和线索，重视学生自己对各种现象的理解，思考这些想法的由来，引导学生建构意义，引导学生丰富或调整自己的解释。

教师在采取第二种教学模式时应当注意哪些问题?

教学活动建议

本节的教学重点是作为教育技术理论基础的相关学习理论的核心观点，旨在使学生理解和掌握学习理论的要义及其对教育技术的指导意义。建议教师在讲解时尽可能多地提供实际例子和实践案例，并鼓励学生分享案例，通过师生共同对案例的分析，从而帮助学生更深入地掌握本节知识。

学习活动建议

学生要深入理解和掌握学习理论的核心观点。建议学生开展的学习活动有：

1）获取网络资源，观看学习理论的相关实验；

2）阅读教材和推荐阅读文献等，分析实际例子和实践案例以加深理解；

3）结合自己的学习经历，与同学、教师进行线上、线下讨论建构自己的知识和理解。

4.3　教 学 理 论

每一个科学研究领域都起始于原始的经验和观察结果。任何理论都是针对某些现象而产生的。教学现象是客观存在的，有了现象，就会有人去研究，因此历史上涌现了众多教学理论专家。教学理论是研究存在于教育系统内部的教学活动规律的理论。教学理论主要聚焦于 6 个重要问题：研究学习者的认知发展过程，研究教学目标的问题，研究教材选择和开发的问题，研究教学过程问题，研究教学方式的问题，研究教学评价的问题。教学理论既具有实用性，也具备概括性。其实用性体现在能够为教师提供指导，帮助他们在教学实践中合理安排教学活动，以实现学校的教育目标；概括性是指它不仅限于探讨某一学科教育方法的理论，而是原则上适用于所有学科教学的理论。

4.3.1　教学的概念

1. 定义

教学（instruction）是教师的教和学生的学相结合的一种人类特有的人才培养活动。通过这种活动，教师有目的、有计划、有组织地引导学生积极自觉地学习和快速掌握文化科学基础知识与基本技能，进而全面促进学生素质的提升，使他们成为社会所需的人才。

教学的上位概念是教育，它是实施教育的一种基本形式，是教师向学生施加有意识、有目的的“教”与“学”的双边活动。教学不仅仅局限于知识与技能的传授，更强调对学生智力、体力的开发，以及道德、美感等多方面的教育。教学是一种人际交往活动。狭义的教学是指学校教育的基本形式，即各级各类学校中，教师与学生之间在课堂及课外环境中进行的教学活动。

2. 学习与教学的关系

学习（learning）是人类普遍的行为，人类进化与社会进步的过程就是一个不断学习的过程。而当前我们所理解的教学是一种有组织、有目的的学校教育行为，并且它主要体现在课堂中。依据惠特（Huitt）的观点，教学可以被看作是一个系统的过程，如图 4-6 所示。它包含特定的输入和相应的输出，并且这一过程是受到多种外部环境因素影响的。

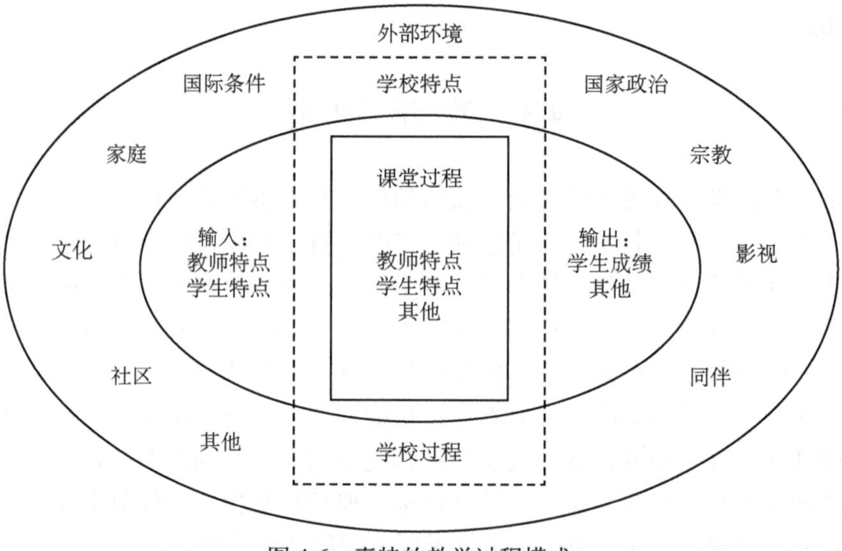

图 4-6　惠特的教学过程模式

资料来源：McIlrath D A，Huitt W G.The teaching-learning process：A discussion of models[Z]. Valdosta GA：Valdosta State University，1995.

学习与教学之间究竟存在着怎样的关系呢？首先，学习和教学有一个共同之处，即它们都需要依赖一定的资源，包括设计的和利用的资源。利用的资源又包括自然的和社会存在的资源。其次，学习过程和教学过程有两个基本区别：①教学的目标是特定的，而学习的目标既可以是特定的，也可以是非特定的；②对教学来说，资源是预先安排的或者说是预定的，而学习的资源可以是预定的，也可以是非预定的。表 4-1 显示出了学习与教学两者之间的关系。

表 4-1　学习与教学的关系

资源	目标	
	特定的	非特定的
预定的	教学活动	教益活动
非预定的	实践活动	随意学习

由表 4-1 得知，学习实际上存在四种形态，而通过教学过程进行学习只是其中之一。

1）知识型教学活动。有预定资源、有特定目标的学习活动，如课堂教学。

2）教益活动。有预定资源、非特定目标的学习活动，如参观博物馆、看电影。

3）研究型实践活动。非预定资源、有特定目标的学习活动，如做专题调研、师徒授艺。

4）随意学习。非预定资源、非特定目标的学习活动，这类偶发性的学习广泛存在于人们日常生活中，可以是多种原因触发的。

我们认为，教学活动、实践活动以及教益活动均属于教育的范畴，而随意学习通常不在教育范畴内。也就是说，教育活动是至少在学习目标或学习资源方面有所安排的学习活动。这一观点，我们可以将其视为教育的一个技术性定义。由此可见，“学习”这一概念在内涵上比“教育”更为广泛。

尽管随意学习的资源和目标常常无需刻意安排或难以预先设定，但未来的学习技术在支持随意学习方面却潜力巨大。我们坚信，兴趣和好奇心是推动随意学习的主要积极因素。青年人在互联网的广阔信息海洋中“冲浪”学习，很大程度上是受到兴趣的驱使。换言之，现代信息技术已经深深地融入了随意学习的过程之中。

思考 4–4

学习与教学之间究竟存在着怎样的关系呢？

4.3.2　结构–发现教学理论

布鲁纳（J.S. Bruner）是美国当代著名的心理学家和教育家，他专注于研究儿童的认知发展和认知学习。他特别强调了在人类课堂情境中对学生学习问题的深入探索。他根据自己的研究结果提出的结构-发现教学理论，是当代认知学习与教学理论的主要流派之一。

布鲁纳根据其认知学习理论的思想，提出了一系列的教学主张，主要有重视学科基本结构的教学和提倡发现法等。

1. 要求以学科的基本结构组成螺旋式的教材，尽早让学生掌握学科的基本结构

布鲁纳反对以外部强化为主的程序教学，他认为引导学生逐步学习句子、公式、定理等材料，只能让学生孤立地记忆这些知识，而无法确保他们在不同情境中灵活运用这些知识。他主张学习的目标在于掌握知识的结构，因为只有掌握了知识结构，学生才能更深刻、更广泛地理解和运用知识。教学不应仅限于当前的学习，而应培养学生的能力，使他们能够主动选择、储存并改造知识，以支持未来的学习。布鲁纳将学科的基本结构置于设计课程和编写教材的核心位置。他认为，当学生理解了学科的基本结构，就能更容易地掌握整个学科的具体内容，增强记忆力，促进学习的迁移，进而推动智力和创造力的发展。此外，这种理解还能激发学生的学习动机，提高他们的学习兴趣。

布鲁纳还主张，在儿童的早期学习中就应该使用突出学科基本结构的教材。强调早期学习，使学生尽早接触并学习学科的重要知识，是布鲁纳设计学校课程计划的一个重要指导思想。他指出，只要教材的形式和教学方法适合儿童的认知发展水平，关于学科基本结构的教学就能顺利进行并取得良好效果。他认为，儿童的认知发展经历了动作式、映像式和象征式三个阶段，因此，课程设计和教材编写应充分考虑这一发展规律，对知识进行剪裁、排列和具体化，使其与儿童的认知发展相匹配。此外，他还重视学科基本概念或原理的连续性，提倡通过螺旋式的课程设计，打破中小学和大学同一学科之间的界限，实现知识的连贯性和系统性。

2. 要求用发现法进行教学，让学生积极主动地通过探索去发现知识结论与规律

发现学习是指学生利用教材或教师提供的材料，通过独立思考，自行发现知识，掌握概念、原理与规律的过程。布鲁纳明确指出：“发现不限于那种寻求人类尚未知晓之事物的行为。正确地说，发现包括用自己的头脑亲自获得知识的一切形式。”又说：“不论是在校儿童凭自己的力量所做出的发现，还是科学家努力于日趋尖端的研究领域所做出的发现，按其本质来说，都不过是把现

象重新组织或转换，使人能超越现象再进行组合，从而获得新的领悟而已。”与其他形式的学习相比，发现学习具有以下特点：①发生较早。学前儿童就已经开始进行发现学习，这种学习方式是他们获取初级概念的主要途径，也是概念形成的重要方式。②学习内容是以尚未有定论的材料为主，而非现成的结论。学生需要根据教师提供的材料或事实，独立地去发现事物的意义或规律，从而解决所面临的问题。因此，发现学习也是一种解决问题的过程和方法。③学习过程较为复杂。在发现学习的过程中，学生首先要对教师提供的材料或信息进行重新组织和转换，使其与已有的认知结构相协调，并发掘其中的隐藏关系。随后，学生再将这些新发现的知识整合到自己的认知结构之中。整个过程要求学生先独立发现，再进行整合内化。

布鲁纳提出的发现教学法的一般步骤是：第一，从儿童的好奇心出发，提出并明确能够引起学生兴趣的问题。当学生在面临新问题、新情境时，他们的思维中会产生某种不确定性，这种不确定性进而激发他们探究的动机；第二，围绕问题，向学生提供有助于问题解决的材料或事实；第三，协助学生对有关材料与事实进行分析，让学生通过积极思维，提出各种解决问题的可能途径和假设；第四，协助和引导学生审查假设，通过比较，选定正确或者最佳的答案，使问题得以解决。布鲁纳认为，发现式教学不仅有助于学生更好地保持所学知识，还有利于培养他们发现的方法和技巧，更重要的是，它能够激发和培养学生内在的学习动机，有效提升他们的认知能力。

发现教学法关于教学设计的四大原则：①若要使学生在学习情境中通过主动发现原则获得知识，教师必须先清晰地解释学习情境及教材的性质；②教师在进行知识教学时，必须结合学生的已有学习经验，对所授教材进行适当组织；③教材的难度和逻辑上的先后顺序应针对学生的心智发展水平及认知表征方式进行合理安排；④在教材安排上，还需充分考虑如何维持学生的学习动机。

发现教学法的局限：①发现教学法的使用要求学生具备一定的预备知识与技能，因此可能不太适合缺乏相关知识经验的中低级学生。②学生在自行探索问题答案的过程中，可能会因遇到困难或失败而降低求知动机。③由于学习者的智力和经验存在差异，智力较高的学生可能会表现出色，从而对思维较慢的学生造成压力，不利于后者的学习。

在中小学教育中，发现教学法一般不宜作为主要的教学方法使用。教师应根据教学实践的具体需求，发挥其优势，主要将其应用于提高学生解决问题的技能、激发好奇心、鼓励自我指导等方面。

4.3.3 教学最优化理论

教学过程最优化理论是 20 世纪 70 年代由苏联著名教育家巴班斯基在实践经验的基础上提出来的。它是以辩证唯物主义为指导思想，运用现代系统论的原则和方法，对教学过程进行综合性研究和探索的一种教学理论。该理论以其独特的思想和方法，在众多的教学理论中独树一帜，对全球教育实践和教育教学理论的发展产生了深远的影响，特别是对当代教学设计领域的发展起到了巨大的推动作用。

1. 一般教学论思想

巴班斯基用整体性观点考察了作为系统的教学过程，并分析出其六大基本成分：目的成分、激发-动机成分、教学内容成分、操作-活动成分（通过教和学的方法、手段和组织形式来实现）、检查-调节成分、评定-结果成分。在此基础上，巴班斯基又将教学过程的基本环节细化为 6 步：①明确教学的社会目的和任务，并在研究学生的基础上使目的与任务具体化；②使内容具体化；③规划教学手段，优选教学形式和方法，制定教学计划；④执行教学计划，这是整个教学过程的中心环节；⑤日常检查和自我检查，适当调整教学进程；⑥效果分析，查明尚未解决的问题，供下一轮过程参考。这一划分的显著特点在于将备课阶段（即前三环节）纳入教学过程之中，并强调教与学的有机统一。

从整体性观点出发，巴班斯基还提出了 12 条教学原则，并将其组织成一个系统。这些原则既有贯穿教学全过程的指导性原则，也有分别针对教学过程各基本成分的针对性原则。在实际应用中，这些原则需要相互关联，作为一个整体来发挥作用，以实现最优的教学效果。

此外，巴班斯基还运用联系的观点深入剖析了教学过程的结构联系，包括普遍的规律性联系、因果联系、函数联系、层次联系、控制联系、本源联系、功能联系和发展联系等。他揭示了教学任务、内容、方法和结果之间客观、必然、一般且本质的联系和相互依存性，这些联系和依存关系体现了教学规律的特性。因此，只有在教学过程中充分体现这些联系，才能实现教学过程的最优化。

2. 教学过程最优化的概念和标准

“最优化”是指从某一特定角度与标准出发，所选择的方案是最佳的。巴班斯基为教学过程最优化给出了一个普遍适用的定义：教学过程最优化是在全面考量教学规律、原则、现代教学形式与方法、教学系统的特性以及内外部条件的基础上，为使教学过程在既定标准下发挥最高效（即最优）作用而进行的组织与控制。

巴班斯基特别强调了教学过程最优化的两个核心标准：一是效果与质量标准，即在具体条件下，力求教学效率最大化，使学生获得最大程度的发展；二是时间标准，即教师应力求在尽可能短的时间内达成教学目标。为了满足这两个标准，教师在选择最优化教学方案时，应该符合以下原则：①选择的方案要完整地包括教学过程的所有基本要素；②选择方案时要依据教学论的全部原则；③选择方案时要循序渐进地考虑教学目的，系统的可能性，教学任务、内容的特点及教学组织的形式；④每一种教学手段与策略都有其优缺点；⑤为了尽可能综合地实现全部教学任务，选择教学方法时，应有合理的多样化思考；⑥应以动态的观点审视教学方案，并根据学生学业成就的变化适时调整和完善方案。

3. 教学过程最优化的方法体系

巴班斯基将选择并最优地解决教学、教育任务的工作流程划分为六个阶段，并详尽阐述了每个阶段教师应承担的具体任务。这一工作流程深刻体现了辩证系统方法的四个基本观点，其中，最优化观点贯穿始终。它把教学看作是可以调控的活动过程，力求使教学这个复杂、多因、多层次、多变的活动过程有章可循。通过多次实践这一工作流程，教师可以逐渐培养出在日常教学工作中灵活运用最优化方法的能力。

此外，巴班斯基还构建了一个详尽的教学最优化方法体系，该体系涵盖了 8 个教授最优化的具体方法。教学过程的双边性决定了教授最优化方法与学习最优化方法之间存在着不可分割的联系。因此，在该体系中，巴班斯基针对教学过程的 8 个关键成分和条件，既提供了教授最优化的方法，也相应地给出了学习最优化的方法。

4. 教学内容的最优化

教学内容是教学系统中不可或缺的重要组成部分。巴班斯基提出并详细阐释了教学内容最优化的 6 条准则：①教学内容的完整性准则；②教学内容各组成部分的科学价值和实践价值准则；③符合学生年龄的可能性准则；④符合现规定学习该材料的时数准则；⑤符合国际上设计学校教学内容的经验准则；⑥内容必须符合当前学校现有的教学方法和物质基础的准则。

针对教师如何选择最优的课堂教学内容，巴班斯基提出了教学内容最优化的 5 步程序：①深入分析教科书内容，明确其能否完成特定课题的教学、教育和发展任务；②从教学内容中划分出最主要的、最本质的部分；③考虑学科之间的协调；④按照分配给本课题的教学时数合理安排教学内容；⑤确保教学过程中能够区别对待不同学习水平的学生。

5. 教学方法的最优化

选择最有效的教学方法是实现教学过程最优化的核心要素之一。为了掌握如何选择最优教学方法，我们必须深刻认识到教学方法的多样性，并具备有效运用其中任何一种方法的能力。巴班斯基将教学方法划分为三大类：组织学习认知活动的方法、激励学习认知活动的方法以及检查学习认知活动效率的方法。每一大类方法下又包含了多种具体的教学方法。巴班斯基对每一种教学方法的性能、优缺点、适用范围以及如何合理使用都进行了详尽的解释。实施教学过程最优化时，必须根据具体情况灵活选择合理的教学方法。教学方法之间具有辩证统一性，它们相互渗透，师生在教学过程中从多方面相互作用。因此，教师在选择教学方法时，应综合考虑教学阶段的任务、教材内容的特点、学生的个体差异以及教师自身运用各种方法的能力，对教学方法进行最优组合，并灵活运用于教学实践中。

6. 最优化教学条件的创设

巴班斯基指出，实际运用最优化思想的成败往往取决于以下条件：①对教师进行专门的科学教学法培训；②改进研究学生的方法；③确保良好的教学物质条件、学校卫生条件和精神心理条件。其中，深入研究学生的个性特征被视为实现教学最优化的最重要条件。巴班斯基对如何创设这三类条件进行了详细说明。在改进研究学生的方法中，巴班斯基特别推崇“教育会诊法”，强调要运用这一方法对学生的“实际学习可能性”进行全面而准确的分析，这包括对学生内外部学习条件的各个构成成分进行细致考察。他还对“教育会诊法”的具体内容和操作方法进行了详尽的说明。

巴班斯基以系统的观点认识教学过程，较全面、具体地阐述了教学的实际进程，这有助于教师更有效地制定教学方案和组织教学过程以获得最佳效果。然而，他的教学过程最优化理论过于烦琐，若要广泛地被教师们掌握与推广，还需作很大的改进。

思考 4–5

巴班斯基的教学最优化理论提出从哪些方面去优化教学？

4.3.4　发展教学理论

在 20 世纪五六十年代的苏联教育改革中，教育家赞可夫主持并领导了一项以“教学与发展关系”为核心的教育实验研究，其成就显著，备受瞩目。赞可夫的实验以辩证唯物论和系统论为理论基础，巧妙融合了心理学、统计学等科学方法，对学生在其实验教学模式下所达到的发展水平进行了长期且深入的动态研究。同时，他坚持对实验教学与传统教学的实践方法和最终成果进行对照分析，不断提炼和总结研究成果，提出了他的发展教学理论。该理论的主要观点如下。

1. 教学应该走在发展的前面

作为维果茨基“最近发展区”理论的教学实践者，赞可夫强调，教学与发展之间是互为条件、互相推进的，因而教学不能消极地等待儿童生理和心理的自然发展，而应积极主动地依托儿童“正在成熟的机能”，创造“最近发展区”。

2. 要对传统教育进行根本上的改革

赞可夫认为，以传授知识为主的传统教学模式，已远远无法适应当前科学知识迅猛增长与快速更新的时代需求。通过他的实验（该实验特别聚焦于低年级学生），赞可夫证明了传统教学法在促进学生发展方面效果有限，低年级学生的学习潜力远未得到充分挖掘和发挥。鉴于此，赞可夫主张，对传统教学论进行简单的修补是无济于事的，必须进行根本性的改革，以推动教学论实现“决定性的进步”，并构建一种全新的教学论体系，以促进学生的一般发展。

3. 教学改革应主要追求促进学生的一般发展

赞可夫指出：“建立实验教学论体系所依据的基本思想，是这一体系在学生的一般发展上取得尽可能大的效果。”赞可夫的一般发展观强调两点：一是个性发展的整体性，即“学生个性所有力量”，它包括观察力、思维能力、实际操作能力，以及语言、意志、情感、性格、道德意识等；二是个性发展的动态性和“质变”。他还从哲学的高度对一般发展的概念作了这样的揭示：“属于儿童的一般发展的，当然还有‘发展’这个概念在其无所不包的意义上所包含的那些东西：由简单到复杂、由低级到高级的运动，沿着上升的路线、由旧的质的状态到新的较高的质的状态的运动，更新的过程，新的东西的诞生，旧的东西的消亡，等等。”可见他对儿童发展问题的认识和研究是十分广泛和深刻的。

4. 教学应遵循实验教学论原则

1）以高难度进行教学的原则。这是首要的、决定性的“基本原则”，其他原则均与之紧密相连。“难度”这一概念强调的是“障碍的克服”和“学生的努力”，这一原则的特点在于“展开儿童的精神力量，使这种力量有活动余地，并给以指导”。若教材与教学方法未能为学生设置应克服的障碍，儿童的发展将会变得迟缓无力。

2）以高速度进行教学的原则。这一原则在一定程度上依赖于高难度原则的贯彻，但亦具有其独立性。它要求“不断地向前运动”，反对冗余的重复、烦琐的讲解及机械练习，旨在通过时间的有效利用，加速教学进程。实验证明，各年级学生不仅能够掌握本学年的教学大纲内容，还有能力学习部分下学年的材料。

3）理论知识起主导作用的原则。此原则强调理论知识在小学教学中的核心地位，同时不忽视儿童获取知识与技能的重要性。它要求学生基于一般发展，深入理解相关概念和规律性认识。这一原则基于科技发展背景下儿童抽象思维能力的提升，并认识到感性认识与理性认识在认知过程中的相互交织。

4）使学生理解学习过程的原则。该原则鼓励学生学会学习，掌握学习方法和过程。赞可夫指出一般教学论中的自觉性原则和实验教学论中的使学生理解学习过程的原则，就其掌握的对象而言有区别，前者把知识、技能、技巧作为掌握的对象；而后者把学习活动过程作为掌握的对象，即这一原则要求掌握知识之间的内在联系。

5）使全体学生都得到一般发展的原则。这一原则要求教师特别关注每个学生的成长，尤其是学习有困难的学生。它强调教师应“在他们的发展上系统地下功夫”，而非仅依赖课外补习和大量练习，后者可能加重学生负担，反而不利于其发展。

赞可夫指出，这些教学原则各有其独特作用，又相互关联、相互补充。它们的主要目的是激发学生的内部学习动机，而非依赖外部压力如分数等。此外，实验教学论还尊重学生个性，给予学生自由发挥的空间。

赞可夫的发展教学理论也存在局限性。特别是高难度和高速度教学原则，若实施不当，可能过于笼统或脱离学生实际，导致教学内容过深、进度过快，反而增加学生负担，降低教学效果。

4.3.5 多元智能教学理论

多元智能中的各种智能内涵是：

1）言语语言智能：指人对语言的掌握和灵活运用的能力，表现为用词语思考，用语言和词语的多种不同方式来表达复杂意义。

2）数理逻辑智能：指人对逻辑结果关系的理解、推理、思维表达能力，突出特征为用逻辑方法解决问题，有对数字和抽象模式的理解力，认识、解决问题的应用推理。

3）视觉空间智能：指人对色彩、形状、空间位置的正确感受和表达能力，突出特征为对视觉世界有准确的感知，产生思维图像，有三维空间的思维能力，能辨别感知空间物体之间的联系。

4）音乐韵律智能：指人的感受、辨别、记忆、表达音乐的能力，突出特征为对环境中的非言语声音，包括韵律和曲调、节奏、音高、音质的敏感。

5）身体运动智能：指人的身体的协调、平衡能力和运动的力量、速度、灵活性等，突出特征为利用身体进行交流和解决问题，熟练地进行物体操作以及需要良好动作技能的活动。

6）人际沟通智能：指对他人的表情、说话、手势动作的敏感程度以及对此做出有效反应的能力，表现为个人能觉察、体验他人的情绪、情感并做出适当的反应。

7）自我认识智能：指个体认识、洞察和反省自身的能力，突出特征为对自己的感觉和情绪敏感，了解自己的优缺点，用自己的知识来引导决策，设定目标。

8）自然观察智能：指的是观察自然的各种形态、对物体进行辨认和分类、能够洞察自然或人造系统的能力。

多元智能理论的主要观点：

（1）多元智能理论倡导弹性的、多因素组合的智力观

• 多元智能中的各种智力不是以整合的方式存在，而是相对独立的，各自有着不同的发展规律并使用不同的符号系统。

• 因为每个人的智力都有独特的表现方式，且每一种智力又有多种表现方式，所以我们难以找到一个适用于所有人的统一的评价标准，来衡量个体的智力水平及其成功程度。

• 在正常条件下，只要有适当的外界刺激和个体自身的努力，每一个个体都能发展和加强自己的任意一种智力。影响智力发展的因素主要有三种：先天资质、个人成长经历和个人生存的历史文化背景。这三种因素是相互影响、相

互作用。虽然先天资质对智力的类型起决定作用，但智力发展水平的高低更多取决于个体后天的历史文化教育活动。

（2）多元智能理论倡导积极的、平等的学生观

• 每个学生都或多或少具备 8 种智力，只是其组合的方式和发挥的程度各不相同。

• 每个学生都有自己的优势智力领域，人人拥有一片希望蓝天。

• 每个学生都具有独特的智力特点、学习风格和发展特点。

• 学校里不存在差生。学生的问题不是聪明与否的问题，而在于他们在哪些方面展现聪明以及如何展现。

（3）多元智能理论倡导个性化的、因材施教的教学观

• 每个学生都具有在某一方面或几方面的发展潜力，只要为他们提供了合适的教育和训练，这些学生的相应智能水平都能得到发展。因此，教育应致力于创设多样化的环境，以帮助学生发现、展现和促进各种智能的发展，为学生提供多样化的学习选择，使他们能够扬长避短，激发潜在智能，充分发展个性。

• 在注重全面发展学生的各种智能的基础上，更应强调个性的发展，将“全面发展”与“个性发展”有机结合。教学就是要尽可能创设适应学生优势智力发展的条件，确保每个学生都能成才。

• 由于不同的智力领域都有自己独特的发展过程和所依托的符号系统，因而不同的教学内容需要运用不同的教学技术，以适应不同的智力特点。

• 即使是相同的教学内容，针对每个学生的不同智力特点、学习风格和发展方向，教学也应当采用丰富多样的、适应性的、有广泛选择性的教学技术。

（4）多元智能理论倡导多种多样的、以评价促发展的评价观

该理论主张通过多渠道、多形式、在多种实际生活和学习情景下进行的评价，切实考查学生解决实际问题的能力和创造初步产品（精神的/物质的）的能力。这种评价超越了传统的以标准智力测验和学生学科成绩考核为重点的评价取向。它坚持三大评价标准：必须展示智能、必须具有发展眼光、必须与学生参与的活动相关联。它认为评价是手段而非目的，从单一的纸笔测验转向多样化的作品评价，从重视结果评价转向基于情景化（如专题作业、作品集）的过程评价。推崇的是一种更自然、对情景更敏感、生态学上更可行的评估方式，评估是师生双方共同参与的活动。

教学活动建议

本节的教学重点是作为教育技术理论基础的相关教学理论的核心观点，旨

在使学生理解和掌握教学理论的要义及其对教育技术的指导意义。建议教师在讲解时尽可能多地提供实际例子和实践案例，并鼓励学生分享案例，通过师生共同对案例的分析，从而帮助学生更深入地掌握本节知识。

学习活动建议

学生要深入理解和掌握相关教学理论的核心观点。建议学生开展的学习活动有：

1）获取网络资源，观看教学理论的相关实验；

2）阅读教材和推荐阅读文献等，分析实际例子和实践案例以加深理解；

3）结合自己的学习经历，与同学、教师进行线上、线下讨论建构自己的知识和理解。

4.4　传 播 理 论

传播是人类交流信息的一种社会行为，是人与人之间，人与群体、组织和社会之间，通过有意义的符号所进行的信息传递、接受与反馈行为的总称。运用传播理论的观点和方法解释、分析和研究教学现象，探索媒体在教学过程中的作用机制，这已成为教育技术学的一个传统研究领域。传播理论对教育技术学的主要贡献在于它对教育传播过程所涉及的要素进行了详尽的分析，对教育传播过程的基本阶段进行了划分，并对教育传播的基本规律进行了归纳。鉴于教学过程本质上也是教学信息的传播过程，因此，传播理论构成了教育技术学的重要理论基础。在深入理解教育传播现象和规律的基础上，传播理论为改善教学过程中各要素的功能条件、追求教学过程的最优化提供了坚实的理论支持。

4.4.1　教育传播的概念

1. 传播

“传播”一词译自英语 communication，也有学者将其译为交流、沟通、传通、传意等。传播一般可分为四大类：自然的传播、动物的传播、人的传播、机器的传播，这种四分法是传播学界按照传播规模和形式进行的一种划分。其中，人的传播又可分为两类：人对人的传播、人的内在传播。人对人的传播主要有四种类型：人际传播（个人与个人之间的传播）、群体传播、组织传播和大众传播。

传播学是研究人类所有传播行为和传播过程发生、发展规律，以及这些传播活动如何影响人与社会之间关系的学科。传播学最早诞生在美国，是 20 世纪 40 年代以来跨学科研究的产物。传播学综合运用了社会学、心理学、政治学、新闻学、人类学、经济学、统计学和信息科学等众多学科的理论观点和研究方法，深入探讨传播的本质和基本概念；分析传播过程中各要素的相互作用与制约关系；研究信息的产生、获取、加工、传递、效能与反馈，以及信息与受众之间的交互作用；探讨各种符号系统的形成及其在传播中的功能；评估各类传播媒介的特性、功能与地位等。

2. 教育传播

教育传播是教育者根据既定目的，精心选择信息内容，并借助有效的媒体渠道，将知识、技能、思想、观念等传递给特定教育对象的一种活动。这种活动不仅是教育者与受教育者之间的信息交流，更是人类传播活动的一种独特形态，既包含一般传播活动的共性，又展现出其特有的个性。

在一般的教学理论研究中，将教育者、学习者、学习材料三者作为教学系统的构成要素。它们在教学环境中，带有一定的目标性，通过一系列相互作用的过程，共同促进教学效果的实现。为后面讨论方便起见，我们称之为教学系统的三元模型。在现代教育传播活动中，媒体在教学传播活动中的作用日益凸显。因此，有必要将媒体纳入教学传播系统的要素之中，从而形成了教育传播系统四元模型（图 4-7）。这一模型是对三元模型的扩展与深化，是将学习材料看作媒体化的教学信息，把学习材料这一要素分成了“教学信息”（即内容）与作为内容载体的“媒体”两部分。在四元模型中，教育者、学习者、教学信息和媒体这四个关键组元在适当的教学环境中相互作用，共同促进了教学效果的实现。教育传播的方式多样，具体包括：①人内传播方式，如自主学习；②人际传播方式，如个别化教学、协作式学习等；③组织传播方式，其典型代表是课堂教学，这种方式在我国一直占据主导地位；④大众传播方式，即通过使用大众传播媒介手段来传递教育信息，这种形式的典型应用就是远程教育。

4.4.2 教育传播模式

对传播的研究可以追溯到古希腊的亚里士多德。他曾指出，在修辞学的框架下，传播的要素包括说话者、说的内容和听话的人。据此，他最早构想了一

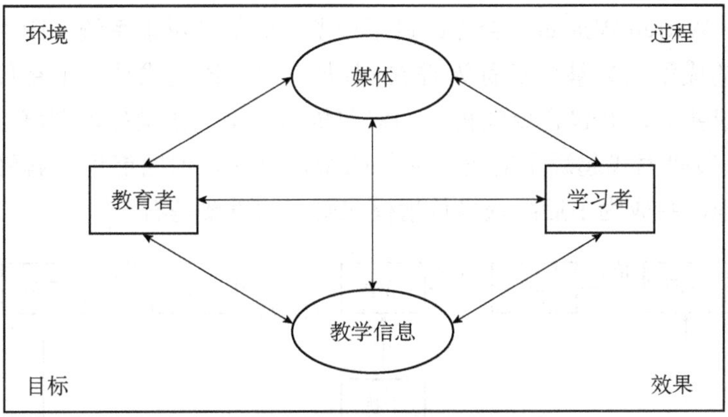

图 4-7　教育传播系统四元模型

个简化的传播过程三要素模式：传播者→信息→受传者。

然而，真正以“再现现实的一种理论性的、简化的形式”而出现的传播模式始于美国政治学家 H. D. 拉斯韦尔。1948 年，他在《社会传播的结构和功能》（The Structure and Function of Communication in Society）一书中，他明确提出，一个简便地说明传播行为的方法就是回答以下五个问题：

谁传播？　　　　　　（Who）
传播什么？　　　　　（Says What）
通过什么渠道传播？　（In Which Channel）
向谁传播？　　　　　（To Whom）
传播的效果怎样？　　（With What Effect）

他将对这五个问题的研究分别称为控制分析、内容分析、媒体分析、对象分析和效果分析。这就是传播学上著名的“5W”模式。后来，苏联学者布雷多克在此基础上补充了两个“W”，即“在什么情况下”（传播的背景）和“为了什么目的”（传播的倾向性），从而使传播学的研究范围更加全面。

在众多的传播模式中，最主要的两种模式是心理学模式（psychological models）和工程学模式（engineering models）。心理学模式主要关注信息源、受传者以及传播产生的效果，特别是传播对接收者产生的影响。而工程学模式则以香农-韦弗模式为代表。

1. 香农–韦弗模式

20 世纪 40 年代，美国数学家香农出于对电报通信问题的兴趣，提出了一个关于通信过程的数学模型。这一模型最初被设计为单向直线式的，不久后，他与韦弗（Warren Weaver）合作改进了模型，添加了反馈系统（图 4-8）。这一经过改进的模型后来被广泛称为香农-韦弗模式。该模式是一个将传播过程分成七个组成要素，并包含反馈机制的双向传播模型。该模型以图解形式呈现。尽管香农-韦弗模式起源于对电报通信的特定研究，但它能用来解释人类的一般传播过程，并成为了后续众多传播模式研究的重要基石。

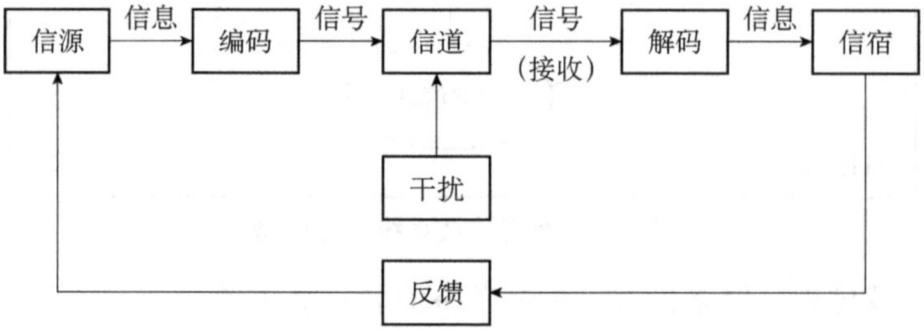

图 4-8 香农-韦弗模式

2. 双向传播模式

罗密佐斯基（Alexander Romiszowski）通过综合工程学模式和心理学模式的优势，提出了一个比较适用于教育领域的双向传播模式（图 4-9）。该模式的基本观点：传播过程是一种双向的过程，传播者和受传者都是传播的主体。受传者不仅接受信息，而且会对信息做出积极的反应。

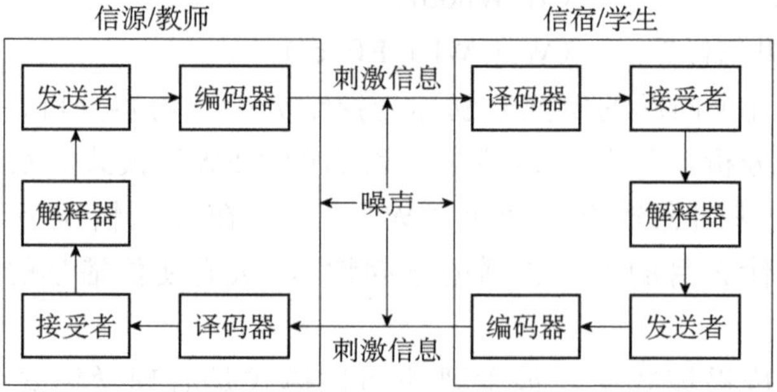

图 4-9 双向传播模式

3. 贝罗模式

贝罗模式的基本观点是：传播过程包括 4 个基本要素：信源、信息、通道、信宿。传播的效果并非单一地取决于这四个要素中的任何一个，而是由这四个要素以及它们之间相互作用的关系共同决定的。在此认识的基础上，他提出了著名的 SMCR 模型（图 4-10）。

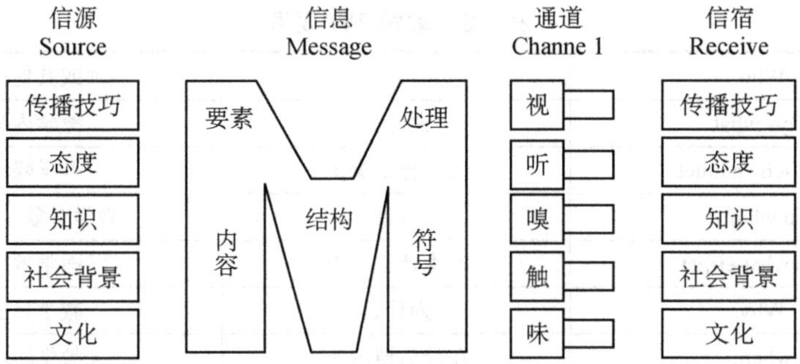

图 4-10　SMCR 模型

由于 SMCR 模式的构成要素和结构与教育传播系统高度相似，“S”“M”“C”“R”分别对应教师、课业、手段、学生，且其功能条件也颇为相似，因此它迅速被广泛应用于解释教育传播的过程，并逐渐成为了公认的经典教育传播模式。

此外，鉴于该模式所揭示的要素之间的关系及其功能条件的状况直接影响着传播的效果和效率，因此有必要确保这些要素及其相互作用关系处于最佳状态。这不仅是传播学研究的重要方向，也是教育技术学致力解决的关键课题。两者的区别在于，传播学更倾向于解释传播现象，揭示其内在规律；而教育技术学则是在深入理解和把握这些现象与规律的基础上，从技术层面出发，致力于改善教育传播过程中各要素的功能条件及其相互作用关系，从而追求教育传播活动的最优化效果。

4.4.3　教育传播理论的启示或应用

教育技术学科通常运用传播理论的概念及其相关模型中的要素来阐释教学过程，并据此提出了众多关于教学传播过程的理论模式，这些模式为教育传播学奠定了坚实的理论基础。主要表现在以下几个方面。

1. 说明了教学过程所涉及的要素

美国著名政治学家 H. D. 拉斯韦尔提出了描述一般传播过程的五个基本元素，即“5W”模式，这是一个直线性的传播模型。后来，有人在此基础上进一步扩展，提出了“7W”模式（表 4-2），其中每个“W”都代表教学过程中的一个相应要素，这些要素也成为研究教学过程、解决教学问题的教学设计所关心的重要因素。

表 4-2 教学 7W 要素

Who	谁	教师或其他信息源
Says what	说什么	教学内容
In which channel	通过什么渠道	教学媒体
To whom	对谁	教学对象即学生
With what effect	产生什么效果	教学效果
Why	为什么	教学目的
where	在什么情况下	教学环境

2. 指出了教学过程的双向性

早期的传播理论认为传播是单向的灌输过程。它认为受传者只是被动地接受信息，只能够接受传播者的意图。这种传播思想忽视了受传者的主动性和自主性，显然是一种片面的认识。奥斯古德和施拉姆提出的模式强调了传播者和受传者都是积极的传播主体。受传者不仅接受信息、解释信息，还对信息作出反应，从而实现了传播的双向互动。这种及时的反馈机制使得传播过程能够持续循环，不断优化。教学信息的传播同样遵循这一原则，它是通过教师和学生双方的传播行为共同实现的。因此，在教学过程的设计中，我们必须重视教与学两个方面的分析和安排，并充分利用反馈信息，随时进行调整和控制，以达到预期的教学目标。这种对教学过程的理解与当前人们对学习本质的认识不谋而合。现代学习理论认为，学习是一个学习者积极主动地进行自我建构的过程，它需要内部认知和外部环境的相互作用。

3. 确定了教学传播过程的基本阶段

在教育传播中，当教育信息通过教育媒体在教育者与受教育者之间进行传递时，则产生了动态的过程，我们称之为教育传播过程。所谓教育传播过程，是指教育者借助教育媒体向受教育者传递与交换教育信息的过程。例如，教师（教育者）通过投影器（教育媒体）向学生（受教育者）讲授勾股定理（教育信息），这就构成了一个教育传播过程。

教育传播过程是一个由教育者、教育信息、教育媒体、受教育者以及编码、译码、噪声、反馈、效果等要素构成的连续的动态过程。此过程可以细分为以下六个阶段（图 4-11）。

1）确定教育传播信息。教育传播过程的第一步是确定所要传递的教学信息，这必须紧密围绕教学目的和课程的培养目标进行。例如，课程的文字教材

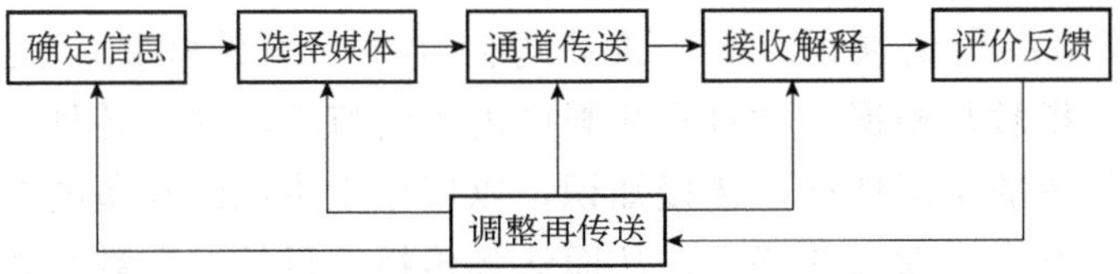

图 4-11 教育传播过程的六个阶段

是按照教学大纲由专家精心编写的，体现了核心的教学信息。因此，在这一传播阶段，教师应认真钻研教材，仔细分析每单元的教学内容，将其分解为若干知识点，并明确每个知识点应达到的学习目标。

2）选择教育传播媒体。选择传递教学信息的媒体，实际上就是信息编码的活动。决定何种信息应使用哪类符号和信号媒体来呈现和传递，是一个复杂的问题，需要一套科学的原理作为指导。例如，所选媒体应能准确呈现信息内容，符合学习者的经验和知识水平，易于被接受和理解，同时易于获取且成本效益高，且能取得良好的传播效果。

3）通道传送。此阶段需解决两个问题。一是信号传播的范围和距离，需根据信号传递需求，合理运用媒体，确保信号传输质量；二是信息内容的传递顺序，需在应用媒体前精心设计信息传递结构，并在媒体运作时，按既定方案有序传递信息。媒体在传递信号时应尽量减少各种干扰，以保证传递质量。

4）接收解释。在这一阶段，学习者接收信号并将它转化为信息意义，这实际上就是信息译码的活动。学习者首先通过各种感官接收经由各种媒体传来的信号，然后依据自身的经验和知识，将符号解读为信息意义，并随之储存于大脑中。

5）评价反馈。学习者接收并解释信息后，虽然知识有所增加，智力有所发展，但是否达到预定的教学目的仍需通过评价来确认。评价方式多样，可观察学习者行为变化，也可通过课堂提问、测验、课后书面作业及阶段性反馈信息等途径进行评价。

6）调整再传送。将获得的反馈信息与预定的教学目的相比较，可以发现教育传播过程中的不足，从而调整教学信息、教学媒体和教学顺序，进行再次传递。例如，在课堂提问中发现问题可及时调整；课后作业中发现问题可进行集体补习或个别辅导；在远距离教学中发现问题，可增发辅导资料或组织面授辅导活动。

4. 揭示了教育传播过程的若干规律

随着传播学与教育科学不断地融合，人们常把教学看作教学信息的传播过程，进而综合运用传播学和教育学的理论和方法来研究和揭示教育信息传播活动的过程与规律，以期达到最优化的教学效果。

1）共识率：所谓共识，一方面指尊重学生已有的知识、技能水平和特点，另一方面指教师根据教学目标和教学内容的特点，通过各种方法和媒体来为学生创设相关的学习环境，传授知识，以便使学生已经具备的知识技能与即将学习的材料产生有意义的联系，从而达到传播的目的。在教育传播活动中，共同的知识技能基础是教师与学生之间得以交流和沟通的前提。教学信息的选择、组合和传递必须首先顾及学生已有的知识能的水平和特点，并考虑到学生的发展潜能。

2）谐振律：所谓谐振，是指教师传递信息的"信息源频率"与学生接受信息的"固有频率"相互接近，两者在信息的交流和传输方面产生共鸣。它是教育传播活动得以维持和发展，并获得较优传播效果的必备条件。一方面，教师或信息源的传递速率和传递容量必须符合学生的认知速率和可接受水平；另一方面，教师还需要创设一种民主宽松、情感交融的传输氛围，并时刻注意收集和处理来自学生的反馈信息，以便及时调整教育传播活动的进程。

3）选择律：所谓选择，是指任何教育传播活动都需要对教学的内容、方法和媒体进行选择。这种选择是适应学生身心特点、较好地达到教学目标的前提，并旨在以最佳的"代价与效果比"成功地实现目标，即最小代价原则。在教育技术领域，数学教学媒体的选择尤为受到关注。选择媒体时，应考虑尽可能降低代价，提高媒体产生的功效。

4）匹配律：所谓匹配，是指在一定的教育传播活动环境中，通过剖析学生、内容、目标、方法、媒体、环境等因素，使各种因素按照各自的特性，有机和谐地对应起来，从而使教育传播系统处于良好的循环运转状态之中。在教育传播活动中，多种传播媒体的使用是不可避免的，而各种媒体又具有各自不同的多重功能特性。只有对它们充分了解、扬长避短、合理组合、科学使用，才能使它们相得益彰。

4.4.4 互联网引发的教育传播变革

互联网最早形成于美国，是由 20 世纪 60 年代末的美国国防部高级研究计划署网络（ARPANET）发展而来。到了 20 世纪 90 年代后期，互联网开始深入教育领域，这一变革极大地推动了教育传播方式的革新。如今，互联网已成为人类生存不可或缺的重要空间——信息空间，覆盖了全球 170 多个国家和地区。相较于物理空间与社会空间，信息空间展现出六个典型的新特征：时空的灵活性、资源的共享化、行为的数据化、信息的众筹化、关系的网络化以及系统的联通化。这些新特征不仅是推动教育传播深刻变革的关键因素，也促使人类生产生活实践的各个方面不断适应并融入这一全新的信息空间之中。

1. 教育传播观念的变革

教育传播观念的变革体现在从主要满足教育者需要转变为主要满足学习者需求的教育传播价值观。

教育传播价值的高低，主要依据其能否以及在何种范围和层次上满足学习者的需求来判断。当前，学习者的主要需求是：全面发展和个性发展，建立合理的知能结构。因此，教育传播应当积极助力实现这一价值取向。

“士”字形知识结构：这一模型将知识结构形象地比喻为“士”字，其中下面一横代表一般基础知识，上面一横代表专业基础知识，而中间一竖则代表专业知识。与传统的金字塔形知识结构（强调下宽上窄，基础要求面越宽）不同，“士”字形知识结构并不严格遵循下宽上窄的原则，它带有一定的跳跃性，强调在基础与专业的交汇处下功夫。学习者主要掌握与本专业紧密相关的基础知识，并在此基础上深入发展一门专业知识。这种知识结构，更加适应信息时代面临的三个挑战：无限书籍对有限时间的挑战；几何级数膨胀的信息对人的原有接受能力的挑战；大量新知识对人们理解能力的挑战。在学习中可以大胆采用“跳”“跨”“绕”手法，以节省时间，集中精力捕捉最新、最需要的信息和知识。

三层次能力结构：基础层次能力——听、说、读、写、算、推理、计算机网络应用；中间层次能力——数字化学习能力、科研能力、团队协作能力：较高层次能力——应变能力、创造能力。

2. 教育传播要素的变革

教育传播系统的四大要素在互联网的影响下都发生了显著的质的变化。

1）教育者。在传统教育传播模式中，教师和学生之间更多是单向传播，教师难以接收到学生的多方面信息。互联网的兴起直接改变了教师与学生的定位。教师由信息的“把关人”转变为“引导者”。教育者的权威性面临挑战，对传播过程的控制有所减弱，传播什么内容？通过什么渠道？不再完全由教育者决定，教育者只能起引导作用。教师不再是绝对的权威和主体，而是转变为辅助者。学生的自主权得到了显著提升，主观能动性被进一步激发，从而提高了学生接收信息的效率与完整性。

2）教育信息。互联网时代的信息更新速度非常快，实时性与时效性自然也会贯穿于教育传播之中。信息量呈指数级增长，信息的老化与更新速度随之加快。与此同时，信息的新鲜性与趣味性有所提升，但其真实性与可信度却面临挑战。

3）教育媒体。由单向交流媒体转变为双向、多向交流媒体。互联网集成了文字、图像、声音、视频等多种元素，极大地增强了媒体的教育功能，拓宽了教育传播的广度和深度，具有显著的优越性。然而，它并非万能，并不能完全取代其他媒体形式。印刷媒体和其他视听媒体仍将存在，并在持续改进中发展。

4）受教育者（学习者）。学习者的学习延展性得到了拓展，由被动学习转变成主动学习。他们的主体性得到充分发挥，在接受信息时拥有更大的自由选择权，可以主动选择自己感兴趣的内容和信息的接收形式，以及接收的时间和顺序。有条件的学习者甚至可以直接参与信息的生产和传播过程，成为信息的发送者。

3. 教育传播方式的变革

教育传播方式已从传统的一对一或一对多模式转变为多对一、多对多的网络传播方式。互联网使每个人都能够贡献知识，甚至未来人工智能使机器也能生产新知识。

随着新兴信息技术的发展，人类对于知识、信息的获取、传播和应用发生了深刻的变革，也带来了教学方法与手段、学习方式的巨大变化。混合学习成为一种常态化的学习方式。除此以外，在学校教育传播中，还出现了使用信息技术进行有效学习的数字化学习，并且信息技术大大地支持了学生的自主学习和合作学习。从而，数字化学习、混合学习以及学生自主学习成为当前重要的学习方式。

数字化学习（e-Learning），就是在现代信息技术环境下，利用多媒体软件和网上资源进行的学习活动。这是信息时代的一种全新的重要的学习方式，但不是唯一的学习方式。信息时代，人们需要善于同时在三个世界采取多种方式进行学习：一是经验世界，在做中学习；二是语言文字世界，向书本学习；三是虚拟现实世界，进行数字化学习。数字化学习是新的主流学习方式，可适当强调，但不能忽视其他的学习方式，应该实现多种学习方式的有机结合。

混合学习（blended learning）是指在线学习和面授相结合的学习方式。从本质上来讲，混合学习是一种区别于传统学习的新型学习方式或学习理念，它是按照系统论的观点和绩效方法，恰当结合传统学习手段和在线学习手段的学习方式。它的目标是使学习更容易、更便利，从而实现最好的学习效果。

互联网进入教育教学领域，为学生自主学习和合作学习提供了良好环境，给予了有力的支持。在学校教学传播中，学生自主学习和合作学习并不排斥教师的指导，教师的指导可使学生的学习少走弯路，提高学习效率，更好地实现学习目标。学生自主学习也不排斥与他人开展协作交流，应该把自主学习与合作学习有机地结合起来，以实现资源共享，共同提升。

思考 4–6

请你用传播理论的观点和方法解释、分析和研究你身边出现的相关教学现象？

教学活动建议

本节的教学重点是作为教育技术理论基础的相关传播理论的核心观点，旨在使学生理解和掌握传播理论的要义及其对教育技术的指导意义。建议教师在讲解时尽可能多地提供实际例子和实践案例，并鼓励学生分享案例。通过师生共同对案例的分析，从而帮助学生更深入地掌握本节知识。

学习活动建议

学生要深入理解和掌握传播理论的核心观点。建议学生开展的学习活动有：

1）阅读教材和推荐阅读文献等，分析实际例子和实践案例以加深理解；

2）与同学、教师以线上或线下的方式进行讨论，以建构自己的知识和理解。

学习评价

（一）学习经历评价

1. 你是否阅读了教材第四章的所有内容？

建议：如果答案为“否”，请暂停自我评价，阅读未读过的部分。

2. 你能否理解第四章中所有内容？

建议：如果答案为“否”，请首先列举不理解的内容，然后可以尝试利用以下方法解决遇到的问题。

- 利用图书馆和网络资源，查找相关文献。
- 与同学进行讨论。
- 向教师提问，争取教师的帮助。
- 将问题发布在线上讨论区，争取更多人的帮助。

（二）自测题

1. 系统科学理论包含__________、__________、__________。

2. 复杂性科学理论包含__________、__________、__________。

3. 多元智能中的各种智能是__________、__________、__________、__________、__________、__________、__________、__________。

4. 传播学上著名的“5W”模式中的 5 个 W 分别指的是__________、__________、__________、__________、__________。

5. 请谈谈你对教学理论中不同理论的看法。

6. 结合教材内容以及相关资料，说说你认为传播理论对教育有着怎样的影响。

7. 通过本章学习，对你有何启示?

（三）思考题

1. 请你用思维导图的方式画出系统科学与复杂性科学理论的知识点框架，然后谈谈这些理论的背景、核心观点及影响。

推荐阅读文献

[1] 李芒，金林，郭俊杰. 教育技术学导论（第 2 版）[M]. 北京：北京大学出版社，2013.

[2] 黄荣怀，沙景荣，彭绍东. 教育技术学导论[M]. 北京：高等教育出版社，2006.

[3] 李艺，颜士刚. 教育技术导论[M]. 北京：高等教育出版社，2014.

第5章　信息化教学环境与资源

学习目标

1. 了解媒体、教学媒体等概念的基本含义；
2. 掌握教学媒体的特征、信息化教学媒体的发展等相关内容；
3. 掌握信息化教学环境及信息化学习资源的概念及分类；
4. 了解常见的信息化教学环境和信息化教学资源；
5. 述评中国在信息化环境与资源建设、应用方面所取得的成就，并树立文化自信。

学习导航

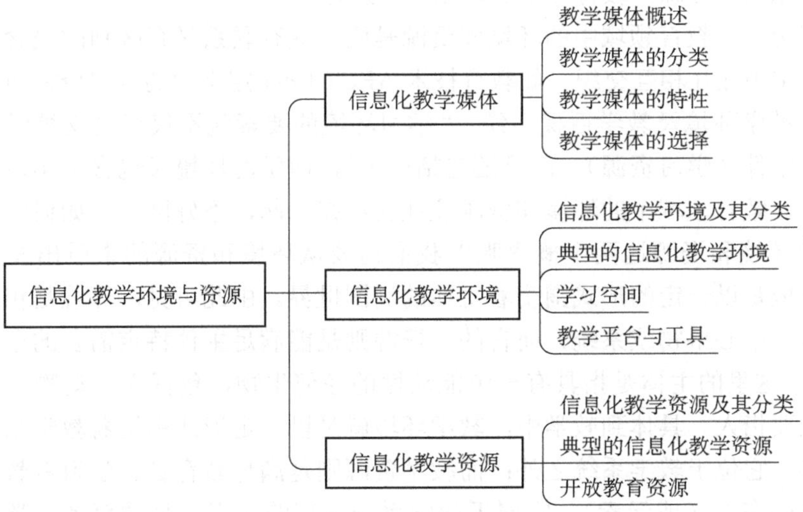

本章导学

本章共分为三节，主要围绕信息化教学媒体、信息化教学环境、信息化教学资源等内容进行阐述。首先，学习者需要掌握教学媒体的概念、分类、特性、选择等内容，从而对教学媒体有一个全面的认识和理解。其次，学习者需掌握信息化学习环境的概念和分类，熟悉几种典型的信息化学习环境，并能够将所学知识应用于实践，深入研究如何在教学中有效利用这些信息化学习环境。最后，学习者还需了解信息化教学资源的概念和类型，以及常见信息化教学资源的获取途径，这有助于提升学习者获取并筛选优质学习资源的能力。

“媒体”或“教学媒体”原本是教育技术领域的一个核心概念或核心词汇，讨论教育技术必然涉及媒体或教学媒体。然而，在当今的教育技术领域，已经很少直接讨论“媒体”或“教学媒体”，代之以“信息化教学环境”和“信息化教学资源”等。这两者之间究竟有何关系呢？实际上，信息化教学环境和信息化教学资源是由现代教学媒体发展而来的。随着现代信息技术的发展，教学媒体不再仅仅是单一的教学手段，而是扩展为新的教育环境——信息化教学环境，它成为教学活动得以展开的基础和平台；同时，它也扩展为新的教育资源——信息化教学资源，成为支撑教学过程的重要物质基础。这一扩展使得教学媒体在教育教学活动中的作用发生了根本性变化，从原先的“辅助”角色转变为教育教学活动得以开展的前提和基础，变得不可或缺。没有教学媒体，教育教学活动或许仍可进行，但质量会受到影响；而没有信息化教学环境和信息化教学资源，教育教学活动则难以进行。

理论上，教育领域中的环境和资源是两个既有联系又有区别的概念，但在实际界定中往往相互交织。如教育技术 AECT 1994 定义中的学习资源包括教学材料、教学环境及教学后援系统。“学习环境的要素就不仅仅是支撑学习过程的物质条件（学习资源），而且还包括……”，而学习环境又包含了学习资源。实践中，教育领域中的环境和资源往往交织在一起，不好区分。如何区分教育领域的环境和资源这两个概念呢？我们需要从环境和资源的本质出发进行讨论。环境是以一定的形式围绕着主体的周围世界。由此可见，环境是相对于某一主体（中心事物或系统）而言的。资源则是能满足主体特定需要的东西（或元素），这里的主体是指具有一定能动性的任何生物，包括人、动物、植物，在此主要指人。具体到教学中，教学环境就是以一定形式围绕着教学系统的周围世界，它位于教学系统之外；而教学资源则是满足教育者、学习者教学或学习需要的东西（或元素），它属于教学系统内部的元素，是教育者、学习者需要直接面对的对象，体现的是学习内容，主要指教学材料。教学资源需要靠教学环境来承载，没有教学环境，资源就失去了其存在的空间；而没有教学资源，教学系统就失去了其实际意义，教学环境也就失去了其存在的必要性。此外，某些元素作为教学资源和教学环境的身份会发生转化。例如，教室中张贴的名人画像、书法作品，如果和教学内容无关，则构成学习环境；如果作为临摹的对象，则转化为学习资源。基于上述观点，本书将深入探讨信息化教学环境和信息化教学资源的相关议题。

5.1 信息化教学媒体

5.1.1 教学媒体概述

1. 媒体

媒体一词来源于拉丁语“Medium”，音译为媒介，意为两者之间。它是指信息在传递过程中，从信息源到受传者之间承载并传递信息的载体或工具，也可以指实现信息从信息源传递到受传者的一切技术手段。媒体有两层含义：一是指承载信息的载体；二是指存储和传递信息的实体。媒体是指载有信息的物体。没有承载信息的物体，如一张白纸、一张空白的透明胶片或一张空白光盘，都不能被视为媒体，它们仅仅是书写、印刷或记录信息的潜在材料或介质。只有当这些物体上承载了信息，比如白纸印上了新闻消息的文字与图片成为报纸，或者磁带录上了音乐信息符号成为音乐带，它们才能被称为媒体。

媒体是指存储和传递信息的实体，也可以指实现信息从信息源传递到受传者的一切技术手段。从这一层含义上说，媒体作为一种中介物，其范围相当广泛。以通信这一信息传递过程为例（图 5-1），从信源到受传者（信宿）之间的一切技术手段，均可视为广义的媒体。

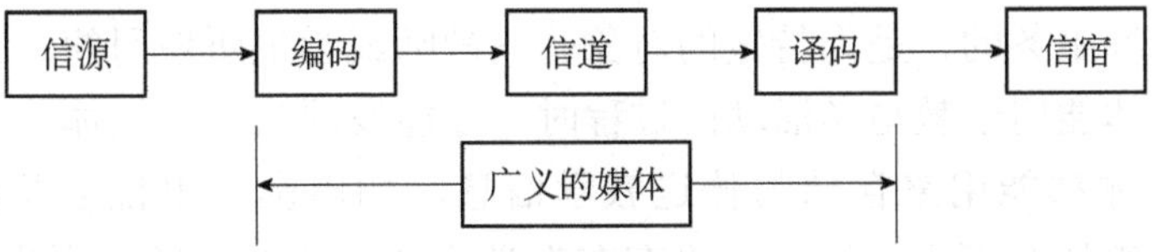

图 5-1 通信过程的广义媒体

从信源物获取的信息符号需经过编码变为信号，信号在通道中传送，然后经译码将信号转换为符号，最后由受传者将符号解析为信息意义。这一过程中涉及的编码器、通道和解码器等一切技术手段工具，均被称为媒体。例如，在电视广播过程中，摄像机从信源摄取图像信息符号，并将其转换为相应的电信号（或先录制于录像机中再行重播），电信号经过通道（闭路电视采用线路，开路广播电视利用空气传播）传递至接收端，由电视接收机将接收到的电信号转换回图像信息符号，供受传者观看。受传者将看到的图像符号解析为信源物的信息意义。在这一过程中，摄像机、录像机、传输线路以及电视接收机都成为了信息存储与传递的媒体。

习惯上，媒体被分为硬件和软件两大类。硬件指的是那些用于存储、处理和传递信息的机器和设备，如照相机、幻灯机、投影仪、录音机、摄像机、电视机和计算机等。软件是指那些载有信息的物体，如记录有信息的书本、幻灯片、投影片、录音带、光盘以及计算机软件等。媒体的硬件与软件是相辅相成的统一体，只有二者协同工作，才能有效发挥媒体存储与传递信息的功能。

2. 教学媒体

教学媒体是指在教与学活动过程中所采用的媒体。从本质上看，教与学活动过程是一种获取、加工、处理和利用信息的过程。因此，作为存储与传递事物信息的任何媒体，都能作为教学媒体。但事实上，绝大多数新开发出来的媒体，首先并非用于教学，而是在军事、通信、娱乐、工业等部门使用相当长一段时间之后，才逐渐被引入到教学领域。例如，1895 年诞生的电影媒体首先用于娱乐业，几十年后，才逐渐有科教片，用于社会教育。又如电视媒体，1936 年，英国广播公司已开始播出电视节目，首先用于娱乐与商业广告，之后闭路电视技术逐渐发展，并在工业领域得到应用。几十年后教育电视才被普遍引进教育领域，成为一种电视教学媒体。那么，教学媒体有哪些特殊的组成要素呢？概括来说，一般的媒体发展成为教学媒体应具备以下两个基本要素。

（1）媒体用于存储与传递以教学为目的的信息时，才可称为教学媒体

以教学为目的的信息，也就是教学信息，它是由教学目标来决定选取的。因此，教学媒体区别于一般的媒体，它存储与传递的是教学信息，是为达到特定的教学目标服务的，是为特定的对象——教师或学生所使用的。

（2）媒体能用于教与学活动的过程时，才能发展为教学媒体

任何媒体都能用来存储与传送教学信息，如电影、电视以及计算机等媒体，但这些媒体在诞生初期，并没有在教学活动中派上用场。因此，它们只是一般的传播媒体，不是教学媒体，只有当它们经过改进，符合教学要求，用于教学活动时，才能成为真正的教学媒体。

一般的媒体经过改进成为教学媒体，往往要经过复杂甚至漫长的历程。例如广播电视从最初仅播放新闻和娱乐节目，到后来用于播放教学节目并开展教学活动，历经几十年时间；闭路电视在早期仅被用于工业领域，之后才被引入到教育领域，成为学校的闭路电视教育系统或微格教学系统，用于教学技能训

练。近年来，计算机媒体及计算机网络系统得到了迅速发展，它们最初主要应用于军事与工商业领域，随后才逐渐被引入到教育教学领域。

3. 信息化教学媒体

信息化教学媒体有两层含义，一是指信息时代开发的标志性教学媒体；二是指教育信息化实践中主要使用的教学媒体。

（1）信息化教学媒体是信息时代开发的标志性教学媒体

随着科技的发展，媒体的发展经历了口语媒体阶段、文字媒体阶段、印刷媒体阶段和电子媒体阶段等。近年来，有学者将电子媒体阶段细分为视听媒体阶段和网络媒体阶段。视听媒体包括广播和电视媒体；网络媒体则被视为信息时代开发的标志性媒体。因此，信息化教学媒体在很大程度上可以等同于网络媒体。教学媒体的不断发展会引发教育的根本性变革，所以，教育进入网络教学媒体阶段，即是进入了一个信息化教育的新阶段。

（2）信息化教学媒体是指教育信息化实践中主要使用的教学媒体

媒体发展到一个新的阶段时，并不意味着上一个阶段的媒体就变得无用了。如在文字媒体阶段，口语媒体仍在使用，这表明任何一个新的发展阶段都是将本阶段发展起来的新媒体与以往几个阶段的媒体进行重叠使用或组合使用的。同样地，在信息时代也不例外，新开发的网络教学媒体应当与上一阶段的视听媒体，甚至更早的印刷媒体有效地组合运用，这才是健康的教育信息化过程。

4. 教学媒体的发展趋势

教学媒体随着时代的发展不断演变，呈现以下趋势。

（1）教学媒体聚合化

数字化聚合是指基于数字化技术的媒体共享及交换信息，并可经由网络进行数字化信息的传播。数字化聚合改变了媒体的传输形式，也因此改变了媒体传输系统。在数字化聚合的环境下，我们熟悉的媒体形式，如书籍、照片、电影、电视、立体声系统，甚至电话和传真，都能在同一个平台上进行创建和传输。换句话说，由于数字化聚合，一种教学媒体能够整合原来多种教学媒体的功能。例如，智能手机不仅能看书、看视频、听音频，还能拍照、拍视频、录音频等。

（2）教学媒体终端化

过去教学媒体大多以独立的形式存在，随着互联网的发展，几乎所有教学媒体都已转变为互联网终端的形式出现或使用，如果教学媒体不能联网使用，其功能将大打折扣。

（3）教学媒体软件化

数字化聚合促使孤立的技术设备转化为数字化形式，构建起相互兼容且能进行信息交换的系统。在这一过程中，许多传统媒体，如收音机，已转变为智能手机、平板电脑等终端上的一个应用程序。

（4）教学媒体智能化

随着人工智能技术的发展，软件化以后的教学媒体，即一个个的应用程序，越来越具有智能化的特征，智能化成为教学媒体发展的一大趋势。智能化媒体能够基于学习者的需求向其自动推荐学习内容，并记录其学习数据等。

思考5–1

随着科技的不断发展，教学媒体也在不断地演变和创新。请思考以下问题：在当前的教育环境中，哪些教学媒体正逐渐成为主流？它们如何影响教学方式和学习体验？在未来，这些教学媒体又将如何发展和改进，以更好地满足教育需求？

5.1.2 教学媒体的分类

教学媒体发展至今，种类繁多。为了便于使用和研究，我们可以将它们进行分类。关于媒体的分类方法有很多种，下面介绍几种常用的分类方法。

1. 按媒体发展先后分类

按教学媒体发展的先后，通常把过去传统教学中常用的媒体称为传统教学媒体，而将近一个世纪以来利用现代科技成果发展起来的电子传播媒体称为现代教学媒体。

（1）传统教学媒体

传统教学媒体通常指的是在教学中广泛使用的教科书、黑板、粉笔、挂图、标本、模型以及实验演示装置等教学工具。若进一步扩展范围，教师本人也是传统教学不可或缺的教学媒体，这包括教师的语言、表情、手势、体态、板书以及板画等教学手段。

（2）现代教学媒体

现代教学媒体则是指近一个世纪以来，随着科技成果的不断涌现而发展起来，并被成功引入教学领域的电子传播媒体。在我国，这类媒体也被称为电化教育媒体，它们主要包括幻灯、投影、录音、电影、电视、录像、计算机等教学媒体，以及由这些媒体组合构建而成的复杂教学媒体系统，如语言实验室、多媒体综合教室、计算机网络教室、视听阅览室、微格教学训练系统、闭路电视系统和校园计算机网络系统等。

2. 按媒体印刷与否分类

教学媒体按印刷与否可分为两类：印刷型媒体与非印刷型媒体。

（1）印刷型媒体

印刷型教学媒体是指各种印刷的教学资料。如教科书、挂图、辞典、杂志、报纸和教学指导书等。

（2）非印刷型媒体

非印刷型媒体泛指各类非印刷的电子传播媒体和部分非印刷的传统教学媒体。

3. 按感知器官分类

按学习者使用媒体的感知器官分类，可分为听觉型媒体、视觉型媒体、视听型媒体和相互作用型媒体。

（1）听觉型媒体。如口头语言、广播录音等。

（2）视觉型媒体。如教科书、板书、板画、挂图、模型、标本、幻灯、投影等。

（3）视听型媒体。如配录音的幻灯、电影、电视等。

（4）相互作用型媒体。如程序教学机、计算机辅助教学课件、语言实验室、微格教学训练系统等。

4. 按媒体的物理性质分类

根据现代教学媒体的物理性质分类，可分为光学投影教学媒体、电声教学媒体、电视教学媒体和计算机教学媒体等。

（1）光学投影教学媒体

光学投影教学媒体包括投影仪、投影片、电影放映机和电影片等。这类媒体主要通过光学投影技术，把小的透明或不透明的图片、标本、实物等投射到银幕上，从而呈现出所需的教学信息，这些信息既可以是静止图像，也可以是活动图像。

（2）电声教学媒体

电声教学媒体包括电唱机、扩音机、收音机、语言实验室，以及唱片、录音带等。它将教学信息以声音形式存储和播放。

（3）电视教学媒体

电视教学媒体包括电视机、录/放像机、影碟机、录像带、视盘、学校闭路电视系统和微格教学训练系统等。它的主要特点是存储与传送活动的音像信息。

（4）计算机教学媒体

计算机教学媒体包括计算机、计算机网络教室、计算机校园网以及计算机辅助教学软件等。它能够在各种教学活动中实现文字、图表、图像、音/视频等教学信息的传送、存储与加工处理，并能与学习者进行交互，从而开展有效的教学活动。

5. 按技术特点分类

按媒体的技术特点，可分为数字媒体与非数字媒体。数字媒体包括计算机、数码相机、数字摄录机、数字投影仪、DVD 等；非数字媒体有胶片投影机、磁带录音/录像机等。无论是数字媒体还是非数字媒体，它们都是信息化教学环境中不可或缺的构成要素。

思考 5-2

教学媒体是否有其他的分类方法？可以查阅相关文献记录在下面。

5.1.3 教学媒体的特性

各类媒体运用了不同的符号去运载信息，刺激受传者不同的感官，使其所表现的教学功能与特性各不相同。因此，在编制与运用各类教学媒体时，应深入分析每种媒体的教学功能和特性，根据需要，取长补短，综合运用。

1. 表现力

表现力表明媒体表现事物信息的能力。信息是事物运动状态与规律的表征。信息并非事物本身而是事物的表征，它使用不同的符号去表征或描述，从而决定了媒体具有不同的表现能力。表现力由以下诸要素决定。

- 空间特性：指事物的形状、大小、距离和方位等。
- 时间特性：指事物出现的先后顺序、持续时间、出现频率和节奏快慢等。
- 运动特性：指事物的运动形式、空间位移和形状变换等。

● 颜色特性：指事物的颜色与色调属性。

● 声音特性：指事物的声音与音效属性。

各类媒体在呈现事物的空间、时间、运动、颜色、声音等特性的能力是不同的，这也表明了各类媒体在表征事物运动状态与规律方面的能力存在差异。

电影与电视能够以活动的、彩色的图像和同步的声音去表现事物的运动状态与规律，它们能全面表现事物的空间、时间、运动、颜色与声音特性，因此，具有极强的信息表现力。然而，由于其内容的瞬间即逝性，不利于学生细心观察与思考。

幻灯、投影类媒体，在表现事物空间与颜色特性方面有较强的能力，而且能放映出更大且更清晰的彩色图像，但在时间、运动特征的呈现上则不如电影与电视。然而，正因为它们是静止的图像，所以能够让学生更详细地分析和观察事物的细微部分。

广播与录音是借助语言、音乐来呈现事物运动状态与规律的实际音响，它们具有声音与时间的特性。但对于用语言描述的空间与颜色特性，则显得不具体且抽象。

2. 重现力

重现力是媒体重现事物信息的能力。实时的广播与电视瞬间即逝，难以重现；而录音、录像与电影媒体则能记录并存储记录，反复重放；幻灯、投影也能根据教学需求反复重放；计算机课件存储的信息则能按学习者的需求重现。

3. 接触面

接触面是指媒体将信息传送到接收者的空间范围。广播与电视能够将信息传送到十分广阔的范围；计算机网络系统和有线电视播放系统同样具备强大的传送能力，能够将信息送达所有终端；相比之下，幻灯、投影、电影、录音、录像等只能在有限的教室与教学场所内进行信息传送。

4. 参与性

参与性是指在学习者利用媒体进行教学活动时，其参与活动的机会和程度。它可细分为行为参与和感情参与。交互式的计算机媒体，让学习者能够根据个人需求控制学习内容，是一种在行为与感情上均能提供高度参与度的媒体。电影、电视、广播，以其强大的表现力和感染力，容易触动学生的情感，激发他们的感情参与。在小组放映投影片时，师生能以面对面的形式呈现材料，共同学习和讨论，促使学生行为上的积极参与。教师在此过程中，既能及时了解学生的反应，获取反馈信息；又能根据学生的学习进度，适时呈现资料，组织教学活动。当学生独立选择各类教学媒体进行自学时，这同样是一种行为参与程度较高的学习活动。

5. 可控性

可控性是指使用者对媒体进行操纵控制的难易程度。幻灯、投影、录音、计算机等设备通常较为容易操作，非常适合用于个别化学习。而对于广播和电视，使用者往往只能按照电台或电视台的播出时间来收听或观看，难以实现个性化的控制。

表 5-1 列出了各类媒体的不同教学特性。在教学活动中，教师应根据具体的教学内容和教学对象的特点，选择合适的媒体，并充分发挥其长处，以期取得良好的教学效果。

表 5-1　教学媒体特性一览表

教学特性 \ 媒体种类		教科书	板书	模型	无线电	录音	幻灯	电影	电视	录像	计算机
表现力	空间特性			√			√	√	√	√	
	时间特性	√	√		√	√		√	√	√	√
	运动特性							√	√	√	√
	颜色特性						√	√	√	√	√
	声音特性				√	√		√	√	√	√
重现力	即时重现		√			√				√	√
	事后重现	√		√		√	√	√		√	√
接触面	无限接触	√			√				√		
	有限接触		√	√		√	√	√		√	√
参与性	感情参与				√	√		√	√	√	
	行为参与	√	√	√			√				√
可控性	容易控制	√	√	√		√	√			√	√
	难以控制				√				√		

我们在讲到信息化教育的特征时，将其划分为技术特征和教育特征两方面。技术特征指信息化教育中运用的技术所具有的特征，即数字化、多媒化、网络化、智能化。实际上，这些技术特征也恰好是信息化教学媒体所具备的。

思考 5-3

在选择教学媒体时，应该考虑哪些特性？这些特性如何影响学生的学习效果和教师的教学效果？

5.1.4　教学媒体的选择

教学媒体的选择包括编制时如何选择素材与符号；运用时如何依据教学目标来选择合适的媒体。

1. 教学媒体编制的选择原理

（1）共同经验原理

在教育传播过程中，教师通过媒体向学生传送与交换教育信息，教师要与学生进行有效沟通，就必须把沟通建立在双方共同经验的基础之上。图 5-2 中的两个圆圈分别代表甲与乙的已有经验范围，其间重叠的地方是他们具有的共同经验，这也是沟通的桥梁所在。为了让学生理解新事物，教师应运用学生经验范围内易于理解的比喻，引导他们跨越到新的知识领域。当甲与乙没有共同的直接经验时，可以通过媒体，使学生可以获取间接经验，在此基础上，引申到下一阶段高层次的知识学习。可见，教学媒体的设计与编制必须充分考虑学生的经验与知识水平，从而取得良好的教学效果。

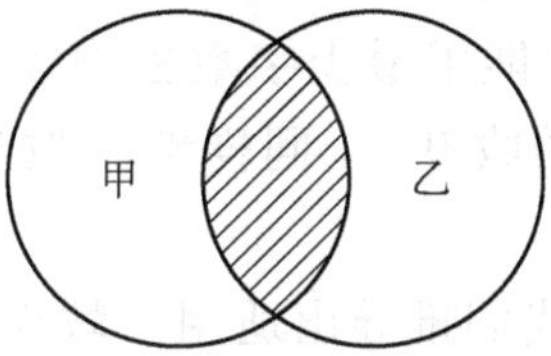

图 5-2　共同经验的模型

（2）抽象层次原理

抽象是去除事物的个别特征，取其共同点来代表或说明同一类的事物。学生的学习过程必须从具体到抽象逐步推进，仅有形象而无抽象，无法将获取的信息转化为知识与能力。因此，在编制教学媒体时，素材的选取必须确保内容处于学生能够理解的抽象层次范围内，并且应能够在这些抽象层次之间灵活上下移动。例如，可以通过文字或语言解说，将具体的形象、现象提升为概念与原理，提炼出抽象的要点，随后再运用具体事物来加以例证和支持。

（3）重复作用原理

重复作用是指将一个概念在不同的场合或采用不同的方式重复呈现，以达到更好的传播效果。这里所说的重复使用包含两层含义。第一层含义是将一个概念在不同的场合重复呈现。有研究表明，为了牢固掌握某个外语生词，学生需要在至少 8 个不同的场合下接触该词，才能形成长期记忆。因此，在编制教学媒体时，有必要在不同场合重复呈现相关概念。重复作用的第二层含义是将一个概念用不同的方式去重复呈现。例如，可以同时或先后使用文字、声音或图像等多种媒体形式来呈现某个概念，通过媒体中不同的符号来重复展现事物的特性。这样做可以加深学生对概念的理解，加强不同符号之间的联系，从而获得更好的传播效果。

（4）信息来源原理

传播学研究证明，有信誉和可靠的信息来源能够产生更佳的传播效果。因此，在教学媒体编制过程中，选用的信息来源必须具备权威性、信誉度和真实性。例如，在录制录音教材时，应采用权威人士或优秀教师的原音；制作幻灯教材时，应选用典型的真实事物现场进行拍摄；而在编写电影、电视教材时，应由著名的优秀教师担任编导和电视教师，同时素材的选择应尽可能基于典型可靠的真实事物现象，多采用长镜头拍摄以保留更多细节。此外，在反映历史事实时，应尽可能使用历史资料素材，以确保内容的真实性和准确性。

（5）最小代价原理

在研究人类的语言时，有一个法则叫做“最小代价律”，即“最常用的字笔画最少，最常用的文字能用最少字数去构成词组表达更多的意义，这就是以最小努力去达到最大的收获”。同样地，教学媒体的编制也应遵循这一原理。

根据“最小代价律”，我们推导出适用于教学媒体编制的选择率法则，其公式表示为：

媒体编制利用的选择率=可能得到的教学效果/需要付出的代价

该公式表明，在多种媒体都能达到相同教学效果的情况下，我们应选择编制和使用成本低、付出努力少的媒体。例如，如果投影片已经能够胜任某教学内容和教学活动，那么使用多媒体计算机来实施显然是一种资源的浪费。

2. 教学媒体运用的选择方法

罗尼果（K.Lonigo）提出了一个教学媒体选择决策模型，该模型在选择时需要考虑如下几个因素。

（1）学习类型

即根据教学目标确定的学习行为，可分为以下 5 类。

- 学习事实性信息；
- 学习对多种事物的识别能力；
- 学习抽象的原理、概念和法则；
- 学习解决某种问题的程序和方法；
- 学习操作性技巧。

（2）媒体所需费用（成本）

费用方面包括设备费、支持费、装配费及人员开支。这些费用通常以每学时价值作为计算单位，即“元/学时”。根据经验，几种常用教学媒体的制作成本如表 5-2 所示。

表 5-2　媒体制作成本估算表

教学媒体	制作成本
静止图片	L
电影	M-H
电视	M
录音	L
程序教学	L-M
配音幻灯	L-M
计算机辅助教学	M-H

注：L—低成本；M—中成本；H—高成本

（3）媒体所能达到的效能

可用 3 个等级表示。

- HP：高效能，定义为能迅速、准确、有效地完成教学工作任务。
- MP：中效能，定义为能部分地完成教学工作任务，但对于有困难的部分，需要加以辅助工作才能完成。
- LP：低效能，定义为比 MP 更低的效能。

（4）学习类型与媒体效能的关系

同一媒体在完成不同的教学任务时，其效能是不同的，其关系如表 5-3 所示。

表 5-3 学习类型与媒体效能关系表

教学媒体	学习类型				
	学习事实性信息	学习多种事物判别能力	学习原理概念与法则	学习解决问题的程序方法	学习操作性技能
静止图片	MP	HP	MP	MP	LP
电影	MP	HP	HP	HP	MP
电视	MP	MP*	HP	MP*	LP*
录音	MP	LP	LP	MP	LP
程序教学	MP	MP	MP	HP	LP
配音幻灯	MP	HP	MP	HP	LP
计算机辅助教学	MP	LP	MP	LP	LP

注：HP—高效能；MP—中效能；LP—低效能；

* 表示因（原来）电视的面积较小清晰度较低，故效果比电影低一个阶级。

（5）媒体最佳选择范围

根据媒体设计选择的最大价值律，选择媒体时必须遵循低成本、高效能的原则。按此原则，可以绘出媒体的最佳选择范围，如图 5-3 所示。图中，纵坐标表示媒体成本，以 L，L-M，M，M-H 和 H 五个等级表示，而横坐标表示媒体的效能，斜线的区域表示成本相对较低（由 L 到 M），而效能相对较高（由 MP 到 HP）的范围，即最大价值区域，也是媒体最佳选择范围。

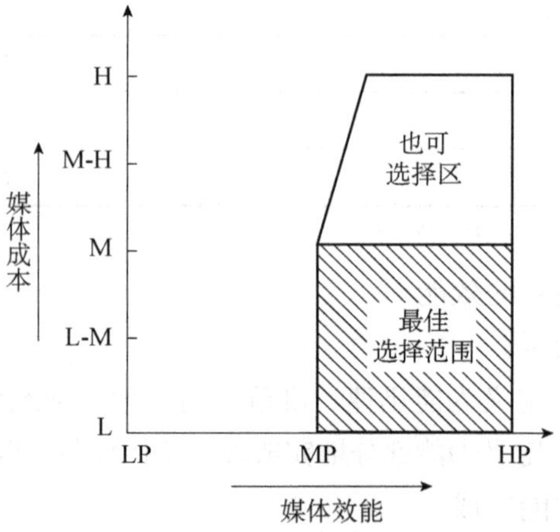

图 5-3 媒体最佳选择范围

在最佳选择范围上方的四边形区域，则是可进一步研究的范围。尽管这一区域的费用相对较高，但其效能也较高，因此仍然是一个可选择的范围。

考虑以上各种因素，我们可以根据教学目标来选择最合适的媒体。例如，为了选择适合学习对多种事物识别能力的媒体，可以在坐标图上把几种媒体的特性做出标志后再进行选择（图 5-4），如配音幻灯是（HP，L-M），而电视则为（MP，M）。

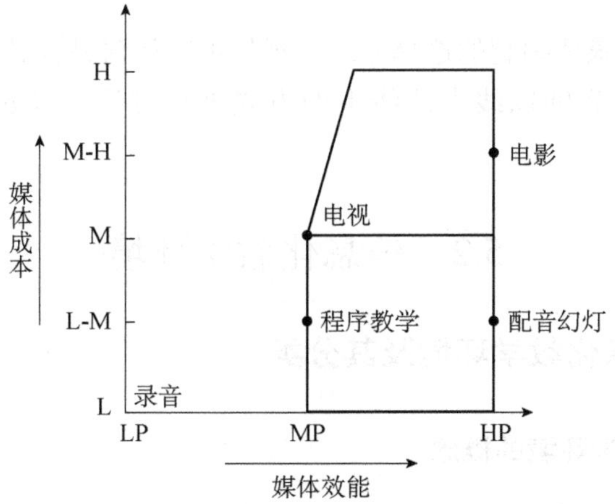

图 5-4 学习对多种事物识别能力时的媒体选择

从图 5-4 可以发现，有 4 类媒体位于最佳选择区内，根据最大价值律，自然应当选择静止图片或配音幻灯作为教学媒体。

思考 5-4

回想自己使用过的教学媒体，结合自己的经验谈谈如何进行教学媒体的选择？

____

____

如果你没有相关经验，建议你采用上述的方法去进行一些教学媒体的选择，在实践过程中将自己的思考记录下来。

教学活动建议

本节内容是在学生对教学媒体的概念、分类等形成全面认识的基础上，重点学习教学媒体的特性以及如何选择合适的教学媒体，旨在使学生深刻体会不同教学媒体的特殊性质，以便在未来的学习、教学过程中能够选择最合适的教学媒体。建议教师在讲解时，尽可能多地结合学生的实际经验，以帮助学生更深入地理解和掌握本节知识。

学习活动建议

学生要在深刻体会教学媒体特性的前提下，学会如何选择合适的教学媒体。建议学生开展的学习活动有：

1）阅读教材和推荐阅读文献，结合自己的现实经验深刻体会不同教学媒体的特殊性质；

2）根据教学媒体编制的选择原理，举例说明如何进行教学媒体选择；

3）与同学、教师以线上或线下的方式进行讨论，以建构自己的知识和理解。

5.2 信息化教学环境

5.2.1 信息化教学环境及其分类

1. 信息化教学环境的概念

现代信息技术的发展正深刻影响着社会和经济形态，教学环境也因此发生了极大改变，从传统的教室、实验室、实习/实践场地和工作场所等物理环境，延伸到诸如网上学习环境、虚拟仿真实验室、虚拟实习/实训基地和基于物联网工作场景等技术支撑的虚拟空间。大量信息通信技术的参与，使得教学环境充满了信息技术的力量，利用这些信息技术力量构建起来的教学环境，就形成了信息化教学环境。广义上讲，信息化教学环境是以信息化的形式围绕在教学系统的周围世界，包括了教学系统以外的所有外部元素，涉及信息技术的发展及由此产生的信息化制品、信息化社会以及信息化社会下的各种法律、政策、制度和人们的各种行为方式。然而，由于此定义的边界过于宽泛，我们在讨论信息化教学环境时，更多聚焦于与信息化制品直接相关的外部元素，其余方面则较少涉及。因此，有必要从狭义层面对信息化教学环境进行界定。狭义上讲，信息化教学环境是指运用现代信息技术建立的，能够支持教学活动有效开展的空间。这一空间由多种元素构成，包括各类物理空间、信息技术设施设备、嵌入式软件、系统平台以及支持工具软件等。这种空间形态既可以是实体的物理空间，也可以是虚拟的信息空间。信息化教学环境具有数字化、网络化、智能化和集成化等显著特点。

2. 信息化教学环境的分类

我们可以从多个维度对信息化教学环境进行分类。

（1）从资源和媒体的角度进行信息化教育硬件环境的分类

从提供大量资源还是资源传递通道的角度来看，信息化教学环境可分为资源型和授递型两种形式，每类又分为设计的与利用的两种形态。另外还有一类集成化教学环境，在一定程度上综合了以上各类硬件的特点。如表 5-4 所示。

表 5-4　从资源的角度进行信息化教学环境的分类

环境形式	环境形态		
	设计的	利用的	集成化
教学资源型环境	电子阅览室，数字化图书馆	数字电影院	交互型学习系统、校园网、互联网
教学授递型环境	多媒体教室、语言实验室、微格教室、网络教室	卫星电视、有线电视、图文电视	

教学资源型硬件环境，是指那些以提供资源服务为主的教学环境。其特点有：一是能够容纳大量的信息化教学资源；二是能够支持便捷的访问服务。有些资源型环境是为教育目的而设计的，如电子阅览室、数字化图书馆，这就是设计的教学资源型环境；所谓利用的教学资源型环境，是指那些原本并非专为教育教学目的设计，但因其具有教育教学利用价值而被用作教学环境，如数字电影院。

教学授递型环境，是指那些以提供资源传输通道为主的教学环境。其主要功能是：①为教学系统的构成要素（教育者、学习者、学习资源）提供沟通渠道；②呈现教学资源所包含的教学信息；③为使用者提供有效控制的界面。教学授递型的环境也有设计的与利用的之分。设计的环境如多媒体教室、语言实验室、网络教室等，在设计时通常对它们所能支持的教学传播模式有比较明确的假定，如课堂教学、远程教学、个别化教学、小组合作学习、班级教学、众体教学（Mass Teaching）等。利用的环境大多是借用了大众传播系统的功能来为教育服务，如卫星电视、有线电视、图文电视等。

随着现代信息技术的发展，信息化教学环境出现了向集成化方向发展的趋向，各种资源型、授递型环境，全部都包含在一个系统中，称之为集成化教学环境，许多校园网、互联网都具有这种特点。

（2）从地理范围上进行信息化教学硬件环境的分类

根据教学应用的地理范围划分，信息化教学环境可以分为教室层次、校园网层次、教育城域网层次和 Internet 层次 4 种类型，各种形式的教育教学活动均发生在其中。教室是学校教学环境的基本单元，在一个教室中有不同的硬件设备，如联网、非联网的计算机设备、投影机、实物展示台等信息化设备。教室依据其功能通常分为多媒体教室、语言教室、计算机教室等形式。校园网几乎囊括了当前学校所有的现代信息技术设备和设施，它在学校的信息化教学环境中占据着核心地位。

（3）从时空的角度进行信息化教学环境的分类

从时间和空间两个维度出发，信息化教学环境可分为同地同步、同地异步、异地同步、异地异步 4 类；根据教学受众规模的不同，可以分为个人学习型、小组学习型、群体教学型和众体教学型。如表 5-5 所示。

表 5-5 从时空的角度进行信息化教学环境的分类

空间	受众	时间	
		同步（Synchronism）	异步（Asynchronism）
同地（Same Place）	个人	PC、媒体播放器、虚拟现实	教科书、电子笔记本、电子词典
	小组	媒体播放器等	媒体播放器
	群体	多媒体教室、网络教室、录播教室等	电子阅览室
	众体	电影院、报告厅	图书馆、学习资源中心
异地（Different Place）	个人	电话、视频电话等	E-mail、公众号、微信等
	小组	微信群、QQ 群等	E-mail、贴吧、知乎等
	群体	视频会议、虚拟教室	校园网、虚拟学堂、百度百科等
	众体	电视（有线、无线）、广播、视频会议	互联网、数字图书馆

（4）从用户和规模角度进行信息化教学硬件环境的分类

从用户和规模角度出发，信息化教学环境的用户可分为班级用户、专业用户、公共用户和个人用户 4 种。针对不同类型的用户，信息化教学环境的类型与配置也会有所不同。表 5-6 对不同用户类型适用的信息化教学环境的类型与规模进行了归纳。其中，适合班级用户使用的信息化教学环境具有灵活的搭配形式，可根据教学需求选择不同类型的设备，并考虑学校的班级规模进行相应建设。对于个人用户而言，信息化教育环境则进一步细分为教师和学生两种，他们可使用的设备包括但不限于笔记本计算机、手机、iPad 等。

表 5-6 从用户和规模角度进行信息化教育硬件环境的分类

用户类型	规模
班级用户	多媒体教室（低密度）：1—2 台电脑+投影仪+ …… 课堂学习中心（中密度）：4—8 台联网电脑 网络教室（高密度）：25—50 台联网电脑
专业用户	数字化学科实验室、教师备课室
公共用户	数字化图书馆/资源中心、管理信息/网络中心
个人用户	教师个人便携机、学生电子书包

思考 5–5

请思考以下问题：

信息化教学环境还可以进一步分为哪些类型？这些不同类型的教学环境有

哪些特点和优势?

5.2.2　典型的信息化教学环境

1. 多媒体教室

在同一教学空间（如同一间教室）内，将多种教学媒体经过精心设计和编排，构建成一个有效的体系，从教学环境的角度看，这种体系被称为多元媒体教学环境；而作为安装了这一系统的教学场所，则被称为多媒体教室。多媒体教室有多种不同的类型，从技术装备的角度来看，这些媒体教室可以分为简易型和昂贵型；而从设备成本与维护费用的角度来看，也存在高低之分。学校应当根据自身条件与教学需求来适当选用。在我国教育信息化的发展历程中，曾出现过录音-幻灯组合型、录像-电视-投影组合型、标准型以及简易型等多种类型的多媒体教室。

标准型多媒体教室是将多种媒体设备连接成一个公用的图像和声音系统，该系统能清晰地显示由计算机等媒体传送的文字、图形、图像、动画等多媒体信息。当前较为推崇的组合方式是“多媒体计算机+数字投影机”或触控一体机。这种组合不仅基本满足了标准型多媒体型教室的功能需求，而且设备简单、操作便捷、投资成本相对较低。

2. 语言实验室

语言实验室是主要供语言教学和研究使用的现代化教室。最初的语言实验室是指利用各种实验仪器进行语音分析和研究的场所，随着录音机的出现，语言实验室逐渐转型为以外语教学为主的场所。随着科技的持续进步和普及，其应用领域已不再局限于语言教学与研究，而是逐步拓展至其他学科领域。

语言实验室设备的组成形式多种多样，根据教学功能的不同，可划分为听音型（AP 型）、听说型（AA 型）、听说对比型（AAC 型）、视听比较型（AVC 型）以及多媒体学习型（ML 型）等。这些实验室具备呼叫与通话、播放与示范、跟读与录音、监听与记录、遥控与复制、分析与评价等多种功能，但各类型实验室在功能上存在差异。其中，多媒体学习型（ML 型）语言实验室尤为先进，它融合了计算机技术、多媒体技术和丰富的软件资源，推动了语言教学向程序化、智能化的方向发展，不仅显著减轻了教师的工作负担，还有效提升了教学质量。目前，多媒体学习型（ML 型）语言实验室已成为最为普遍和常见的语言教学设施。

3. 微格教室

微格教室的概念源自“micro-teaching”，这一理念起源于 1958 年的美国斯坦福大学，最初被应用于师范类学校的毕业生实习和试讲中。在这些试讲教室里，会架设摄像机进行拍摄，并在课后根据录像资料与试讲者共同分析、学习试讲内容，以此纠正其错误和不良习惯，从而提升试讲者的授课水平和心理素质。这种利用现代化声像视听媒体，将教学能力和过程细分后进行训练的方法，对规范教师的教学行为、激发其创造性教学行为起到了显著作用，并已成为教师培养乃至人员培训中不可或缺的重要教学手段之一。

随着新技术的不断发展和应用领域的拓展，摄录像设备的性能得到了显著提升，摄、录、编技术也更加先进。同时，硬盘录像机和网络图像传输技术的日益成熟，使得设备价格有所下降。影像记录载体也由原始的 VHS 录像带转变为计算机存储和硬盘存储，这种方式更加便于保存、传输、携带和播放。

目前的微格教室主要由模拟教室、与模拟教室相隔离的数字录像控制室和观研室（视频网络、Internet）三部分构成。一个典型的微格教室应具备以下功能：①即时反馈功能；②便捷指导功能；③双向交流功能。

4. 录播教室

录播教室是近年来学校频繁使用的一种信息化教育环境。简单来说，录播教室就是配备了录播系统的教室。录播系统能够将现场摄录的视频、音频以及电子设备的图像信号（包括电脑、视频展台等）进行整合并同步录制，生成标准化的流媒体文件，用于对外直播、存储、后期编辑及点播。观众能够通过浏览器登录录播系统服务器，观看直播的影音及图文信息，也能够在后期点播视频信息。录播系统提供单流录制模式和多流录制模式两种选择。单流录制模式意味着多路视频经过切换或叠加等方式合并为单个画面，直播观看端展示的是整合后的单一视频画面。此画面内容不仅支持多路视频、VGA 信号的切换显示，还支持画中画、单流多画面等多种显示模式，并能在各种显示模式间实现无缝切换。而多流录制模式则是将多路视频及 VGA 信号同步录制，生成各自独立的文件，每一路录制的视频都是完整的，用户可通过编辑软件在后期选择导出其中任意一路视频。这种方式确保了各路视频之间没有画面覆盖，能够保留最完整的素材资料。

录播教室可细分为常态化录播教室、精品录播教室、便携式录播教室和云录播教室等。通常，录播教室具备同步录制、实时直播、后期点播、自动导播及在线导播等多种功能。

5. 网络教室

网络教室是教育信息化基础设施建设中的一个重要组成部分。它综合了基于计算机的多媒体技术与网络技术，能够实现多种媒体信息的集中控制以及双向，甚至多向的实时交互传输。这种系统能够提供多样化的网络化教学环境，帮助教师有效地应用多媒体教学资源，开展灵活多样的网络教学活动。

网络教室源自于计算机教室（或称计算机机房），目前主要包括计算机联网型和计算机云教室等类型。典型的网络教室由三大部分构成：计算机网络系统、网络教学支持系统以及教学信息资源系统。网络教室的教学功能主要包括广播功能、监看功能、控制功能、分组功能等。

6. 互动教室

将交互式电子白板和即时反馈教学系统与多媒体教室进行有机整合，就形成了互动教室。在这样的数字化聚合课堂教学环境中，教师和学生通过交互式电子白板开展互动教学。教学过程的每一个环节，都可以借助互动反馈系统获得学习者的学习反应信息。教师根据预设的教学目标或评价量规，对这些信息进行诊断、评估，从而确立下一步的教学策略和步骤，直至达成教学目标。互动教室是数字聚合技术发展下的一种新型课堂信息化教学环境，它极大地促进了课堂师生之间的交流与互动。

思考 5-6

结合自身经历，对于传统黑板、计算机+投影仪、基于交互式电子白板以及基于交互式电子白板+即时反馈教学系统的课堂应用，尝试从媒体手段、师生交流、课堂互动、环保与节能等方面进行比较。

____

____

7. 智慧教室

智慧教室是一种典型的智慧学习环境的物化，是多媒体和网络教室的高端形态。它是借助物联网技术、云计算技术和智能技术等构建起来的新型教室。该新型教室包括有形的物理空间和无形的数字空间，通过各类智能装备辅助教学内容呈现、便捷学习资源获取、促进课堂交互开展，实现情境感知和环境管理功能。智慧教室旨在提供人性化、智能化的互动空间；通过物理空间与数字空间的融合，本地与远程的结合，改善人与学习环境的关系，促进人与环境的自然交互，进而推动个性化学习、开放式学习和泛在学习的发展。

智慧教室的组成主要包括教学系统、显示系统、人员考勤系统、资产管理系统、灯光控制系统、空调控制系统、门窗监视系统、通风换气系统、视频监控系统等。

智慧教室具有以下几个特征：①基于数据的教学。智慧教室根据学生学习行为的大数据挖掘与分析来调整教学策略，用直观的数据反映学生对知识掌握的程度，实现了课堂教学中基于证据的教育新形态。②高效的教学。利用现代信息技术打造智慧学习环境，通过大数据构建高效课堂，显著提高了教学效率。例如，通过情境感知、数据挖掘等方法，可以提前预知学习者的潜在学习需求，学习者在智慧教室中能够通过资源订阅和智能推送的方式及时获取最新的学习资源，实现了教与学的立体沟通与交流。③个性化学习。通过课前预习测评分析和课中随堂测验的即时分析，能够准确把握每位学习者的知识掌握情况，实现对学生个性化学习能力的评估。这有助于教师更清晰地了解每位学生，从而有针对性地制定教学方案和辅导策略，推送个性化的学习资料，制作个性化的“微课”，真正实现了以学生为中心的“一对一”教学服务。④合作探究的学习方式。智慧教室鼓励学生采取小组协商讨论、合作探究的学习方式，协作群组服务能够自动将有相同学习需求和兴趣的学习者聚集起来，形成学习共同体，就特定问题开展深入的互动交流，有助于对所学知识的意义建构。⑤动态开放的课堂。智慧教室不局限于传统的封闭式教学，而是鼓励课堂创新与开放，积极为学生激发创新思维、发展智慧提供有利条件。⑥教学机智的课堂。智慧教室要求教师具备随机应变的能力，根据教学过程中出现的新情况，结合动态学习数据分析和即时反馈，灵活调整教学设计，优化和改进课堂教学流程。

8. 数字图书馆

随着信息技术的发展，需要存储和传播的信息量日益增大，信息的种类和形式也日益丰富，传统图书馆的机制显然已无法满足这些需求。因此，人们提出了数字图书馆的设想。数字图书馆的英文名称是“Digital Library”，它是一个电子化信息的仓库，能够存储大量各种形式的信息。用户可以通过网络方便地访问它，且其信息存储和用户访问均不受地域限制。

数字图书馆将包括多媒体在内的各种信息的数据化、存储管理、查询和发布集成于一体，使这些信息能够在网络上广泛传播，从而最大限度地利用这些信息。它利用多媒体数据库技术、超媒体技术，针对数字图书馆中各种媒体的特性，在图像检索、视频点播和文献资料提供等方面提出了一套有效可行的管理检索方案。

数字图书馆是传统图书馆在信息时代的发展，它不仅包含了传统图书馆的功能，向社会公众提供相应的服务，还融合了其他信息资源（如博物馆、档案馆等）的功能，提供综合的公共信息访问服务。

思考 5-7

结合自身经历，考虑如下问题：

- 以上提到的8种典型的信息化教学环境，你体验过哪几种？
- 其中印象最深的是哪一种？为什么它给你留下了最深的印象？相比其他几种环境，它的优势在哪里？
- 除了上面提到的几种信息化教学环境，你还体验过哪些信息化教学环境？

____

____

____

5.2.3　学习空间

学习环境作为一个广泛的概念，深受理论界和实践领域的关注。在具体应用中，由于应用领域的多样性，学习环境这一概念本身也开始出现分化，并逐渐衍生出众多新概念。学习空间便是在这种分化过程中产生的一个重要概念，且日益受到理论界和实践领域的广泛关注。

学习空间强调结构，指向存在状态，是具备结构化条件以存储和提供学习所需外部间接支持条件的场所。其功能在于提供学习发生的场所及其他必要的过程性支持条件。通过自身附载组件的巧妙组合与设计，学习空间能够形成特定的支持条件，建立有效的中介关系，从而支持并改善学生的学习体验，但值得注意的是，它本身并不直接包含认识对象。基于此，我们可以将学习空间界定为：学习空间是借助自身附载的结构化条件，通过帮助学习者聚焦于认识对象，构建与他者及客体的交往关系，激发学习者的认识需求，并逐步引导学习者对认识对象建立系统认知的中介物集群（intermediary cluster）。它具备中介物的功能属性。中介物指学习者认识外部世界的间接条件，即将认识主体（学习者）与认识对象建立关联的非认识客体。在此，我们主要介绍网络学习空间、混合学习空间和元宇宙学习空间。

1. 网络学习空间

根据网络学习空间运行载体服务性质的不同，可以将其分为广义的网络学习空间和狭义的网络学习空间。广义的网络学习空间是指运行在任何平台载体之上，支持在线教学活动开展的虚拟空间。除了学习管理系统、MOOC 平台、教育云服务平台等传统教育平台提供网络学习空间服务外，日益流行的社交化平台（如 QQ 空间、微信平台等）若被用于支持教与学活动，也可被视为网络学习空间的一部分。而狭义的网络学习空间，则特指运行在专门的教育服务平台之上，专为在线教学活动设计的虚拟空间，如国家教育资源云服务平台、世界大学城网络服务平台等。《网络学习空间建设与应用指南》指出，网络学习空间可细分为个人空间和机构空间，同时集成了公共应用服务和数据分析服务。网络学习空间功能框架如图 5-5 所示。

个人空间是一个具备角色基本功能且可拓展的个性化工作与学习场所，是调用各类应用服务的个人应用枢纽。无论是教师、学生、家长还是管理者的空间，都包含有基本功能，如个人管理、消息管理、资源管理、应用管理、社区管理等。而机构空间则包括班级空间、学校空间、区域空间等，能够调用公共应用服务，支持成员管理、生成性资源管理、信息发布、活动组织与活动分析等。可以将机构空间视为展示各区域、学校、班级风采的窗口，以及汇聚、共享优质教育资源的入口。公共应用服务包括资源共享服务、教学支持服务、学习交互服务和决策评估服务等，这些服务可根据需求不断扩充与升级建设。

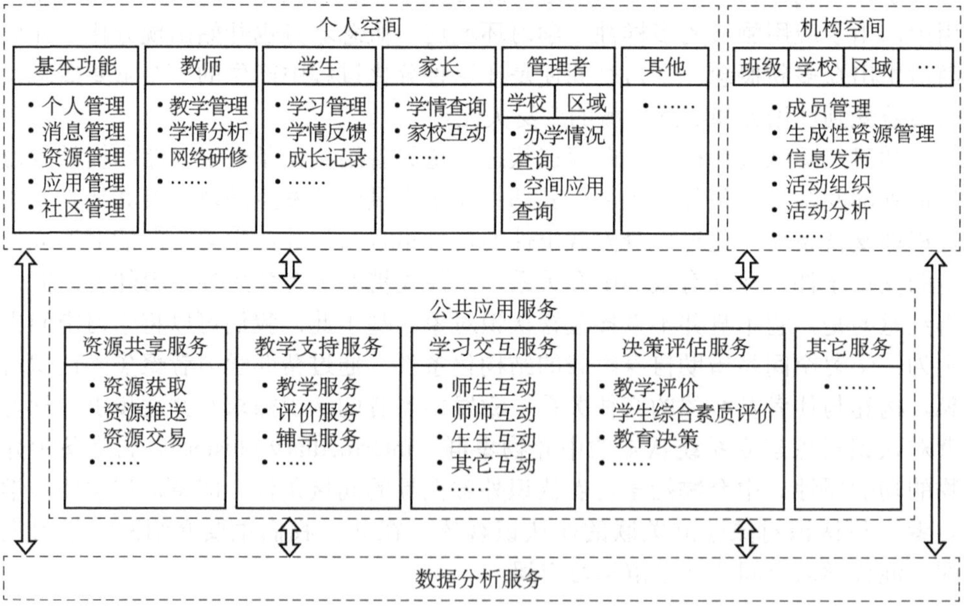

图 5-5 网络学习空间功能框架

资料来源：郭炯，黄彬，郑晓俊.《网络学习空间建设与应用指南》解读[J]. 电化教育研究，2018，39（8）：34-38.

网络学习空间具备三个基本属性：学习（根本目的是促进学习）、社会（支持教师与学生、家长之间的互动交流）和环境（师生之间开展学习活动的场所）。这些属性共同体现了网络学习空间的个性化、开放性、联通性、交互性和灵活性等核心特征。网络学习空间提供的基本服务主要包括：①汇聚并满足用户需求的各种资源、工具、活动、关系等，提供一站式、个性化的信息服务；②支持在线教学活动的开展，促进师生间的互动交流；③支持不同角色实体（教师、学生、家长等）之间的交互联结，协调多方力量共同助力学生发展。此外，教师还能够调用公共应用服务中的资源来组织丰富多样的教学活动。

目前网络学习空间大致有以下五种类型。

第一种类型是以提供视频、音频、教案、讲稿、课件、习题、多媒体素材等教学资源为共同特征，可以称之为教学资源型空间。在这种类型中，学习者可以根据学习需要自主下载或浏览，其学习方式为接受学习，知识建构方式为个体建构。国家智慧教育公共服务平台（www.smartedu.cn）、爱课程网（www.icourses.cn）、超星学术视频（video.chaoxing.com）、TED（www.ted.com）、百度文库（wenku.baidu.com）、中国微课网（www.cnweike.cn）等都属于这一类型。例如，爱课程网是一个高等教育课程资源共享平台，为高校、师生和社会学习者提供优质教育资源共享和个性化教学服务。自 2011 年开通以来，相继推出三项标志性成果——中国大学视频公开课、中国大学资源共享课和中国大学 MOOC，受到学习者广泛好评。

第二种类型是以提供在线视频或音频实时直播教学为共同特征，可以称之为直播教学型空间。在这种类型中，学习者的学习方式以接受学习为主，但在学习过程中，他们可以通过留言、弹幕、评论等多种方式进行实时互动，因而其知识建构方式为群体建构。捷学网（www.jeexue.com）、腾讯直播课堂（ke.qq.com）、学点云（www.3mang.com）都属于这一类型。例如，YY 教育是欢聚时代有限公司推出的教学直播型空间，该空间不仅提供了线上互动课堂，还通过实时语音和内容呈现服务，让学习者能够参与留言、点评、质疑和交流。

第三种类型是以提供学习交流服务为共同特征，可以称之为学习社区型空间。在这种类型中，学习者的学习方式为发现学习，知识建构方式为群体建构。学习者可以通过关注、点赞、评论回复、引用、“@”等多种方式参与会话交流。例如，湖南省建设的“职教新干线”就是一个面向职业教育的学习社区型空间。学校根据职业教育学生的实际特点和学习需求，利用“职教新干线”开展预约式教学、群组教学以及自主/探究教学等多种教学模式。

第四种类型是以角色代入开展探究学习为共同特征，可以称之为角色扮演型空间。在这种类型中，学习者个体以某一角色进入虚拟的学习情境中，学习方式为发现学习，知识建构方式为群体建构。摩尔庄园（mole.61.com）、第二人生（http://www.secondlife.com）等都是典型的角色扮演型空间。例如，摩尔庄园是由淘米科技有限公司专门为儿童设计开发的角色扮演型空间。在该空间里，每个参与互动的小朋友都会扮演成某一种角色，开始在虚拟世界里的探索发现之旅。

第五种类型是以同时提供课程平台、课程内容和学习支持服务为共同特征，可以称之为课程服务型空间。在这种类型中，课程内容周期性更新，并提供作业批改、教学答疑等，是一种全方位的课程服务。在这种类型中，学习方式为接受学习，知识建构方式有可能是个体建构，也有可能是群体建构。Coursera（www.coursera.com），edX（www.edx.org），Udacity（www.udacity.com）、中国大学 MOOC（www.icoursel63.org）、学堂在线（www.xuetangx.com）都属于这一类型。例如，学堂在线是免费公开的课程服务型空间，能够依据个人兴趣、知识水平和行为规律为学习者推荐个性化的学习课程和学习模块，同时也为教师提供实时的教学数据分析功能以监控学习进展。

网络学习空间可按群体—个体、接受—发现两个维度进行分类，分类体系如图 5-6 所示。值得注意的是，这种分类体系是基于当前主流的网络学习空间案例的特征进行归纳的。然而，随着时间的推移和技术的不断进步，新的空间类别可能会不断涌现，这就要求我们适时地进行重新归纳，并将这些新类别纳入网络学习空间的分类体系中，以保持其时效性和全面性。

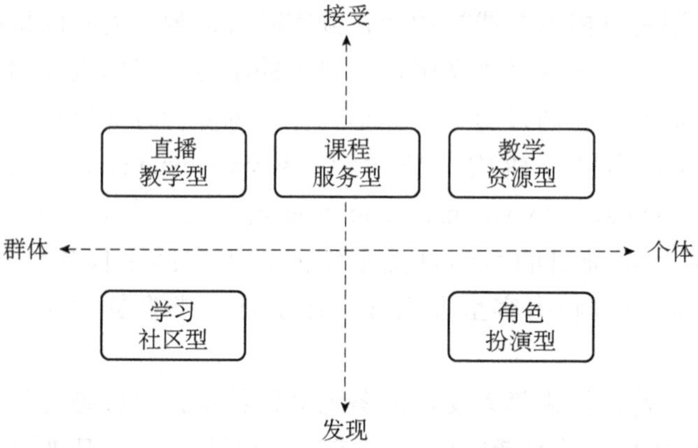

图 5-6　网络学习空间的分类体系

资料来源：胡永斌，黄如民，刘东英. 网络学习空间的分类：框架与启示[J]. 中国电化教育，2016（4）：37-42.

2. 混合学习空间

混合学习空间是一种虚实融合的环境，它通过各类传感器设备识别并获取真实环境中与学习活动紧密相关的客观信息，进而通过互联网将课堂、社会中的真实学习环境与基于网络、多媒体技术的虚拟学习空间无缝融合。这种空间不仅蕴含了混合学习课堂中随学习者变化、技术革新及学习理念演进而变化的隐喻，还展现了数据支持、非线性、智慧性、碎片性等新兴特性。

数据支持是指混合学习空间构建通过接入网络实现了对学习者学习过程的数据捕捉，通过数据的“相关”关系替代“因果”关系实现学习空间对学习效果的最大化促进，完成混合学习空间的更迭。

非线性是混合学习通过对学习过程的改变，脱离了原有的线性关系，使课堂体现了更多的“随机”性、“生成”性、“可变”性。在传统的课堂中，教师按照预定的教学目标开展教学，代表了知识权威和最主要的知识通道；课程成为“轨道”，学习是按照课程的逻辑运行的师生交互行为。但混合学习通过对优质网上资源的接入，使学习者能充分按照自定步调和学习风格开展学习，教师在课堂中的知识传授任务也发生了改变，教师更多的时间用于资源的收集、整理和组合，以及课堂学习活动的设计、组织与评价。教师的这种转变使课堂充满了“张力”，学习者的主观能动性得到了提高，同时各种不确定性也在提高，非线性的复杂性特征明显。

智慧性是指混合学习空间中，通过感知、记忆和行为表述过程的实现，体现了空间的智慧特征。这种智慧性特征的体现，主要是针对在线环境而言的。相对于传统学习空间而言，在线学习系统通过对学习者的主动感知，改变学习者的学习知识内容、学习情境和学习氛围，提高学习者参与学习的适应性和舒适度，体现了学习的智慧性。

碎片性是指混合学习空间需要支持学习者的碎片化学习。在“数字土著”的原生生活环境中，“微”是重要特征，混合学习顺应了数字土著的生活，按照学习目的，将整块学习时间切割成碎片，通过不同场域之间便捷的转化方式，塑造了以“微”为特性的空间形态，也塑造了自身碎片性的特性。

3. 元宇宙学习空间

“元宇宙”这一术语最早来自科幻小说，目前元宇宙并未形成统一的界定，人们对元宇宙存在着具身网络说、社会生态说、虚拟时空说和虚实融合说四种主要解释。元宇宙是以数字孪生、人工智能、人机交互、物联网以及高速通信等技术为基础，为满足人们深度沉浸感、跨域社交娱乐、超现实创造等需要创建的平行于真实世界且又独立于真实世界的自然与社会交融的虚实融生生态文明空间。教育元宇宙是以元宇宙为基础创建的具有特殊教育目的的智慧学习空间。元宇宙的任何事物，包括“生命体”，都可以作为教育元宇宙中师生的学习资源、学习环境、学习工具以及社交对象。教育元宇宙以提升学生的核心素养能力、高阶思维能力以及全面发展为根本目标，它构建了教与学资源生态、社会交往、探究学习以及评价系统等关键功能系统。教育元宇宙并非人类实现教育目标的唯一理想状态，我们需要构建现实物理世界与教育元宇宙之间的虚实融生与跨界探索的学习模式。未来人类教育应是以现实物理世界为基础，利用教育元宇宙进行辅助或增强，最终走向星际文明的理想教育状态，如图 5-7 所示。

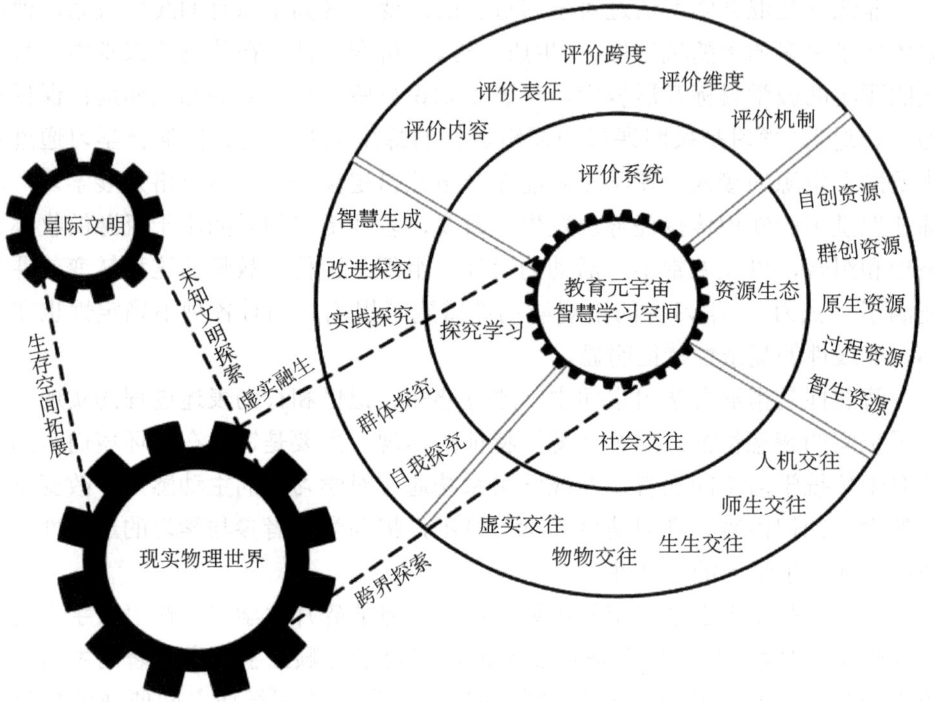

图 5-7　未来教育元宇宙空间形态及其关键价值

资料来源：李海峰，王炜. 元宇宙+教育：未来虚实融生的教育发展新样态[J]. 现代远距离教育，2022（1）：47-56.

（1）资源生态

资源生态是学习者进行发现学习、探究学习以及知识创新的重要基础，其生成方式包括自创资源、群创资源、原生资源、过程资源以及智生资源。

（2）社会交往

教育元宇宙能够促成师生与万物之间的跨时空、具身化的社会交往体验，主要涉及人机交往、师生交往、生生交往、物物交往、虚实交往。

（3）探究学习

探究学习是指学习者与其他学习者、教师、智能体以及多种智慧物体进行的实践探索、理论反思与知识创造等活动，主要包括自我探究、群体探究、实践探究、改进探究和智慧生成等。

（4）评价系统

评价系统是为描述教师、学生和智能体的教与学行为与绩效创建的，主要涉及评价内容、评价表征、评价跨度、评价维度和评价机制。

4. 学习空间设计

学习空间的设计需要有一个统一的框架，整合考虑多重因素，通过多种方法，从多个角度搜集各类信息，以解决可能碰到的各种问题。关于学习空间的设计框架并没有一个严格的界定，但可以参考软件工程、土木工程等领域中框架的定义，并结合当前学习空间已有的一些框架来理解。我们认为，学习空间的设计框架是指能够指导学习空间有序、有效、科学地设计、开发、评价的理论或实践结构。它通常规定了设计、开发与评价的维度和流程，并阐明了各个维度、步骤之间的相互依赖关系。下面，我们将主要介绍以下三种学习空间的设计框架。

（1）PST 框架

"Pedagogy-Space-Technology"（PST）框架，即"教育－空间－技术"框架，是由普渡大学的拉德克利夫（Radcliffe）教授于 2009 年提出的。该框架旨在指导各类学习空间的设计与评价（图 5-8），它包含教育、空间、技术这三个相互关联且彼此影响的方面。其中，教育为技术与学习空间相结合提供了行动指南，学习空间则支撑着教育活动并使技术手段得以嵌入其中，而技术则进一步提升了教育的效果，并拓宽了学习空间的边界。因此，教育、学习空间和技术三者之间呈现出一种互补关系，形成了一个迭代循环的系统。在进行任何一方面的设计或评价时，都需要充分考虑其他两方面的影响和支持。

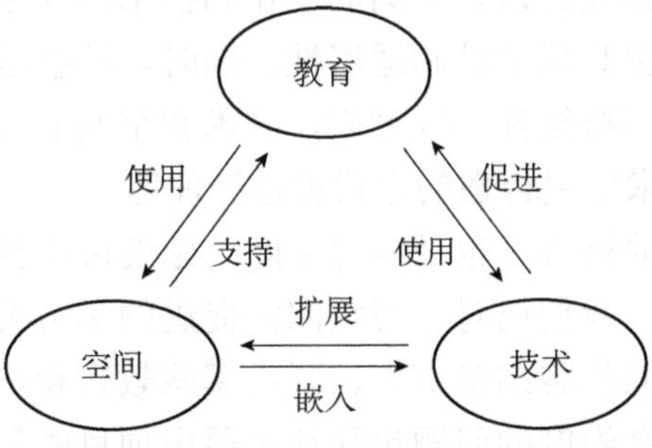

图 5-8　"教育—空间—技术"框架

资料来源：Radcliffe D，Wilson H，Powell D，Tibbetts B. Learning Spaces in Higher Education：Positive Outcomes by Design［C］//Proceedings of the Next Generation Learning Spaces Colloquium. Brisbane：The University of Queensland，2009.

另外，该框架还根据学习空间的生命周期，分别从整体、教育、空间、技术这四个方面，详述了在“理念与设计”和“实施与运作”两个阶段应当具体考虑的问题，如表 5-7 所示。

表 5-7 PST 框架内容

关注点	理念与设计	实施与运作
整体（Overall）	新的学习空间的目标是什么？	新的学习空间看上去应该是怎样的？
教育（Pedagogy）	通过设计空间想要促成何种学习方式，为什么？为什么这样的学习空间可以影响学习，是否有理论依据和其他相关证据？是否有修改课程的计划，以利用学习空间的新设施？对教师和其他人员的培训如何开展？	观察到发生了哪些类型的学习与教学活动？证据是什么？
空间（Space）	空间的设计、桌椅的摆放、墙面的布置中的哪些方面会对教学（学习）模式产生影响？这种影响是如何产生的？	空间设计和设备的哪些方面有效，哪些无效？为什么？
技术（Technology）	如何有效利用技术完善空间设计，为了充分发挥教学和学习的功能？	哪些技术在增强学习和教学方面最有效？为什么？

（2）PSST 框架

陈向东等人在 PST 框架的基础上做了改进，提出了 PSST（Pedagogy-Social-Space-Technology）框架，包括“教育—社会—空间—技术”四个维度，如图 5-9 所示。这四个维度之间相互作用，其中教育维度作为核心和目的，涵盖了教育教学的理念、教学方法与策略，以及相关理论基础等。空间维度则关注整体环境、家具、设备布局等方面；技术维度则包括信息通讯技术及其他特定装备，空间和技术是学习空间的物质基础。社会维度则涵盖了学习空间开发所涉及的资金、管理、应用等社会因素，为项目的实施提供了保障。空间、技术和社会因素之间也相互促进。空间的变化为技术的应用提供了可能性，而技术的发展则使得空间更具灵活性和适用性。同时，社会因素确保了空间和技术的利用具有规范性和可持续性。反过来，技术和空间的需求也对社会维度提出了更高的要求，如要求以更合理的方式进行管理等。

教育维度是框架的核心，也是学习空间实施的最终目标。在设计阶段，通过与前期研究的衔接，我们已对学习空间能促进的学习类型有所了解。此时，需要考虑的是学习空间将容纳多少人、开设哪些教育和培训课程等与教育教学相关的具体问题。社会维度的问题也往往主要由项目的管理者来考虑。与常规的教室建设和修缮不同，学习空间的设计目前尚无固定模式，其归属权亦不明确，且其经费往往难以纳入多数学校的常规预算之中，更多是以项目形式进行规划与执行。因此，设计过程中必须预先考虑其后续的利用与管理问题。妥善

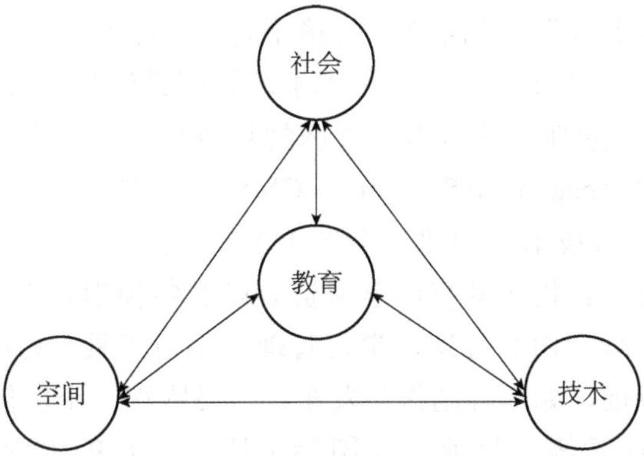

图 5-9　“教育—社会—空间—技术”框架

资料来源：陈向东，吴平颐，张田力. 学习空间开发的 PSST 框架[J]. 现代教育技术，2010，20（5）：19-22.

理顺这些关系，是确保学习空间项目顺利实施和有效应用的关键。在空间维度上，我们应关注不同参与者的主要观点和关注点，探讨空间应如何构建以营造适宜的学习环境，以及空间与周边环境的协调性问题。此外，技术维度通常需与空间维度并行考虑。教育技术人员和设备提供商是这一维度的核心参与者。在技术应用上，不仅要遵循主流技术和现有技术标准，还需为未来新技术的发展预留空间，以确保教学需求的可持续满足。

活动 5-1

学习空间的设计框架是指能够指导学习空间有序、有效、科学地设计、开发、评价的理论或实践结构，我们从理论方面介绍了 PST 框架和 PSST 框架，请从实践角度出发，查找运用 PST 框架和 PSST 框架指导具体学习空间开发的案例，结合真实案例体会学习空间设计框架的具体应用。

____

____

____

5.2.4　教学平台与工具

各类嵌入式软件、系统平台以及支持工具软件等同样是信息化教学环境的重要构成部分。这里介绍一些常用的教学平台与工具。

1. 常用教学平台

国内用于描述教学平台的名称较多，如“网络教学平台”“网络教学支撑平台”“在线教学平台”“远程教学支撑平台”“网络学习管理系统”等。然而，在国际上更为广泛使用的术语是“学习管理系统”（Learning Management System，LMS），部分强调学习内容管理的系统被称为“学习内容管理系统”（Learning Content Management System，LCMS）。尽管名称各异，但其实质都是一样的，即通过网络技术，构建一个基于 Web 的虚拟学习环境，该环境能够支持和管理教学过程，提供共享的学习资源以及各种学习工具。这些平台的基本功能包括用户管理、内容管理、学习管理、学习工具与标准适应几个方面，大都具有相似的特征，如内容创作与发布、学习跟踪、个性化页面、同步/异步通信工具、信息检索等。目前，在国际上比较流行的教学平台有 WebCT、Blackboard、eCollege、Virtual-U、Learning Space、Moodle、Sakai 等，其中 Moodle 和 Sakai 是开源软件的代表。在国内，技术界和教育界也在近年来积极引进和开发教学平台，如亿邮公司引进并开发了中文版的 WebCT（eYouCT），CERNET 与 Blackboard 公司组建了赛尔毕博有限公司，负责中文版 Blackboard 的开发和推广。此外，一些国内的公司和高校也在积极开发自己的教学平台，如天空教室网络教学平台、清华网络学堂以及北京大学引领式教学平台等。

（1）Moodle

Moodle（https://moodle.org）是一套公开源代码的网络课程管理系统（Course Management System），它最初由 Martin Dougiamas 开发。随着 Moodle 的广泛应用，目前全球已有大量的程序员加入到 Moodle 的开发与完善工作中。Moodle 是基于面向对象技术设计的模块化动态学习环境，来自全世界各地的程序员可以方便地为系统增加、修改各种学习模块。目前，Moodle 支持 50 多种语言（包括中文）。Moodle 的基本模块包括站点管理、用户管理、课程管理、作业模块、选择模块、杂志模块、论坛模块、聊天模块、资源模块、小测模块等。Moodle 的特点包括：提供支持建构主义学习理论的学习环境（如提供协作、活动、评述工具）；提供 100%的网上教学；简单、轻便、高效、一致且易用的浏览交互界面；可在任何支持 PHP 的平台上安装；支持对数据库的全局检索；课程可以分类及检索，一个 Moodle 网站内可支持上千门网络课程；大多数的文本区域，如资源、论坛、杂志可用 WYSIWYG HTML 编辑器编辑；通过严格的安全机制确保系统安全，如论坛发言、数据库一致性、Cookies 等；个人水平比较性反馈等。

（2）Blackboard

Blackboard（https://pibb.scu.edu.cn）教学平台起源于 Cornell 大学，它是一个集成的在线教学环境。其基本特色与功能包括个性化定制；兼容多种文件格式，如 Word、Excel、PowerPoint，以及图形、音频、视频等；可以方便地加入第三方的插件、流式媒体等，从而提高系统的交互性；通过 Virtual Classroom 功能，用户可以建立虚拟的办公室，该功能进一步支持实时聊天、白板、演示文稿的创建和上传；完善的评测体系；完善的管理和统计功能。

活动 5-2

请访问以下网址，从两个平台中选择一个平台尝试创建一门简单的课程，在创建过程中，请详细记录遇到的问题，并尝试从网上搜索解决方案。

- Moodle（https://moodle.org）
- Blackboard（https://pibb.scu.edu.cn）

____

____

2. 智慧教学工具

智慧教学工具是现代信息技术发展的必然产物。教师使用智慧教学工具开展课程教学，不仅能有效促进学生参与课堂教学活动，还能将教学互动自然地延伸至课外，同时帮助教师依据学习规律设计教学活动，进而实现个性化教学与学习。智慧教学工具无疑为提高教学质量提供了强大的助力。然而，当前部分教师对信息技术与教育教学深度融合的重要性尚缺乏充分认识，他们在利用智慧教学工具开展课程教学时，无论是深度还是广度都显得不足，且未能充分利用这些工具提供的数据来优化教学服务，这导致智慧教学工具的潜力未能得到充分发挥。下面将介绍一些典型的智慧教学工具。

（1）雨课堂

雨课堂是清华大学和学堂在线于 2016 年 4 月共同推出的新型智慧教学解决方案，其基于 PPT 和微信的智慧教学辅助工具，通过智能终端极大地促进了教学中师生互动的便捷性。该工具提供个性化报表、自动任务提醒等贴心功能，使得教与学的过程更加清晰高效。雨课堂致力于快捷、免费地为所有教学过程提供数据化、智能化的信息支持。它将复杂的信息技术手段巧妙地融入 PowerPoint 和微信中，有效搭建了课外预习与课堂教学之间的沟通桥梁，实现了课堂互动的持续性。使用雨课堂，教师可以轻松地将包含 MOOC 视频、习题、语音等元素的课前预习课件推送至学生手机，实现师生间沟通的即时反馈。在课堂上，实时答题和弹幕互动等功能为传统课堂教学的师生互动提供了完美的补充方案。雨课堂科学地覆盖了课前、课中和课后的每一个教学环节，为师生提供了完整且立体的数据支持，通过个性化报表和自动任务提醒等功能，让教与学变得更加明了和高效。

（2）微助教

微助教是华中师范大学与华中科技大学于 2016 年 3 月联合推出的一款课堂互动轻应用工具，它集成了课堂签到、课堂测试、课堂讨论等多种互动功能，旨在以游戏化思维激发学生的课堂参与热情。利用微助教，学生能够在课堂上便捷地使用手机进行签到、答题和讨论，而出勤率、课堂研讨记录、虚拟论坛发言、平时作业以及小测验等数据均可被系统自动记录，为教师持续观察学生学习过程、进行发展性评价提供了极大便利。此外，微助教还具有操作简便、实用性强、过程评价富有趣味等教学优势。

（3）课堂派

课堂派由北京爱课互动科技有限公司开发，是一款基于云服务的在线课堂管理平台，广泛应用于国内教育机构和组织中。它集成了课堂互动、作业管理、在线智能测试、成绩管理和话题私信等功能，帮助教师解决即时在线互动等教学难题。同时，它还提供便捷的班级管理、作业在线批改、成绩汇总分析、课件分享和在线讨论等服务。该平台管理课程包括作业、资料、公告和测试，能够实现快速发布、轻松批阅和高效管理。

（4）UMU

UMU 互动学习平台是一款综合性的软件，其实时互动功能涵盖了签到、拍照上墙、游戏、提问、讨论、抽奖及考试等。通过 UMU 提供的丰富互动和移动学习工具，人们不仅能在现场活动中轻松发起调研、提问，并激发相互分享的热情，还能在微课、直播等移动学习环境中促进深入的交流与互动。同时，互动参与的结果能实时呈现给现场参与者。在课堂教学方面，UMU 以其多样的形式邀请学生加入课堂，有效地连接人与知识，加速了知识的传播与流动，确保每个学生都能充分融入、积极分享并收获满满。

（5）班级优化大师

班级优化大师（EasiCare）是由希沃（Seewo）自主研发的一款游戏化课堂管理工具，专注于优化学生的课堂行为。它为每位学生量身定制了专属卡通角色，通过加减分机制和随机抽选实现角色升级，同时结合游戏化的规则、界面及音效，有效激发学生的好胜心和创造力。此外，所有数据均可自动记录、归档和计算，并支持一键发送至家长端，方便家校沟通。

（6）蓝墨云班课

蓝墨云班课是由北京智启蓝墨信息技术有限公司开发的一款移动教学 APP，它基于移动互联环境，旨在满足教师和学生之间课堂教学互动与即时反馈的需求。这款 APP 以激发学生在移动设备上的自主学习为目标，实现了教师与学生之间的即时互动、资源推送以及作业任务的布置与提交。通过云服务，它能实时记录学生的学习行为，并以游戏化的经验值激励学生学习。教师可以通过点赞等方式给予学生经验值奖励，从而实现过程性评价和个性化教学。

（7）超星学习通

超星学习通是一个基于微服务架构的课程学习、知识传播与管理分享平台。它充分利用了超星 20 余年来积累的丰富资源，包括海量的图书、期刊、报纸、视频及原创内容，将知识管理、课程学习、专题创作及办公应用融为一体，为读者打造一个一站式的学习与工作环境。

各类智慧教学工具在应用领域、支持语言、支持环境、访问方式、考勤方式、互动形式、特色功能及收费模式等方面可能存在相同、相近或差异之处，教师可根据课程要求和教学实际需求进行仔细对比并作出选择。

活动 5-3

请选择至少三种智慧教学工具进行注册并使用，然后尝试如下活动。

- 除了以上提到的比较维度（应用领域、支持语言、支持环境、访问方式、考勤方式、互动形式、特色功能、收费模式等），是否还有其他比较维度值得考虑（请至少列出两种）？
- 你认为哪一种教学工具最好用？请阐述你的理由（至少写出两点优于其他工具的地方）。
- 你认为这些教学工具在哪些方面还可以进一步改进？具体可以如何改进？

____

____

____

3. 直播教学平台

随着互联网技术的发展，网络直播逐渐替代电视直播，成为一种新型直播方式。网络直播的互动沉浸感和便捷性深受师生欢迎，并在近几年广泛应用于教育领域。网络直播教学吸收并延续了互联网的优势，利用视讯方式实现网络现场直播与互动交流，将相关内容通过互联网平台直观、快速地分享。即时的互动体验显著增强了在线教学的教学临场感与社会临场感。特别是在疫情期间，直播教学成为了各类学校应对疫情的重要在线教学方式，许多直播平台在此期间得到了广泛使用，改变了大众对于直播教学的刻板印象。在此背景下，直播教学已然成为在线教育中最具发展前景的教学形式之一，人们对直播教学技术平台的需求也随之日益增长。为满足这一需求，基于云计算、大数据等先进技术搭建的直播教学平台应运而生。这些平台不仅支持高质量的视音频通信、文件与屏幕共享、教学演示，还提供了基于内容的师生互动、教学评价与管理等功能。这些平台向社会公众全面开放，下载与安装简便快捷，为直播互动教学提供了多样化的技术解决方案。同时，平台供给方也为教育用户提供了全方位的技术应用服务。

已有的直播教学平台大致可以分为两大类：一类是支持实时多人互动的视频会议系统；另一类是针对直播互动教学需求而设计的直播教学技术平台——线上直播教室。

（1）视频会议系统

视频会议系统是指使两个及以上不同场所的个人或团体通过通信传输媒介和多媒体设备，以声音、影像、文档资料等多种方式实现即时互动的信息交流的系统。视频会议系统可分为软件视频会议系统和硬件视频会议系统，主要技术包括多点处理单元、丢包恢复技术、服务质量（QoS）、混合型网络视频应用技术等。基于这些技术，视频会议系统能够实现多方音视频交互、电子白板书写、动态演示文稿显示、文件共享、协同浏览及多媒体播放等功能。常见的音视频会议系统有腾讯会议、快会、米亚圆桌、云视讯、Boom 云视频会议、小鱼易连、好视通视频会议等。这些系统能够支持师生进行面对面交流，通过直观的音视频反馈，削弱因地理距离而产生的隔阂感，从而增强教学体验。它们更侧重于音视频的人际互动和沟通分享，支持屏幕共享、文件分享、文件协同等功能。然而，在教学支持方面，视频会议系统在教学多样化互动和教学管理上存在功能局限，对于中等规模和大规模在线课堂教学互动与管理的支持相对较弱。因此，这类系统更适用于直播类教学，以及对管理和多样化教学互动要求不高的研讨类或讨论类课程教学。以腾讯会议为例，我们可以更深入地了解视频会议系统的相关功能和特点。腾讯会议是由腾讯研发的云视频会议产品，该系统支持用户进行远程音视频会议、在线协作、会议管理控制、会议录制、指定邀请、布局管理等功能。除了开展线上会议外，腾讯会议还可以通过网络与线下会议室进行连接，使线下会议室设备融入云会议中。腾讯会议不仅广泛应用于企业会议，还非常适合远程教学和远程面试，为身处异地的用户提供便捷的沟通交流平台。

（2）线上直播教室

线上直播教室主要采用音视频采集编码技术、流媒体传输技术、内容分发技术和终端解码技术等，借助于这些技术可以使音视频及文档远端传输，并实现同步实时播放。常见的线上直播教室平台包括钉钉在线课堂、ClassIn 在线教室、UMU 互动学习平台、来课、共学云等。线上直播教室能够提供多方音视频交互渠道，具有文件共享等功能，这些功能极大地促进了异地师生的教学互动。在这样的环境中，师生享有相同的操作权限，学生的课堂参与度和自由度得到提升，但同时也对教师的教学管理和学生的自主性提出了更高要求。下面以钉钉在线课堂为例，介绍线上直播教室的功能与特点。钉钉在线课堂是由阿里巴巴研发的在线教育直播平台，支持百人内的视音频互动，同时兼容外界手绘板手写输入，提供屏幕书写工具，并支持图片、演示文稿等多种文件格式的共享。此外，它还具备视频回放功能。相较于传统的视频会议系统，钉钉在线课堂在教学支持上更为丰富，如文件共享、文本标记等功能，为师生开展教学活动提供了更多便利。

思考 5-8

你体验过哪些直播教学平台，至少写出两个并思考其优缺点。

①________，优点：______________________________

缺点：______________________________

②________，优点：______________________________

缺点：______________________________

教学活动建议

本节的教学重点是典型的信息化教学环境和学习空间，旨在使学生在需要时能够选择合适的信息化教学环境和学习空间、教学平台与工具进行教学和学习。在条件允许的情况下，建议教师尽量带领学生进行体验，并在体验过程中进行讲解，从而帮助学生更深入地理解和掌握本节知识。

学习活动建议

学生要深入理解信息化教学环境的概念与分类，了解典型的信息化教学环境，学会选择、构建合适的信息化教学环境、学习空间、教学平台等。建议学生开展的学习活动有：

1）阅读教材和推荐阅读文献等，结合自己的实际经验加深对不同信息化教学环境的理解；

2）分组了解一些比较新颖的信息化学习环境（网络学习空间、混合学习空间）并做汇报；

3）试用一些常用的教学平台工具，与同学、教师以线上或线下的方式进行讨论，以建构自己的知识和理解。

5.3 信息化教学资源

5.3.1 信息化教学资源及其分类

1. 信息化教学资源的概念

（1）AECT 关于学习资源的概念

广义上说，学习资源可以是一切为教学目的服务的人、财、物。AECT 1977 对教育技术的定义中把学习资源分为两大类：设计的资源和利用的资源。教育技术 AECT 1994 定义对学习资源的界定有所修改，主要包括教学材料、教学环境及教学后援系统。这一变化表明，资源的概念范畴被显著缩小。一方面是因为 AECT 1994 中的定义将学科名称从教育技术更改为教学技术，研究范围也相应缩减；另一方面是将资源的某些成分归入了教学过程的考量之中，如教学人员被视为学习过程的要素之一。资源的概念是多角度的，在 AECT 2008 对教育技术的定义中，资源概念被更严格地限定于技术性的范畴，而活动则似乎难以被归类为资源。

（2）信息化教学资源

教育资源作为构成教育系统的基本因素，是指教育系统中用于支持整个教育过程以达到特定教育目的，并实现一定的教育和教学功能的各种资源。从广义上来讲，教育资源通常包括物质资源（即教育系统中运用的各种设备、媒体、器材、工具等）、人力资源（包括教育系统中的教学科研人员、教学管理人员、教学支持人员及学生等）以及信息资源（指在教育系统中传递的各种信息，主要包括教学内容及伴随教学内容产生的其他信息）。

从教学角度出发，教学过程中可利用的一切均可视为资源，外部环境也可看成是资源。因此，从广义上看，教学信息资源是指师生可利用的实物资源，如计算机、白板、网络课程、课件、专家等，以及这些实物资源构成的信息化环境子系统，如 Internet。从狭义的角度看，教学信息资源是指教学过程中师生可以使用的设备、课件、电子出版物等。在本书中，信息化教学资源特指 AECT 学习资源中的学习材料，即在教学过程中师生可以使用的课件、电子出版物等。那么，什么是信息化教学资源呢？信息化教学资源也称数字教育资源，是指为达到一定的教学目的而设计并开发的，用于支持教学活动开展，并以数字化形态存储的课程资料。简而言之，数字教育资源就是将教育资源数字化，使之能在多媒体设备上运行的教学材料。

2. 信息化教学资源的特征

（1）资源形态开放共享

信息化教学资源的形态可以概括为工具或载体，它以视频、文本、音频、教学工具/软件、网页型教学课件、演示文稿型教学课件，以及多种类型混合等形式存在。信息化教学资源一般以通用格式进行制作和保存，可以供所有人在任何地方使用，不会因为格式问题而难以打开、复制或粘贴，因此，信息化教学资源具有资源形态开放共享的特点。当前我国优质教育资源相对匮乏，省际间、城乡间的教育资源差异巨大，信息化教学资源的开放共享的特征能够促进优质教育资源共享，进而促进教育公平，提高教学质量。

（2）传播方式简单便捷

信息化教学资源的存在形式是以数字化的文本、视频、音频等形式为载体进行保存的，这些数字化的资源能够通过复制、粘贴、修改等形式进行简单便捷地传播。当前，随着带宽的逐渐提升，以及 5G 技术的到来，信息化教学资源的传播方式会比现在更加快捷。另外，视频以流媒体的形式分享到互联网，人们可以通过转发和加载快速地打开视频。信息化资源的存在形态确保了这些教育资源能够简单快捷地在互联网上传播。

（3）生成方式多样

信息化教学资源的形成可以是教师或者教学设计人员精心设计和准备的，也可以是教师在教学过程中的生成性资源，经过课后的加工处理，从而转化为信息化教学资源。当前，信息化教学资源的范围已经从课件、视频、教学案例、试卷等课堂辅助材料扩展到教学软件、教学辅助平台、虚拟实验室等具有新技术的工具，因此信息化教学资源的生成方式多样，而形式也不局限于某种格式或内容。

（4）应用情境广泛

信息技术蕴含的超越时空限制、海量资源集成、广泛互联共享、支持专属定制等显著特征，为个性化教育的实现和学校教育的效能提升提供了可能。信息化教学资源是实现个性化、高效率的教育目标的重要辅助性学习材料，其应用情境广泛，能够帮助学习者进行自主学习、自主探究，进而培养学习者高阶思维的能力。教师在课堂上通过信息化教学资源进行知识点的讲解，学习者则利用信息化教学资源复习巩固。在某些技能训练课程中，教师还可以利用有关虚拟现实的信息化教学资源帮助学习者进行技能学习与训练。随着 APP 制作技术的不断成熟，教育类 APP 的数量也在不断增加，这些信息化教学资源的应用情境已经渗透到学习、工作、生活等多个方面。

3. 信息化教学资源的类型

（1）AECT 关于学习资源的分类

AECT 将学习材料分为设计的与利用的两种形态，因此我们也可以将信息化教学资源分为设计的与利用的两类。

所谓设计的学习资源，是指为教学目的而专门设计的信息产品，如教学录音带/录像带、教学投影片/幻灯片、多媒体课件等。在教育技术界，习惯上称这类设计的资源为教学软件或媒体教材。

所谓利用的学习资源，是指那些本来并非为教学目的而设计，但被发现具有一定的教育利用价值而被用作资料的信息产品，如电子百科、电子报刊、音像资料以及多种多样的网上信息资源。为讨论方便起见，我们统称这类利用的信息资源为教育信息资源或简称教育资料。

（2）按照信息化教学资源内容分类

按照信息化教学资源的包含内容来看，信息化教学资源可分为内容预制的、内容相关的和内容自由的三大类。内容预制的信息化教学资源包括为特定教学目的而设计的信息产品，如教学录音带/录像带、教学投影片/幻灯片等；内容相关的信息化教学资源包括那些与课程目标有部分关系的信息产品，如电子参考书等；内容自由的信息化教育资源包括那些具有通用性的工具与信息产品，如文字处理工具、电子报表工具、电子报刊、电子百科以及丰富多样的网上信息资源，如图 5-10 所示。

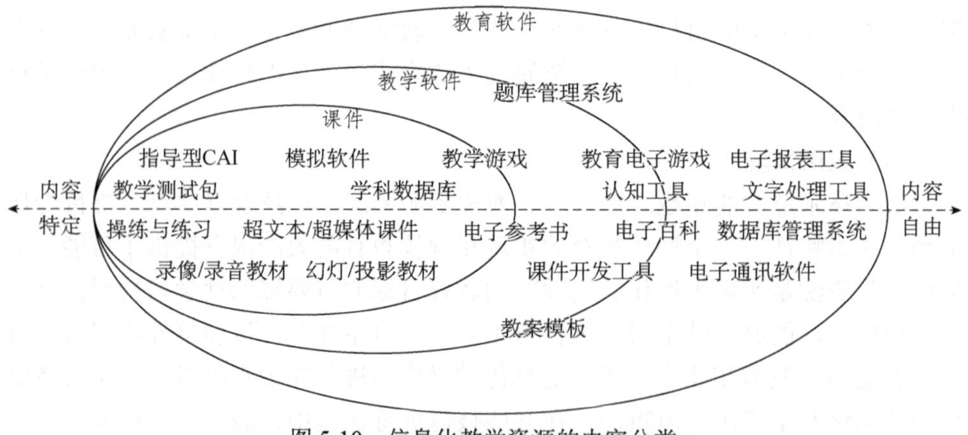

图 5-10　信息化教学资源的内容分类

然而，任何分类都不是绝对的，有时它们之间的边界是比较模糊的。游戏软件既有内容预制的，也有与内容相关的；同样地，当文字处理软件被用于文书训练，或报表软件被用于会计课程时，它们就转变为与内容相关的。

（3）按照学科分类

大多数的教学软件工具尤其是内容自由的教学软件工具，都属于通用型。它们不特别区分学科专项特点，而是通过设计或组合自身的功能模块，部分或局部地满足学科教学的需求。然而，随着教育信息化的发展，对学科教学专门化的需求日益增强，特别是在理科领域，学科教学软件工具开始崭露头角。

学科教学软件工具是一类特殊的计算机软件，专门为解决某学科专业领域的特定问题而开发设计。它们与通用型教学软件工具的区别在于其突出的学科专业性和专门性。一般而言，由于学科教学软件工具是软件设计者针对某学科专业量身定做的，因此，在处理专业问题时，它们往往比通用型教学软件工具更加高效和精准。学科教学软件通常按照学科和专业进行划分，如数学学科的几何画板、Z+Z 智能教育平台，以及化学学科的 ChemOffice 等。

几何画板是 Key Curriculum Press 公司的软件产品，它创建了一个通用的数学、物理教学环境。其最大的特点是能够动态地展示对象之间的几何关系，为人们提供了一个观察几何图形内在联系、探索几何奥秘的平台。该软件以点、线、圆为基本元素，通过变换、构造、测量、计算、动画和跟踪轨迹等操作，可以构造出更为复杂的图形。

ChemOffice 是剑桥公司的软件产品，被誉为世界上最优秀的桌面化学软件之一。它包含 Chem Draw Ultra（化学结构绘图）、Chem3D Ultra（分子模型及仿真）等一系列完整的软件模块。ChemOffice 能够直接将化合物名称转换为结构图，省去了绘图的烦琐；同时，它也能对已知结构的化合物进行命名，给出正确的化合物名称。此外，ChemFinder Ultra（化学信息搜寻整合系统）作为一个智能型的快速化学搜索引擎，提供的 ChemInfo 信息系统是目前世界上最丰富的数据库之一。

活动 5-4

结合自己的专业或者兴趣，请从这两种学科教学工具（几何画板、ChemOffice）中任选一种学科工具进行安装使用，记录使用心得。

（4）基于供给机制的资源分类框架

我国的数字教育资源包括政府供给、市场供给、公益供给、自我供给等四种供给模式，如图 5-11 所示。

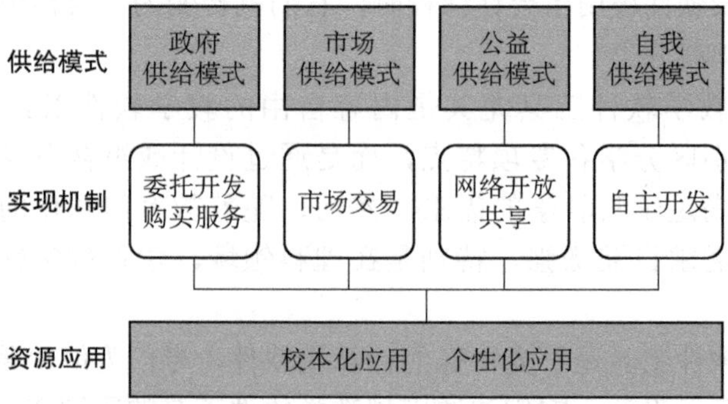

图 5-11 数字教育资源的供给模式

资料来源：柯清超，王朋利，张洁琪. 数字教育资源的供给模式、分类框架及发展对策[J]. 电化教育研究，2018，39（3）：68-74+81.

政府供给模式是由政府部门主导并推动建设，面向学校师生提供数字教育资源的形式。政府供给的数字教育资源是最基础、最核心的部分，其根本目的在于保障学校的基本数字教育资源需求，提升课堂教学质量。我国早在 2001 年就提出了要积极利用并开发信息化课程资源的战略，截至目前，已建成的国家级资源平台主要包括面向基础教育的国家教育资源公共服务平台，以及面向开放教育、职业教育、继续教育等领域的国家数字化学习资源中心。

市场供给模式指的是通过市场机制推动，并依靠企业、出版社等多方力量建设，面向大众提供数字教育资源的形式。随着数字教育资源供给范围和供给数量的逐渐扩大，在数字教育资源供给中逐步引入市场机制，能够有效提升资源的配置质量和效益。国家在政策层面上积极鼓励企业提供云端支持、动态更新，并适应混合学习和泛在学习等新型学习方式的数字教育资源及服务。同时，国家还致力于积极探索和建立市场作用与政府作用有机统一、相互补充、相互协调、相互促进的教育信息化工作新局面。

公益供给模式是指由非营利组织或个人开发，并免费向公众提供资源的形式。这种模式下提供的资源旨在扩大优质资源的受益面，有效推动终身教育理念的普及。目前，由公益组织供给的数字教育资源主要集中在高等教育阶段。我国高等教育的开放性资源建设经历了从“国家精品课程”建设，到“国家精品资源共享课程”建设，再到“在线开放课程”建设的发展脉络，其开放性逐渐增强，体系也日益完善。

自我供给模式指的是学校自主开发或改造现有资源，面向师生提供更加适合自身需要的校本化资源的建设方式。学校自我供给的资源既包括学校自主开发的具有地方或学校特色的资源，也包括学校基于自身特色对原有课程资源进行再组织的资源。资源形式包括校本化教学应用的资源及校本课程配套资源。

结合当前政策文件的指导原则和公共物品供给机制的分类方法，数字教育资源可以分为基础性资源、市场化资源、开放性资源以及校本化资源等四类，各类数字教育资源的基本关系如图 5-12 所示。

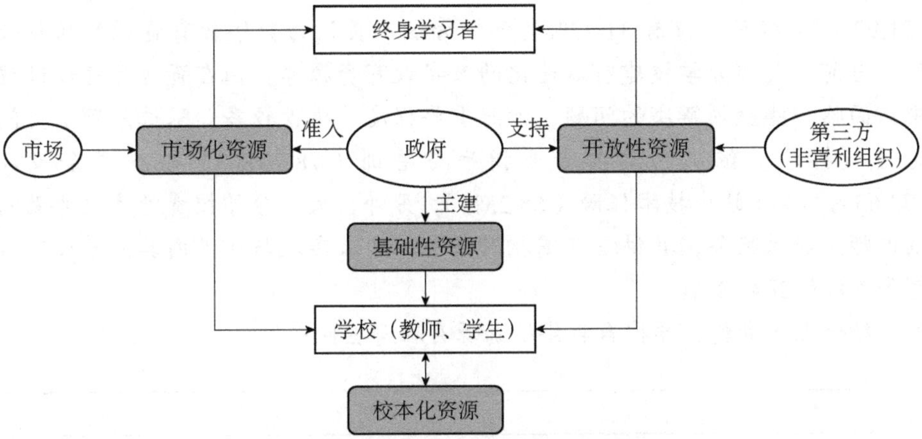

图 5-12　基于供给机制的数字教育资源分类框架

资料来源：柯清超，王朋利，张洁琪. 数字教育资源的供给模式、分类框架及发展对策[J]. 电化教育研究，2018，39（3）：68-74+81.

基础性资源旨在满足学校开设完整的国家规定课程所需的基本数字教育资源需求。在数字教育资源建设的初期，由于网络尚不发达，国家启动了农村远程教育工程项目，通过光盘、单向卫星传输等途径，实现了边远地区数字教育资源的分发。这一时期建设的数字教育资源主要是与教材相配套的资源。近年来，政府部门依托国家教育资源公共服务平台，为广大师生提供了丰富的教学素材、教学课件、网络课程、教学案例、教学工具等基础性资源，并通过实施“教学点数字教育资源全覆盖”项目和民族双语资源项目，有效缓解了区域间、城乡间的数字鸿沟。教育部在 2016 年发布的《教育信息化“十三五”规划》中提出，“各级教育行政部门要保障基础性数字教育资源的供给”。

为了优化数字教育资源供给结构，发挥各供给主体的协同效应，各资源供给主体在重点建设的资源类型上应有所侧重。具体而言，政府供给的基础性资源应主要满足学校师生教学的基本需求；企业供给的市场化资源则应满足公众的个性化学习需求；公益组织和高校作为主力供给的开放性资源，应以推进教育公平和终身学习发展为目标；而学校自我供给的校本化资源，则应能够紧密支持本校师生的教育教学活动。

案例 5-1

学校通过多种方式来丰富校本资源库，资源来源主要包括教育部免费提供的教材配套资源（84.38%）、教师收集整理或者自主开发的资源（64.11%）、购买企业开发的资源（30.96%）以及学校与企业开发的资源（21.92%）。然而，仅有31.23%的学校管理人员认为数字教育资源的质量较好。当前，大部分学校建有本地化的数字教育资源库，但在资源库建设过程中仍面临一些亟须解决的问题，按照重要程度（要素较多，限选三项）对问题进行排序，依次为需要专业指导与培训（78.70%）、缺少资金投入（73.65%）以及缺少技术保障（68.23%）。另外，大部分学校资源库主要面向校内师生提供服务，其供给范围相对狭窄，尚未实现与地区内其他学校及教育局资源的互联互通。

结合上述资料，学校自我供给资源存在哪些问题？

____

____

____

（5）基于新资源的分类

2018 年 4 月，教育部印发的《教育信息化 2.0 行动计划》提出，实施教育大资源共享计划，实现从“专用资源服务”向“大资源服务”转变。2019 年 9 月，教育部等十一部门联合印发《关于促进在线教育健康发展的指导意见》，进一步提出实施“教育大资源共享计划”，建设一批高质量在线课程，培育优质在线教育资源。“教育大资源”之“大”，主要体现在以下几个方面：大教育观（教育系统观，为各级各类教育服务；开放教育观，包括正规与非正规教育，从学校到家庭和职场；终身学习观，支持“人人、时时、处处”的无缝学习方式）；大数量（丰富多样，质量优先；交互视频、知识图谱、学科工具、认知数字孪生等新型数字学习资源占比较高）；大覆盖（内容涵盖所有学科，服务通达城乡与边远地区）；大平台（通过国家级平台、省市级平台进行资源大整合与提供大服务：普适、个性、特色）；大突破（注重智能学具/教具/实验平台的开发，自主创新有明显特色）；大应用（大范围、深度使用数字资源）；大生态（核心资源+拓展资源、内容资源+工具资源、标准资源+生成资源、线上资源与线下融合）；大协作（政府、学校、科研机构、媒体、公益机构、大公司等参与建设）等方面。根据学习资源的不同形态（内容类、工具类、服务类）及其涵盖的学科类型，学习资源可分为知识图谱、智能学伴、虚拟教师等，如图 5-13 所示。

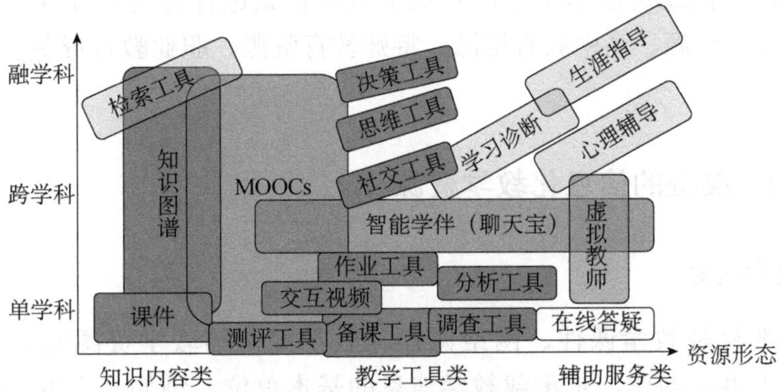

图 5-13　数字教育新资源分类框架

资料来源：祝智庭，郑浩，谢丽君等. 新基建赋能教育数字转型的需求分析与行动建议[J]. 开放教育研究，2022，28（2）：22-33.

（6）国家中小学智慧教育平台的资源分类

国家中小学智慧教育平台目前有德育、课程教学、体育、美育、劳动教育、课后服务、特殊教育、教师研修、家庭教育、教改经验和教材等版块资源。

- 专题教育资源：包括党史学习、爱国主义、宪法法治、品德教育、思政课程、劳动教育、优秀传统文化、生命与安全、心理健康、生态文明等资源。
- 课程教学资源：在原有的国家统编教材和人教版教材教学资源基础上，逐步增加了北京版、苏教版、北师大版、教科版、外研版等版本教材的课程教学资源。
- 体育资源：包括体育与健康课程、运动技能、体育活动、健康服务等资源。
- 美育资源：包括艺术课程、艺术技能、艺术活动等资源。
- 劳动教育资源：包括劳动光荣、劳动导航、劳动智慧等资源。
- 课后服务资源：包括科普教育、体育锻炼、文化艺术、经典阅读、研学实践、影视教育等资源。
- 特殊教育资源：包括特教政策、特教师资、特教经验、特教教材、融合教育、特教活动、教学资源等资源。
- 教师研修资源：包括师德师风、通识研修、学科研修、作业命题、幼教研修、特教研修、国培示范、院士讲堂、名师名校长、在线教研等资源。
- 家庭教育资源：包括家庭教育观念、家庭教育方法、家庭教育指导、家庭教育大讲堂等资源。
- 教改经验资源：包括党建德育、“双减”政策、学前教育、义务教育、普通高中、特殊教育、教学成果、教育信息化、综合改革等方面经验。

● 教材资源：包括小学、初中、高中、特殊教育等电子教材。

此外，我们还可以基于学段对数字教育资源进行分类，分为学前教育资源、义务教育资源、高中教育资源、特殊教育资源、职业教育资源、高等教育资源等。

5.3.2 典型的信息化教学资源

1. 教学素材

教学素材是教学课件、网络课程、教学案例等教学资源的基本组成元素，可用于再次创作，是承载教学信息的基本单位。例如，文本、图形、图像、动画、视频、音频等多媒体材料，我们可以通过以下网站获取一些教学素材。

● 图片素材 https://ibaotu.com/

● 矢量图标素材 https://www.iconfont.cn/

● 视频素材 https://shipin520.com/

● 音频素材 https://www.audiolibrary.com.co/

● 字体素材 https://www.yishuzi.cn/

活动 5–5

请分别访问上述素材网站，尝试下载各类素材，如果好用的话不要忘记加入收藏夹哦！

2. 教学课件

教学课件是指根据教学需要，在一定的学习理论指导下，经过教学设计，以多种媒体表现，具有良好结构，满足某一单元或知识点教与学需要的软件。例如，演示文稿、动画课件、电子白板课件等。这里为大家介绍一些教学课件网站。

● 教习网（https://www.51jiaoxi.com）：网站资料涵盖全国各年级各版本课件。

● 备课网（http://bk.cooco.net.cn）：涵盖了从小学到高中所有阶段的全部九门课程，提供免费的试卷、课件以及教案。

● 人民教育出版社（https://www.pep.com.cn/）：在人民教育出版社网站可以找到小学、初中、高中、职业教育及相关教育的课件及内容。

活动 5-6

请你选择一门课程，通过访问上述网站，尝试获取该门课程的教学课件。

3. 教学工具

教学工具是指针对知识点，能够在一个或多个方面为不同学生或教师的学与教活动提供有效支撑的软件，它可以一节课或一个单元为单位组织，也可以学科为单位组织。下面介绍一些常用的教学工具。

- 博思白板（https://boardmix.cn/）：集成了画笔、文档、幻灯片、表格、便签、思维导图、流程图、看板等多种实用功能。

活动 5-7

请访问上述网站，尝试使用这些教学工具，如果好用的话不要忘记加入收藏夹哦！

4. 教学案例

教学案例是教师在教学过程中，对教学的重点、难点、偶发事件、有意义的、典型的教学事例处理的过程、方法和具体的教学行为与艺术的记叙，以及对该个案记录的剖析、反思、总结。案例不仅记叙教学行为，还记录伴随行为而产生的思想、情感及灵感，反映教师在教学活动中遇到的问题、矛盾、困惑，以及由此而产生的想法、思路、对策等。教学案例一般包括背景、主题、细节、结果、评析等五个要素。

5. 微课

微课是指围绕某个知识点或技能等单一教学任务进行讲解的、以视频为主的教学短片（5—10 分钟），具备目标明确、针对性强和教学时间短的特点，可以通过以下网站去获取一些微课资源：

- 国家中小学智慧教育平台（https://basic.smartedu.cn/）：提供大量优质的专题教育和课程教学课程资源。
- 全国高校微课教学平台（https://weike.enetedu.com/）：专注高校微课教学比赛，展示了大量高校微课资源。

6. 数字教材

数字教材是通过数字化技术实现对传统教材的文本、图形、图像、声音、视频、动画等媒体的整合，通过各种数字终端进行阅读并具备交互功能，能够支撑一门课程教学的完整教材资源。下面列举一些数字教材网站：

- 高教书苑（http://ebook.hep.com.cn）：高等教育出版社提供高等教育、高等职业教育、中等职业教育、五年制高职、教师教育、基础教育以及学前教育等方面的电子版教材。
- 人大芸窗数字教材（http://rdyc.cn/szjc/Index.html）：依托中国人民大学教学师资队伍，涵盖工商管理、经济金融、公共管理、法律、教育、外语等人文社科主要学科。
- 科学文库（http://book.sciencereading.cn）：几乎囊括科学出版社 70 余年来所有获奖作品、知名专家著作、重点丛书、各学科必备经典专著和教材等。15 个学科覆盖自然科学、工程与技术科学、人文与社会科学、医药科学、农业科学五大门类的所有一级学科。

活动 5-8

请在你目前正在上的课程中选择一门感兴趣的课程，通过访问上述网站，尝试获取该门课程的电子版教材。

7. 网络课程

网络课程是指以计算机网络为基础实现的课程教学内容及实施的教学活动的总和。从组成内容来说，它包含教学目标、教学内容、教学活动和评价方法等课程教学所必备的要素。从组成形式来说，它包含符合网络学习特点的、按照一定教学目标组织起来的课程教学内容、网络课程教学支撑环境，以及基于以上两者开展的网络教学活动。我们可以通过以下网址访问一些网络课程。

- 学堂在线：http://www.xuetangx.com/
- 网易云课堂：https://study.163.com/
- 北京大学公开课：http://opencourse.pku.edu.cn/course/opencourse2
- 国图公开课：http://open.nlc.cn/onlineedu/client/index.htm

活动 5-9

访问上述网址，选择一门网络课程，并加入学习。

8. 数字图书

数字图书是指借助数字化技术形成二进制数字编码形式的、以计算机文件为载体并通过电脑、手机、电子阅读器等设备显示的图书。数字图书包含文本、图片、声音、电影、动画等内容，并且支持超文本链接，我们可以通过以下链接获取一些优质的数字图书资源。

- 中国国家数字图书馆（https://www.nlc.cn/）：可以查询图书馆内庞大的数据库，其中包含图书、期刊、报纸、古籍、影像资料等多种类型的资源。
- Planet eBook（https://www.planetebook.com）：一个免费英文电子书下载网站，网站收录了从经典名著到畅销小说等各种丰富的电子书资源。

9. 虚拟仿真系统

虚拟仿真系统是指运用虚拟仿真技术开发的，用于特定技能训练的软件。它能完整支持一门或一门以上的课程，并在实际教学中有一定应用基础。我们可以通过以下链接去体验一些优质的虚拟仿真系统。

- 中央电化教育馆虚拟实验教学服务系统（https://vlab.eduyun.cn/）
- 国家虚拟仿真实验教学课程共享平台（https://www.ilab-x.com/topic/2020）
- NOBOOK 虚拟实验（https://www.nobook.com）

活动 5–10

访问中央电化教育馆虚拟实验教学服务系统（https://vlab.eduyun.cn/），在“实验资源”中选择一项感兴趣的主题进行虚拟仿真系统的体验，并在下方记录自己的反思。

____

____

10. 学习网站

学习网站是指围绕学科教与学，通过网页技术整合多样化的数字学习资源，并提供网络教学功能与支持服务的网站。以下是一些优质的学习网站资源。

- 国家中小学智慧教育平台（https://www.zxx.edu.cn/），平台包括德育、课程教学、体育、美育、劳动教育、课后服务、教师研修、家庭教育、教改经验和教材 10 个版块资源。
- 学习强国（https://www.xuexi.cn/），链接了中国慕课 MOOC 和爱课程的内容，以及学而思、新东方等网校的网课，还有教师职业教育相关的内容和纪录片等。

活动 5-11

为深入实施国家教育数字化战略行动，大力促进基础教育高质量发展，有效支撑“双减”和疫情期间“停课不停学”工作，教育部在原“国家中小学网络云平台”基础上改版升级了“国家中小学智慧教育平台”，并于2022年3月1日正式上线试运行。请你访问国家中小学智慧教育平台（https://www.zxx.edu.cn/），选择自己感兴趣的模块尝试资源的下载吧！

11. 教育游戏

教育游戏是指根据教学需要，在一定的学习理论和游戏理论指导下开发的计算机软件，它兼顾教育特性和游戏特性，同时承载着教育和娱乐的双重目的，能够实现寓教于乐。教育游戏可以使学习变得更加有趣，让学生在“做中学”，从而提高学生的问题解决能力、创造力等高阶能力，并有助于培养学生的情感态度价值观。以下是一些优质的教育游戏资源。

- Word Wall（https://wordwall.net/）：专门为外语课堂设计的教学小游戏网站，特别专注在词汇和句子游戏。
- Scratch 编程（https://www.scratch5.com/）：由 MIT 设计开发的图形化在线编程工具。
- 英语流利说（https://www.liulishuo.com/）是一款游戏化的英语学习软件，它主打智能打分和个性化学习。整个学习流程融入了积分、关卡等游戏元素，让学习变得更加有趣。

思考 5-9

你还知道哪些信息化教学资源？请结合自身经历谈谈。

____

____

5.3.3 开放教育资源

自2001年麻省理工学院启动“开放课件计划”（OpenCourseWare，OCW）以来，开放教育资源运动在世界各地蓬勃发展起来。开放教育资源在促进教育公平、资源共建共享和变革高等教育等方面发挥了重要作用，已经成为一类极为重要的学习资源。

1. 开放教育资源的定义

联合国教科文组织（UNESCO）在 2002 年举行的“开放课件对发展中国家高等教育的影响”论坛上，首次提出了“开放教育资源（Open Educational Resources，OER）”的概念并对其进行界定。此后，开放教育资源被不断地赋予更为丰富的内涵。2019 年，联合国教科文组织通过的《关于开放式教育资源的建议书》中，将开放教育资源界定为“是以各种媒介为载体的任何形式的学习、教学和研究资料，这些资料在公有领域提供，或以开放许可授权的形式提供，允许他人免费获取、再利用、转用、改编和重新发布。”开放许可是指“在尊重版权所有者的知识产权的同时提供许可，授权公众获取、再利用、转用、改编和重新发布教育材料的许可。”

2. 开放教育资源的发展路径

2001 年，美国麻省理工学院（MIT）启动 OCW，该计划免费开放学校创造的教学材料，包括课程大纲、教学课件、课后作业和试卷等相关教学资源。在此之前，从未有过如此大规模的在线免费开放课程教学资源的举措，这无疑是对共享人类知识、促进优质高等教育资源访问机会均等化的一大进步。

2003 年，中国教育部启动了国家精品课程建设工作。从早期的单纯展示优质课程档案，到展示精品课程资源，再到注重课程资源的实际应用，“线上金课”在平台规范、课程开放选修、课程学习管理、课程学分认定等方面已取得了实质性的成效。此外，精品课程采用了国家级、省级、校级三层架构设计，绝大部分高校已启动了精品课程建设工作，形成了数万门省级、校级精品课程。

iTunes U 是苹果公司提供的一个免费学习平台，汇聚了来自全球各地的教师提供的丰富教学内容。第一代 iTunes U 于 2007 年问世，2012 年推出了更新产品。与其他专注于提供内容的开放式在线教育平台（如网易公开课、可汗学院等）不同，iTunes U 不仅要求提供内容的教师需要经过认证，而且播放内容的终端设备也特定为苹果公司自己的设备（如 iPhone、iPad、Mac 等）。随着 iPad 等苹果设备的普及并逐步应用于学校教育，iTunes U 展现出了多方面的功能。一方面，在传统教学方式中，它可以作为“教学工具”使用，补充课堂教学内容；另一方面，勇于创新的教师也可以利用它来尝试真正的在线教育。作为普通用户，你可以在 iTunes U 中观看很多名校提供的公开课程（包括授课视频、教学文档等学习支撑材料）；而作为教师，你可以在平台上发布私人教学内容作为课堂教学的补充，经过苹果认证后，更可以发布公开课程，有望成为网红教师。

2007 年，可汗创立了一个非营利的在线学习平台——可汗学院，该平台面向各个年龄层次的学习者，免费提供大量的教学材料。其中，教学视频被翻译成 24 种不同的语言，这些视频的月浏览量曾高达几百万人次，累计浏览量更是数以亿计，帮助解决了大量的学习问题。2020 年 2 月，美国银行、谷歌、AT&T 等众多公司纷纷为可汗学院提供技术和资源支持。

2008 年，MOOC 这一名称由加拿大学者戴夫 • 科米尔（Dave Cormier）和布莱恩 • 亚历山大（Bryan Alexander）共同提出。MOOC 概念的起源可以追溯到两个重要项目：一是美国犹他州立大学的大卫 • 威利（David Wiley）教授基于 Wiki 发起的一门开放课程“Intro to Open Education”，二是加拿大瑞贾纳大学（University of Regina）的亚历克 • 库罗斯（Alec Couros）教授开设的网络课程“Media and Open Education”。这两个项目不仅为 MOOC 课程模式的诞生奠定了思想基础，还提供了必要的技术准备，因此可以被视为 MOOC 的前身。

2010 年 11 月 1 日，网易宣布正式推出“全球名校视频公开课项目”（http://v.163.com/open），首批上线了 1200 集课程，其中 200 多集配有中文字幕。用户可以在线免费观看哈佛大学等世界级名校的公开课。首批上线的公开课视频来自哈佛大学、牛津大学、耶鲁大学等世界知名学府，内容覆盖人文、社会、艺术、金融等多个领域。网易组织公开课翻译平台，旨在秉承互联网精神：开放、平等、协作、分享。知识无国界，网易更希望国内外有志于知识分享和传播的个人和组织加入这一平台。

2011 年，美国斯坦福大学尝试将三门计算机课程免费向全球开放。其中，“人工智能导论”课程吸引了来自 190 个国家（地区）的 16 万学习者注册。正是这门课程，掀起了席卷全球的 MOOC 风潮。

2012 年，世界上许多著名大学纷纷组建 MOOC 平台，以开放和免费的形式向全世界提供优质的在线课程。例如，美国斯坦福大学牵头推出了 Coursera 在线教育平台，哈佛大学和麻省理工学院则宣布共同推出 edX 在线教育平台。此外，日本京都大学、韩国首尔国立大学等许多知名高校也宣布加入 edX 或 Coursera 平台。因此，2012 年被广泛认为是 MOOC 元年，斯坦福大学校长约翰 • 亨尼斯（John Hennessy）更是将其称为教育史上“一场数字海啸”。

2013 年，MOOC 在国内迎来了集中爆发期。5 月 21 日，清华大学正式加入由美国麻省理工学院与哈佛大学联合创建的在线教育平台 edX，成为该平台首批亚洲高校成员之一。同年 10 月 10 日，清华大学自主研发的“学堂在线”MOOC 平台正式向全球发布，该平台不仅是教育部在线教育研究中心的研究交流与成果应用平台，还允许任何具备上网条件的学生通过它学习丰富的课程视频。截至 2023 年底，学堂在线运行了来自清华大学、北京大学、复旦大学、中国科学技术大学以及麻省理工学院等国内外高校的约 8000 门优质课程，覆盖 13 大学科门类。

2015 年，为加快推进适合中国的在线开放课程和平台建设，并促进这些课程的应用，中国教育部出台了《关于加强高等学校在线开放课程建设应用与管理的意见》。

2018 年 5 月 30 日，中国教育部决定启动国家虚拟仿真实验教学项目的建设工作。2019 年 3 月，教育部正式认定了 296 个项目为 2018 年度国家虚拟仿真实验教学项目。

2020 年，疫情给我们的安全、健康和教育领域带来了前所未有的挑战。联合国教科文组织于 5 月 17 日公布的统计数据显示，全球约有 12.1 亿学生无法重返校园，这一数字占全球学生总数的 69.3%。在这种特殊情况下，联合国教科文组织信息技术研究所（UNESCO IITE）和国际农村教育研究与培训中心（UNESCO INRULES）联合发布了一份新的出版物《学校关闭期间开放教育实践指南》。该指南基于教科文组织的 OER 建议，旨在指导合作伙伴在疫情大流行期间有效利用 OER。

从以上近 20 年发展历程来看，美国、中国等国家都积极响应并实施了开放教育资源项目（图 5-14）。

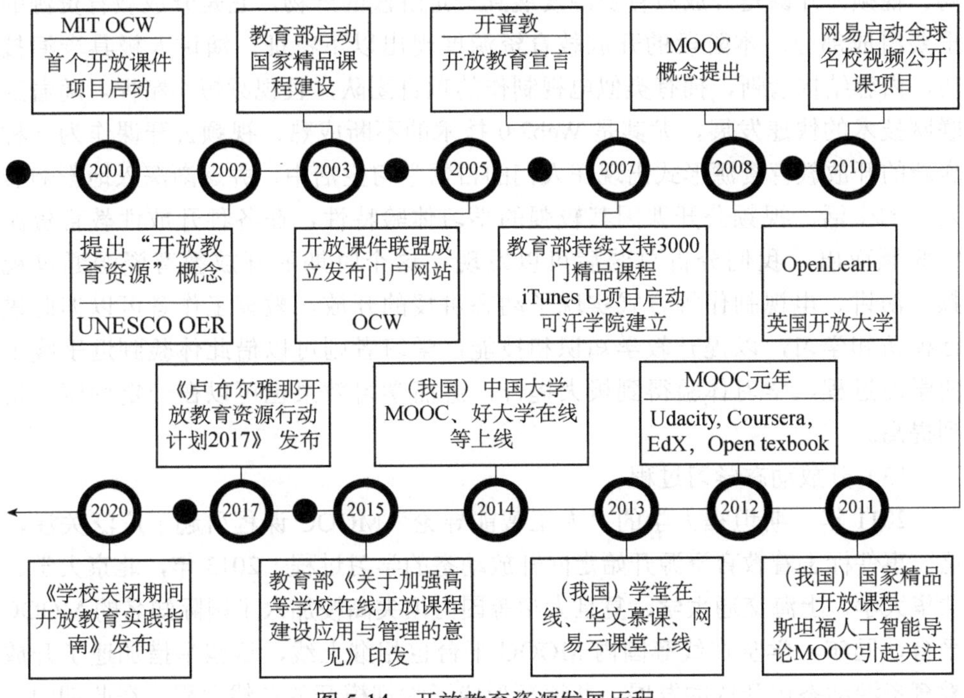

图 5-14　开放教育资源发展历程

本书总结开放教育资源项目的特征，开放教育资源的发展路径可以分为以下三个阶段。

（1）开放静态资料

从 2001 年麻省理工学院启动 OCW 项目，到中国教育部启动精品课程建设，再到 2007 年 iTunes U 项目的推出，中国教育部一直持续支持着 3000 门精品课程的建设。这些项目主要聚焦于在线课程资源的建设，提供了完整的数字化学习材料。纵观各国开放教育资源的形式，它们都有一个明显的发展特点：即以静态的文本性资源为主，如教学讲义、电子课件、资源库、练习和阅读资料等，这些资源为学习者提供了可用于阅读、参考和查阅的免费数字化内容。通过分析这一阶段的开放教育资源，我们可以发现，这些资源的呈现方式大多以静态资料为主，需要教育工作者和学习者在此基础上进行动态化的利用。

（2）开放动态讲授

2007 年，可汗学院的建立标志着开放教育资源的历史进程进入了开放动态讲授阶段。在此阶段，不论是 2008 年 MOOC（大型开放在线课程）概念的提出，还是 2010 年人人网引进国外公开课（字幕翻译）以及网易启动全球名校视频公开课项目，都主要以视频或微视频课程的形式呈现，属于视频公开课范畴。视频公开课是开放教育资源发展到一定阶段的产物，它是开放教育资源的重要组成部分。本阶段的开放教育资源展现出以下特征：演讲人极具表演技巧，内容结构清晰，拥有类似电视制作的项目团队，且视频短小精悍。随着互联网技术的快速发展，尤其是 Web2.0 技术的不断成熟，视频公开课作为一种崭新的开放教育资源形式出现在人们的日常学习生活中，并逐渐深入地影响着人们的生活。视频公开课因其较强的学习体验特性，在各种开放性教育资源中脱颖而出。我们分析总结后可以发现，这个时期的开放教育资源通过视频、演讲、电视制作等方式实现了动态讲授的开放，教育工作者可以据此进行模仿和学习，以提升教学知识和技能；学习者则可以借此体验到近乎线下的学习过程，学习体验得到极大提升，进而学习效果也可以在一定程度上得到提高。

（3）开放动态学习过程

2011 年，斯坦福大学的“人工智能导论”MOOC 课程引起了广泛关注，这一事件标志着教育资源开始走向开放动态的学习过程。2013 年，北京大学、清华大学、上海交通大学、复旦大学等国内顶尖高校加入了国际知名的 MOOC 平台，同年，学堂在线等国内 MOOC 平台也相继上线，这些举措加速了开放教育资源动态化开放的发展，并逐渐形成了大规模开放在线课程。在此期间，MOOC 平台的特点是对学习过程提供支持、提供作业与评价、注重评价、支持学分认定。这些特征表明，开放教育资源的动态化发展达到了一个新的高度，即开放动态学习过程。教育工作者可以观摩学习教育教学过程中的全要素，如学习环境、学习资源、学习工具与平台、学习活动过程等的设计与呈现。学习者可以在大规模在线开放课程中获得近似现场学习的体验，甚至获得沉浸式的学习体验。

3. 开放教育资源的种类

经济合作与发展组织将开放教育资源分为三类：①学习内容：主要包括课程、课件、模块、学习对象、馆藏资源、期刊等；②工具：主要指支持学习内容开发、使用、重用和交付的软件，包括用于搜索、开发和组织内容的工具、学习管理系统和在线学习社区；③实施资源：主要指学习内容和工具的知识产权许可、促进材料公开发布的策略、最佳实践设计原则，以及内容的本地化。以下，我们列举了一些常见或常用的开放教育资源。

（1）开放课件

开放课件（open course ware，OCW）是发展最早、成熟度最高的开放教育资源之一。国际开放课件联盟（Open Course Ware Consortium，OCWC）对开放课件的定义是：①具有免费公开许可的数字化资源，任何人在任何时间都可以通过互联网获得；②高质量的高等院校课程层次的教育资源；③以课程为单位，主要包含课程计划、评估工具、主题内容等三部分。

麻省理工学院（MIT）是 OCW 运动的首倡者。截至 2017 年，MIT 已经对外公开了 2400 多门课程，其中近半数课程在全球其他国家有翻译版本。这些课件涵盖了 MIT 的 5 个学院和 36 个专业，每月访问量超过 200 万次，总访问量更是达到了 2.5 亿次以上。“爱课程”是一个高等教育课程资源共享平台，相继推出三项标志性成果——中国大学视频公开课、中国大学资源共享课和中国大学 MOOC。这些课程主要由高校和教师自愿申报、共享，经过推荐、评审、遴选后进行发布。

（2）开放获取文库

开放获取文档或文库（OA archives or repositories），相当于一个在线互动式的文档分享平台，涵盖了教学资料、考试题库、专业资源等多个领域的资料，一般由作者将资料以特定的格式上传到文档服务器，经过官方审核后，这些资料即可被发布。用户能够在线浏览并下载这些文档。例如，百度文库平台自 2009 年 11 月 12 日推出以来，已经取得了显著的成就。截至 2024 年 3 月，文库文档数量已突破 13 亿，其内容涵盖基础教育、资格考试、人文社科、IT 计算机、自然科学等多个领域。同时，百度文库不断优化和改版，推出了个人认证项目、文库 AIGC 等创新功能，为用户提供更加便捷、高效的文档服务。

（3）大规模开放在线课程

MOOC（massive open online course），即“大规模开放在线课程”，是指在进行大规模学生交互参与和基于网络的开放式资源获取的在线课程。MOOC 具有规模大、开放性、网络化、个性化、参与性等特征。典型的 MOOC 平台有：美国的 UDACITY（http://www.udacity.com）、Coursera（http://www.coursera.org）、edX（http://www.edx.org），英国的 FutureLearn（http://www.futurelearn.com/courses）、澳大利亚的 Open2Study（http://www.open2study.com）以及中国的网易云课堂（http://study.163.com）、中国大学 MOOC（http://www.icourse163.org）、学堂在线（http://www.xuetangx.com）等。

（4）大规模开放在线实验

MOOE（massive open online experiments，大规模开放在线实验）是一种全新的实验模式。它采用虚拟化、软件定义网络（software defined network，SDN）等技术，能够迅速构建出复杂度高且隔离性强的多种实验环境，从而解决了传统实验室在时间、空间以及实验内容等方面的限制。MOOE 具有广泛的应用，如国家虚拟仿真实验教学课程共享平台（http://www.ilab-x.com/），截至 2024 年底，该平台共提供超 4000 个实验中心，涵盖管理类、化学类、机械类等多个学科门类。

（5）开放教科书

开放教科书（open textbooks）是开放数字化图书的一种重要形式。它们是根据开放版权许可授权，可在线免费供学生、教师和公众使用的教科书，这些教科书可以以印刷版、电子书或音频格式发布。根据授权许可，任何人可以自由地使用、改编或重新发布这些教科书的内容。如成立于 2007 年的 College Open Textbooks，旨在推动大众对开放教科书的认识和使用。该平台服务的重点是社区学院和其他 2 年制高等教育机构以及 4 年制机构的前两年（低年级），一些活动也适用于 K-12 、高年级、研究生院和终身学习。平台还通过对开放教科书内容进行同行评议，以保证其内容质量可控。

（6）数字化场馆

数字化场馆以其现有资源为依托，以科学性、趣味性、互动性为特色，具有数字化、网络化、分布化和共享化的特征，在很大程度上弥补了因地域差别而造成的不平衡。数字化场馆主要包括数字博物馆、数字科技馆等。中国国家博物馆数字展厅（http://www.chnmuseum.cn/portals/0/web/vr/），涵盖了历史文物、艺术珍品等领域的五十余种展览；纽约大都会艺术博物馆（https://www.metmuseum.org/）在 2021 年 1 月推出了“The Met Unframed”（大都会无限游）沉浸式虚拟艺术和游戏体验。中国数字科技馆（https://www.cdstm.cn/museum/）在《航空》《航天》博览馆里运用虚拟现实技术提供了 3D 模型、虚拟装配、全景图等内容，飞机、航天器的 3D 模型可自由旋转、缩放。

思考 5–10

结合以往的学习经历，除了上面提到的 6 种开放教育资源，你还知道哪些开放教育资源？请结合自身经历谈谈。

____

____

教学活动建议

本节的教学重点是信息化教学资源内涵、类型以及获取途径，旨在帮助学生掌握信息化教学的概念、类型，并学会如何获取信息化教学资源，有利于提高学习者获取并筛选优秀学习资源的能力。建议教师在讲解时尽可能在多媒体教室进行，让学生亲身体验搜索信息化教学资源的过程，并结合任务驱动法，以任务的形式引导学生使用信息化教学资源，从而帮助学生更深入地掌握本节知识。

学习活动建议

学生要在掌握信息化教学资源的概念和类型的基础上，学会获取合适的信息化教学资源。建议学生开展以下学习活动：

1）阅读教材和推荐阅读文献，以掌握一些优质信息化教学资源的获取途径；

2）尝试进行一些开放教育资源的获取，并结合具体任务进行深度应用；

3）与同学、教师以线上或线下的方式进行讨论，以建构自己的知识和理解。

学习评价

（一）学习经历评价

1. 你是否阅读了教材第五章的所有内容？

建议：如果答案为“否”，请暂停自我评价，阅读未读过的部分。

2. 你能否理解第五章中所有内容？

建议：如果答案为“否”，请首先列举不理解的内容，然后可以尝试利用以下方法解决遇到的问题。

- 利用图书馆和网络资源，查找相关文献。
- 与同学进行讨论。
- 向教师提问，争取教师的帮助。
- 将问题发布在线上讨论区，争取更多人的帮助。

（二）自测题

1. 信息化教学媒体有两层含义，一是指________________；二是指________________。

2. 教学媒体的特性有________、________、________、________、________。

3. 信息化教学媒体的特征有________、________、________、________。

4. 请写出教学媒体的四个发展趋势，并尝试举例说明。

趋势一：________________，案例：________________。

趋势二：________________，案例：________________。

趋势三：________________，案例：________________。

趋势四：________________，案例：________________。

5. 请写出教学媒体编制的五个选择原理，并尝试举例说明。

原理一：________________，案例：________________。

原理二：________________，案例：________________。

原理三：________________，案例：________________。

原理四：________________，案例：________________。

原理五：________________，案例：________________。

6. 讨论信息化教学环境的分类并列举几种你所熟悉的信息化教学环境，阐述其应用。

7. 请列举四个智慧教学工具，并对他们进行比较。

8. 常见的数字教育资源有哪些？请思考一下，教材列举的获取教学资源的方法分别适合获取哪些类型的资源。

推荐阅读文献

[1] 李运林，徐福荫. 教学媒体的理论与实践[M]. 北京：北京师范大学出版社，2003.

[2] 南国农. 信息化教育概论（第 2 版）[M]. 北京：高等教育出版社，

2011.

[3] 李芒，金林，郭俊杰. 教育技术学导论（第 2 版）[M]. 北京：北京大学出版社，2013.

[4] 柯清超，王朋利，张洁琪. 数字教育资源的供给模式、分类框架及发展对策[J]. 电化教育研究，2018，39（3）：68-74+81.

第 6 章　信息化教学过程

学习目标

1. 理解信息技术与课程整合的内涵、模式；

2. 掌握信息技术与教学深度融合的内涵、本质、思路与方法；

3. 掌握信息化教学过程、信息化教学模式、信息化教学策略、信息化教学方法、信息化学习方式等基本概念；

4. 掌握五环节教学策略、九段教学策略等几种典型的具有传授型教学色彩的教学策略，以及支架式、抛锚式、随机进入式等具有自主活动型色彩的教学策略；

5. 掌握混合教学、翻转课堂和精准教学的内涵，以及混合教学的分类；

6. 了解信息化教学方法和信息化学习方式的含义，以及一些典型方法、方式的应用；

7. 述评中国在信息化教学理论研究和实践探索方面取得的成就，树立理论自信。

学习导航

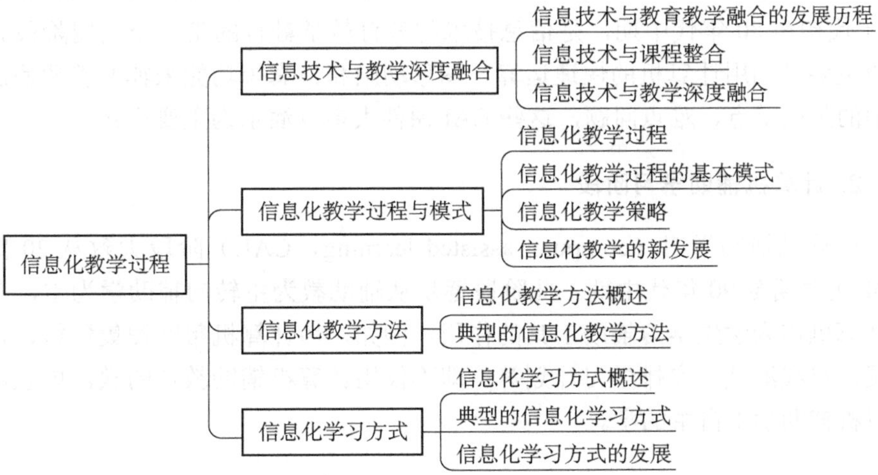

本章导学

本章共有四节内容，主要从信息技术与教学深度融合、信息化教学过程与模式、信息化教学方法、信息化学习方式等方面进行讲述。学习者需要了解信息技术与课程整合的内涵与模式，掌握信息技术与教育教学深度融合的内涵、本质、思路与方法，信息化教学过程和模式的基本概念，掌握五环节教学策略、九段教学策略、掌握学习策略、情境–陶冶教学策略、支架式教学策略、抛锚式教学策略、随机进入教学策略、启发式教学策略的实施过程，进而对教学策略有更深刻的理解。此外，学习者还需掌握混合教学、翻转课堂和精准教学的内涵以及混合教学的分类，掌握讲授–演播法、探究–发现法、问题教学法、程序教学法、微格教学法、成绩考查法和案例教学法等典型的信息化教学方法。最后，学习者要了解信息化接受学习、信息化合作学习、信息化个别学习、信息化探究学习、信息化体验学习和泛在学习这几种学习方式，有助于学习者对教与学的全面理解和掌握。

6.1 信息技术与教学深度融合

6.1.1 信息技术与教育教学融合的发展历程

自 1959 年美国 IBM 公司研发出第一个计算机辅助教学系统以来，信息技术与教育教学融合大体经历了以下四个发展阶段。

1. 计算机辅助教学阶段

计算机辅助教学（computer-assisted instruction，CAI）阶段大致从 20 世纪 60 年代初至 80 年代中期，是信息技术与教育教学融合的第一个发展阶段。该阶段主要是利用计算机的快速运算、图形动画和仿真等功能来辅助教师解决教学中的某些重点、难点问题，这些 CAI 课件大多以演示为主要形式。

2. 计算机辅助学习阶段

计算机辅助学习（computer-assisted learning，CAL）阶段大致从 20 世纪 80 年代中期至 90 年代中期。此阶段逐步从辅助教为主转向辅助学为主，即强调计算机作为学生学习辅助工具的作用。例如，用计算机帮助搜集资料、辅导答疑、自我测试、安排学习计划等。即不仅用计算机辅助教师的教，更强调用计算机辅助学生自主的学。

应当指出的是，我国在信息技术教育应用方面起步较晚，具体而言，是在20 世纪 80 年代初才开始进行 CAI 的试验研究，其中 1982 年有 4 所中学成为了首批试点校，这一时间点相较于美国落后了约 20 年。此外，由于我国教育界长期受到“以教为主”的传统教育思想影响，往往过分重视教师的教授过程，而忽视了学生自主学习的能力。尽管从 80 年代中期开始，国际上信息技术与教育教学融合的主要模式逐渐从 CAI 转向 CAL，但在我国，这一变化似乎并不明显。到 21 世纪初期，我国绝大多数学校的信息技术与教育教学融合的模式仍然主要停留在 CAI 阶段。

3. 信息技术与课程整合阶段

在 20 世纪 90 年代中期至 21 世纪前 10 年间，信息技术与各学科课程的整合（integrating information technology into the curriculum，ITC）成为了国际教育界极为关注且高度重视的一个研究课题。这一整合也是信息技术与教育教学融合进入第三个发展阶段的主要模式。在这个阶段，信息技术在教育教学中不仅扮演了教学工具和学习工具的角色，还与课程教学各要素实现了有机融合，进而扩展为信息化教学环境和信息化教学资源，并催生了新型的教与学方式。

4. 信息技术与教学深度融合阶段

2012 年以来，新兴信息技术（如互联网、移动互联网、云计算、大数据、人工智能等）的发展对教育产生了越来越深远的影响。在此背景下，信息技术与教育教学的深度融合（deeply integrating information technology into the instruction，DITI）已成为一种不可忽视的重要趋势。这种深度融合不仅要求构建新型的教与学方式，更重要的是，它致力于变革传统的教学结构，以推动教育系统实现结构性变革。

6.1.2　信息技术与课程整合

1. 信息技术与课程整合的内涵

“信息技术与课程整合”的概念最早源自西方的“课程整合”（curriculum integration）概念。“整合”一词在汉语中具有多重释义，如综合、融合、集成、一体化等，但其主要含义指向“整合”，即由系统的整体性及其在系统核心的统摄、凝聚作用而导致的使若干相关部分要素合成为一个新的统一整体的建构、程序化的过程。这一过程旨在实现系统内各要素的整体协调与相互渗透，以最大化各要素的效益，并促成新事物的生成。课程整合是对课程设置、各课程教育教学的目标、教学设计、评价等要素进行系统的考虑与操作，它采用整体的、联系的、辩证的观点来认识和研究教育过程中各要素之间的关系。课程整合的过程就是使原本分化了的教学系统中的各要素及其成分形成有机联系，并最终构成一个整体。需要明确的是，课程整合并非简单地将被分割的内容拼凑在一起，也不是将各门学科简单地聚合起来，而是指将那些本来具有内在联系但被人为割裂开来的内容重新整合为一个整体的课程模式。因此，信息技术整合于学科课程绝非简单的纳入或功能的叠加，也不仅仅是工具层面的应用。它要求将信息技术实际融入学科课程的有机整体中，使其成为整体中不可或缺的一部分，或成为一个新的统一体。各学科教学需要有效地融入信息技术，将教学系统中的各种教学资源和各个教学要素有机地集合起来，将教学理论、方法、技能与教学媒体紧密地结合起来。在整个教学过程中要保持各要素的协调一致，并充分发挥系统的整体优势，以产生聚集效应。

什么是信息技术与课程整合呢？所谓信息技术与课程整合，是指将信息技术以工具的形式与课程融为一体，将信息技术融入课程教学体系的各要素中，使之成为教师的教学工具、学生的学习工具、重要的教材形态以及主要的教学媒体。也可以说，它是在课程教学过程中，将信息技术、信息资源、信息方法、人力资源和课程内容有机结合，共同完成课程教学任务的一种新型教学方式。我们可以从以下三个方面来理解信息技术与课程整合：第一，应该在信息化教学环境中实施课程教学活动；第二，对课程内容进行信息化处理后成为学习者的学习资源；第三，利用信息技术让学习者改变学习方式。在信息化学习环境中，信息技术与课程的整合使得学习者的学习方式发生了显著变化。因此，通过信息技术与课程整合，学习者能够掌握信息时代的学习方式，包括：学会利用资源进行学习；学会在数字化情境中进行自主学习；学会利用网络通信工具进行交流，进行协作学习；学会利用信息技术进行实践创造性学习。

2. 信息技术与课程整合的模式

在信息技术与课程整合的过程中，逐渐形成了几种典型的课程整合模式，即本位型课程模式、辅助型课程模式和研究型课程模式。

（1）本位型课程模式

本位型课程模式以培养学生的基本信息素养与技能为目标。在该模式下，信息技术不仅是学习的对象，还开设了专门的信息技术课程，用于传授信息技术理论知识和基本技能。同时，信息技术还作为一种新型工具，促进了教师的教和学生的学。根据具体的操作流程不同，本位型课程整合模式主要分为问题激发型、任务驱动型和分层合作型三种。

问题激发型模式主要是教师根据教学内容和目标，利用信息技术创设教学情境，提出问题引导学生去思考，激发学生的主动性，然后通过讲授示范来吸引学生，再通过让学生动手操作并接受教师的指导，提升学生运用信息技术的能力。

任务驱动型模式主要是教师给学生布置任务，以激发学生的积极完成任务的动机。学生在信息化环境中，通过独立自主或合作的方式完成教师布置的任务。在整个教学活动中，教师都以指导者的角色帮助学生获取知识，提高技能。

分层合作型模式主要是教师根据学生的不同特征和知识层次，为促进每个学生在原有基础上充分发展，将学生分成若干层次和小组。学生在小组内进行合理搭配，完成教学目标。

（2）辅助型课程模式

辅助型课程模式是以应用信息技术来提高其他学科课程的教学效率并优化教学效果为目标。在教师和学生已掌握信息技术知识和技能的基础上，信息技术作为促进教与学的工具有效融入教学过程中，主要起辅助和支撑学科课程教学的作用。信息技术辅助下的课程整合模式主要包括教师讲授型、自主探究型、网络协作型和讨论交流型等。

教师讲授型模式是对传统教学方式的一种继承和发展。在这一模式中，教师利用信息技术，通过情境创设、问题提出和讨论交流等手段，激发学生的学习兴趣，促进他们的积极思考，进而提升学生的问题解决能力和合作能力。这种教学模式以教师讲授为主，教师在传递教学信息的过程中占据主导地位，但同时通过多种方式提升学生的参与度，与学生进行互动，充分发挥学生在学习过程中获取知识的自主性。在教学过程中，教师不断对学生进行指导和评价，并对教学进行总结和反思。

自主探究型模式主要是指学生利用自己搜集的资源或者教师提供的参考资源（包括数字教育资源和非数字教育资源）进行自主学习。在学习过程中，教师会及时对学生遇到的问题进行引导和辅导。这种教学模式侧重于个别化学习，充分体现了学生自主探究学习的主动性，而教师则扮演着引导者和管理者的角色。学生可以根据自己的需求和兴趣选择学习内容和进度，同时，教师能够及时发现学生在学习过程中遇到的问题，并给予相应的解答和帮助。

网络协作型模式建立在学生使用网络协作完成任务的基础上。教师布置任务后，学生利用计算机网络及多媒体等技术，主动寻求合作伙伴组成小组，共同协作完成任务。通过网络媒介，学生以交互、协作等方式，对学习内容形成更为深刻的理解。在学习过程中，教师对教学内容、教学目标等进行合理安排，并实时获取学生的协作情况和学习进程。在此过程中，教师担任着指导者、咨询者、设计者、调解者和监控者的多重角色。网络协作型模式不仅强调学生的个性发展和自我实现，更重视培养学生的合作与交流能力，关注学生的人际关系发展。它使学生在交往中学习，在学习中交往，发挥群体动力和集体协同的作用，从而激发学生高度的学习动机，并产生一种参与感、认同感和归属感，进而提高团队的整体学习效果。

讨论交流型模式的特点在于师生利用网络交流工具实现实时和非实时的讨论。这种教学模式通常由教师提出一个或多个问题作为引导，学生围绕这些问题展开讨论。在讨论进程中，教师需认真倾听学生的发言，捕捉学生思维的亮点，及时发现并纠正学生出现的问题，同时给予积极的反馈。最终，教师还需对讨论的问题进行总结，并对学生的表现给予恰当的评价。讨论交流型模式借助网络环境，有效激发学生的讨论热情，即便是性格内向、不善表达的学生也能在一定程度上克服心理障碍，畅所欲言，积极参与讨论。这种模式可以活跃学生的思维，激发其积极主动的思考，并增强他们的交流能力。

（3）研究型课程模式

研究型课程模式旨在通过信息技术激发学生的学习兴趣、拓宽他们的视野，并使他们能够利用信息技术对学科内容进行深入探究和研究。它改变了学生的学习方式，强调学生的主体作用和参与性，着重培养学生发现问题、提出问题、解决问题的能力。在这一模式中，信息技术的应用超越了工具论的层次，不仅改变了学科课程的原有模式，还成为了其不可或缺的有机组成部分。研究型课程模式主要包括主题开发型和项目设计型等。

主题开发型模式是指根据主题来安排教学内容，在教师的指导下，学生通过自主探究、合作交流等方式进行研究。他们通过观察、提出问题、制定研究计划等形式，进行教学内容的学习和研究。

项目设计型模式主要是在教师的指导下，学生综合应用所学的知识和技能，采用一定的技术工具和研究方法，对复杂问题进行实际操作。这种模式以解决一个具体的、复杂的操作问题为主要目的，通常包括社会性活动的设计、艺术类项目的设计和科技类项目的设计等。

研究型课程模式鼓励学生主动参与研究活动，从而培养他们的创新意识、合作学习能力和终身学习能力。

本位型课程模式、辅助型课程模式和研究型课程模式是三种基本的整合模式，它们具有不同的课程定位和操作方式，但彼此之间又存在着内在的联系。这三种模式的设计都将信息技术作为教学和认知工具，并利用信息技术创造了信息化教学环境，以促进教师的教和学生的学，提高教师的教学能力、学生的学习能力和合作能力等，从而顺应信息时代的发展，满足 21 世纪的需求。

6.1.3　信息技术与教学深度融合

1. 信息技术与教育教学深度融合的内涵与本质

在 2012 年教育部印发的《教育信息化十年发展规划（2011—2020 年）》中提出，信息技术与教育教学的全面深度融合旨在找到一种全新的实现教育现代化宏伟目标的有效途径与方法，即能够实现教育系统结构性变革的途径与方法，以解决长期以来信息技术在教育领域的应用成效不明显这一重大问题，即信息技术对教育发展始终未能真正产生革命性影响。信息技术与课程整合更多从改变教与学环境或改变教与学方式的角度去考虑，未触及教育系统的结构性变革。

（1）“深度融合”与“整合”的区别

“深度融合”与“整合”的区别在于，深度融合的观念与做法旨在实现教育系统的结构性变革，而不仅仅是改进教学手段和方法这类渐进式的修修补补。深度融合要求触及教育系统的核心，实现结构性变革；而整合则不要求，也不关注这种变革。

（2）深度融合的定义

教育系统包含学校教育、家庭教育、社会教育、终身教育等多个组成部分，但其最重要、最核心的是学校教育。学校教育系统的结构性变革是教育系统结构性变革的关键及主要内容。课堂教学是学校教育系统最重要、最核心的内容，课堂教学结构自然成为学校教育系统的主要结构。因此，实现了课堂教学结构的变革，自然就等同于实现了学校教育系统最主要的结构性变革。

学校教育系统结构性变革的基本内涵就是要实现课堂教学结构的根本变革。而课堂教学结构的变革又是指什么呢？何克抗教授给出的信息技术与课程深层次整合的定义与深度融合的提法相吻合。所谓信息技术与课程深层次整合，是指通过将信息技术有效地融合于各学科的教学过程，以营造一种信息化教学环境，构建起一种以自主、探究、合作为特征的新型教与学方式，既能充分发挥教师主导作用又能突出体现学生主体地位，进而充分激发学生的主动性、积极性和创造性，使传统的课堂教学结构发生根本性变革——由以教师为中心的教学结构转变为“主导-主体相结合”的教学结构。

（3）深度融合的确切内涵

上述定义包含的三个基本属性（即营造信息化教学环境、实现新型教与学方式、变革传统的课堂教学结构）并非平行、并列，而是彼此相关、逐步递进的。营造信息化教学环境是信息技术与课程整合的基本内容。信息化教学环境是指能够支持以“自主、探究、合作”为特征的新型教与学方式的教学环境，包括支持真实的情境创设、启发思考、信息获取、自主探究、协作学习、多重交互、资源共享等多方面教与学要求的教学环境。新型的教与学方式只有在正确的教育思想观念的指导下，并在相关学习资源的支持下，才有可能最终实现“深层次整合”的目标。将教师主宰课堂的“以教师为中心”的传统课堂教学结构，转变为既能充分发挥教师主导作用、又能突出体现学生主体地位的“主导-主体相结合”的课堂教学结构（而课堂教学结构的变革正是学校教育系统结构性变革，也就是整个教育系统结构性变革的最核心内涵）。

由此可见，深度融合的实质与落脚点是要变革传统课堂教学结构，即将教师主宰课堂的“以教师为中心”的传统教学结构，改变为既能充分发挥教师主导作用，又能突出体现学生主体地位的“主导-主体相结合”教学结构（如上所述，课堂教学结构的变革正是“教育系统结构性变革”的最核心内涵）。

思考6-1

对于信息技术与教育教学的“深度融合”与“整合”之间的区别，你是如何理解的？而“深度融合”又有哪些具体的优点呢？

____

____

2. 信息技术与教育教学深度融合的基本思路与途径方法

（1）实施“深度融合”的基本思路

课堂教学是学校教育系统的核心，而学校教育系统是整个教育系统的核心。因此，实施“深度融合”的基本思路，即教育系统结构性变革，应当是变革课堂教学结构。

对于中国的现实来说，这种结构性变革的具体内容就是要将“以教师为中心”的传统课堂教学结构，改变为既充分发挥教师主导作用，又能突出体现学生主体地位的“主导-主体相结合”的教学结构。

（2）实施“深度融合”的途径方法

实现信息技术与教育教学深度融合（深层次整合）的途径方法，主要涉及内容、模式和工具，包括三个环节。下面对这三个环节的具体内容及实施方式进行阐述，即实施“深度融合”的途径方法。

环节 1：深刻认识课堂教学结构变革的具体内容

课堂教学结构是教学系统中四个要素（教师、学生、教学内容与教学媒体）相互联系、相互作用的具体体现。教学结构的变革不是空洞的、抽象的，而是要落实到教学系统中四个要素地位和作用的改变上。首先，教师要由课堂教学的主宰者和知识的灌输者，转变为课堂教学的组织者、指导者，学生建构意义的帮助者、促进者，学生良好情操的培育者。其次，学生要由知识灌输的对象和外部刺激的被动接受者，转变为信息加工的主体、知识意义的主动建构者和情感体验与内化的主体。再次，教学内容要由单纯依赖一本教材，转变为以教材为主、有丰富的信息化教学资源（如学科专题网站、资源库、案例库等）配套支持。最后，信息技术要由辅助教师突破重点、难点的形象化教学工具，转变为既能辅助教师“教”，又能促进学生自主地“学”的工具，成为学生的认知工具、协作交流工具、情感体验与内化的工具。

环节 2：实施能有效变革传统课堂教学结构的创新教学模式

要实现课堂教学结构变革，只有通过任课教师在课堂教学中设计并实施有效的教学模式才有可能。为此，应在不同学科中采用能实现课堂教学结构变革的创新教学模式。翻转课堂就是这样一种教学模式。如果能真正比较全面、深入地观察翻转课堂的作用与效果，就会发现，翻转课堂同时关注课堂教学系统的四个要素，并力图实现课堂教学系统四个要素地位与作用的改变。这充分说明了翻转课堂的本质特征在于变革传统课堂教学结构，也正因为如此，翻转课堂才能成为实现课堂教学结构变革的有效教学模式。当然，翻转课堂并非实现课堂教学结构变革的唯一模式。

环节 3：开发相关学科的丰富学习资源

改变传统课堂教学结构，除了需要有效的教学模式，还应开发相关学科的丰富学习资源，作为学生自主学习、探究的认知工具，协作交流的工具，以及情感体验与内化的工具。不同学科应开发不同的学习资源。对于人文与社会科学类学科，应搜集各种扩展阅读材料，如相关论文、专著、调研报告和实际案例等。对于自然科学类学科，则应提供建模软件、仿真实验、制表工具、VR/AR 软件以及交互性课件等。对于外语学科，要开发与社会现实及大自然相关的“扩展听、读材料”。

综上，实现“深度融合”的衡量标准在于传统的课堂教学结构是否变革，教学系统四个要素的地位和作用是否改变，以及变革的程度。

思考6-2

美国明尼苏达州斯蒂尔沃特市石桥小学开展的数学翻转课堂是翻转课堂的一个经典案例，请搜索相关资料和报道了解更多有关翻转课堂应用案例的同时，思考实现课堂教学结构变革还有哪些模式。

教学活动建议

本节的教学重点是信息技术与教育教学深度融合的内涵、本质、思路与方法，旨在使学生掌握信息技术与教育教学深度融合的相关内涵、本质、思路与方法。建议教师通过大量实例讲解，并在实际课堂中应用信息技术与教育教学深度融合的理论，从而帮助学生更深入地理解和掌握本节知识。

学习活动建议

学生需要理解并掌握信息技术与教育教学深度融合的内涵、本质、思路与方法。建议学生开展的学习活动包括：

1）阅读教材和推荐阅读文献等，分析实际例子和实践案例以加深理解；

2）比较“整合”与“深度融合”两者的区别，加深对信息技术与教育教学深度融合的理解；

3）与同学、教师以线上或线下的方式进行讨论，以建构自己的知识和理解。

6.2 信息化教学过程与模式

6.2.1 信息化教学过程

所谓信息化教学过程，是教育者和学习者运用现代信息技术传递、接收与交流教育信息的过程。信息化教学过程不仅仅是利用现代信息技术传递教学信息，还包括教育者搜集、加工、处理和传递教育信息，以及学习者查询、探索、接收和加工教育信息。信息化教学过程不仅发生在课堂，也可以超出课堂的时空范围，形成远程教学过程。由于现代信息技术的介入，教学过程发生了相应的变化，信息化教学过程有了自己的特点。

1. 信息化教学过程是在信息化教学环境中开展教与学的过程

应用信息技术是信息化教学过程的重要基础和标志。没有应用信息技术的教学不能称其为信息化教学，也很难说是信息化教学过程。当然，是否是信息化教学过程，不能简单地以教学中使用了信息技术而论，而是要看信息技术是否在教学过程中真正起了作用。只要信息技术在教学中真正解决了问题，并扮演了不可或缺或替代的角色，那么这种教学就是信息化教学。所以，信息化教学过程不是追求用信息技术设备“彻底包装”起来的外在形式，而是要衡量信息技术在教学过程中所真正起到的作用。

2. 信息化教学过程是教学双方借助信息技术进行教学信息传递、交流和探索的过程

信息化教学过程不仅有教师运用信息技术向学生传递信息的活动，而且有学生运用信息技术进行主动探索、获得信息的活动。传统教学一般注重教师对信息的搜集、加工、整理，然后再传递给学生。信息化教学过程不仅有教师的这种活动，更有学生利用信息技术手段主动搜集、加工和整理信息的活动。学生的这种活动在现代教学中将变得越来越重要。因此，信息化教学过程不仅体现了教学活动的主要特征——传递知识和技能，还体现了学习者对教育信息的主动探求、加工和应用，这是信息时代对人的基本要求。此外，信息化教学过程还包括了对教学过程和信息化教学资源的创造、使用、管理等工作。

3. 信息化教学过程是凭借丰富的信息化教学资源进行的教学活动过程

信息化教学不仅要以课程和教材为中介，而且要利用信息技术，使课程和教材的表现方式或传递渠道变得多种多样，丰富信息化教学资源。信息化教学资源的丰富表现在：信息呈现形式的多样化，可以用文字、图形、声音、动画、视频等反映教学内容；信息交流方式的多样化，可以用各类信息交互工具进行交流，构成各种形式的教学活动；信息来源的多样化，利用广播电视、计算机网络等技术可以超出课堂和学校的局限，获取更多、更优质的信息化教学资源。

4. 信息化教学过程是突破传统课堂教学限制的活动过程

现代信息技术扩展或延伸了教学活动的空间，使教学信息传播方式发生变化，从而使教学方式和方法发生了相应的变化。例如，传统媒体的信息传播，一般是单向的、中心化的，由个人或少数人垄断知识或信息的传播。反映在教学中就是教师垄断知识，并由他向学生们传播，形成了由个人向众人教学传播的方式，形成了“教给学生一碗水，教师拥有一桶水”的教学观念。而互联网则使信息和知识的交流具有交互性、非中心化、自组织等特点，打破了传统的信息传播方式。在互联网中，人人都是信息的接收者、加工者和传播者。每个教育者都可以把自己的教学要求和信息化教学资源放在互联网上，让学习者不受时空限制“点击”学习，并通过互联网与学习者进行交流。每个学习者可通过互联网向许多教师或专家请教，在无限的时空中获取信息，并通过互联网发表自己的见解和意见。这样一来，可以在网络空间中形成宽松、自由和多样化的教与学的活动，打破了传统课堂讲授单一的固定模式。

6.2.2 信息化教学过程的基本模式

所谓信息化教学模式，是指在现代教育思想和理论指导下，师生运用现代信息技术形成的较为稳定的教学策略、结构和程序的活动范型。它既反映了某种教学理论或思想，又形成了贯彻该理论的规范化教学做法。信息化教学模式一般由教学思想、教学目标、技术环境、教学策略和人机关系等若干要素组成。与一般的教学模式不同，信息化教学模式多了技术环境和人机关系等要素，有了自己的特色。

教学模式的表述可以从多种方式和角度进行。有的从教学组织形式的角度来表述，有的从教学活动过程来表述，有的从师生关系的角度来表述等。乔伊斯和韦尔等人在其著作《教学模式》中从社会型教学、个人型教学、信息加工、行为系统等几个层面表述了 22 个模式；吴立岗主编的《教学的原理、模式和活动》以古代、近代和当代的历史发展为主线，以国外和国内为两大板块，以教学思想、观点和方法为层次，把古今中外的教学模式梳理了一遍，提出了 27 个教学模式。

不难理解，构成教学模式的要素（包括教师、学生、教学思想、教学组织形式、教学方法和教学信息）中，任何一个要素的变化都可能引起整个模式的变化。不难想象，这些要素的变化组合会衍生出许许多多的模式。

从反映教育理论或思想的角度看，信息化教学过程的基本模式大致可以分为三类。

（1）“传授型”教学模式

该模式强调在教师的主导下，依据学生现有的水平，借助现代信息技术系统地向他们传授知识。在教学目的上强调科学知识要系统地传授给学生；在教学内容上强调依据学科自身的逻辑结构组织教学内容；在教学上强调通过课堂上的若干阶段活动让学生接受知识，并最后检验教学的结果。有的论著将该模式称为以“教”为主的模式或“教学主义”模式。

(2)“自主活动型”教学模式

该模式由教师创设特定情景，布置任务或提出问题，然后让学生根据特定情景和要求，利用各种信息化教学资源和工具进行自主学习，查询和检索信息资料，开展分析和解决问题活动，教师只是对学生的活动加以引导或辅导，主要是让学生“行动”起来，其目的是培养学生发现和解决问题的能力。最后，由学生完成作业，提出结论或报告，教师在学生提出报告或结论的基础上进行总结。有的论著将该模式称为以“学”为主的模式或“建构主义”模式。

(3)远程教学（学习）模式

该模式即教育者借助信息技术，把信息化教学资源和教学的功能扩散出去，让更多的人得到教育。为此，教育者要设计、开发好信息化教学资源，以便在特定的信息化教学环境中进行存储和传递，这样可进行实时的远程传播教学，也方便学习者进行非实时的自主学习。从远程教学的发展趋势看，后者将更为普遍。

6.2.3 信息化教学策略

以上三类教学模式又包含了若干个有共同教学倾向的教学策略。所谓教学策略，是指在特定条件下，为实现特定目标而制定的方法、手段和程序的组合或方案。教学策略还可以包含多个教学方法，它是由不同的教学方法排列组合而成的。

1. 具有传授型教学特色的教学策略

(1)五环节教学策略

五环节教学策略源于赫尔巴特的五段教学理论，是由凯洛夫等人基于马克思主义认识论对其加以改造而形成的，广泛应用于我国各级各类教育教学实践中。其基本过程包括：激发学习动机—复习旧课—讲授新课—巩固运用—检查效果。

● 激发学习动机。通过唤起学习者的注意，促使学习者把注意力集中于当前的学习主题，从而为上课做好心理准备，进入学习情境，并逐步形成学习动机。

● 复习旧课。复习已经学过的内容，一方面可以检查前面学习的效果，并弥补教学中存在的不足；另一方面可以使学习者积极、主动地从自己的原有认知结构中提取出能够“固定”或“类属”当前新知识的旧知识，为接受新知识做好准备。

● 讲授新课。教师按照学习者的认知活动规律组织和传授教学内容，帮助学习者在已有知识的基础上掌握新知识。

● 巩固运用。通过组织学习者练习，使其在运用新知识解决问题的过程中进一步理解新知识，加强并巩固对新知识的掌握。

● 检查效果。检查学习者对新知识的掌握情况，及时发现并矫正教学中存在的不足，解决教学问题，为后续学习和独立完成作业做好准备。效果检查可以由教师组织，也可以由学习者自行进行。

五环节教学策略的基本特点：①主要适用于认知领域的教学目标；②由教师直接控制教学过程；③能使学生比较迅速有效地在单位时间内掌握较多的知识；④突出体现了教学作为一种简约的认识过程的特性。

（2）九段教学策略

九段教学策略是由美国著名教育心理学家加涅将认知学习理论应用于教学过程研究而提出的一种教学策略。加涅认为，教学活动是一种旨在影响学习者内部心理加工过程的外部刺激，因此教学活动程序应与学习活动中学习者的内部心理加工过程相吻合。基于这一观点，他把学习活动中学习者的内部心理加工过程分解为九个阶段，并相应地设计了包含九个教学事件的教学活动程序。其基本过程包括：引起注意—告知目标—激起回忆—呈现刺激—引导学生—诱发行为—提供反馈—评估行为—加强保持。九个教学事件与学习者内部心理加工过程见表 6-1。

表 6-1 教学事件与学习者内部心理加工过程

教学事件	事件的内容	内部心理加工过程
引起注意	呈现促动信息（如标题和先行思考题）	警觉
告知目标	告诉学习者在学习本课后能做什么	期待
激起回忆	复习以前课程内容或提供起点测试	恢复工作记忆
呈现刺激	取决于教学目标类型： ● 对于言语信息，呈现新信息； ● 对于定义概念，呈现定义； ● 对于规则使用，介绍对象间的相互关系； ● 对于问题解决，呈现涉及应用规则的代表性问题；	选择知觉
引导学生	因教学目标的类型而异： ● 对于言语信息，显示助记符或关联对象，或将新信息加框； ● 对于定义概念，提供概念正例和反例； ● 对于规则使用，逐步地演示规则的使用步骤； ● 对于问题解决，让学习者尝试规则的各种可能用法；	语义编码
诱发行为	呈现精心设计的问题（必须与目标相符），让学习者应答	接受与反应
提供反馈	反馈可包含不同类型的信息： ● 确认学生反应的正误； ● 强化信息（赞扬）；	强化

续表

教学事件	事件的内容	内部心理加工过程
提供反馈	● 处罚信息（批评）； ● 说明信息（讲清学生对或错的原因）； 反馈信息的使用可因学习类型或学习对象而异	强化
评估行为	向学生提供一个小型测试，并按一定的标准判断其是否达到了“掌握”程度	暗示提取
加强保持	向学生提供操作与练习，或变化题型，或要求学生采用不同的解法	概括

注：祝智庭. 现代教育技术：走向信息化教育[M]. 北京：教育科学出版社，2022

九段教学策略基于认知学习理论，不仅能使教师发挥主导作用，还能激发学生的学习兴趣，从而在一定程度上调动学生的学习主动性和积极性。

（3）掌握学习策略

掌握学习策略是由美国教育心理学家布卢姆等人提出的一种教学策略。其主要目的是把教学与学生的个别特征及需要联系起来，让大多数学生能够掌握学习内容。其基本过程包括：学生定向—常规授课—揭示差错—矫正差错—再次测评。

● 学生定向。在教学开始之前对学生进行诊断性评价，将掌握学习的目标明确告诉学生，使学生明确努力的目的和方向，并对学生的学习兴趣、信心和学习方法进行启发，帮助学生适应掌握学习的方法。

● 常规授课。教师根据要掌握的教学内容和教学目标，采用群体授课的方式，使学生掌握相应的知识、技能等。

● 揭示差错。在群体教学过程中，当教师完成某一部分的教学内容后，通过对学生进行形成性测试和评价，获取反馈，并发现存在的问题和原因。

● 矫正差错。对不合格的学生，教师要针对性地提供可供选择的新的学习材料和有效的矫正措施，及时矫正学生的问题。

● 再次测评。对不合格的学生进行矫正后，重新进行形成性测试和评价，直到学生都达到掌握学习目标的要求为止。

基本特点：①针对学生的个别差异和个别需要；②采用各种媒体和方法授课；③及时发现学生的差错，并给予及时矫正；④形成性评价是掌握学习策略的一种重要工具或手段。

（4）情境-陶冶教学策略

这是保加利亚心理学家洛扎诺夫在暗示教学基础上首创的教学策略，主要适用于实现情感领域的教学目标。其基本过程包括：创设情境—参与各类活动—总结转化。

• 创设情境。教师要利用各种方式和手段，为学生创设一个生动形象的场景，激发学生的情绪。

• 参与各类活动。教师组织学生参与到不同的真实活动情境中，进行探究、反思、体验、分析，从而淡化知识的记忆和教育说教的痕迹，激发学生的上进心和求知欲，挖掘学生的潜力，帮助学生理解知识。

• 总结转化。使学生在活动情境中通过亲身实践、探索、体验和应用，完成知识向能力的转化。使教学不仅是知识增长的过程，也是情感陶冶、人格健全和身心发展的过程。

基本特点：①主要适用于情感领域的教学目标；②涉及的教学内容属情感、道德和观念等方面；③教学的活动形式可以是多样化的。

2. 具有自主活动型色彩的教学策略

（1）支架式教学策略

支架式教学策略是指教师为促进学生发展而采用多种方法来支持其学习的策略方式。教师采用的方法包括概念框架、事例、案例、线索等，其中“概念框架”是支架的重要组成部分。这种概念框架旨在促进学习者对问题的进一步理解，因此，需要事先将复杂的学习任务分解，以便逐步引导学习者的理解深入。支架式教学策略由五个步骤组成：搭脚手架—进入情境—自主探究—协作学习—效果评价。

• 搭脚手架。围绕当前学习主题，按照最邻近发展区的要求建立概念框架。

• 进入情境。将学习者引入特定的问题情境（概念框架中的某个层次）。

• 自主探究。让学习者自主探究。探究内容包括确定与当前所学概念相关的各种属性，并按其重要性排序。探究开始时要先由教师启发引导，然后让学习者自己去分析。探究过程中教师要适当提示，以帮助学习者沿概念框架逐步攀升。

• 协作学习。进行小组协商讨论。讨论结果可能会增加或减少与当前所学概念相关的属性，调整属性的排列次序，并使原本矛盾的意见逐渐统一。在共享集体思维成果的基础上达到对当前所学概念比较全面、正确的理解，即最终完成对所学知识的意义建构。

• 效果评价。对学习效果的评价包括学习者个人的自我评价和学习小组对个人的评价。评价内容包括自主学习能力、对小组协作学习所做的贡献、是否能够完成对当前所学知识的意义建构。

（2）抛锚式教学策略

抛锚式教学策略是由温特比尔特认知与技术小组开发的，是以一个真实事件或真实问题为核心，从不同的角度或层面围绕该核心进行学习，进而获得新知识、新意义的教学策略。这种教学策略要求建立在有感染力的真实事件或真实问题的基础上。确定这类真实事件或真实问题被形象地比喻为“抛锚”，因为一旦事件或问题被确定，整个教学内容和教学进程也就被确定了（就像轮船被锚固定一样）。教学中使用的“锚”通常是有情节的故事，这些故事需要设计得有助于教师和学习者进行探究。在教学过程中，这些故事可以作为“宏观背景”提供给师生。建构主义认为，学习者要想完成对所学知识的意义建构，最好的办法是让学习者在现实世界的真实环境中感受和体验。由于抛锚式教学以真实事例或真实问题为基础（作为“锚”），因此有时也被称为实例式教学策略或基于问题的教学策略。抛锚式教学策略的五个步骤包括：创设情境—确定问题—自主学习—协作学习—效果评价。

- 创设情境。使学习能在与现实情况基本一致或类似的情境中发生。
- 确定问题。在上述情境下，选择与当前学习主题密切相关的真实事件或真实问题作为学习的中心内容（让学习者面临一个需要立即去解决的现实问题）。所选择的事件或问题即为“锚”，这一环节所起的作用就是“抛锚”。
- 自主学习。教师不直接告诉学习者如何解决问题，而是提供相关线索。同时，要特别注意发展学习者的自主学习能力。
- 协作学习。进行讨论、交流；通过不同观点的交锋，补充、修正并深化每个学习者对当前所要解决问题的理解。
- 效果评价。由于抛锚式教学要求学习者解决所面临的现实问题，学习过程本身就是解决问题的过程，即由该过程可以直接反映出学习者的学习效果。因此，对这种教学效果的评价往往不需要进行独立于教学过程的专门测验，只需在学习过程中随时观察并记录学习者的表现即可。

（3）随机进入教学策略

随机进入教学策略是指学习者可以从多个起点和路径进行学习的方式。这是认知弹性理论倡导的一种策略，旨在为学习者提供真实的、复杂的环境，以培养其更高层次的能力。由于事物的复杂性和问题的多面性，全面了解和掌握事物的内在性质及其相互联系，真正实现对所学知识的系统而深刻的意义建构是困难的。因为从单一视角提出的每一个观点虽然不是虚假或错误的，但却是不充分的，往往从不同角度可以进行不同的理解。学习者可以随意通过不同途径、不同方式进入同样的教学内容进行学习，从而获得对同一事物或同一问题的多方面的认识与理解。显然，学习者通过多次“进入”同一教学内容，将能够达到对该知识体系比较全面深入的掌握。这种多次进入，绝不是像传统教学中那样只是为巩固一般的知识技能而实施的简单重复，这里的每次进入都有不同的学习目的和问题侧重点，因此多次进入的结果，绝不仅仅是对同一知识内容的简单重复和巩固，而是使学习者获得对事物全貌的理解与认识上的飞跃。随机进入教学策略主要包括五个步骤：呈现基本情境—随机进入学习—思维发展训练—小组协作学习—学习效果评价。

- 呈现基本情境。向学习者呈现与当前学习主题的基本内容相关的情境。
- 随机进入学习。取决于学习者“随机进入学习所选择的内容”，呈现与当前学习主题不同侧面特性相关的情境。在此过程中，教师应该注意发展学习者的自主学习能力，使学习者逐步学会自己学习。
- 思维发展训练。由于随机进入学习的内容通常比较复杂，涉及的问题往往较多，因此教师应特别注重发展学习者的思维能力。
- 小组协作学习。围绕不同侧面情境所获得的认识展开小组讨论。在讨论中，每个学习者的观点在与其他学习者和教师建立的协商环境中被考察和评论，同时每个学习者也对他人观点进行思考并做出反应。
- 学习效果评价。学习效果评价包括自我评价与小组评价，其内容与支架式教学策略的效果评价相同。

（4）启发式教学策略

启发式教学也是一种自主活动型教学策略，能够发挥学习者的主动性、积极性，体现学习者的认知主体地位。所谓启发式教学，就是根据教学目的、内容、学生的知识水平和认知规律，运用各种教学手段，采用启发诱导办法传授知识、培养能力，使学生积极主动地学习，以促进身心发展。启发式教学始自于孔子，其启发式教学思想体现在八个字上：“不愤不启，不悱不发。”（《论语・述而》）按照宋代朱熹的解释：“愤者，心求通而未得之意；悱者，口欲言而未能之貌；启，谓开其意；发，谓达其辞。”可见，“愤”就是指学习者对某一问题在积极思考，急于解决而又尚未搞通时的矛盾心理状态。这时教师应适时对学习者思考问题的方法给以指导，以帮助学习者开启思路，这就是“启”。“悱”是指学习者对某一问题已经有段时间的思考，但尚未考虑成熟，处于想说又难以表达的另一种矛盾心理状态。这时教师应帮助学习者弄清事物的本质属性，使他们从感性认识上升到理性认识，然后用比较准确的语言表达出来，这就是“发”。孔子的启发式教学虽然只有八个字，却生动地表现出孔子进行启发式教学的完整过程。我国广大教育理论工作者在将启发式教学策略应用于教学改革方面进行了多年的探索，做了很多有益的尝试。他们结合自己的教育教学实践和学科特点，进一步发展了启发式教学思想，提出了许多新的教学策略。例如，顾泠沅教授针对数学教学提出的“诱导—尝试—归纳—变式—回授—调节”的教学策略。该策略主要由六个步骤组成。

- 启发诱导，创设问题情境。在教学过程中，教师积极给学习者创设问题情境，使学习者在注意力最集中、思维最活跃的状态下进行尝试学习。教师先与学习者一起进行观察和磋商，逐渐形成学习者急于解决问题，但仅利用已有的知识和技能又无法解决问题的认知“冲突”状态，从而激发他们的求知欲望。与此同时，教师持续不断地对学习者的这种心理状态起促进和调节作用，使之更为强烈并维持到一定的程度。
- 探究知识的尝试。学习者在尝试过程中可以阅读教材或其他书籍，重温某些技能、概念或对数字公式和图形进行细致的观察，还可以做一些简单的教学实验，并对教学问题进行类比联想或归纳推演，逐步通过试探和试验，在讨论和研究中发现新的知识和方法，从而解决所提出的问题。对教师来说，主要是要拟定适合学习者水平的尝试层次，为其确定“高且可攀”的步子，防止难易失度。
- 归纳结论，纳入知识系统。组织学习者根据尝试所得归纳出一般结论，然后通过必要的讲解，由教师揭示出这些结论在知识体系中的意义、作用和结构上的统一性，从而使之纳入整个教材所建立起来的知识系统中去。
- 变式练习的尝试。对于一般性结论，运用概念的变式、背景复杂化和配置实际应用环境等手段，让学习者进行变式练习方面的尝试。练习时要防止机械模仿，要使思维过程具有合适的坡度，能够逐步增加创造性因素。
- 回授尝试效果，组织质疑和讲解。教师搜集与评定学习者尝试效果的途径是多种多样的，如观察交谈、提问分析、课内巡视、课堂练习、作业考查等，通过及时回授评定的结果，有针对性地组织答疑和讲解，帮助学习者克服思维障碍，并对那些不易被学习者发现的问题加以明确的阐述。
- 单元教学结果的回授调节。在一个单元、章或一册教材内容教学完毕之后，要进行教学结果的回授调节，其中尤以阶段过渡最为重要。教师应该给掌握内容有困难的学习者第二次教学机会，以针对存在的问题帮助他们“过关”。将教学细节的调节与单元教学结果的调节两者结合起来，可以大大改善教学系统的可控性功能。

前面介绍的几种自主学习策略大都包含有启发式教学的思想，这里不再赘述。

活动 6–1

认真学习本节教材内容补充并完成下面的表格。

	教学策略	基本步骤	基本思想理论
传授型教学特色的教学策略			
自主活动型色彩的教学策略			

活动反馈：

在通过阅读教材和搜集相关资料完成上述表格的同时，思考并整理其他教学策略，并与同学进行讨论交流，以进行比较学习，从而更好地理解本小节的知识要点。

6.2.4 信息化教学的新发展

信息技术与教育教学的深度融合不可逆转地推动了教学方式的变革和创新。传统的教学方式以教师为中心，以教为主，所遵循的知识传播过程主要是从教师到学生的单向传输过程，学生是被动的接受者。在方法上，采用以群体为对象的标准式教学，采用“一刀切”和“齐步走”的进度控制方式，相对不重视学生的学习风格、兴趣、能力以及创新思维等个性差异。信息技术的发展为改变这种单一灌输式的传统教学方式提供了极好的契机。融入信息技术的新型教学方式有利于激发学生的学习兴趣和认知主体作用，促进学生主动探究的创新精神，为以教师为主导的差异化教学和以学生为中心的个性化学习提供了有力支撑。混合教学、翻转课堂、精准教学是典型的新型教学方式。

1. 混合教学

混合教学（国外常用 blended learning）的概念始于企业人力资源培训领域，旨在解决传统面授教学在时间和空间上的限制，如学员规模小、时效性差、培训成本高等。自 20 世纪 60 年代起，一些国际大公司（如 IBM、波音公司等）就开始尝试借助传播技术手段突破上述限制，面向几百甚至上千员工进行培训。将基于技术的学习与面对面教学的优势有机结合，是企业人力资源培训不断探索的结果，也是混合教学概念的起源。随着信息技术的发展，20 世纪 90 年代 e-Learning 逐渐兴起，它为学习者提供了更丰富的技术环境和更便捷的资源获取方式，但其约束力弱、即时交互体验感差的弱点也逐渐显现，人们意识到学生在不受监督的纯网络环境下难以独立完成学习任务。传统的面授教学和 e-Learning 各有优劣，在一定程度上可以实现优势互补。2000 年左右，更有效、更灵活的混合教学被教育领域的相关学者与实践者应用于教学当中，“混合教学”作为专有名词被提出。当前，信息技术与教育教学的融合愈加深入，尤其是自 2020 年起，全国各级各类学校在疫情防控期间开展了大规模线上教学，混合教学日益受到重视，并在教学实践中得到广泛应用，已成为教育教学的新常态。

（1）混合教学的内涵

不同研究者对“混合教学”的概念表述存在差异，但达成一致的是：这一名词在信息技术发展之前就存在，如不同教学理论和方法的混合，但作为专有名词提出是伴随信息技术与教育教学的融合发展而来的。最初混合教学被描述为“在线教学与面授教学的混合，以发挥各自的优势”，后来又出现了其他表述。总结而言，混合教学不仅仅是面授教学与在线教学的结合，还包含对学习时间、地点、环境、活动等方面的灵活规划。更为重要的是，强调在技术支持下，教学与面授教学应通过有目的、有计划的设计来整合，而非简单地将技术应用于传统课堂。混合教学概念引入国内时，被赋予了新的内涵，强调其本质在于发挥面授教学与在线教学的优势，以取得优于单一面授教学或单一在线学习的学习效果。仅在传统课堂教学中增加线上学习成分即认为是混合教学，这是一种认识误区。

在众多关于混合教学内涵的讨论中，哈维·辛格和克里斯·里德所提出的五个“适当的”可视为混合教学的核心理念，即将“适当的”教学技术与“适当的”个人学习相匹配，在“适当的”时间将“适当的”技能传递给“适当的”对象，从而取得最优化学习效果的教学方式。这一理念的要义在于：最终聚焦学习目标而非传递方法，满足多种不同的个人学习风格，每个人都会将不同的知识融入学习经验中，并及时提供学习者所需的内容。总之，混合教学在形式上体现为传统面授教学与网络教学的优势结合，实质上要在系统观指导下，对教学方法、媒体、模式、内容、资源、环境等各种教学要素进行优化组合，以达到优化教学的目的。

（2）混合教学的分类

冯晓英等从混合教学的物理特性和教学特性两个维度，对混合教学进行分类。从物理特性维度，依据不同学习方式在混合教学中所占的比重，混合教学可分为三类：线下主导型、线上主导型、完全融合型。

- 线下主导型：以面授的现场教学、交流、讨论为主导，基于在线和移动技术的教学为辅。在此类混合教学中，在线教学和移动学习方式主要用于呈现、扩展教学资源，如教学视频等，或者用于延伸课堂讨论。典型的线下主导型混合教学形式主要有翻转课堂和移动技术支持的混合教学。

- 线上主导型：以基于在线教学和移动学习的自主学习为主，面授的现场教学和讨论为辅。最典型的是目前常见的一类模块化混合教学：面授（工作坊）+数周的在线学习和讨论+面授（工作坊）。
- 完全融合型：打破了前两种混合教学明显的模块式痕迹，将线下现场的面授教学、基于网络的在线教学、移动学习三种方式完全融合、无缝连接。

从教学特性维度，依据所采用的教学法，混合教学也可以分为三类：讲授式、自主式、交互/协作式。

- 讲授式：在此类混合教学中，教师主要采用讲授式为主的教学法，通过讲授、讲座的形式传递知识，可以是通过面授现场讲授，也可以通过在线的讲座视频，还可以是移动终端的微课视频。学生通过聆听教师讲座（视频）和完成作业的方式，被动地参与学习。
- 自主式：在此类混合教学中，学生主要通过自主学习的形式，学习在线或移动终端的学习资源，参与面授现场的教学和交流，参与在线论坛或移动终端的交流讨论等。学生根据自己的学习步调，基于混合式的学习环境，进行主动的自主学习。
- 交互/协作式：在此类混合教学中，教师为学生设定一定的学习活动和任务，创设恰当的学习情境，支持学生在与同伴的交流与协作过程中，共同形成对问题的理解或对任务的解决方案。在此过程中，教师根据需要选择恰当的方式（如面授、在线教学、移动学习）支持学生的交互与协同知识建构。

从物理特性和教学特性两个维度，混合教学可划分为九类（图 6-1），该分类框架基本能够涵盖并描述目前已有的混合教学实践。例如，一个成功的翻转课堂，应当是“线下主导型、交互/协作式”的混合教学。而当下比较流行的 MOOC 课程转型的混合教学，则大多采用的是“线上主导型、讲授式”的模式。

2. 翻转课堂

“翻转课堂”（flipped classroom 或 inverted classroom）是一种混合使用技术和亲自动手活动的教学环境。在翻转课堂中，典型的课堂讲解时间由实验和课内讨论等活动代替，而课堂讲解则以视频等其他媒介形式由学生在课外活动时间完成。“翻转课堂”最早起源于萨尔曼・汗（Salman Khan），他利用自己录制的教学视频，在为侄女和侄儿辅导数学功课的过程中，收到了意想不到的

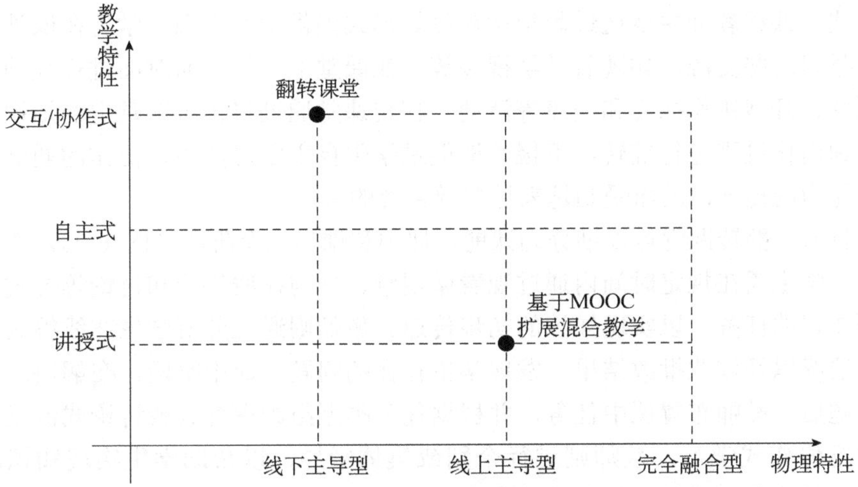

图 6-1 混合教学的分类框架

资料来源：冯晓英，王瑞雪，吴怡君. 国内外混合式教学研究现状述评——基于混合式教学的分析框架[J]. 远程教育杂志，2018，36（3）：13-24.

成效。为了让更多学习有困难的孩子享受这一辅导资源，2006 年 11 月，他制作的第一个教学视频通过 YouTube 网站发布，并很快引起了人们的关注。2007 年，非营利性的“可汗学院”网站成立；2009 年，“可汗学院”被授予“微软技术奖”中的教育奖。

萨尔曼·汗的教学视频主要用于学生的学习辅导，而科罗拉多州林地公园高中的化学教师乔纳森·伯尔曼（Jon Bergamnn）和亚伦·萨姆斯（Aaron Sams）则真正对传统课堂进行了“翻转”尝试。2007 年春，乔纳森和亚伦开始使用录屏软件录制 PowerPoint 演示文稿的播放和讲课声音，并将视频上传到网络，以此帮助缺席的学生补课。后来，这两位老师让学生在家观看教学视频，在课堂上完成作业，同时对学习中遇到困难的学生进行讲解。这种教学模式受到了学生的广泛欢迎。为了帮助更多的教师理解和接受翻转课堂的理念和方法，他们于 2012 年 1 月 30 日在林地公园高中举办了翻转课堂“开放日”，让更多的教育工作者来观摩翻转课堂的实际运作，了解其对学生学习效果和教师教学方式的具体影响，这种做法促进了翻转课堂教学模式的推广。此外，翻转课堂的推动亦得益于 OER 运动的蓬勃发展。自麻省理工学院的开放课件运动开始，耶鲁公开课、可汗学院微视频、TEDED（TED 的教育频道）视频等大量优质教学资源的涌现，为翻转课堂的开展提供了资源支持，促进了翻转式教学的发展。

（1）翻转课堂的内涵

翻转课堂（也称颠倒课堂或反转课堂），是一种在信息化环境中进行的教学方式。课程教师主要通过教学微视频等形式提供学习资源，学生在课外时间自主学习这些资源，如观看教学视频等。在课堂上，师生面对面进行互动，解答疑惑、开展协作探究和交流等活动。翻转课堂通过将传统课堂中的知识传授和知识内化过程进行翻转，可极大地促进学生自主学习能力、协作沟通能力和创新能力的提升，因而受到越来越多教育者的关注。

目前，翻转课堂可以细分为课前、课中和课后三个阶段（图 6-2）。在课前阶段，学生需在规定时间内通过观看微视频、参与在线答疑和讨论等方式完成教师布置的任务，以实现知识的初步传递。教师则通过分析学生在线答疑、讨论的情况以及作业批改结果，发现学生存在的问题。课中阶段，在解决所发现的问题后，教师布置课中任务，并根据任务类型组织探究式或讨论式课堂。学生进行协作式学习，教师则进行个别或集体辅导，以帮助学生实现知识的内化。课后阶段，教师收集与教学内容相关的学习资源发布给学生，以巩固和拓展学习内容，并对学生的学习情况进行评价和反馈，从而实现知识的进一步巩固和拓展。

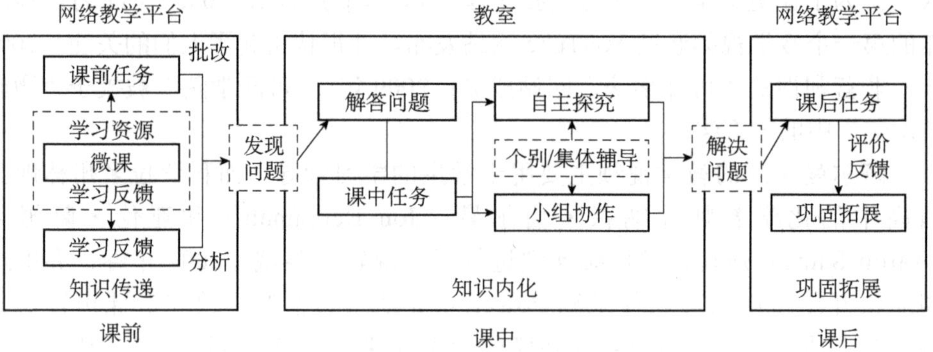

图 6-2 翻转课堂的基本教学环节

资料来源：周平. 基于现代教育技术的翻转课堂及其理论基础溯源[J]. 外语电化教学，2015（2）：72-77.

传统课堂和翻转课堂的各要素对比如表 6-2 所示。

表 6-2 传统课堂和翻转课堂各要素对比

对比要素	传统课堂	翻转课堂
教师	知识传授者、课堂管理者	学习指导者、促进者
学生	被动接受者	主动研究者
教学形式	课堂讲解+课后作业	课前学习+课堂探究
课堂内容	知识讲解传授	问题探究
技术应用	内容展示	自主学习、交流反思、协作讨论工具
评价方式	传统的纸质测试	多角度、多方式

（2）翻转课堂与习本课堂

何克抗教授认为，翻转课堂体现了发挥“混合式学习”的优势、符合人类的认知规律、有助于构建新型师生关系、能促进教学资源的有效利用与研发、是“生成课程”这一全新理念的充分体现等五方面的创新效果。

基于翻转课堂的诸多创新优势，众多学校与教师结合实际情况，积极开展实践与探索。值得推荐的是刘荣青所提出的“习本课堂”理念。刘荣青认为，教和学不是目的，学生通过思考、实践、操练等实现的知识“习得”才是教学的真正目的。传统课堂上注重教与学，学生的“习”在课外；习本课堂对课堂结构中的“教、学、习”三要素进行了重新定位，改变了传统课堂过度关注教学过程而忽视学生习得过程的现状，将关注点聚焦于学生的“习”（如练习、实习）。因此，刘荣青将习本课堂定义为对传统课堂价值的回归，是对课堂结构“教、学、习”三要素地位的重新定位，而不是简单的程序“翻转”。习本课堂以“习”为本源和价值取向，围绕学生高阶思考能力和实践能力的个性化需求，着重强调个体的内化习得运行机制，致力于促进学生实现自我认识、自我发掘、自我迭代和自我发展。它是“互联网+”技术支持下的泛在学习的“后课堂”。习本课堂的教学设计以学生的“习”为中心，将“习”分为课前习、课中习、课后习，实现“习”的全程贯穿。它着重体现教师如何安排并组织学生开展各种习得能力的训练，最终达成“习得”目标，让学生把知识转化为一种实践能力。教师也在师生互动中实现了教学相长。

习本课堂包含课前习、课中习和课后习三个环节。

1）课前习（准备）。课前习主要包括三方面内容：首先，教师需对教学目标进行分析，依据学习者的特征、学习需求以及教学内容，对教学内容进行简化与组合，以契合学生在习本课堂中的学习需求。其次，设计课前习的学习任务单，教师在平台上上传相应的教学资源，引导学生在课外或家中基于学习材料开展“看—做—评”的自主学习，使学生掌握基础性知识，并在主题活动中明确自身水平与习得目标之间的差距，从而凸显“最近发展区”。最后，进行课前习数据的统计，这一环节至关重要，教师通过平台将学生在课外或家中的完整学习行为“留痕”转化为数据，全方位准确掌握学情，据此确定课上应创设何种问题情境、探究活动，以助力学生深入理解知识并灵活运用，满足不同学生的学习方式与习惯。

2）课中习（体验）。此环节是学生对教学内容进行内化的过程。教师凭借对课前学习知识问题的收集，将传统的“服务于教材和课标”转变为“服务于学生需求和体验”，立足学生需求创设体验活动，通过场景传导、互动合作、知识验证、情感体会、实时反馈等方式，实现知识的应用与迁移，促进深度学习和高阶思维的培养。

3）课后习（创造）。课后习阶段主要包含两个方面。一方面，教师利用云技术上传巩固知识的习题、材料、总结以及下一节课的预习内容，学生依据自身对知识点的掌握程度，参与课外、校外真实生活活动及跨学科、问题解决的综合探究活动（如 STEAM、创客、项目学习等）的情况，按需下载所需资料。另一方面，开展课后评价，教师和学生在评价中扮演主要角色，评价不仅要关注学习结果，还应通过建立学生档案，注重对学生学习过程的评价，实现形成性评价、总结性评价、诊断性评价、学生自我评价以及对他人的评价等多种评价方式并行。同时，还需对整个课堂进行反思整理。评价内容涵盖课前设计、学习计划安排、时间安排、活动安排、成果展示、交流等方面。

综上所述，习本课堂不仅在形式上革新了教学实践过程，更在教学理论创新层面有所贡献，习本理论有望在一定范围内为师生行为方式的转变以及基础教育教学的变革提供理论支撑。尽管翻转课堂与习本课堂存在差异，但二者均为教学要素与教学关系重组的典型案例，均致力于改变课堂职能、颠覆传统教学，其创新本质殊途同归，都代表着从工业化向信息化社会转变的教学方式，是对传统教学的颠覆与变革。同时，虽然翻转课堂和习本课堂改变了教学过程和顺序，但与混合式教学在“生成课堂”这一本质上具有一致性。

3. 精准教学

精准教学源于因材施教的思想与原则。两千多年前的春秋时期，孔子在教育实践中运用了因材施教原则（当时尚未明确提出因材施教的概念）。同样，在两千多年前的古罗马时期，昆体良也提出了在教学中应因材施教的观点。因材施教是中西方教育者所奉行的重要教育思想与教学原则。然而，由于教育实践中缺乏科学的“识材”工具，教师只能依据自身经验把握学生的个性特点与差异，“因材施教”更多地停留在思想与理念层面。直到 19 世纪初，心理学开始运用于教育领域，“因材施教”才逐渐向科学化迈进。

20 世纪 60 年代，奥格登与林斯利基于斯金纳的行为主义学习理论，首次提出了精准教学（precision instruction）。他们指出，精准教学是一种基于对学习者表现的跟踪与测量，检验教学目标达成度并依据结果反馈进行干预与补救的方法。随后，美国在多个区域开展了精准教学实践，以“准确度”和“速度”来衡量学生的学习进展，证实了精准教学在提升学习成绩、提高学习效率以及帮助残疾学习者方面成效显著，尤其在阅读、数学等学科。收集和分析学生的学习数据对精准教学实践至关重要，但当时的技术手段仅能记录行为频次、学习时长等单一维度指标，无法准确跟踪测量学习者表现和行为过程，从而制约了精准教学的发展。近几年，随着人工智能、大数据、虚拟现实等智能技术在教育中的应用以及建构主义等理论的发展，教学范式也进行了创新发展，逐渐走向科学化、精准化、个性化，这使得当前精准教学在实践和理论层面都有了新的发展。

（1）精准教学的内涵

在早期的精准教学实践中，教师主要采用铅笔逐点记录学习者的学习行为表现，随后对记录内容进行分析，并以此来引导教师精确地教和学生精确地学。其重点关注的是学生学习行为的变化，而对于学习行为背后的情感、动机、兴趣等无法显现的学习品质则难以关注。进入 21 世纪，借助信息技术支持的精准教学能够通过多种途径收集学生学习的伴随性数据，为教师的教学设计、教学决策、教学指导、个性化干预以及学习者的学习补救与改进提供更为可靠的数据支持。因此，精准教学是指在信息技术支持下，通过跟踪、记录和分析学生学习过程的数据及其产生的原因，为教师的教学设计、教学决策、教学指导、个性化干预和学生的学习补救及改进提供科学依据的一种教学形式，其核心是“以测助学”。

作为技术优化教学的一种形式，精准教学具有四方面特征：①首先，精准教学需借助特定的技术手段收集大量、多类型的学习伴随性数据，这些数据记录着学生的学习轨迹及学习时间。其次，精准教学需利用大数据技术、云计算技术、人工智能技术等形成学生学习的群体数据与个体数据。最后，精准教学需在相应的学习理论与教学理论指导下，借助大数据分析技术对学习数据进行分析，为教师的教学设计、教学决策、教学指导、个性化干预以及学生的学习补救与改进提供科学依据。②精准教学的实现需要人机合理分工。在精准教学的设计与实施过程中，教师必须在深入研究学生认知发展特征和学科核心素养要求的基础上，明确教学中哪些环节必须由教师亲自完成，哪些环节可以借助智能机器来实施，哪些情境适宜在教师主导下运用智能机器来完成。③精准教学的核心机制是“以测助学”。信息技术支持下的精准教学通过对学生群体画像、个性化分析等方式，协助教师在综合判断学生学情的基础上，生成精准的教学目标、开发适切的教学材料、设计适宜的教学活动以促进学生学习，帮助学生认识自身学习的不足及产生原因，并在此基础上为学生提供适切的学习指导。④精准教学要求教师具备一定的信息素养。教师只有具备必要的信息素养，才能在遵循相应学习理论和教学理论的指导下，科学认识精准教学的价值，正确运用信息技术科学设计和实施精准教学。

（2）精准教学的实施步骤

精准教学的实施步骤主要分为四个阶段（图 6-3）。

● 数据采集阶段：建立涵盖学生过程数据、学习过程数据以及学生个体数据的数据库。

● 教学分析阶段：通过对收集到的相关数据进行学生学情分析，针对学生的知识水平和技能掌握情况，精准确定教学目标，并选择与之相对应的教学内容。

● 教学实施阶段：借助大数据技术实现精准的教学路径分析。在此阶段，教师与学生进行互动，教师可根据学生的实时表现及时调整教学策略，并确定对学生进行干预的措施与路径。

● 教学干预阶段：在教学干预环节，教师基于精准诊断与精准反馈，实施精准干预。干预形式可分为针对全体学生的弱干预、针对小组的中干预以及针对个体的强干预。干预内容涵盖学习动机、基础知识、学习策略、解题技巧等方面。

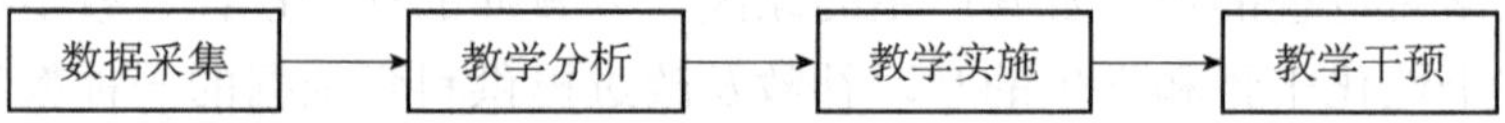

图 6-3　精准教学的实施步骤

（3）精准教学的价值

精准教学是现代信息技术优化教学的重要形式，也是信息技术与教育教学深度融合、创新发展的重要体现。它充分利用人工智能、云计算、大数据等新兴信息技术，通过对学习者学习轨迹和过程数据的收集与分析，可为教师的教学设计、教学决策、教学指导、个性化干预以及学习者的学习补救与改进提供科学依据，从而在一定程度上提高教学效率、提升学习质量。具体而言，精准教学具有以下价值：首先，精准教学能够为教师的教学决策提供较为科学的依据，助力教师实现“以学定教”；其次，精准教学使教师对学生的个性化指导成为可能；再次，精准教学能为学生在知识与技能学习方面的不足提供有效指导。

精准教学并非一种教学模式，而是一种借助技术优化教学的方式。在精准教学的理论研究与实践探索过程中，不应过度专注于构建新的教学模式，而应将研究与实践的重心置于如何在尊重学生认知发展水平的基础上，运用新兴信息技术助力精准的学情分析、个性化干预、多元化评价等方面，使新兴信息技术能够减轻教师的重复性劳动，更好地服务于教师的教学决策、个性化指导以及学生的学习补救。

“以测助学”是精准教学的核心任务。精准教学的最大优势在于能够较为准确地测试出学生在哪些方面或哪个知识技能节点的学习存在问题，并能针对这些具体问题进行及时且有针对性的指导，有效解决长期以来教学中存在的

“一人生病，全班吃药”的现象。因此，“以测助学”是精准教学的核心任务。以测助学包含以测识学、精确记录和精准辅测三个环节。首先，以测识学是指运用科学的测量工具及时测量学生的学习行为与学习状态，以真正了解学生的学习表现及其相应的心理特征。其次，精确记录，精准教学能够将学生的学习表现及时记录在标准变速图表上，实现学生学习状态数据的可视化。最后，精准辅测是指教师依据标准变速图表上学生学习表现出的数据信息和非数据信息，综合做出教学判断与教学决策。

教学活动建议

本节的教学重点是介绍几种典型的教学策略，如五环节教学策略、九段教学策略、掌握学习策略、情境-陶冶教学策略和支架式教学策略、抛锚式教学策略、随机进入教学策略、启发式教学策略等，以及混合教学、翻转课堂、精准教学等新兴的信息化教学方式。其目的是让学生能够全面掌握这些典型教学策略的内涵及其实施步骤。建议教师尽可能多地列举与典型教学策略实施相关的案例，以帮助学生更全面地掌握本节的重难点知识。

学习活动建议

学生应理解和学会运用典型的教学策略以及新的信息化教学方式。建议学生开展以下学习活动：

1）阅读教材及推荐阅读文献，进而分小组整理信息化教学策略在教育教学中的应用案例，并在课堂上进行分享演示；

2）比较几种典型的教学策略，以加深对典型教学策略和新的教学方式的理解与掌握；

3）与同学、教师通过线上、线下方式开展讨论，以构建对本节课知识的理解与框架。

6.3　信息化教学方法

6.3.1　信息化教学方法概述

所谓信息化教学方法，是指教育者和学习者为达到一定教学目标，使用现代信息技术开展教学活动的工作方式。这种工作方式主要指教与学的活动途径及步骤。

信息化教学方法的实施依赖于现代信息技术，这是其区别于其他教学方法的关键特征。在信息化教学方法中，现代信息技术扮演着多样化的角色，其在不同教学环节中的作用程度虽有差异，但均具有不可替代性。

信息化教学方法具有特定的表现形式与结构，即依据教学需求，运用现代信息技术构建的一系列步骤、环节与过程。任何教学方法在实施过程中，均需展现其步骤与环节等结构性要素。随着信息化教学方法的实施以及现代信息技术的应用，这些结构性要素会发生相应变化。例如，在某些教学活动中，现代信息技术的支持使得教学双方的步骤能够非同步进行。

思考6-3

信息化教学方法和传统教学方法有什么不同？

6.3.2 典型的信息化教学方法

信息化教学的方法多种多样。这里介绍几种最典型的方法。

1. 讲授-演播法

讲授-演播法是将教师讲授与媒体播放相结合的教学方法，也是课堂教学中最常见、最普遍的方法之一。教师的语言表达是教学信息传递的基本途径之一，讲授法具有悠久的历史。现代信息技术（现代教学媒体）的出现，为古老的讲授法赋予了现代化的色彩。在讲授-演播法中，现代信息技术主要扮演辅助教师讲授的角色，例如呈现事物和现象的图像与声音，增加感性材料，烘托课堂气氛，精简板书等。

讲授-演播法融合了讲授与媒体播放的特点。讲授、讲解能够充分发挥教师语言表达的优势，渗透教师个人的语言特色与魅力，按照知识的逻辑关系和结构系统地传授给学生，以较少的时间向学生传授更多的知识；而媒体的演播则让学生能够看到和听到所学事物和现象，拓展了学生认识客观世界的时间和空间。在教师口头讲授的同时，借助现代信息技术将讲授中的难点和重点内容，尤其是抽象内容加以表现，或为学生提供直观形象的内容，或为学生设置情境，可使教师的讲授更具吸引力。这不仅增强了教师对信息的表达能力，也丰富了学生获取信息的形式。讲授-演播法既可以以教师讲授为主、媒体播放围绕讲授展开，也可以以媒体播放为主、讲授结合媒体播放进行。

讲授-演播法的应用步骤有多种，这里举两种典型的步骤。

第一种步骤：

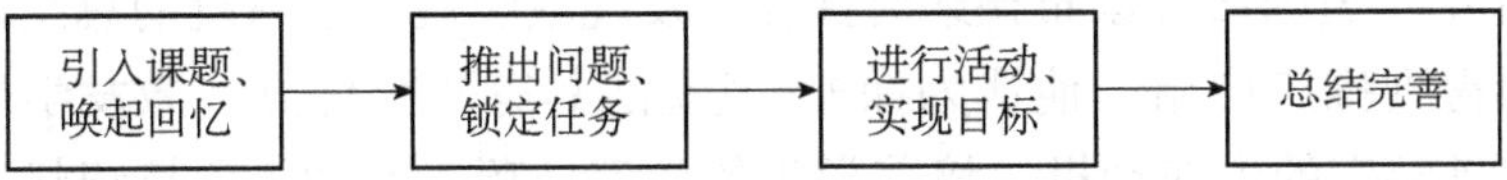

在上述各教学步骤中，教师均可运用现代信息技术（现代教育媒体）实现相应的教学意图。

- 运用现代信息技术展示事物的图像，唤起学生对该事物的回忆，同时引入课题。
- 在教师对事物介绍的基础上，向学生提出问题，引出并锁定本节课的任务。
- 教师播放视音频等，学生观看相关的视听内容，并在教师指导下阅读文字材料，通过思考、回答问题等一系列活动实现教学目标。
- 教师用演示文稿（如 PPT）和概要、简练的语言进行总结。

第二种步骤：

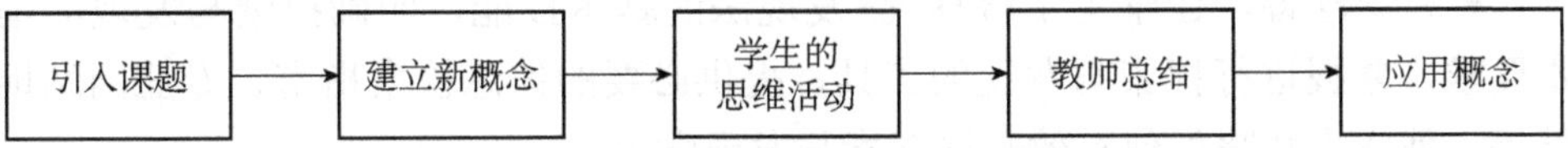

- 以图形、图像等展示具体事物的形象，暴露问题，把学生的注意力引入课题。
- 把形象的东西转化成抽象概念，即建立新的概念。
- 教师进一步提供新的材料，让学生开展比较、思考、讨论等活动。
- 教师进行总结。
- 学生在新的情境中运用所学的概念解决问题。

2. 探究–发现法

探究-发现法是在教师的安排和指导下，主要由学生借助现代信息技术进行探索、发现问题，从而掌握知识的方法。教师通过视音频等手段设置问题情境，提出促使学生思考的问题；学生利用现代信息技术搜集、查询相关信息，寻找答案。

探究-发现法具有悠久的历史。古希腊思想家苏格拉底倡导的“问答归纳法”是发现法的最初来源。随后，卢梭、第斯多惠、斯宾塞、杜威等教育家均倡导此种教学方法。尽管这些教育家所处的时代背景不同，提倡该方法的出发点各异，但其主旨相同，即在教学中不直接向学生提供现成的答案或结论，而是由教师提出问题或设置特定情境的刺激，促使学生自我探索和发现问题，从而掌握所学知识，调动学生学习的积极性和主动性，培养学生发现问题、解决问题的能力。

1960年，美国教育家布鲁纳对探究与发现教学进行了系统的总结，使其在中小学中得到推广应用。他认为探究-发现法具有四个优点：激发学生的智慧潜力，增进学生的内在动机，培养学生的学习技巧，有助于保持记忆。在此方法中，学生处于教学的主体地位，学习过程不是被动接受，而是主动探索和发现。若在传统教学条件（如仅使用粉笔、黑板加教科书）下，探究-发现法的应用存在局限性；然而，随着科学技术的发展，现代信息技术为该方法的应用创造了良好的条件。在此方法中，现代信息技术并非为教师提供讲授工具，而是为学生提供认知和探索世界的工具。

探究-发现法的应用步骤多样，需根据教学实际情况确定。一般包括以下步骤。

教学准备 → 设置情境、熟悉任务 → 发现问题 → 搜集资料、解决问题 → 反馈与评价

- 教学准备。让学生了解探究-发现法的基本技能，明确探索与发现的基本要求，掌握进行探索与发现的工具，提供必要的信息检索指南、专业网站地址等，使学生知晓如何有效开展探索与发现学习。
- 设置情境、熟悉任务。向学生提供有关需要探索或发现的问题情境，提供必需的学习材料，以便学生熟悉任务，进入问题情境。
- 发现问题。在教师的要求和引导下，学生自行发现问题。
- 搜集资料、解决问题。学生运用现代信息技术自行搜集资料，加工整理资料，并在教师的“点拨”下，得出答案，解决问题。
- 反馈与评价。教师对学生得出的结论或答案进行点评和总结。

3. 问题教学法

问题教学法是一种旨在启发学生思维并培养其解决问题能力的教学方法，教师与学生围绕某个实际问题展开教学活动。问题教学法与探究-发现法的主要区别在于：问题教学法的核心目标是培养学生的思维能力；而探究-发现法侧重于强调学生积极、主动的学习过程。在问题教学法中，“问题”可以是公开呈现的，也可以是隐藏的；相比之下，探究-发现法中的“问题”通常是隐藏的。在教学实践中，现代信息技术被广泛应用于呈现问题情境以及作为分析和解决问题的工具。

问题教学法的理论基础源于心理学对思维的研究成果。心理学研究表明，思维是一种能动的过程，而激发这种能动过程的有效环境是问题情境。所谓问题情境，是指能够引发学生思考的命题，它是学习主体与客体在思维上相互作

用的一种特殊形式。从思维的本质来看，它是一种认知过程，这一过程与所面临的问题及问题情境紧密相连。因此，培养思维能力必须在特定的问题情境中进行。

现代信息技术为问题教学法的应用提供了前所未有的条件。首先，现代信息技术能够以多种方式生动地呈现“问题情境”，使问题设置的环境更加逼真，从而帮助学生更好地融入学习情境。其次，现代信息技术为学习者提供了丰富的解决问题的工具。例如，学生可以通过互联网搜集与问题相关的信息资源，并利用网络与他人进行交流，以达到解决问题、获取相关知识和能力的目的。

问题教学法的应用步骤多样，一般包括以下步骤。

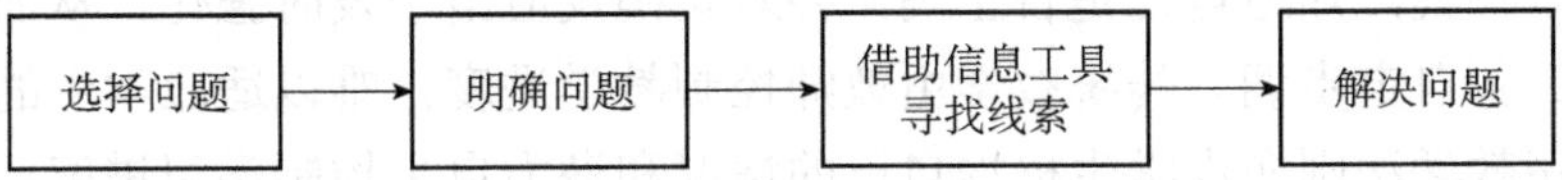

- 选择问题。教师依据一定标准选择问题，并指导学生选择合适的问题，同时检验所选问题的适宜性；学生在教师的引导下，挑选恰当的问题。
- 明确问题。教师协助学生清晰地界定所要解决的问题。
- 借助信息工具寻找线索。教师向学生提供相关的材料、参考资料等，学生利用信息技术工具（如计算机网络）查找和搜集资料。
- 解决问题。在教师的指导和帮助下，学生依据所搜集材料的线索进行积极思考，得出结论，解决问题，并运用计算机及相关软件展示学习成果。

4. 程序教学法

程序教学法是指运用计算机及程序化教学材料（课件）进行的一种个别化教学方法。它基于程序化教材（课件），以练习或训练为主要教学形式。程序化教学材料编制者和教师预先构想和设计学习过程，将教学内容细分为小项目，并按照一定顺序编排这些小项目。每个小项目不仅呈现教学内容，还提出相关问题，构成程序化教学材料（课件）。通过这种方式，机器按步骤呈现内容，学生对问题做出应答，随后机器进行核对或提供正确答案，并进行强化。程序教学法通过在学生与计算机（媒体）之间形成一系列交互活动环节，如呈现内容、应答、判断、评价（强化）等，引导学生逐步深入、由易到难地进行操作性学习。

程序教学法的理论基础是行为主义学习理论。早在 1930 年，美国心理学家普莱西就发明了一种机械装置“教学机”，旨在将教师从繁重的练习性和重复性活动中解脱出来，使其有更多时间投入教学研究。然而，当时普莱西的这一创新并未引起广泛关注。到了1950年，以斯金纳为代表的行为主义心理学家对程序教学进行了理论上的论证研究，从而使程序教学得到了广泛的推广。早期的程序教学主要依赖机械装置程序教学机或程序教材。随着计算机技术的发展，计算机逐渐取代了这些机械装置和教材，早期的计算机辅助教学实际上就是一种程序教学。

斯金纳认为程序教学具有以下优点：①小步调。将教学内容分割成小项目，并按一定逻辑关系排列，确保学习者能够循序渐进地学习，由浅入深、由易到难。②积极反应。与传统教学中学生被动接受知识不同，程序教学法中的每个项目都要求学生做出积极反应。③即时强化。在传统教学中，学生的学习结果往往不能得到及时评价和强化。而在程序教学法中，学生做出回答后能够立即核对答案，知道自己是否正确，并对正确反应给予及时强化，从而提高学习效果。④自定步调。传统教学由教师控制教学进度，难以适应学生的个别差异。程序教学法则允许学生根据自己的情况和潜力自主控制学习进度，更好地满足个体需求。

程序教学法的应用步骤如下。

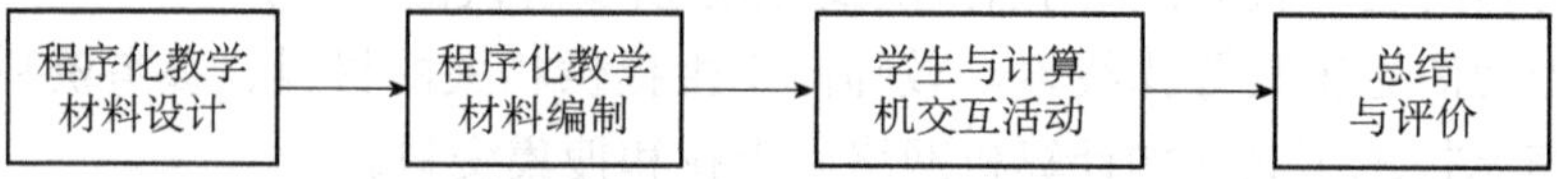

● 教师和程序设计人员根据教学需求，将教学内容与学习过程相结合，设计程序化教学材料（课件）的方案。

● 程序编制人员根据设计方案，编制程序化教学材料。

● 学生操作设备（计算机），与程序化教学材料对话，在其引导下进行学习。

● 教师对程序学习的结果进行总结和评价。

其中，程序化教学材料的编排有直线式和分支式两种模式。

● 直线式。其倡导者是斯金纳。该模式要求将教学内容细致分割成小项目，并进行线性编排。每个项目学习后，无论学生回答是否正确，仅提供核对答案，不进行额外处理。斯金纳认为教学内容分割得越细越好，每个小项目之间应有部分内容重叠，以确保学生在学习过程中不出错，保证学习的顺利进行。

● 分支式。其倡导者是美国心理学家克劳德。该模式同样要求将教学内容进行细致分割，但与直线式相比，每个项目之间的内容跨度较大，项目之间可以不重叠。当学生在学习过程中遇到问题时，会导入分支程序中进一步学习，学会后返回主程序继续学习。

5. 微格教学法

微格教学（micro-teaching）是指教师借助视音频摄录设备培养学生某种技能的教学方法。该方法通常在小型教室环境中实施，具有培训时间短、规模小的特点，因而也称微型教学。

微格教学法最早是由美国斯坦福大学教师阿伦和他的同事们，在福特基金会资助下的教师培训项目中提出的，旨在对教师的教学技能进行训练。微格教学法随后被美国其他高校及世界各国的教育机构广泛采纳，并在实践中不断得到完善与创新，衍生出多种教学模式，应用范围也从最初的教学技能培训拓展至舞蹈、体育、礼仪等各类技能或动作行为的教学领域。

微格教学法的应用具有以下几个特点。①参与人员少。通常每次仅涉及 5—8 名学生。通过合理安排学生轮换，确保每位学生都能获得充足的培训机会以及个性化的指导。②培训时间短。每次课程时长控制在 5—20 分钟，集中对某一特定技能或动作进行专项培训，使学生能够在较短的时间内高效掌握一项技能。③内容专一。在教学培训过程中，将综合性的教学技能或复杂技能进行细致分解，拆解为多个单一、具体的技能单元，例如提示技能、演示技能、板书技能等。每次培训聚焦于一种技能，显著提升培训的专业性与针对性。④借助视音频摄录设备。在教学过程中，一方面，这些设备用于展示技能范例，供学生观摩学习与模仿；另一方面，在学生模仿训练时进行实时记录，训练结束后播放视频，供师生共同评点分析，使学生能够及时获取反馈信息，以便及时调整与改进。

微格教学法的理论支撑主要包括行为分析理论、行为主义理论和系统方法等。首先，从行为现象角度对教学技能进行深入分析，将技能进行分类与分解，形成可供学生观摩学习的技能样本。其次，在训练过程中，借助视音频设备让学生能够直观地看到自己的行为表现。现代教育理论强调，教师提升教学技能需依赖三种信息：教学内容与方法信息、学生反馈信息、教师自身信息。其中，教师自身信息较难获取，而视音频设备的应用有效解决了这一难题。最后，行为主义理论认为，人的行为需经过适当强化方能巩固，而强化的关键在于让学生及时看到自身表现效果，并据此进行及时矫正与控制，通过反复练习将正确的技能行为固化下来。此外，反馈—矫正—定型的过程也体现了系统控制的思想，通过视频示范、角色扮演、技能矫正等一系列有序步骤的训练，能够取得显著成效。

目前，微格教学法的应用模式多样，一般遵循以下基本步骤。

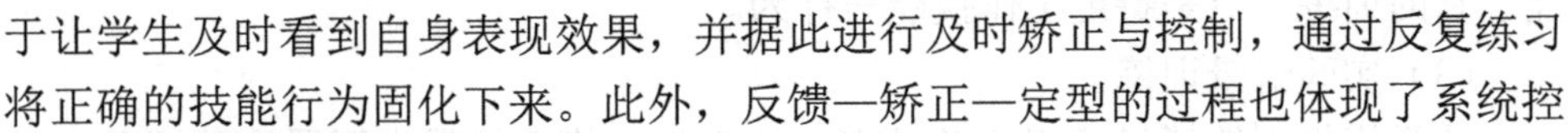

- 在教学活动开始前，教师需明确学生需学习的特定技能，并做好充分的教学准备工作。
- 利用视频资料将待学习的技能直观展示出来，也可由教师亲自进行现场示范，或组织学生观看相关技能的示范视频。
- 安排学生扮演相应角色，模仿之前观察到的技能，同时运用视音频摄录设备记录学生的行为表现。
- 师生共同观看学生表演的视频。教师对学生的表现进行细致分析，并针对学生的表现展开深入讨论，肯定其优点与成绩，同时指出存在的不足之处。学生及时获取反馈信息。
- 学生根据反馈信息以及教师的点评，进一步开展针对性练习。

6. 模拟训练法

模拟训练法是一种借助现代信息技术，模拟特定工作环境以开展实验与训练的教学方法。在教学实践中，由于受到诸多特定条件的限制，常常无法直接利用真实环境或事物进行实验与训练，需要运用现代信息技术手段模拟相应的环境或事物，以实现教学目标，使师生能够在经济、安全且高效的前提下开展训练教学活动。

模拟训练法主要涵盖以下几种类型。

（1）操作性训练

此类模拟训练通过计算机与特定机械装置的有机结合，构建出特定的工作环境，旨在对学习者的操作性技能进行专项培训。以模拟飞行驾驶舱为例，其作为培训飞行员驾驶技能的典型代表。它的训练重点是操作性技能。

（2）工作情景训练

此模拟训练旨在为学生营造一种模拟且仿真的工作情景，使其在熟悉工作环境之基础上，完成特定工作行为之训练。如借助计算机模拟海关“报关”流程，让学生置身于模拟工作环境，全程体验海关报关活动，以培训相关工作技能。它的训练重点是特定工作技能与行为。

（3）实验情景训练

此类模拟训练通过模拟实验环境，让学生在模拟场景中开展实验活动，以培训相关技能与方法。如虚拟实验、模拟的火力发电厂的“中心控制室”等。

（4）研究方法训练

此模拟训练为学生提供一种研究模型，依据该模型所构建之要素关系，学生可输入或调整数据参数，探究其他要素或结果之变化，进而培养学生的研究方法与技能。例如，构建某地区人口、能源、住房、教育、交通等因素相互制约关系之数学模型，让学生调整部分数据，观察相关因素变化，或通过对特定数据之调节，促使整个系统达到最优状态。它的训练重点是培养学生对科学研究方法与模式之应用能力，以及研究思维之训练。

随着计算机网络、虚拟现实、混合现实等技术的发展，模拟训练法在教学中的应用日益广泛，功能也愈加多样化和综合化，能够将技能、方法和思维方式等多方面的培训有效结合。

模拟训练法的应用一般遵循以下步骤。

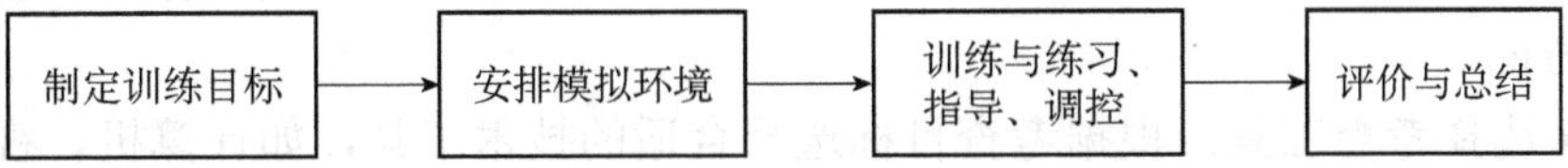

- 教师首先明确要训练的具体内容和目标，制定教学方案。
- 教师需设计和安排适当的模拟环境及相关的模拟装置。
- 学生在模拟环境或情景中进行练习，教师则需及时给予指导和调控。
- 教师对训练结果进行评价和总结。

7. 成绩考查法

成绩考查法是一种借助计算机、视音频设备等现代技术手段，对学生的学习成绩和行为表现进行记录、分析与评定的方法。尽管该方法并非以传授知识和技能为直接目的，但在教学活动中，对学生成绩与行为的记录、分析和评价构成了现代教学不可或缺的重要环节，同时也是现代技术手段在教学领域应用的关键领域之一。

目前，利用现代信息技术进行学生成绩考查的方法主要包括以下几种。①课堂提问应答分析法。该方法借助提问应答分析系统，使全班学生能够针对教师提出的问题，通过表决器等终端设备作出即时回答。教师可实时查看学生回答问题的详细情况，迅速获取答对的总数与百分比、错答的类型与总数，乃至学生回答问题的速度等数据。在课堂教学过程中，教师运用此系统检查学生对知识的掌握程度，能够实现快速、及时且准确地反馈，并依据检查结果及时调整教学内容与进度。例如，雨课堂、课堂派等智慧教学工具均能有效支持课堂提问应答分析法的应用。教师应提前精心设计提问题目，明确正确答案以及可能出现的错误答案，以便在学生出现错误时能够迅速且精准地进行启发与引导。②视音频记录分析法。教师通过视音频设备记录学生的阅读技能、操作性技能以及动作性技能等表现，再进行细致入微的分析，从而较为准确地评定学生在技能技巧方面的成绩。③计算机考查法。许多学科的考试题目可以利用计算机进行分析，以确定其难易程度，确保符合教学大纲要求，防止考试题目过难或过易。此外，只要试题按一定形式设计，其考试结果也可以用计算机进行评定与统计成绩。这样不仅能使成绩评定更加准确，还能减轻教师繁重的重复性劳动，提高工作效率。

成绩考查法的应用一般遵循以下步骤。

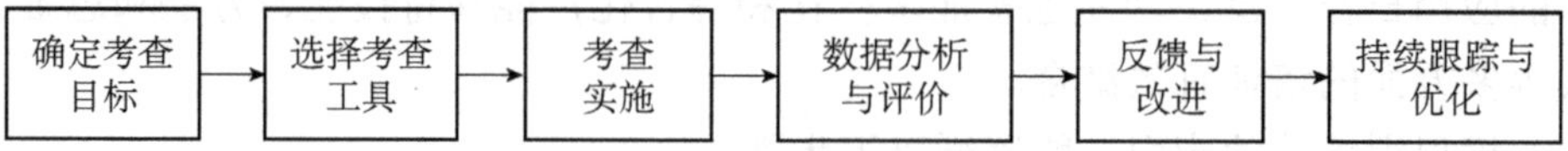

● 确定考查目标。明确需要记录、分析和评价的学生成绩和行为表现等的具体方面。

● 选择考查工具。根据考查目标选择合适的技术工具，如计算机、视音频设备、表决器、智慧教学工具等。

● 考查实施。运用选择的考查工具，收集和记录学生问题应答、行为表现、学业成绩等方面的数据。

● 数据分析与评价。对收集到的数据进行分析，识别学生的优点和不足；根据分析结果对学生的学习成绩和行为表现进行评定。

● 反馈与改进。将评定结果反馈给学生和教师，提出改进建议；教师根据反馈调整教学策略，促进学生的进一步发展。

● 持续跟踪与优化。对学生的学习进展进行持续跟踪，不断优化考查方法和教学策略。

8. 案例教学法

案例教学法是指教师根据教学内容及教学目标，通过创设案例，以案例作为基本教材，组织学生开展分析、研究、表达等活动，让学生在具体的问题情境中积极思考、主动探索，以培养其综合素质的一种教学方法。该方法突出主体性、探究性、创造性的教学理念，强调知识的生成性与创造性、教学过程的开放性、教学氛围的情景性，以及与其他教学模式的融合。案例教学法是一种开放式教学，不追求统一、标准的答案，而是通过案例分析与讨论获取启示与意义。

案例教学法具有以下特点：①启发式。案例教学法是一种启发式教学方法，教师适时提出与教学内容紧密相关的案例供学生分析，实现知识传播与能力培养的有机结合。②情景化。该方法倡导在教学过程中通过案例为学生提供真实或接近真实的学习情景，以提高学生的学习兴趣，激活思维潜能，引发情感体验，从而提升教学效果。③参与性。在案例教学中，学生有众多参与课堂的机会。通过对案例的分析、讨论、交流甚至辩论，学生不仅能够愉快地理解案例所反映的基本原理，还能在参与过程中提升分析与解决问题的能力。

目前，案例教学法的应用有若干个模式，但大致遵循以下步骤。

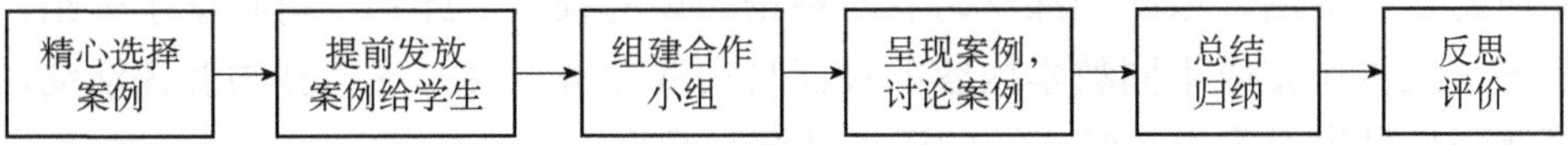

- 精心选择案例。教师应围绕教学重点与难点选择案例，充分发挥案例教学的优势。由于教学时间有限，教师需事先精心挑选最典型、最具说服力且学生关注熟悉的案例。

- 提前发放案例给学生。案例形成后，提前发放给学生，以便学生有足够时间了解案例、查阅相关资料并进行交流。

- 组建合作小组。案例教学要求学生课前分组，便于案例讨论分析。最佳分组应为组内异质、组间同质，通常 3—6 人的小组在活动有效性和参与性方面效果最佳。

- 呈现案例，讨论案例。案例呈现可采用口头描述、教学音视频、课堂教学情境模拟等多种方式，借助现代信息技术将教学图像、文字与声音有机结合，突出理论层面的关键要素，实现动静结合、跨越时空限制，从而优化教学情境。讨论阶段是资源信息共享交流的关键环节，教师需把控讨论进程，激励学生自主思考与积极参与，同时善于启发、引导学生紧扣中心议题发言，确保讨论方向正确。

- 总结归纳。教师应对学生在案例分析与讨论中的表现进行总结，肯定优秀分析与表现，指出问题与错误，并提供改进建议与指导。

- 反思评价。课后，教师需从案例选择、组织教学、学生参与、案例分析、讨论氛围、学生评价等多个维度进行反思与评价。

案例的选择应该注意以下几点：①启发性。案例应能激发学生思考，拓展其分析问题的思路，培养解决问题的能力，并助力学生将所学顺利迁移至真实问题情境。②典型性。优质案例应具有普遍意义与代表性，越典型的案例越具指导价值。学生通过积累典型案例获得的范例与经验越丰富，其分析联想思路越开阔，理解认识能力越强，对未来处理实际问题的参考价值也越高。③真实性。教育案例源于日常教育教学实践，应真实反映事件，即描述真人、真事、真情、真知，是对典型事件的真实回放与再现。④故事性。案例需发生在特定情境中，具备特定的时间、地点、人物与情节，是对教育教学过程中实际情景的完整描述，体现事物或现象的动态发展。

教学活动建议

本节的教学重点在于阐释信息化教学方法的内涵，剖析其与传统教学方法的差异及联系，并深入解读典型信息化教学方法的内涵与实施步骤。建议教师在授课过程中，注重理论与实践的紧密结合，针对教学内容的各个板块，引入相应的实际案例，以此加深学习者对理论知识的领悟。此外，可将学生分组，让各小组协作完成不同教学内容的设计与实践任务，并开展自评与互评活动，以此强化学生对各类教学方法的深入理解与掌握。

学习活动建议

学生需理解信息化教学方法的内涵，把握信息化教学方法与传统教学方法的区别及联系，并熟练掌握典型信息化教学方法的应用。建议学生开展以下学习活动：

1）分小组整理各种信息化教学方法在教育教学中的应用案例，并在课堂上进行分享演示；

2）结合专业教学内容，选择一种教学方法进行实际练习；

3）利用知网、维普、万方等数据库查找除上述内容以外的信息化教学方法相关资料，进行分类汇总，并在小组成员间实现资源共享与交流。

6.4 信息化学习方式

6.4.1 信息化学习方式概述

1. 信息化学习方式的内涵

信息化学习，其概念源于“e-Learning”，因对其理解和翻译的多样性，衍生出诸如电子化学习、数字化学习、网络化学习，乃至线上学习、远程学习等诸多称谓。近年来，随着智慧学习等新概念的涌现，这一领域愈发丰富多元。信息技术的迅猛发展为新时代的学习模式带来了无限可能，催生了众多创新学习方式，这些方式的共通之处在于充分利用技术力量，实现传统学习模式难以达成的目标。信息化学习方式，即“依托信息技术的学习方式”，是现代信息技术与学习活动深度融合后的必然产物。李芒认为，信息化学习方式是在一定的现代信息意识指导下，学生在完成学习任务的过程中，积极利用信息技术开展有效学习的行为模式与认知取向。这一学习方式以学生有效利用信息技术，实现自身主体发展为核心目的，以现代信息技术为坚实基础，涵盖网络、多媒体、互联网、云计算、大数据、人工智能等多元技术手段。

与传统学习方式长期以知识精加工学习为主，学习者在固定时间内，遵循统一要求和预设的知识单元顺序，逐个达成规定测试标准，力求对所学内容进行全面掌握的过程不同，信息化学习方式主要以知识贯通式学习为核心。所谓知识贯通式学习，是指学习者在既定时间内，围绕同一学习目标，从探究知识的起源和结构入手，逐步掌握关键性知识内容，实现对所学内容的整体性把握。在知识贯通式学习模式下，学习者的学习路径呈现出差异化特征，既包含线性路径，也涵盖从点到面或从整体到局部的多样化学习路径。这种学习方式赋予学习方法以更大的灵活性，更有利于激发和培养学习者的创新能力。此外，在信息化学习方式中，学习内容突破了传统教材的局限，学习过程不再局限于简单的问题与答案匹配，而是更多地聚焦于如何洞察问题语境、精准界定问题、主动提出问题以及探寻解决问题的有效途径。

2. 信息化学习方式的特征

第一，信息技术的有效运用是信息化学习方式的先决条件。随着信息技术的发展，个人终端和各种手持设备在学习中的应用日益普及，逐渐成为学生学习的必备工具。学生开展信息化学习，不仅需要各种信息化的支持工具和认知工具，还需要适宜的信息化学习环境和丰富的信息化学习资源。如何有效运用信息技术进行学习将成为衡量学生是否“会”学习的重要指标。

第二，开放性学习是信息化学习方式的必然要求。信息化学习方式促使教学情境不断拓展，传统的单一课堂讲授模式已难以满足当代学生的需求。任务明确的个人学习、具有共同任务的小组合作学习、面向复杂过程或活动的体验式学习、面向现实或实践领域的问题解决型学习等多元化的学习方式，将得到更为广泛的应用与推广。

第三，社会交互是信息化学习方式中不可或缺的环节。在信息化学习中，互动方式不再局限于师生交流。首先，学生之间的互动以及校际学生间的交流变得日益重要，现代信息技术为学生间的互动提供了便利。其次，借助现代信息技术的学习活动在整体学习中的比重逐渐增加，有效的人机交互可提升学习效果和效率。最后，教师不再是知识的唯一“拥有者”，信息的易获取性使学生在某些情况下可能比教师知道得更多，学生在教学过程中的知识贡献不容忽视。

6.4.2 典型的信息化学习方式

1. 信息化接受学习

（1）信息化接受学习的含义

“接受学习”作为一种学习方式，其历史源远流长，但作为学习理论中的一个科学概念，是由美国教育心理学家奥苏贝尔（D. P. Ausubel）首次提出的。奥苏贝尔认为，在绝大多数学术性学科中，学生主要通过有意义的接受学习来获取教材中的概念、原理及事实信息。教师应当向学生提供经过严密组织、有序排列且具有一定结论性的学习材料，以便学生能够接受最有用的信息。教学的核心目的在于帮助学生理解所传递信息的深层意义，使他们能够恰当地将新知识与自己已有的知识体系相结合。奥苏贝尔强调，这种学习方式在掌握教材内容中占据主导地位。在一般的课堂教学过程中，有意义的接受学习仍然是主要的学习方式，其重要性在当前阶段依然不可低估，可以说是学习者获取知识和发展的重要途径之一。

信息化接受学习是指在信息化环境中，借助教师的组织与指导以及现代信息技术的支持，构建良好学习环境，向学习者提供严密组织、有序且具结论性的材料，促使学习者积极接受并运用这些材料。将信息技术引入学习之中，为开辟新的接受学习方式提供了契机。在信息化学习模式中，传统教学模式虽未发生根本性变革，但信息技术作为工具融入教学过程，为教师教学提供了演示工具，为学习者学习提供了认知工具，为师生互动提供了交流工具。因此，在信息化环境中，应充分认识信息技术对学习方式的改变，利用其资源丰富、形象生动、传递迅速、传播广泛、支持非实时交流等特性，改善传统被动学习模式，使学习者在信息技术辅助下主动接受教师传授的知识，并将其整合进自身认知结构，在学习过程中提升能力、转变态度。

（2）信息化接受学习的特点

信息化接受学习具备一般接受学习的特征，其最为显著的特点在于借助信息技术构建超越时空限制的学习环境，从而可为异时异地学习提供可能。理论上，学习者得以在任何时间、任何地点开展学习活动，并能与相关学习人员进行交流互动，获取多元化的学习资源。传统接受学习模式主要受限于教室这一物理空间，部分难以在课堂内呈现的学习资源无法得到有效利用。而信息技术作为教师的演示工具，能够将非现场的学习内容直观地呈现于学生面前。在传统课堂教学中，人际交流主要依赖于面对面的直接沟通，这种方式对促进学习者的学业进步及人格发展具有重要意义，符合学习的基本规律。然而，当缺乏面对面交流的条件时，有效的接受学习活动便难以顺利开展。长期以来，人们一直在探索解决这一问题的方法。信息技术的出现，以其对学习支持的“无处不在性”，为这一问题提供了理想的解决方案。借助信息技术，教师能够随时制作并发布学习资源，学习者则可在任意时间、任意地点接收学习资源并获得教师的指导。

（3）信息化接受学习的类型

以课堂学习、大众传媒和互联网为出发点，信息化接受学习可归纳为三种类型：①课堂接受学习。在目前情况下，信息技术作为创新手段融入课堂教学，协助教师展示课程提纲、进行课堂演示，有效实现仅凭教师自身力量难以达成的教学目标。②基于大众传媒的接受学习。该方式利用印刷媒体与视听媒体，并辅以面授辅导开展学习活动。其源于集体式课堂教学模式，是集体面授课堂学习思路的延伸，通过大众传播媒体传递教学内容，但存在难以直接获取学习者反馈信息的局限。③基于互联网的接受学习。互联网是全球最大的信息资源库，为学习者提供了高效便捷的学习资源和工具，并展现出其他技术手段难以比拟的优越性，目前此类学习主要以网上讲授形式为主，进一步细分为同步式讲授与异步式讲授两种模式。

2. 信息化合作学习

（1）信息化合作学习的含义

合作学习是指学习者以小组为单位，为了完成共同任务，有明确的责任分工的互助性学习。这种学习方式强调集体智慧的发挥与个人责任的承担。它将个体之间的竞争转化为小组之间的竞争，有助于培养学习者竞争意识，激发学习者的创造力；有助于培养学习者合作意识和合作技能；有利于学习者之间的交流与沟通，增进他们彼此间的了解与理解；通过合作与交流也必然会促进自我反省与自我意识的发展。

在信息化教学环境中的合作学习是指学习者在教师的指导和帮助下，以小组为群体单位，为达到共同的学习目标而完成共同的学习任务。在此过程中，学习者利用信息技术获取、分析与处理学习资源，获得学习服务支持，并通过分工协作与相互交流，实现教育教学目标。

提及信息化合作学习，计算机支持的协作学习（computer supported cooperative learning，CSCL）是其典型实例之一。CSCL 利用计算机网络构建协作学习环境，使教师与学习者、学习者与学习者能够在讨论、协作与交流的基础上进行有效的协作学习。其基本优点包括：提供开放的时空环境，突破传统学校教育的时空限制，拓展学习交流与合作的空间；充分发挥计算机网络的优势，全面呈现问题情境，获取丰富的多媒体教学信息，有利于创建逼真的协作学习情境，激发学习者的学习兴趣和动机；采用超媒体的信息组织方式，契合人类联想思维的特点，激发学习者自主探索知识的积极性；提供友好一致的交互界面、多样化的交互形式以及促进协作与会话的交互工具，便于不同位置的协作成员开展多种形式的会话与协作，加深对知识的理解；培养学习者的信息能力、学习策略和社会交往技能；以学习者为中心的教学模式，可增强学习的协作性。

（2）信息化合作学习的特点

信息化合作学习融合了一般合作学习的共性特征及其与信息技术结合后所衍生的独特属性。网络技术与计算机技术的演进，促使班级内合作学习超越了传统的时间与空间界限，在时间维度上得以延伸，在空间维度上得以拓展，同时借助各类信息工具获取更丰富的学习资源与更有力的学习支持，使得合作学习中的交流与协作得以借助信息技术高效开展。

● 学习参与度高。参与度涵盖学习者参与学习的广度与深度。在信息化合作学习中，学习者置身于广泛的参与环境中，面对多样交互形式，可获得多维度、多形态的参与体验。网络的运用使学习突破校园边界，转变为大环境下的合作模式。此外，信息技术营造的学习环境借助电子通信、文件记录保存、信息处理等手段，将记录员、保管员、材料整理员、报告者等角色任务转由计算机系统承担，助力合作学习成员全身心投入，提升参与深度。同时，网络信息资源的丰富性与集成性，使学习者能迅速完成资料收集与整理等基础活动，从而将更多时间和精力聚焦于高级认知活动。

● 学习内容丰富。信息化合作学习中，学习者可借助计算机网络、信息通信技术及各类相关信息技术获取所需学习内容与服务支持。学习内容不再受限于教材，教师可将学习资料上传至互联网，便于学习者获取；学习者亦可将发现的学习内容与资源分享至班级群，实现资源共享。

● 交流方式灵活。在信息化合作学习中，各种交互协作活动可以凭借信息技术来实现。教师与学习者可通过信息技术进行实时沟通，学习者可及时向教师反馈学习难题与进展，教师亦可发送学习指导与新指令，双方借助互联网等工具保持紧密联系。学习者间亦可利用信息技术协作，有效缩短彼此距离，使交互更自然、及时与高效。

● 评价方式多样。信息化合作学习在评价环节呈现多样化形式。教师可将评价标准公布于网络，学习者依据准则在线评定，因各自独立评定，结果更客观、科学与个性化。教师还可借助计算机收集、存储评定结果，简化教学管理流程。

（3）信息化合作学习的实例分析

以中学地理学科为例，该学科涵盖天文、资源、农业、工业、交通、人口、环境等多个领域，与自然、人类和社会紧密相连。现代地理学着重研究人地关系，中学地理教学亦强调培养学习者将知识应用于实践的能力和习惯。地理学科的这一特点为合作学习提供了广阔的空间，有助于培养学习者对生命、自然的热爱，以及资源观、环境观、人口观和可持续发展观。信息化学习环境为中学地理教学提供了便利，教师和学生能够从互联网获取更多、更详细的信息，实现信息技术与地理学科丰富学习内容的有机整合，将信息技术作为收集、处理、分析学习内容的有力工具，达到有效应用的目的。以下是几个利用网络技术进行地理合作学习的案例。

● 问题调研活动。以问题解决为核心组织合作学习。例如，在讲解太阳、月球与地球关系时，可提出问题："太阳活动对人类有哪些影响？"在探讨气候形成与变化时，可提问："气候与房屋建筑和饮食有哪些关系？"在常规能源中关于水能的课程中，可设计问题："三峡水电站建设的利与弊各有哪些？"教师引导学习者分小组查找资料，进行网上调查和社会调查，最终以小组形式撰写研究报告。

● 小型论坛活动。在环境问题的表现与分布教学中，分小组让学习者阐述对全球合作解决环境问题的看法；在陆地资源教学中，为帮助学习者理解自然资源的多功能性和多用途性，可设计论题："有一条河流流经某小镇，如果你是镇长，如何综合利用这条河流？"在可持续发展教学中，让学习者表述在日常生活中打算采取哪些有益于可持续发展的行动。通过论坛活动，鼓励学习者大胆提出观点，积极参与公共活动，同时培养其自信心。

● 知识拓展活动。在人类对宇宙的新探索教学中，可布置学习者利用报刊、计算机及其相关设备、互联网等手段，制作小报展示宇宙的新信息，拓宽学习者的知识面，激发其探索宇宙奥秘的热情和兴趣。

● 辩论竞赛活动。例如，在大气环境保护课程中，关于"大气温室气体使全球变暖"这一论题，科学家存在不同看法，可组织学习者在网络上分组进行辩论；在人口与城市教学中，可以我国计划生育政策为话题展开辩论。在辩论过程中，通过学习者对资料的搜集与处理，以及教师对辩论情境的设置，使学习者的学习成果更具深刻性。

3. 信息化个别学习

（1）信息化个别学习的含义

信息化个别学习是指在信息时代背景下，学生自主开展的自学、独立学习、自我指导或自定步调的学习方式。对学生而言，自我责任感、自我进度控制以及学习的成功体验是信息化个别学习的核心要素。此类学习建立在丰富的学习资源和明确的学习目标基础之上。

信息化个别学习的主要优点包括：①学生通过主动参与，能够培养一定的学习责任感。②通过信息化个别学习，学生能养成良好的学习习惯和学习的自觉性。③有明确的学习目标。信息化个别学习的课程单元通常配备一套行为目标，学生能够清楚地知晓完成学习单元后自己应该掌握哪些技能。④学生可根据自身实际情况和需求，选择合适的学习方法。信息化个别学习单元的设计具有个性化特点，设计者通常采用多种方法处理相同教材内容，以适应不同学习风格的学生。⑤信息化个别学习能使更多的学生体会到成功的喜悦。⑥成功的个别化教学程序更有利于促进师生之间以及学生之间的交流互动。

信息化个别学习的局限性：①对于缺乏主动性和自觉性的学生，可能难以独立完成学习任务。②该学习方式并不适用于所有教师和学生。③教学设计相对复杂，教师工作量较大，且可能涉及较高的成本费用。

实践证明，涉及学习事实性信息、应用信息、概念和原理，培养解决问题的基本技能以及发展动作技能等的学习目标，较为适合通过信息化个别学习的方式来达成。

（2）信息化个别学习的环节

信息化个别学习过程中，学生能够利用网络平台获取学习信息、参与网络测试、上传学习任务、与同学在线交流以及向教师寻求帮助等。信息化个别学习可分为以下四个环节：

- 在线浏览学习。学习者可通过访问各类网站，浏览其提供的丰富信息化学习资源进行自主学习。
- 资源下载学习。学习者可以将互联网上的信息化学习资源下载至本地终端设备进行学习。这种方式允许学生在无网络连接的环境下继续开展信息化个别学习。
- 在线测试。借助互联网平台，可实现自动出题、自动批改以及题库管理等智能化功能，并能精准记录学习者的学习成绩。依据测试反馈，系统能够为学习者提供一份详尽的知识点列表，从而实现信息化个别学习。
- 教师辅导学习。传统辅导模式主要依赖师生面对面交流，而信息化环境下的辅导则突破了时空限制，可通过 QQ 群、视频会议等工具开展同步或异步的答疑辅导。此外，这种学习方式一般还配备一套集成布置作业、完成作业、批改作业、查看作业等多项功能的作业辅导系统。

4. 信息化探究学习

（1）信息化探究学习的含义

信息化时代带来了信息量的急剧增长、知识类型的日益多样化以及信息传播渠道的多元化，这一转变客观上促使人们采纳多种适应社会发展需求的学习方式，信息化探究学习便是在此背景下应运而生的重要学习模式之一。

从原始含义来看，“探究”本质上是一种“寻找”行为：寻找所需信息、目标物体、对疑问的解释以及解决问题的答案等。据此，学校课程中的“信息化探究学习”可被定义为“学生围绕一定的问题、文本或材料，在教师的帮助和支持下，充分利用信息技术，自主寻求或自主建构答案、意义、信息或理解的活动或过程”。

信息化探究学习不仅能够弥补单纯接受学习的局限性，而且在促进学习者全面发展方面展现出显著优势。该学习方式的本质着重于信息化环境下的探究过程，而非单纯的知识传授。它关注学习主体在各方面均衡发展，致力于激发主体的探索欲望，提升主体的探索能力，从而更好地契合时代精神与社会发展需求。

（2）信息化探究学习的特点

信息化探究学习突出学生在学习过程中的主体地位，强调学生在信息技术支持下的交互式、协商式、合作式主动学习行为，有助于学生对科学概念和方法形成更清晰、更深刻的理解。其特点可概括为多样性、体验性、自主性和技术性。

- 多样性。目的多样性：信息化探究学习以学生发展为核心，以学生发展为教育的终极目标，旨在使学生不仅获取知识，同时提升基本科学素养与信息能力。学习资源多样性：学生可借助教材、网络、电视等多元传播媒介，获取海量且多样的学习资源。设计模式多样性：依据获取信息的自主程度，信息化探究学习可分为接受式信息化探究与发现式信息化探究两种，且各自拥有多种模式。评价模式多样性：评价注重多元价值取向，鼓励问题解决方案的多样性，激励学生另辟蹊径，并引导学生积极反思。
- 体验性。信息化探究学习要求学生亲身参与体验，具有鲜明的体验性特征。学生投身实践，历经探究全程，以实现能力发展与深层次情感体验，探究知识，掌握解题方法。该学习方式赋予学生直接参与情境体验的机会。活动设计凸显问题的情境脉络，强调学习的情境化，注重在真实实际问题中接触关键概念与策略，致力于将学生引入真实自然、贴近生活现实的情境，仿若真正的实践者般开展活动，思考与处理复杂问题。在解决真实问题的情境中获取知识，学生容易理解怎么样、为什么和什么时候这些知识是有用的。这种学习方式的实践性特质，促使学生从做中学，从探究中学，在实践中获取知识、培养技能、提高素质，获得身心的全面发展。
- 自主性。信息化探究学习着重强调学生的自主性，注重培育学生的自主能力，呵护学生自主参与学习的积极性。要求学生自主独立地发现问题、解决问题，亲自开展实验、操作、调查，收集与处理信息，每一步骤均需学习者主动参与。学生的学习过程并非被动吸收课本现成结论，而是亲身参与、主动思考，历经实践与创新的自主建构过程。

● 技术性。在信息化探究学习中，学生不仅能利用互联网检索信息与资料服务于学习，还可借助特定计算机软件处理数据。该学习方式融合了探究学习与多媒体、互联网等先进技术的优势，具备鲜明的现代技术性。学生借助各类科技手段开展学习，在信息交互中不断构建自身的知识体系。学生既能获取多方面的海量资源，又能有效提升信息素养与思维能力。

（3）信息化探究学习的典型应用——WebQuest

WebQuest 是一种信息化探究学习的典型应用，由美国圣迭戈州立大学教育技术系的伯尼・道奇和汤姆・马奇博士于 1995 年提出。WebQuest 是在网络环境下，借助互联网资源，由教师引导，以特定目标任务驱动学习者对某一问题或某类课题自主开展探究、探索和研究的学习模式。WebQuest 主要分为短期型和长期型两种。短期型 WebQuest 学习通常耗时一至三个课时，侧重于帮助学习者掌握并理解关键信息，运用相关学科知识解决实际生活中的问题，同时注重培养学习者的信息素养、合作技能和创造性思维。长期型 WebQuest 学习则耗时约一周至一个月，甚至更久。在此过程中，学习者深入分析知识，将其转化为其他形式，并以产品形式呈现学习成果，通过网络或非网络形式进行分享。

WebQuest 具有以下特点：①培养学习者的协作精神。WebQuest 中的任务具有挑战性，通常需要多人协作才能完成，从而培养学习者的团队合作能力。②多学科交融视野。WebQuest 所选问题贴近生活实际，涉及多个学科知识背景。学习者需综合运用各学科及课外所学知识解决问题，打破学科界限，培养综合思维能力。③信息素养培养。WebQuest 要求学习者运用信息工具解决问题，确保学习者在问题解决过程中使用信息技术，为提升信息素养创造条件。④培养问题解决能力。WebQuest 的学习任务复杂，学习者需在教师引导下，将大问题分解为小问题，逐步解决。这一过程有助于提高学习者处理复杂问题的能力。⑤与实际生活联系。WebQuest 将真实性任务引入课堂，一方面提高学习者积极性和兴趣，另一方面将课堂学习与实际社会生活紧密相连，让学习者真切感受到学习的实用价值。

如何设计 WebQuest 的学习过程呢？通过对 WebQuest 模块的描述可以进一步认识 WebQuest。根据蒋鸣和等的研究，WebQuest 可以分为六大模块，每个模块自成一体，又可以组合成为一个十分完整、严密的学习系统。六大模块具体如下：

● 引言。引言部分提供相关的背景信息和动机因素，如给学习者分配角色：“假设你是一位水下研究科学家。”这一部分还要让学习者了解学习目标，明确将要学习的内容。在长期的 WebQuest 学习中，引言可以贯穿全过程。

● 任务。这部分要阐明学习者在完成 WebQuest 时需要达成的具体成果。任务应具有丰富的实际意义，并且是紧迫而急需解决的。

● 过程。这部分描述学习者完成任务所需的具体步骤。在这一模块中，学习者将了解完成最终任务需达成的子任务，包括各个子步骤以及对学习者提出的建议（如如何进行角色分配、如何安排时间等）。

● 资源。在这个模块中，学习者将获得有助于完成任务的资源清单。资源包括可以通过网络接触的专家列表、数据库、数据、网站等，也包括非网络性的资源，如录像、书籍、模型、海报、雕塑等。

● 评价。WebQuest 的最终成果展示可以是作品、口头报告、表演等多种形式。在针对 WebQuest 进行的评价中，评价人员包括教师、家长以及同学，评价的形式则包括对成果的评价、基于过程的评价和总结性评价。

● 结语。这是学习者进行反思、教师进行总结的阶段。总结学习内容和经验，鼓励学习者进行反思，还可以提出一些值得进一步讨论的问题，鼓励学习者继续深化学习。

5. 信息化体验学习

（1）信息化体验学习的含义

信息化体验学习是一种以学习者为主体，通过信息技术创设一定的学习环境，使学生能够主动且真实地亲身体验或虚拟地经历并反思，从而获取知识、技能、经验和态度的学习方式。在此过程中，信息技术扮演着工具、同伴、场所和情境等多重角色。信息化体验学习环境主要由丰富的学习资源和多样化的学习工具构成。

信息化体验学习的过程包含以下几个核心环节：

● 体验。学习者置身于特定情境，包括真实情境和虚拟情境，通过观察、表达和行动获取感性认识、直接经验或替代经验（如在虚拟情境中）。信息技术的主要作用是提供更丰富的情境，增强体验的真实感和多样性。

● 分享与交流。在获得具体体验后，学习者应与其他同伴分享感受和观察结果，并通过交流整合这些内容，构建对事物的整体认知框架。

● 反思。在体验和交流之后，学习者需从经历中总结原则或提炼思想精华。通过对整个过程的反思，得出研究结果，识别过程中的不足，并制定修正计划，以期在未来进一步内化学习成果。

● 应用。规划如何将体验应用到实际工作和生活中。应用本身也成为学生的一种宝贵体验，新的体验将引发新的学习循环，学生在这一不断循环的过程中实现主动发展。

（2）信息化体验学习的特点

信息化体验学习的特点可归纳为主动性、主体性、实践性、反思性和情境的虚实性。

● 主动性。主动性强调学生积极主动地参与学习过程。若无主动参与，便无法产生体验，更无法实现学习。它要求学生在个体体验中，获得身体活动和心理活动的感受。活动以学习者为主体，关注学习者自身的感受、价值取向以及学习方式，需要学习者自行观察、反思和总结，学会在不同环境中学习、思考和解决问题。

● 主体性。主体性指确立学生的主体地位并发挥其自觉性。学生是体验的主体，而非教师。确立学生主体性并不否定教师的主导作用，教师的主导作用以学生的主体地位为出发点，且具有一定的隐蔽性。在学习过程中，教师可为学生提供学习环境、最基本的内容和方向，而活动的具体计划、细则、步骤及行动方案的实施主要由学生自行完成，以充分发展学生的能动性。然而，在体验过程中，教师需全程给予指导，尤其在学生遇到困难时，教师应适时提供最优化的帮助。

● 实践性。信息化体验学习强调在信息化教学环境中的“做中学，学中做”。它注重实践及动手操作，要求学生不仅在课堂和校园内，还应在课后和校外，将所学知识、技能、技巧和生活经验充分运用于集体和社会活动，并从中获得新的生活体验。整个过程需要学生亲身参与、经历和体验，自行在行动中进行概括总结。它关注行动过程，让学生经历这一过程，不仅有助于通过多种活动探究和获取知识，更重要的是学生在体验中能够逐步掌握学习的一般规律和方法。

● 反思性。所有学习的精髓在于我们如何处理和看待自己的体验或经历。无论采取何种学习方式，最终都要通过反思、提炼、升华，才能实现质的飞跃。杜威认为体验学习与其他学习方式的差异在于它不仅强调学习者的“做”以形成经验，还强调学习者对经验的反思。他认为“没有反思的经验是没有意义的”，与以记忆为主的机械学习不同。反思是体验学习的关键，它要求学习者有意识地关注所学内容并设法巩固，常用“为什么”“如何”“是什么”来反思学习内容的价值、学习方法的适当性、每个阶段的收获以及与以往知识的联系等。因此，学习者既可以反思内容，也可以反思过程；既可以反思主体，也可以反思客体（学习对象及其方法）。学习者对自己在学习过程中的亲身经历进行反思，最终整理、抽象、概括和提炼，以升华成新的知识，并形成自己的理念和价值观。

● 情境的虚实性。体验具有情境性，同一个人在不同情境下对同一事件会产生不同的体验，这使得人们可以对同一对象进行反复体验和回味而不致感到厌烦，从而激发学习过程中的体验，使个体的学习活动更具活力和深刻性。马斯洛指出，处在体验中的人“有他们最大程度的同一性，最接近他们真正的自我，最有特异性”。信息化体验学习通过信息技术创设的学习环境，让学生在各种情境中体验，获得经历和发展性的变化。信息化体验学习的活动发生在体现真实性的场景中，这种场景可以是通过虚拟技术设置的，但学习者的感受具有真实性。教师在引导学生体验时，应尽量使学生从外在环境和内在心境两方面都感到自己正处在生活空间中，而非在被安排好的系列活动之中，让学生能真正思考、做出反应、解决问题，从而在一个解决问题的过程中获得深刻的体验。

（3）信息化体验学习的应用

● 创造学生亲身参与的机会。例如，在语文教学中，通过让学生扮演角色来体验经典文学作品，并以视频形式记录，供学生交流与评论；在英语教学中，通过观看情景剧来体验不同国家的生活习惯和文化风俗，学生通过情景对话和表演来体验口语的实际运用情境。

● 创设逼真的教学情境。在历史课上，可以利用信息技术创设虚拟的考古环境，通过逼真的场景设计，甚至在模拟挖土时加入铁锹声等音效，使学生能够完全沉浸在角色中，增强学习的沉浸感和体验感。

● 技能虚拟训练。这种应用情况目前在中小学教学中还很少见。通过虚拟环境，学生可以在其中获得技能的虚拟体验，这些体验可以迁移到真实环境中，对学生的实际技能提高起到辅助作用。如学生进行温室效应、电路设计、建筑设计等方面的体验学习。虚拟现实的沉浸性和交互性使得设备与环境更接近真实，有利于学生的技能训练。

● 虚拟实验室。虚拟实验室允许学生观察或进行一些在常规实验室中无法操作或高难度的实验。例如，可以模拟燃烧、爆炸等反应现象，火山的形成、爆发过程，以及生物进化的过程等。

（4）信息化体验学习的优势与存在的问题

信息化体验学习方式能够激发学生的学习积极性和主动性，引起学生的学习和探索兴趣，促进其学习的主动性。特别是虚拟现实技术和仿真技术的应用，可以使学生感觉身临其境，突破传统教学所无法呈现的一些教学情境，为学生提供替代经验，弥补现实经验的不足。

在学生亲身参与的学习过程中，教师通常只关注体验环节，而容易忽视学习体验之后的交流和共享、反思和应用环节。交流和共享环节旨在避免因个体体验和经验的片面性导致学生形成狭隘的认识。通过交流和共享，学生可以与其他同伴和教师分享感受和体验结果，并通过交流整合这些内容，建立对事物的整体认知框架。反思环节使体验和经验得以提升和内化。应用环节则使经验得以迁移到真实情境中，并加以固化。

目前，虚拟现实技术在教学中的应用还处于探索阶段，相关的课件和教学资源相对有限。教师在这一领域的技术掌握和教学应用知识也较为缺乏。此外，还有许多问题亟待解决，例如虚拟教学的基础理论问题、虚拟教学的方式和策略、内容在虚拟环境中的呈现方式，以及如何避免虚拟环境造成学习者对世界认识的伪经验和伪知识等。这些问题的研究与解决对虚拟教学能否顺利进行至关重要。

6. 泛在学习

（1）泛在学习的内涵

早在 12 世纪，朱熹就已经提出“无一事、无一时、无一处而不学”的理念。17 世纪，夸美纽斯在其著作《大教学论》中提出了“把一切事物教给一切人”的“泛智”思想，这被视为西方最早的泛在学习理念。普遍认为，泛在学习（ubiquitous learning）是由“泛在计算”（ubiquitous computing）衍生而来的。泛在计算这一概念由美国的马克·维瑟于 1988 年提出，他在《21 世纪的计算机》（The Computer for the 21st Century）一文中指出：“最深刻的技术是看似消失的，它们融入了每天的生活当中以至于不可分辨了。”在此基础上，日本、韩国、欧洲和北美的学者先后提出了类似的概念，认为泛在学习就如同空气和水一样，自然地融入人类的日常社会生活。维姬·琼斯（Vicki Jones）和赵俊熙（Jun H. Jo）提出，泛在计算技术在教育中的同化标志着教育领域的重大进步，泛在学习概念应运而生。比尔吉特·博姆斯多夫（Birgit Bomsdorf）认为，泛在计算催生了泛在学习，使个人的学习活动得以嵌入日常生活之中。

泛在学习的概念自出现以来，在较短的时间里经历了从 3A（anywhere，anytime，any device）到 4A（anyone，anytime，anywhere，any device），再到 5A（anyone，anytime，anywhere，any device，anyway）、7A（anyone，anytime，anywhere，any device，anyway，any contents，any learning support）的理念发展。因此，泛在学习亦被称作普适学习、无缝学习、无处不在的学习等。

对于泛在学习内涵的理解，学界存在广义和狭义两种不同的观点。狭义上，主要从泛在学习的支撑环境和技术角度进行界定，认为泛在学习是在泛在技术和普适计算的支持下，学习者依据自身的学习内容和认知目标，积极利用易于获取的资源开展各种学习活动。广义上，对泛在学习的界定侧重于理念层面，认为泛在学习是一种无所不在、无孔不入的学习方式。只要学习者有意愿，他们便可以通过合适的工具和环境，及时获取所需的信息和资源。

（2）泛在学习的特征

泛在学习具有泛在性、易获取性、交互性、情境性、个性化等特征。

- 泛在性。学习活动无处不在，学习需求普遍存在，学习服务亦无所不在。学习者可根据自身需求，随时随地、持续地、无缝地获取各种嵌入式与非嵌入式泛在学习支持。

- 易获取性。学习环境的开放性、兼容性、多样化以及高效的交流方式，使得学习者能够轻松获取合适的学习工具与方法。

- 交互性。学习者可借助各类终端设备，随时与专家、教师或学习伙伴进行同步或异步的协作与共享交流，亦可随时随地直接从泛在环境中获取信息。

- 情境性。计算机技术融入日常生活，虚拟学习环境可调整为真实学习情境，为学习者提供更丰富的信息。

- 个性化。依据学习者的需求，对学习资源进行整理分类，并根据学习者的个人学习偏好、认知水平等推送相关学习资源。

（3）泛在学习模式

在泛在学习的框架下，学习活动呈现出多样化的特点，涵盖了人人、处处、时时的学习类型。根据学习方式和资源基础，泛在学习可以分为三类：正式的课程学习、非正式的资源学习和准正式的主题学习。

- 正式的课程学习。正式的课程学习是指基于学习资源和教师的正式学习，通常与专业课程学习或证书教育相关。专业教育机构负责课程设置、教学大纲编制、教学活动安排、学习测评以及整个教学过程的持续改进。学习者需明确学习目标，选择合适的课程和学习方式，积极参与教学活动，并通过学习测评以达到既定成绩标准。

- 非正式的资源学习。非正式的资源学习是指完全基于数字化学习资源的非正式学习。一般的学习过程是，学习者依据需求查找合适的学习资源，利用学习资源进行学习，如果资源不能满足自己的需要，学习者会重新查找更合适的学习资源。通过学习，学习者可能会在进行思考、分析、总结后，撰写一些心得、体会，甚至编写一些新的资源，提供到资源系统中，形成生成性的共享资源。

- 准正式的主题学习。准正式的主题学习是指基于学习资源和教师的、介于正式学习和非正式学习之间的一种学习模式。它的学习目标、行为、过程、资源等均会受到教育机构的制约，但对学习者的学习评价没有严格的、强制性的规范或者规定性。

思考6-4

如何有效地对信息化学习方式中所利用的学习资源进行评价?

6.4.3 信息化学习方式的发展

信息化学习方式主要是根据学习的内容和需要，适时适度地自主使用信息技术，进行多样化的有意义学习。这种学习方式促使学习者的学习从以知识学习为导向，向“应用学习、能力学习”为主转变，旨在培养具有创新精神和终身学习能力的人才。信息化学习方式的发展必将是更为科学、更为进步、更为适应时代需要的一场发展变革。它关系到现代教育的质量，是开发学生学习潜能和促进学生个体可持续发展的必要条件。

信息化学习方式的发展变革主要体现在以下几个方面。

1. 学习环境：虚拟化的学习环境将作为现实学习环境的补充，延展学习者的学习空间

学习环境是学习者自由探索和自主学习的场所，它是独立于学习者之外的、不以人的意志为转移的客观实在，是学习活动得以实施的物质保证。学习环境主要包括学习者所处的社会环境、学校环境和自然环境等。通过虚拟现实技术，创建的虚拟实验室、虚拟学校、虚拟图书馆、虚拟博物馆、虚拟学习社区等虚拟化环境，使学生能够在任何时间和任何地点进行学习。在这些虚拟环境中，学生可以与处于环境中的任何人、事、物产生联系，调动视、听、触、嗅等所有感知通道以及语言、体态、表情等多种表达因素。学生可以随时随地选择任何内容和工具与人进行交互，拥有完全的交互主动权。在虚拟化的学习环境中，可以进行多种方式的学习，如问题解决式学习、角色扮演等协作式学习、任务驱动式学习、询问式学习等。这些方式将促使虚拟化学习环境成为中小学教学过程中现实教学环境的有力补充，使网上丰富的教育资源充分为中小学教育教学服务。

此外，随着物联网等现代信息技术的发展，学习空间得以从专属的学习系统进一步拓展到更为广泛的学习环境中。学习不再局限于学校内部，也不再局限于由学校教育工作者所构建的封闭系统，哪怕这一系统已经包括了现代网络学习空间。学习空间从学校设计的世界延展到现实世界，学习者可以将现实世界中遇到的各种问题引入学习活动之中，实现学习世界与真实世界之间的有效对接。这样不仅使问题更加真实，也使学习需求更加贴合学习者的成长预期。

2. 学习组织：学习共同体的建立将促使学生进行群体互动，共同进步

通过学习共同体的建立，学习者及其助学者（包括教师、专家、辅导者等）共同构成了一个团体。他们彼此之间在学习过程中频繁沟通、交流，分享各种学习资源，共同完成特定的学习任务，从而在成员之间形成了相互影响、相互促进的人际联系。当前，信息技术特别是网络为学习共同体的建立提供了更为便捷的平台，各种社会化学习软件和社交网站为学习者创设了学习探究、协作交流、资源共享、平等互利的学习环境。在网络环境下的虚拟学习共同体使学习者更具自信地提出问题和解决问题，弥补了传统教育中批判性思维的不足。因此，我们应当探索基于校园网环境的学习共同体的建立，以避免互联网上繁杂信息对学习者造成的干扰。

在虚拟学习共同体中，个体、群体和共同体之间既存在独立场效应，又存在互动场效应。各方相互依赖、相互作用，突出了个体在共同体环境中的作用以及群体在共同体中显示出的合力。同时，每个个体都拥有自己的知识结构和经验体系，协作学习有利于扩展个体的知识经验，从而实现学习者群体意义建构从“个体学习”向“共同学习”的转变。在学习共同体的交往过程中，任何个体都是交流的主体，共同的话题使全体成员之间保持相对的默契。在整个相互影响的过程中，既增强了个体的归属感，又体现了一种平等合作的关系。

3. 学习潜能：个性化学习方式将发掘学生的学习潜能，促进学生个性发展

个性化学习强调，学习过程既是个性的展现和养成过程，也是自我实现和追求个性化的过程。这一理念最大限度地体现了人的个性、独特性、进取性、发展性、潜在性与原创精神。信息技术的发展为学生的个性化学习提供了可能，能够针对学生的个性特点和发展潜能，采取恰当的方法、手段、内容、起点、进程和评价方式，促使学生各方面获得充分、自由、和谐的发展。学生可以根据自己的特点和需要，在更大程度上自由地选择适合自己的学习资源，按照适合自己的方式和进度进行学习。个性化学习将使每一个学习者的潜能得到最大限度的发挥，获得成功体验和生存效能感。

4. 学习体验：加速学生知识与经验之间的转化，提高学生学习效率

学习体验是指学习主体参与学习活动后所形成的体认，涵盖对目标事物、

过程与结果的“具身”感知、明确的认识和真切感受。体验是人对客观世界的认识与感悟过程。学习体验是学习者在与外部环境相互作用中对其学习所构建与评价的意义，强调学习者在学习活动中的主体性参与，发生于学生对外在世界的接受和内化过程。在实践中，学习体验可理解为学习者对学习环境、学习活动和学习支持服务等诸多相关要素的感知、反应和行为表现。

信息化学习方式使知识不再仅仅是媒介、媒体上呈现的视听对象，而是变为可视听、可触碰、有动感、可多感官感知的连续或离散的形态。学习也变成一种丰富的互动体验与共生历程，即在多维立体、真实或混合的空间里进行学习，学习者的多种感官以不同的组合模态参与其中，实现“多模态”互动，带来不同的体验。此外，脑科学研究发现，刺激多感觉通道并建立联系对学习者的学习有显著帮助，多感官学习对学习者的协作交流、记忆与理解有极大的促进作用。在多感官学习与体验中，更能引发学习主体新的感知、反应与行为，从而产生别样的学习结果和学习效应。因此，信息化学习方式对促进学习者的学习体验具有明显优势。

5. 学习评价：完善考核评价体系，推动教学结构优化改革

在信息技术手段相对匮乏的时代，基于传统的教学体系，难以对学生的学习过程进行有效监控，更难以根据每个学生的学习能力和进度实施“个性化教学”。然而，随着信息技术的高速发展，尤其是互联网和大数据技术的应用，已经可以全面解决教学过程监控的问题。教学评价体系的变革成为实现这一过程的必要手段。传统的“终结性评价”应转变为更为科学的“形成性评价”，对学生学习全过程进行持续观察、记录和反思。这种评价方式不仅关注学生日常学习过程中的表现、所取得的成绩，还涵盖情感、态度、策略等多方面，形成全方位、多维度的“能力画像”。这不仅能激励学生学习，帮助学生有效优化自己的学习过程，使学生获得成就感，增强自信心，培养合作精神，还能使学生“从被动接受评价转变成为评价的主体和积极参与者”。

思考6–5

影响信息化学习方式发展的因素主要有哪些？

教学活动建议

本节的教学重点在于阐释信息化学习方式的内涵以及介绍一些典型的信息化学习方式。建议教师在讲解过程中，注重理论与实际的结合，通过典型事例，深入浅出地阐述每种学习方式的基本原理和技巧，以拓展学生的思维，并引导学生开展实际的学习活动。

学习活动建议

学生需理解信息化学习方式的内涵，并掌握几种典型信息化学习方式的应用。建议学生开展的学习活动有：

1）分小组组织学生整理各种信息化学习方式在实际教育教学中的案例，并在课堂上进行分享演示。

2）查找除上述内容以外的信息化学习方式，可利用知网、维普、万方等数据库查找资料，并进行分类汇总，小组成员间进行资源共享与交流。

学习评价

（一）学习经历评价

1. 你是否阅读了教材第六章的所有内容？

建议：如果答案为“否”，请暂停自我评价，阅读未读过的部分。

2. 你能否理解第六章中所有内容？

建议：如果答案为“否”，请首先列举不理解的内容，然后可以尝试利用以下方法解决遇到的问题。

- 利用图书馆和网络资源，查找相关文献。
- 与同学进行讨论。
- 向教师提问，争取教师的帮助。
- 将问题发布在线上讨论区，争取更多人的帮助。

（二）自测题

1. 信息技术与教育教学融合的四个发展历程：________、________、________、________。

2. 什么是信息技术与课程整合？信息技术与课程整合的内涵是什么？

3. 信息技术与课程整合的三种模式分别是：________、________、________。

4. 信息化教学模式一般由________、教学目标、________、________和人机关系等若干要素组成。

5. 信息化教学过程的三种基本模式分别是：________、________、________。

6. 加涅的九段教学策略的基本过程是：____________—____________—____________—____________—____________—____________—____________—____________—____________。

7. 程序教学法中教学材料编排的两种模式分别是：________、________。

8. WebQuest 可以分为六大模块，分别为：引言、________、________、资源、评价、________。

（三）交流与讨论

1. 以小组的形式讨论，信息技术与教育教学深度融合的发展需求和趋势。

2. 根据你所学的学科，思考并讨论信息技术在某个学科的教学中所发挥的作用。

推荐阅读文献

[1] 南国农. 信息化教育概论（第 2 版）[M]. 北京：高等教育出版社，2011.

[2] 何克抗. 信息技术与课程深层次整合理论[M]. 北京：北京师范大学出版社，2008.

[3] 李芒. 信息化学习方式[M]. 北京：北京师范大学出版社，2006.

[4] 李芒，金林，郭俊杰. 教育技术学导论（第 2 版）[M]. 北京：北京大学出版社，2013.

[5] 何克抗. 信息技术与课程深层次整合的理论与方法[J]. 电化教育研究，2005（1）：7-15.

[6] 李克东. 数字化学习（上）——信息技术与课程整合的核心[J]. 电化教育研究，2001（8）：46-49.

[7] 黄荣怀，陈庚，张进宝，等. 论信息化学习方式及其数字资源形态[J]. 现代远程教育研究，2010（6）：68-73.

[8] 祝智庭，胡姣. 技术赋能后疫情教育创变：线上线下融合教学新样态[J]. 开放教育研究，2021，27（1）：13-23.

第 7 章　教育技术实践及前沿领域

学习目标

1. 了解从数字教育资源共享到智力教育资源共享的演变过程；

2. 概括技术支持的学校变革历程，进而理解技术在学校变革中的作用；

3. 梳理技术支持的规模化教育到群体个性化教育的变革历程，并了解技术赋能群体个性化教育的实现路径；

4. 掌握教育技术的实践及主要前沿领域；

5. 述评中国教育数字化实践探索的最新进展，树立投身教育强国和中国式现代化建设的意愿。

学习导航

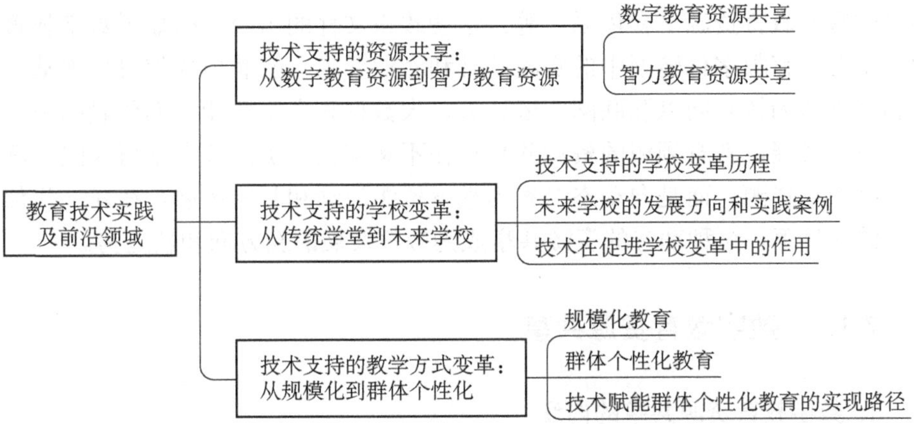

本章导学

本章内容关注教育技术实践及其前沿领域，主要围绕技术支持的资源共享、技术支持的学校变革、技术支持的教学方式变革三个方面展开详细阐述，在此过程中，深入理解技术在推动教育教学变革中所发挥的关键作用是本章学习的核心重点。本章内容注重宏观层面的概述，同时也紧密结合具体的实践应用案例。在学习过程中，建议学习者以案例为切入点，通过分析这些案例来深入了解技术在教育领域的前沿应用。在此基础上，运用本章所构建的知识体系，对其他众多实践案例进行理解和反思，从而进一步拓展对教育技术实践及其前沿领域的全面认识。

7.1 技术支持的资源共享：从数字教育资源到智力教育资源

资源是教育教学过程的重要构成要素之一，资源建设与应用也一直是教育领域关注的重点内容之一。同时，资源作为教育数字化的核心内容，成为推动教育系统性变革的关键要素。在数字时代，教育教学资源的建设、使用及共享对提高教育质量、促进教育公平、推动教育均衡发展具有重要意义。教育部于2018年4月印发的《教育信息化2.0行动计划》中，将数字资源服务普及行动放在教育信息化八项实施行动的首位，明确提出要完善数字资源公共服务体系，优化“平台+教育”服务模式与能力，并实施教育大资源共享计划。2023年6月，中共中央办公厅、国务院办公厅联合印发的《关于构建优质均衡的基本公共教育服务体系的意见》中，进一步强调“大力推进国家教育数字化战略行动”，并指出要“加强国家中小学智慧教育平台建设，构建互联互通、共建共享的数字教育资源平台体系”等。这些政策文件的出台，凸显了数字教育资源共享在教育数字化转型中的实践基础和必然要求。随着现代信息技术从以网络和多媒体为核心向以互联网、云计算、大数据和人工智能等为代表的新一代信息技术发展，教育领域的资源共享也在不断深化。资源共享不再局限于静态的数字教育资源，而是向动态的智力教育资源流动和共享拓展。在新一代信息技术的支持下，这种动态的资源共享成为教育发展的新方向和新趋势。

7.1.1 数字教育资源共享

1. 数字教育资源共享的内涵

数字教育资源，亦即信息化教学资源，具备内容丰富、数字存储、网络传输以及传播使用可增值等特征。由于其以数字化形态存储，数字教育资源承载了信息的属性，其使用权能够与他人共同持有，从而摒弃了传统资源的独占性和排他性，转而具备了一般公共产品的基本属性。借助网络，数字教育资源得以在区域、城乡、校际之间实现共享。共享，即指将资源、知识、信息等与他人共同分享和利用的行为。共享既可发生在个人之间，也可在组织或社会层面展开。这一概念源自生活中分享物品、知识和经验的传统行为，但随着科技的不断进步，共享变得更加便捷与普遍。数字教育资源共享特指通过互联网，将以数字化形态存储的课程资料与他人共同分享和利用的过程。相关研究指出，数字教育资源共享是我国教育数字化领域当前最为迫切的需求之一，同时也是实现教育均衡发展、促进教育公平的关键途径。

2. 数字教育资源共享的案例

从 20 世纪 90 年代末开始，我国为提升教育质量、促进教育公平，实施了一系列工程或项目。以下列举的三个工程或项目，均可视为教育资源共享的典型案例。通过这些案例，我们能够深刻体会到技术在推动数字教育资源共享中所发挥的关键作用。

（1）农远工程

农远工程，即农村中小学现代远程教育工程，旨在促进城乡优质教育资源共享，提升农村教育质量和效益。该工程自 2003 年起实施，以信息技术为手段，采用教学光盘播放点、卫星教学收视点、计算机教室三种模式，将优质教育资源传输到农村的试点工程。工程用 5 年左右的时间，为全国约 11 万个农村小学教学点配备教学光盘播放设备和成套教学光盘，向这些教学点的小学生提供优质教育教学资源，解决师资和教学质量较低的问题；使全国 38.4 万所农村小学初步建成卫星教学收视点，基本满足农村小学生对优质教育教学资源的需求，同时，卫星教学收视点还将成为中央确定开展的全国农村党员干部现代远程教育的主要依托；使全国 3.75 万所农村初中基本具备计算机教室，使农村初中在校生能够逐步与城镇初中生一样，共享优质教育教学资源，接受信息技术教育，为推进全社会信息化奠定良好的基础。

● 模式一：光盘播放点

模式一配备彩色电视机、DVD 播放机和成套教学光盘。通过播放教学光盘对学生进行授课和辅导，如图 7-1 所示。

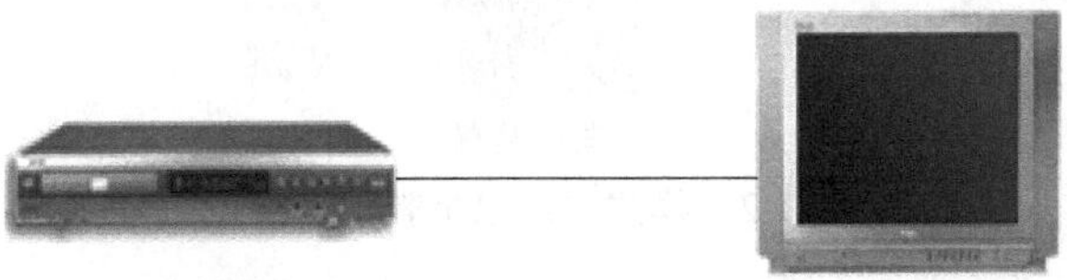

图 7-1　模式一：光盘播放点

模式一主要针对边远地区农村小学和教学点。这些地区通常师资力量薄弱。适用的教学光盘相当于引入了优秀教师，使山区学生能够享受到优质教学，同时为当地教师提供了观摩和学习的机会。

教学光盘播放点利用电视机和 DVD 播放机播放教学光盘，将精心组织的教学课程浓缩后直接送入农村中小学课堂。部分课程可在课堂上反复播放光盘，教师进行教学组织和必要的辅导；另一些课程则以教师授课为主，光盘播放为辅。在教学过程中，光盘中的教师与学生、教室中的教师与学生之间可以形成有效的互动。

模式一非常适合农村小学和教学点的实际需求，预计在中西部农村，尤其是边远和贫困地区的英语、语文教学发挥重要作用。利用这一模式还可以组织重点学科的远程教学，促使教学点教师逐步成为学生学习的帮助者和指导者。

应用方式：以教师讲授为主，播放光盘为辅，帮助教师备课。

主要优势：设备操作简单，教学方式易于掌握，且一次性投入较少。

● 模式二：卫星教学收视点

模式二配备一套卫星接收系统、一台计算机及其相应的外设，以及电视机、DVD 机和成套的教学光盘。通过中国教育卫星宽带传输网，该模式能够快速大量接收优质教育资源，并具备教学光盘播放点的功能，如图 7-2 所示。

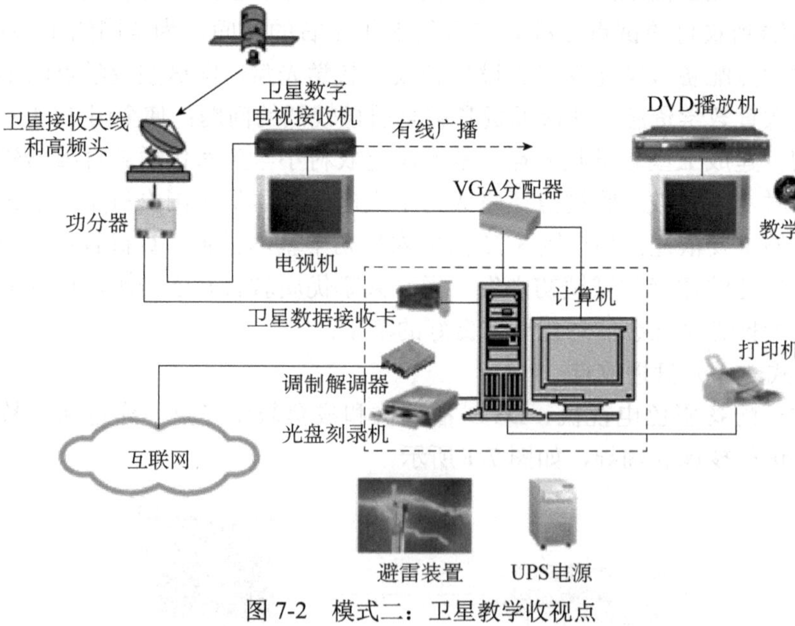

图 7-2 模式二：卫星教学收视点

该模式主要针对农村中小学（乡中心小学和村完小）。卫星教学收视点在覆盖教学光盘播放点全部功能的基础上，还可以快速获取大量优质教育资源，如优秀课程、教案、专题教育节目以及丰富的农科教信息，持续输入农村学校。这使得广大教师能够结合实际教学需求，将计算机辅助教学融入农村中小学课堂，从而提升当地中小学的教育教学质量。此外，该模式也是农村基层党组织对党员干部进行现代远程教育的主要平台，并满足农民群众的学习与培训需求。

广大师生可通过卫星广播、数据广播、电话上网等多种方式获取资源、查找信息、进行学习与交流。每所学校在教学之余可转变为当地干部群众的学习和上网场所，卫星教学收视点亦可作为对农村中小学教师进行持续培训的基地。

主要优势：能快速获取大量多种媒体资源，覆盖面广，成本低，提供最基本的数字化环境。

应用方式：收看空中课堂节目，进行同步教学、计算机辅助教学、教师备课、教研活动和教师培训等。

● 模式三：计算机教室

模式三配备卫星接收系统、网络计算机教室、多媒体教室以及教学光盘播放设备。其特点是除具备模式二全部功能外，还能够为学生提供网络条件下的学习环境，如图 7-3 所示。

该模式主要服务于农村乡镇初中。乡镇初中的计算机教室具备多种功能，学生可以利用计算机教室学习信息技术，上网浏览信息，接收卫星数据广播，共享优质教育教学资源。此外，计算机教室还可用于对教师进行培训，逐步推动教学内容呈现方式、学生学习方式、教师教学方式的变革。

在具备卫星教学收视点和教学光盘播放点全部功能的基础上，模式三进一步满足了学生学习信息技术课程、利用网络资源学习学科课程、下载优秀教育资源、培训教师等多元化需求。同时，该模式也将成为农村乡镇党委对党员干部进行现代远程教育的主要阵地，并满足农村群众的信息需求。

主要优势：提供网络环境，资源丰富，交互性强；提供师生学习计算机和网络技术的条件；提供个别化学习、合作学习等。

应用方式：开设信息技术必修课，开展网络环境下的教学，利用网络环境备课，开展教研活动和教师培训，为农村党员干部和农民提供培训服务，为农民获取和发布信息提供服务。

（2）三通两平台

2012 年 3 月，教育部正式颁布《教育信息化十年发展规划（2011—2020 年）》，

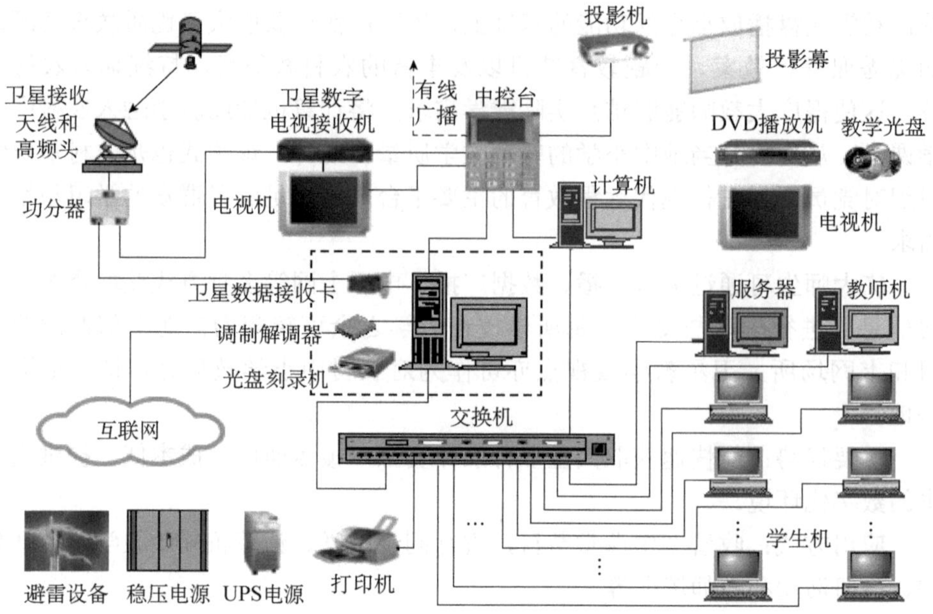

图 7-3 模式三：计算机教室

以政府规划文件明确了教育信息化的发展目标、方向、任务和措施。2012 年 5 月，教育部在北京召开的教育信息化试点工作座谈会指出，当前推进教育信息化的工作重点是三大任务和两个平台，是教育信息化“十二五”核心目标。三大任务：第一是要基本解决各级各类学校宽带网接入与网络学习环境的问题；第二是加强优质资源的建设与共享，每个班级都要用上优质资源，资源应用是关键；第三是建设实名制的网络学习空间环境，努力推动个人自主学习和教学互动。两个平台：一是教育管理公共服务平台，二是教育资源公共服务平台。2012 年 9 月召开的全国教育信息化工作电视电话会议上提出，“十二五”期间，要以建设好“三通两平台”为抓手，也就是“宽带网络校校通、优质资源班班通、网络学习空间人人通”，建设教育资源公共服务平台和教育管理公共服务平台。

“三通两平台”建设的最终目标是提高我国的综合实力，特别是在教育领域的软实力，促进信息技术与教育教学过程的结合，推动教育教学模式的变革，提高人才培养质量，方便学校和各级教学管理部门的管理工作。在“三通两平台”建设中，“两个平台”是基础，需要依靠信息技术进行基础建设；“三通”是最终要达到的结果。“校校通”通过互联网连接各个学校，实现每个学校的宽带网络接入，满足教学和学习环境对网络的需求；“班班通”在完成校校通的基础上，以班级为单位自由共享优质教育教学资源，使这些资源得到更好的利用，推动教育模式的改革创新；“人人通”是让教师和学生拥有一个实名的网络学习空间和场景，在教学和学习过程中真正融合信息技术与教育。

（3）“一师一优课，一课一名师”

“一师一优课，一课一名师”活动旨在贯彻落实党的十八届三中全会提出的“构建利用信息化手段扩大优质教育资源覆盖面的有效机制”，依据《教育部关于全面深化课程改革落实立德树人根本任务的意见》精神，按照教育部 2014 年教育信息化工作部署开展。该活动致力于使每位中小学教师能够利用信息技术至少上好一堂课，确保每堂课至少有一位优秀教师能够利用信息技术讲授。

“一师一优课，一课一名师”活动的参与者为全国所有具备网络和多媒体教学条件的中小学校（包括小学、初中、九年一贯制学校、完全中学和普通高中等）各年级各学科的教师。活动内容主要包括教师网上“晒课”与“优课”评选两个阶段。一名教师可以“晒”多堂课。所提交的网上“晒课”内容应包括一堂完整课堂教学的教学设计、所用课件及相关资源（或资源链接）、课堂实录（可选，拟参加教育部组织的“优课”评选者必选）和评测练习（可选）等。内容须符合 2011 版课程标准要求，体现学科特点和信息技术应用的融合性，突出展现数字教育资源的课堂应用及如何利用信息技术和数字教育资源创新教学方法、有效解决教育教学的重难点等课堂教学内容。

有条件的学校可鼓励教师上传课堂实录。课堂实录（指教学过程视频）应展现课堂教学的所有内容，过程完整，画面清晰。建议进行适当的后期剪辑处理，在适当环节插入教学资源呈现画面，保证资源呈现画面清晰可见。活动评选出的“优课”覆盖义务教育阶段和普通高中各年级各学科各版本，可以为教师课前备课、课中上课、课后评价、教师专业发展等日常教育教学的各个环节提供参考和借鉴。

“一师一优课，一课一名师”活动要求地方各级教育行政部门结合网上“晒课”和“优课”评选，组织看课评课，开展网络教研，分享典型经验，推广优秀案例，鼓励基层教师探索利用信息技术和教育教学融合的不同方法和多种模式，踊跃展示自己的优秀课堂教学，促进生成性资源不断推陈出新，形成示范性资源体系，为广大教师使用数字教育资源开展日常教育教学活动提供示范和便利，推动数字教育资源在不同教学环境下的应用，形成“人人用资源、课课有案例”的教学应用环境。

案例 7-1

国家智慧教育公共服务平台聚合了国家中小学智慧教育平台、国家职业教育智慧教育平台、国家高等教育智慧教育平台、国家大学生就业服务平台等，可提供丰富的课程资源和教育服务。

● 活动指导

请登录“国家智慧教育公共服务平台”官方网站：查看平台的板块栏目、课程体系等内容，任选一节课进行学习，并将学习过程中遇到的困惑、学习收获记录在下方。

____

____

____

● 案例提示

平台所有学习资源均免费使用，不得用于商业行为。为提升国家中小学网络云平台应用服务范围，推出国家中小学网络云平台 APP，服务学生学习，供自主选择使用。

7.1.2 智力教育资源共享

1. 智力教育资源的定义

智力教育资源是对教育领域内外具有较强信息素养和知识创造能力，从事知识创设、问题解决等高智力活动的个人、群体或组织等教育人力资源的一种特殊规定。智力教育资源以教育体制内的高水平教师为主体，以教育体制之外的行业专家、离退休人员、其他社会名流及人工智能教师等为辅助。并非所有人力资源都能称为智力资源，只有通过智力活动创造一定社会效益和教育效益的具有较高智力水平和智力活动能力的个人或组织，才能称得上智力资源。

智力教育资源是个人或团体通过教育投资、“干中学”所形成的知识、经验、技能和诀窍。此外，它还应包括内隐于个人或组织中不易洞察的社会资本或情感资本，以及存在于个人内心深处的隐性知识。其内容涵盖技术、知识、经验、诀窍、学习力和创造力等，也包括存在于个人心智中的价值观、洞察力、感悟力、人际协同能力、情感控制能力、责任感和忠诚度等。智力教育资源主要是主体通过自身学习和创新行为逐步积累而成的。因此，相对于静态的数字教育资源，智力教育资源是动态的，其动态性主要体现在教师智力资源的流动性上。

教育领域中的智力资源包括优秀教师、科研工作者等，他们能够利用信息技术所提供的协作、分享的互联网平台，快速组织知识资源，提供网络学习环境，为他人提供综合服务。他们不仅提供数字教育资源的服务，更重要的是将自己的智慧与数字资源进行整合，进行体系化的服务。

2. 智力教育资源共享的内涵

智力教育资源共享是教与学活动中的关键环节，也是教育资源管理体系的重要组成部分。智力教育资源只有通过个体或组织以一定的方式共享，才能在更大范围内发挥其价值。智力教育资源共享是资源主体对智力教育资源的教育价值、经济价值和社会价值的主动追求和利益共享，是一种互惠互利的共赢关系。从系统论的角度来看，智力教育资源共享的目标是实现一定区域内优质教育资源的优化配置和价值创造。它以网络学习空间为共享平台或手段，以合理的组织机构及政策规范为支撑。在一定的运行机制引导下，教育系统将一定范围（国家、地区、学校）内的全部或部分智力资源在最适当的时间提供给特定的教育机构或个人来分享利用，以实现智力教育资源的价值创造与价值转移，形成智力教育资源充分共享、价值充分创造的一种资源优化配置状态。

在移动互联时代，教师和专业人员能够利用网络提供多种形态的教育服务。智力教育资源共享是网络学习空间发展到一定阶段的显著特征，根据学生学习需要进行资源组织，提供针对性服务，实现智力资源共享成为常态。智力教育资源共享可以跨学校边界，能够在区域内、不同学校间以及同一学校的不同班级中提供智力服务。因此，智力教育资源共享的定义为：教育系统内外的个人、团体或组织在一定的组织氛围下，借助互联网技术和手段，提供、传递和创造所需的隐性知识，从而实现个体隐性知识的显性化、个体知识到组织知识的升华。

3. 智力教育资源共享的特征

技术支持的智力教育资源共享具有一般教育资源共享的共同特征，如系统性、动态性和互动性，同时又具有自身独特的特色，主要表现为共享主体多元化、共享空间虚拟化、共享过程复杂性、共享目的增值性。

（1）共享主体多元化

传统的智力资源供给主要依赖于学校或本地区内部的教师，主体较为单一，且同质性较为严重，使用的技术工具也较为单一，导致资源服务的创新性不足。相比之下，技术支持的智力教育资源共享基于互联网的各种社交平台、直播平台和知识创新平台，成为当下通过内外资源共享实现知识创新的重要途径。与传统资源共享不同，这种共享方式通过各类互联网平台聚集了学校内外、教育系统内外的教师、行业专家、离退休人员、手工艺者等多用户共同参与资源的创作。具备不同知识背景、拥有不同技巧和经验的共享主体纷纷通过平台共享和交流智力资源与服务，例如针对在校学生的课外作业辅导、英语口语和写作辅导，以及针对专业群体的手工艺技能、绘画、唱歌、剪纸等艺术技能培训。共享主体的多元化打破了传统的组织边界，弥补了校本资源的单一性、滞后性和局限性，丰富了资源创作和服务的来源和渠道，加快了多主体间知识交互和资源创新的速度。

（2）共享空间虚拟化

技术支持的智力教育资源共享是在互联网技术集群驱动下催生的一种智力资源共享方式，其资源共享活动是在网络学习空间这种虚拟空间开展的在线智力服务行为。智力资源服务的主体不一定必须到现场和智力资源需求者面对面，只需要在适当的时候进入自己的个人空间，从空间中调用直播工具、辅导工具等相关工具和资源，就可以开展相关的教与学活动。这与实体环境下的智力教育资源共享相比，不需要作为智力资源载体的人必须在场，可以通过网络学习空间虚拟在场、虚拟进入现场，与智力服务对象开展实时互动交流，解决服务对象在工作和学习中遇到的实际问题。因此，技术支持的智力教育资源共享为用户提供了一个更便利、高质量、高效率的资源共享途径，提升了智力服务主客体的自由度、活跃度和参与程度，加快了知识更新速度与知识流动速度，提高了知识共享频率，节约了共享成本，提升了智力教育资源共享的效果。

（3）共享过程复杂性

技术支持的智力教育资源共享作为一个由共享主体、共享客体、共享平台和共享情景等要素组成的生态系统，在系统运行的过程中，除了与系统本身的内在要素之间存在直接关系，还与共享系统之外的政治、文化、经济、技术和管理体制等因素息息相关。这些因素在整个资源共享过程中相互联系、协同工作，共同服务于智力教育资源共享，并在不同程度上影响整个智力教育资源共享的水平、效率和效果。特别是共享主体和智力服务对象等本身是比较复杂的系统，共享主体的共享意愿、知识创新水平、学习能力和共享技术参差不齐，智力服务对象的资源需求、知识理解能力、学习能力和学习态度等子要素也较为复杂多变，这两个子系统的复杂性在很大程度上影响智力教育资源共享的水平。另外，技术支持的智力教育资源共享本身是一个循环往复、动态演化的过程，每一次智力教育资源共享过程的情景和需求都不尽相同，因此具有一定的不确定性和复杂性，共享过程需要智力资源共享的主客体发挥自身的主观能动性，系统优化智力教育资源共享的过程。

在对智力教育资源的追求和共享过程中，存在若干个个体或团队，当这些个体和团队的需求无法满足或者利益分配不合理时，可能会产生不利于智力教育资源共享的不和谐行为，进而影响智力教育资源共享关系的弱化。因此，为了有序、合理、高效地共享智力教育资源，各利益主体间要形成一种协同关系，具体表现为共享各方的理念一致性、行为配合性和责权利明晰。只有各方本着 1+1>2 的协同效应原则，才能起到较好的智力教育资源共享效果。

（4）共享目的增值性

智力教育资源的共享特性保证智力教育资源不会在使用过程中被“消耗”，反而会产生新的价值。技术支持的智力教育资源共享的最终目标是通过多主体参与的隐性知识传递和外化，实现智力资源的充分共享，提升智力资源服务对象的知识吸收和内化，从而提升其核心素养。其最终目的是实现智力资源的增值与创新。作为智力教育资源共享的平台，网络学习空间的核心属性是共享、交互和共创，其基本特征是个性化、开放性、联通性和适应性。网络学习空间跨越传统组织对教育人力资源的边界壁垒，充分调动外部参与主体进行有效互动，通过分享、交互和创造的方式促进智力教育资源的再次进化，丰富智力教育资源的内容，提升智力教育资源的效果。智力教育资源共享强调参与主体通过隐性知识在主体间的社会化、外化、综合化和内化过程，使智力资源实现共享，借助互联网技术手段促进其在组织内外不断扩散，进而实现智力资源增值。

4. 智力教育资源共享的技术支持

从技术维度来看，支持智力教育资源共享的技术主要以移动互联网技术、大数据、人工智能等为代表的技术集群。这些技术的不断发展与交叉融合，为智力教育资源的共享提供了坚实的技术基础。

数字化技术在智力教育资源共享中的作用主要体现在连接、支撑和共享三个方面。连接是数字化技术的首要作用，以互联网为代表的数字化技术能够将师生之间、生生之间、校内与校外之间以及人与资源之间进行有效关联。支撑是数字化技术的第二个作用，即通过数字化手段更好地支持教师的“教”与学生的“学”。共享是数字化技术的第三个作用。数字化技术不仅为解决资源配置不均衡、农村地区教师短缺、学生个性化需求难以满足等问题提供了共享思路，而且随着网络技术的发展和网络带宽的提升，为在线辅导及网络直播等提供了技术保障。直播、录播等设备和平台的普及应用，降低了技术门槛和成本，打破了地区、学校、师生间的阻隔，使普通教师能够利用手机等便携智能终端随时随地进行在线辅导，学生也可以接受在线教师的辅导。随着教育数字化的深度发展，数字化技术能够为教育体制内外的行业专家、名师、普通教师、学生和家长架起资源共享的立交桥，为优质智力教育资源的共享提供便捷通道，有效促进教育公平与教育优质均衡发展。

5. 智力教育资源共享的案例

以下是一些智力资源共享的典型案例，有助于我们了解技术支持的智力教育资源共享，体会技术在智力资源共享中所发挥的作用。

（1）三个课堂

2020 年 3 月，教育部发布《教育部关于加强“三个课堂”应用的指导意见》，提出为促进信息技术与教育教学融合应用、探索信息化背景下育人方式和教研模式等重要任务，积极推进“互联网+教育”发展，针对基础教育阶段促进教育公平、提升教育质量的现实需求，在各地实践探索的基础上，现就进一步加强“专递课堂”“名师课堂”“名校网络课堂”（简称“三个课堂”）应用。这三种形式的课堂都是在推动技术支持下的智力资源共享。

- 专递课堂。“专递课堂”强调专门性，主要针对农村薄弱学校和教学点缺少师资、开不出开不足开不好国家规定课程的问题，采用网上专门开课或同步上课、利用互联网按照教学进度推送适切的优质教育资源等形式，帮助其开齐开足开好国家规定课程，促进教育公平和均衡发展。
- 名师课堂。“名师课堂”强调共享性，主要针对教师教学能力不强、专业发展水平不高的问题，通过组建网络研修共同体等方式，发挥名师名课示范效应，探索网络环境下教研活动的新形态，以优秀教师带动普通教师水平提升，使名师资源得到更大范围共享，促进教师专业发展。
- 名校网络课堂。“名校网络课堂”强调开放性，主要针对有效缩小区域、城乡、校际之间教育质量差距的迫切需求，以优质学校为主体，通过网络学校、网络课程等形式，系统性、全方位地推动优质教育资源在区域或全国范围内共享，满足学生对个性化发展和高质量教育的需求。

（2）中学教师开放型在线辅导计划（教师走网）

为了进一步深化教育领域综合改革，助力学科教学改革和考试招生制度改革，以“互联网+”和大数据深化创新教育基本公共服务方式，实现教师服务属性精细化的萃取和在线流转，为中学生提供多样化、个性化、精准化的在线教育服务供给，增强学生的实际获得感，北京市教委、通州区教委、北师大未来教育高精尖创新中心于 2016 年 11 月先行在通州区启动了“‘互联网+’助力通州区教育全面深化综合改革暨北京市中学教师开放型在线辅导计划试点工作”。通过在线辅导计划的开展，整合全市优质教师资源，实现精准化资源供给、补充基本公共服务的短板、服务中考改革、打破教师配备的时空界限、丰富课程建设、促进教师教研和服务学生短板等，取得了令人满意的效果。2018年，《北京市中学教师开放型在线辅导计划（2018—2020 年）（试行）》启动，该计划 2018 年上半年在含通州在内的延庆、怀柔、密云、平谷和房山 6 个区 135 个项目校共计 5 万余名初中学生中开展。2021 年，北京市印发了《北京市中学教师开放型在线辅导计划（试行）》，提出搭建中学教师在线辅导云平台，鼓励教师组合运用多种形式开展在线辅导。

北京市中学教师开放型在线辅导计划（即教师走网）是指以学生个性化实际需求为导向，在移动互联网、大数据、云计算等先进技术的支持下，教师或通过资格审核的社会人士，通过精细化诊断、答疑、辅导等方式在线贡献智力资源，从而帮助学生成功获得精准服务的一种独特的教师流动形式。该计划面向北京所有初中学生，辅导学科涉及语文、数学、英语、道德与法治、物理、化学、生物、历史、地理等 9 门，辅导时间为每个学期周一到周五的 18：00—21：00（原则上不含节假日和寒暑假），辅导形式主要有四种：一对一实时在线辅导、一对多实时在线辅导（互动课堂）、问答中心、微课学习。一对一实时在线辅导和一对多实时在线辅导的单次辅导时长不超过 30 分钟，教师连续两次开课间隔不能少于 10 分钟。在线辅导教师面向全市中学和教师研修机构在职在岗的中级及以上职称的教师进行招募，根据实施情况适时拓展到部分有资质的校外教育机构学科教师、高校或社会各界知名专家。申请辅导的教师须通过校、区、市三级审核后进入云平台。

该计划中智力教育资源共享的目的有三个方面。一是充分利用“互联网+”和大数据等信息技术的优势，相关教育行政部门的内部机构等协商解决教师在线辅导过程中的管理体制机制方面问题，通过试点地区探索，促进北京市教育供给侧改革，创新教育公共服务方式，提升人民对教育的满意度。二是以北京市在线辅导平台为纽带，广泛发动全市不同学科的优秀教师参与在线辅导，实现优秀教师通过互联网在区域内共享智力资源，为学生提供一对一、一对多的智力服务，使参与试点地区的学生每一门功课至少拥有两位老师，通过优秀教师智力资源的在线流转，促进本地区区域教育均衡发展。三是充分利用在线辅导平台的大数据分析功能，智能匹配学生的个性化需求和优质教师智力资源，中学生可以获得满足自身需求的智力服务，促进学生个性化发展。

（3）51 Talk

51 Talk，谐音“我要 Talk”，意为“我要说”，创办于 2011 年。从创立之初，51Talk 便将“让每个人都有能力对话世界”作为企业使命，是中国在线英语教育行业领导品牌，秉持“口语好，学习棒”的教育理念，采用真人外教一对一在线教学的学习模式，通过自主研发的真人在线互动教学软件——Air Class（AC）平台，打造沉浸式英语学习环境，实现“真外教、真在线、真负责”的高频高性价比英语学习，真正帮助学员提升英语语言应用能力。

51Talk 主要针对青少儿和成人英语，包括 51Talk 青少儿英语和无忧英语。无忧英语针对成人在线英语学习，重点提升学员的英语应用能力，坚持“用英语学英语”的英语学习理念，采用真人外教一对一在线教学的学习模式，打造沉浸式英语学习环境，培养学员英文思维习惯。

案例 7–2

在教育系统改革不断深入的今天，“教师轮岗制”逐渐成为一项备受关注的政策。北京市和无锡市是最早试点教师轮岗的城市。深圳市、常州市等地区自 2018 年起开始实施教师轮岗制度，规定专任教师每 6 年轮岗一次。教师轮岗制度原则上将来自城区优质学校的校长、教师轮岗到薄弱学校、农村学校，从整体上推动我国城乡教育发展一体化，缩小教育差距。

- 活动指导

“多地开始推行教师轮岗制”，引发欢喜和忧虑。请从不同角度出发谈一谈教师轮岗制的利与弊。

____

____

____

- 案例提示

2014 年，教育部等三部委联合印发了《关于推进县（区）域内义务教育学校校长教师交流轮岗的意见》，提出力争用 3—5 年时间实现县（区）域内校长教师交流轮岗的制度化、常态化。

教学活动建议

本节主要介绍了技术支持的数字教育资源与智力教育资源共享的内涵与外延、典型项目与案例等。教师可将教学重点集中在数字教育资源与智力教育资源的典型项目及应用案例上，通过案例让学生深刻了解技术在支持教育资源共享中的作用。建议教师通过典型案例分析、讲解等方式开展教学，也可以鼓励学生分享补充新的资源共享实践领域或案例。

学习活动建议

学生了解技术支持下资源共享的演变与发展历程，掌握技术支持的数字教育资源与智力教育资源共享的内涵。建议学生开展的学习活动有：

1）阅读教材及教师提供的补充案例，利用多种信息途径查阅更多相关案例；

2）与同学、教师一起分享教育技术前沿实践案例，进一步掌握本章所学知识。

7.2　技术支持的学校变革：从传统学堂到未来学校

教育是一种社会活动，学校是开展这一活动的主要机构。在文字产生之前，教育活动的主要形式是口耳相传和模仿。传说神农始作“明堂”，现代考古发现仰韶文化遗址有“议事厅”一类的建筑，考古学家推论此即为“明堂”，即进行公共活动的大房子。这说明早在原始农耕时期，便有了固定的公共活动场所，这些公共活动包括交流和传授经验等教育内容。虽然这些场所不是专门用于教育活动，但可以看出在新石器时代我国教育活动的发展。

社会发展到一定程度，教育必然会从其他社会活动中分离出来，形成独立的专门化教育机构。随着生产力的发展，特别是在文字出现后，专门从事教育的学校出现了。学校最早产生于埃及、巴比伦、亚述、印度、希伯来、中国等文明古国，并逐渐形成和发展了专门的学校教育。学校的出现标志着人类教育活动进入一个自觉的历史时期。

学校从诞生到现在，技术的进步总会给学校带来变革的新动力。当前，数字化进程的快速推进不断呼唤教育领域为未来刻画新的图景。2006 年，第一所“未来学校”在美国费城出现后，世界各国开始涌现出大量未来学校的探索实践。从全球学校时空变革的已有案例来看，未来学校已经出现，而且正在成为现实的存在。

7.2.1　技术支持的学校变革历程

1. 农耕时代：私塾、学堂

农耕时代的教育形态整体上以家庭教育为主体，有的通过私学等形态接受一些朴素的生活或生产教育，普通的生产劳动技能通过师徒制的形式传递。早期学校教育的主要目的一方面是培养统治阶级所需要的士大夫官僚，另一方面学校教育的本质是实现去个性化，保留学校分隔家庭的功能，是对广大劳动人民进行宗教、道德或政治的教化。早期学校的这种分隔家庭的功能和去个性化取向是一种强调普遍性逻辑的反映。它的基本观念是普遍性的（或者高级的）东西比个别性的（或者低级的）东西重要。社会教育影响较小，主要体现在村规民俗、家族传统、宗教教化等。

总体来看，农耕时代学校的特色是：①知识短缺，知识掌握在少数人手中，可供老师教授的知识不多，所以教学内容可选择性低，教师因为占有知识而成为社会精英。等第制显著，多样性不足。②接受正统学校教育的人少，学校以私学为主，学生大多是社会上层人家的孩子，大多数普通人家的孩子没有能力和机会读书。③教育是传道，学习是求学。比如，我国古代的学校教育以培养君子为目标，以儒家经典为主要教育内容，学生学习有明确的目的。④学习方式以诵读经书为主，到了经院时期，增加了思辨和对话。

2. 工业时代：传统学校

18 世纪末的工业革命不仅改变了人类传统的农业生活，而且显著地改变了学校教育的培养方向和规模。随着工业生产规模的扩大，对不同层次人才的旺盛需求最终推动了农业时代教育模式的转变。学校教育的受众面从少数人逐渐扩大到多数人，最终扩展至每一个人，精英教育逐渐被普及性的全民教育所取代，人类教育由此进入了全民教育即学校教育普及时代。工业时代倡导的教育机会均等赋予了每个公民接受教育的机会，同时，个人的生存与发展也要求接受系统的学校教育。因此，工业时代的教育成为每个人生存和生活幸福的必要条件，教育的社会功能（即教育促进社会发展的功能）逐步增强。20 世纪，发达国家和发展中国家都致力于在不同层次上普及教育，且普及程度和质量逐步提高。义务教育获得迅速推广，逐渐在全球范围内普及。

工业时代的教育特点在于忽视学生的个性需求，整齐划一地将学生培养成社会流水线所需的产业工人和管理职员等。正如科学管理创始人泰勒所言：“我们不需要工人有什么头脑，我们只要求他们听话，把我们指令的工作尽快地干好。”

3. 信息时代：现代学校

以计算机多媒体和网络为代表的信息技术的出现，深刻地改变了人们的思维模式、教育方式和活动空间。计算机与网络的结合使整个人类世界融合为一个完整的信息体，将教育的速度、规模、质量和方式有机地整合在一起，使教育在虚拟状态下呈现出前所未有的开放性。教育的时空界限被打破，教育模式发生了质的变化。学校教育从传统的学生走向封闭教室转变为开放的网络走向学生，全球化教育互动和即时交流成为可能，优质教育资源将为人类所共享。

人类教育的虚拟网络时代在 21 世纪将得到充分展示。从农业时代和工业时代的实体教育走向信息时代的虚拟教育，人类教育实现了第三次历史性的跨越。教育的远程化、信息化、国际化、程序化、即时化成为信息时代教育发展的基本走向，并将最终为全球教育一体化奠定坚实的基础。

4. 数字时代：走向未来学校

新一轮工业革命的发展自然也刺激着学校形态的改变，当前学校对人才培养已经不能满足未来社会的要求，未来学校呼之欲出。未来学校首次的实体展示是由美国费城学区和微软公司合作完成的，以未来学校（School of the Future）直接命名成立。马斯切莱恩（Jan Masschelein）和西蒙斯（Maarten Simons）指出，未来学校是一种特殊的形态，即一种特殊的“时间—空间—物质”安排，包含具体的架构、技术、实践和数据。

（1）未来学校的内涵

未来学校可以分为广义上的“未来学校”和狭义上的“未来学校”。广义上来讲，参考对“未来”的定义，未来学校可以泛指在未来时段内所建立的所有学校形态。但如此一来，研究的范围便变得广阔且毫无边际。为了对其有更加适切、合理、准确的解释，参考杜威在《明日之学校》中提出的“明日之学校在对这个国家的教育起着作用的趋势中产生”观点，可将“未来学校”理解为广泛意义上的“未来的学校”。也即，所有代表未来学校发展趋势的学校都可以称为未来学校，例如，上海市开展的“新优质学校集群发展”“特色普通高中”、江苏省实行的“高品质示范高中”、浙江省推进的“现代化学校”等学校样态的探索。

狭义上来讲，未来学校就是指美国 2006 年费城学区与微软共建的“费城未来学校”。学校采用政企共建的模式，政府提供学校资金，微软公司提供学校的空间设计、课程体系建设和技术支持，并负责指导师生发展。由微软公司定义的未来学校概念及其学校建设实践在世界范围内反响热烈，为世界范围内的未来学校建设提供了可供参考的案例，成为此后诸多国家各式各样“未来学校”计划的理念源头。

综上，未来学校是指在新一轮工业革命背景下发生的学校系统性变革，是基于未来人才培养需求与人工智能技术的深度融合创新而形成的处于持续动态发展进程中的新形态育人场域。

（2）未来学校的特征

未来学校具有以下三大特征：第一，未来学校的发展表现在于其新型态育人场域的定位。学校得以出现的原点在于其育人功能的定位，而未来学校作为学校的一种继承性发展，其得以继续发展的基点依然在于其育人功能的发挥。但基于社会变革的推动以及数字化技术的支撑，未来学校又非仅仅停留于传统育人功能的实现，而是表现出一种新的型态：虚实交融的泛在学校时空、人机环境融合的学校结构性系统以及基于学习者自适性学习的学校教育服务形态。第二，未来学校的发展核心在于培养未来人才。未来学校作为新型态育人场域的最终指向在于培养未来人才，培养未来社会发展所需要的身心健康的智慧型人才。罗生全和王素月认为，智慧型人才主要指向学习者的德性、知识性、主体性、智能性以及高阶思维性的发展；智慧型人才不能仅仅只是传统单一的普适性劳动力，而必须是基于合作的专业劳动力。由此，智慧型人才的发展不仅仅需要未来学校是促进个体个性化发展的学习场域，更要求未来学校是促进学习者交流、交往、合作、情感、态度、价值观发展以及创新等能力培养的场域。第三，未来学校的发展支撑在于新一代信息技术与学校教育的深度融合创新。目前人工智能技术已经取得了突破性进展，徐献军认为，在可形式化、可表征化的数据处理方面，人工智能大大优于人类；未来的人工智能技术将引领世界科技的发展潮流，将会更大地颠覆当下人类的生存与生活状态。但未来学校的建设与发展需要新一代信息技术与学校教育的深度融合创新，需要基于学校教育的发展核心创新使用新一代信息技术，从而才能为未来学校的建设提供有效的技术支撑，才能推动未来学校的发展进程。

思考 7–1

您认为您的高中学校是否为未来学校？为什么？

7.2.2 未来学校的发展方向和实践案例

1. 未来学校的发展趋势

杨宗凯指出，未来学校将通过新一代信息技术促进教育流程再造，打破传统教育中标准化、流水线的生产方式，进行个性化和差异化的教学，解决长期以来困扰教育发展的“规模化”与“个性化”的矛盾。信息技术将逐渐隐身于教育的背后，以一种自然而然的方式影响教育，并贯穿于学校教育的每个环节，包括学习空间再造、学习方式变革、课程体系重构和组织管理转型。

（1）学习空间再造：灵活、智慧、可重组

学习空间与学校的育人功能直接相关。长期以来，学校的学习空间一直延续着工业时代的设计标准。最为常见的场景是：学校由一间间一模一样的教室组成，每间教室摆满整整齐齐的桌椅，学生规规矩矩地坐着听老师讲课。这种场景与工厂非常相似，教室就像工厂车间，教育过程则像工业流水线生产，这种标准化的教室就是为了满足标准化的教学。为了更好地支持个性化学习和多样化教学方式的开展，未来学校的学习空间将从“为集体授课而建”转向“为个性化学习而建”，并呈现出一些新的趋势：一是灵活。创新教室布局，配备可移动、易于变换的桌椅设施，支持教师开展多样化的教学活动。二是智慧。打造数字化学习社区，利用大数据、云计算、物联网等新技术，搜集学生学习的过程信息，评估学生的学习特征与优势潜能，为每一位学生提供定制化的“学习体检表”，帮助教师研制出个性化的学习方案。三是可重组。扩展学校的公共空间，打破固定功能的设计思维，促进学习区、活动区、休息区等空间资源的相互转化，把非正式学习纳入学校教育的重要议程，给学生提供更多的活动与交往空间，促进学生的社会性发展，弥合正式学习与非正式学习之间的界限。

（2）学习方式变革：主动、深度、无边界

学习方式变革是未来学校的关键。传统的学习是固定的学生在固定的时间学习固定的内容，并试图让所有学生达到固定的标准；未来的学习将突破这种强调标准统一的教学秩序，允许不同的学生用不同的时间学习不同的内容，帮助他们达到自己所能达到的最高水平。未来学习方式将呈现出新的趋势：一是主动学习。面向真实问题重组教学内容，采用主动的、探究式的、游戏化的学习方式，让学生在积极体验中学习知识、养成个性、培养能力。二是深度学习。学习不能停留于知识的了解和知晓层次，鼓励学生像科学家一样思考问题，像工程师一样解决问题，把鲜活的生活引入课堂，创设更多的动手机会，让学生用所学知识解决实际问题，帮助他们掌握知识之间的深层次联系。三是无边界学习。挖掘外部社会一切有利的教育资源，突破校园的界限，学习既可以在教室，也可以在社区、科技馆和企业，甚至可以去不同城市游学，任何可以实现高质量学习的地方都是学校。

（3）课程体系重构：个性、联结、跨学科

现行的课程体系以分科为主，有利于系统知识的习得，但不利于完整知识结构的形成和综合思维能力的培养。随着课程的“知识化”倾向愈演愈烈，课程与生活的距离也逐渐拉大。杜威曾指出：“只有在教育中，知识主要指一堆远离行动的信息，而在农民、水手、商人、医生和实验室研究人员的生活中，知识却从来不会远离行动。”未来的课程将根据生活中的真实问题设置主题，通过跨学科的课程整合，在不同学科领域之间建立联系，促进知识的生活化，加强知识学习向实践创新的迁移。未来的课程将呈现新的趋势：一是个性。所有学生使用同样学习内容的局面将逐渐瓦解，学校依据国家课程标准，对教材内容进行优化和改造，彰显本土文化特色和学校价值主张，更好地满足学生的个性化发展需要。二是联结。未来学校的课程将突破校园的限制，联结学生与自然、社会以及个体生活的联系，通过校内外课程资源的有效整合，课程的提供者不仅仅是教师，也可能是农民、医生、商人、工程师、运动员、社区工作人员等，任何有专长的人都可以成为教师。在信息技术的支持下，课程资源更加丰富，学生既可以选择线上课程，也可以选择线下课程，既可以选择本校的课程，也可以选择外校的课程。三是跨学科。加强各学科之间的融合，通过序列化的问题把各学科知识串联起来，形成一种更加全面、相互衔接、融会贯通的课程结构，帮助学生形成更加完备的视角、思维和知识体系。

（4）组织管理转型：开放、民主、扁平化

当下学校管理存在过度的功利化、科层化、秩序化倾向，造成学校实践中“管理宰制教育”的管理主义盛行，学校管理本应具有的教育性遭到弱化乃至遮蔽。学校作为培养人的专业机构，管理本身也应该是一种教育，不适合的管理将会导致不完整的学生。未来的学校将更多采用弹性学制和扁平化的组织架构，不再拘泥于传统的年级和班级的管理体系，加强不同学段和不同年级之间的衔接，根据学生的个体需求提供私人订制的教育服务。一是开放。加强与外部社会的联系，推动学校与政府部门、科研机构、社区、家庭等开展跨界合作，利用一切有利的社会资源优化办学，完善学校治理结构，增加家长和社区在学校决策中的参与度，促使学校从封闭走向开放，学校与社会、家庭形成良性互动。二是民主。学校各项事务都应充分尊重学生，鼓励学生自主管理，培养学生成为有道德情操、国家意识和世界精神的健全公民，尤其对待学习困难学生和特殊儿童，要秉持公平理念，确保不让一个孩子掉队。三是扁平化。通过职能划分和机构重组，实现决策、执行和监督三个职能相对独立，精简管理层级，加强机构之间与机构内部的协调，学校组织构架将从纵向垂直模式转向多向交叉的互联模式。同时，利用大数据提供更加精准的教育管理服务，建立“用数据决策、用数据管理、用数据创新”的新型管理机制，提升学校治理能力的现代化水平。

2. 未来学校建设的案例分析

（1）费城未来学校

费城未来学校是世界上第一所未来学校，由微软集团与费城学区共于 2003

年开始筹建，历经三年于 2006 年建成。费城未来学校是“学校共建”的尝试，是世界未来学校的起点。2008 年，微软的未来学校已经覆盖了 12 个国家和地区。费城未来学校的建构措施如下。

1）为学生配备笔记本电脑，为课堂配置互动智能板（smart board）代替原来的书本和黑板，学习内容是依托微软公司开发的 1700 个主题资源以及互联网上更广阔的资源。

2）改变固定作息，采用个别化学习进度。仿照公司朝九晚五的上下班时间，学校的工作时间固定在 9：15 到 16：19，在这一时间段内，学生可以选择适合自己的时间进行学习。学生只需要进校刷卡签到后，打开学习日程，按照自己预约的时间去上课即可。因此，学生的学习进度可以不同，每个学生可以按照自己的认知水平加快或放慢学习速度。

3）提供整全的（holistic）学习环境，设计者不仅对显性学习环境（无线网络覆盖等）进行了设计，还对间接的学习环境进行了周密的布置，如建筑的屋顶、玻璃幕墙，教室光线的采集等，将科技元素与教育理念整合在一起。

4）设置“学生成就中心”（Student Success Center）和“信息科技与网络设计实验室”（IT and Web Design Lab）等学习空间，让学生提前熟悉就业市场。

5）注重“空间共享”，降低建设成本。未来学校的预算甚至低于一般公立学校的预算标准，这主要得益于空间的多重利用。例如，开放式剧场、自助餐厅、会场等空间的功能是多样的，不仅可以用来表演、就餐和开会，也可以随时被分割成报告厅、讨论室和教室，同时也可为社区居民学习提供需要。

（2）新加坡的未来学校

为了开创教育领域信息技术使用的新局面，新加坡未来学校强调将信息技术集成到现有的教学系统中，以此创新教学系统，并试图通过营造良好的学校文化促使学生独立思考和自主学习。

1）构建 3D 虚拟学习情境。未来学校开展信息技术教育的关键问题在于如何在有限的校园区域创造无限的学习情境。不同阶段的学校运用网络协作技术营造多维仿真虚拟学习情境，构建本校的特色课程。例如，崇辉小学通过将 3D 学习情境融合到学校教学管理系统中，构建了具有创新性的“崇辉世界”。不同阶段的学生对信息技术的使用方式不同，依据不同阶段的教学侧重点进行划分。具体而言，一、二年级的学生创意多，因此练习和使用“播客”；为了保持中年级学生的好奇心，安排他们使用多媒体完成家庭作业；为提高高年级学生的动手能力，安排五、六年级的学生深入学习数码艺术、制作影片等技能。康培小学开发和使用了促进学生大脑开放的 3D 教育游戏系统，克信女中为学生提供了科技旅游项目，让学生在体验各种旅游项目过程中获取所需信息资源。这些措施旨在让学生获得一种身临其境的体验，激发学生的学习兴趣和探索的激情，潜移默化地培养学生的创新和协作意识。

2）ICT 的应用。ICT（information and communication technology，信息和通信技术）在教育中的应用包括教与学两个方面，不仅促使学生较为轻松地掌握知识，还能为教师提供良好的教学环境。未来学校注重与企业和高等院校合作，强调对教育领域 ICT 的投资，开发和研制最前沿的教学设备，并将这些教学设备运用于学校的教学中，使每个孩子都能用 ICT 进行学习。

3）重视 ICT 项目的创新。把研究成果转变为丰富的课程资源，使所有学校都可以借鉴成功的模式。例如，南侨小学在课堂教学中嵌入交互式讲台，运用现代信息技术培养学生的参与意识，提高学生的实践能力；南侨中学成功利用 ICT 开发了针对低年级中学生的人文教育游戏；南洋女子中学的 iPad 教学帮助学生有效预习和复习，实现了从实验性班级向全部班级的推广。

4）创新课程体系和教学评价模式。ICT 技术不仅可以创建和模拟 3D 学习情境增强学生学习的体验性，还可以创新学校课程、教学方法和教学评价。借助 ICT 技术改进和创新现行课程和教学方法，以此生成可进行推广的具有现代教学理念的新课程体系和方法。例如，义安中学的“启发式在线学习媒介”（Heuristic Online Learning Agent，HOLA）项目，学生只需要进行简单的用户注册就可以进行咨询和提问，学生在 HOLA 的在线窗口进行沟通，系统将通过扮演一对一教师或学习伴侣的角色，快速为学生找到所需信息和问题解决方案。截至目前，义安中学成功开发了帮助学生学习物理知识的牛顿在线窗口（HOLA Newton）和促进学生文学方面学习的莎士比亚在线窗口（HOLA Shakespeare），并在努力探究将苏格拉底式质疑法（Socratic Questioning）应用于教学的方法。现代信息技术不仅可以使老师教得更好、学生学得更高效，还可以改进现有的评价模式，开发一些先进的教学评价模式。例如，义安中学开发使用理解式教学法来引导课程的设计和评价工具的使用，极大地增强了评价的多元化和合理性。

（3）北京市海淀区的未来学校

作为中国教育发展前沿的海淀区，教育起点高、发展速度快、创新能力强，一直积极探索符合时代趋势和自身定位的教育创新。2016 年，海淀区加入中国未来学校创新计划，主要是在海淀区的试点学校开展学习空间设计、学习方式变革、课程体系设计等方面的探索，并且取得了较好的效果。

1）改造学习空间。未来学校的学习空间是灵活、开放的，能够支持多种方式的学习。中国农业大学附属中学的学习空间具有灵活开放的特征，形成了学校空间与学习方式变革融合的形态。该校以课程为基础将空间分为三大类型：完成国家课程、满足学生自主学习需求的学习空间；完成选修课程、培养创新能力的创意空间；培养自我管理的生活空间。同时，每一类型空间再进行细化，学习空间包括管理中心、学习中心和阅读中心，创意空间包括科技中心和艺术中心，生活空间包括体能中心、心理中心和生活中心。中关村第三小学在已经构建好的课程基础上，全校以班组群为组织单位进行架构，以项目式学习的形式对空间进行划分。

2）变革学习方式。未来学校的学习方式是多元和个性的，正式学习与非正式学习之间不再存在界限。海淀区万泉小学打通了学科世界和生活世界的界限，对学科、课堂、资源和时空进行全方位整合，构建了开放、综合和以学生学习为中心的学习生态。北京医科大学附属小学不仅打造了学生喜欢的课程体系，还用信息技术搭建了各种展示平台，学生通过参与社团活动进行学习，不再是仅仅在教室里听讲。经过学校的研究实践，学生不仅学会了使用培养逻辑思维的工具，而且在乐学的氛围中提高了思维能力。北京十一学校龙樾实验中学把学校建构成了未来小镇的模样，与周围的社区完全融合在一起，在功能区内教师与学生自由交流，学生来学校不是上学，而是参与生活。这种参与生活式的学习具有主动性和深度性。

3）构建新型课程体系。北京市海淀区五一小学的幸福素养课程是通过把知识划分为五个不同的领域，再将每一领域的课程按照知识的难度分为基础类课程和拓展类课程而建构起来的，目的是打破各种壁垒，提升学生的综合素质。北京交通大学附属中学以“使用清洁能源，保护绿水青山”为主题，进行跨学科融合课授课，其中共包含了地理、物理、数学和生物四个学科，这种跨学科课程对学生综合分析问题能力和素养的生成起到很大作用。北京市第五十七中学成立飞行员早期培养高中实验班，进入飞行实验班的学生不仅要完成国家要求的高中课程，同时还要系统学习飞行员的专业课程。课程的设置突破了校园限制，课程内容与生活紧密联系，更好地满足了学生个性发展的需要。

（4）成都市的未来学校

成都市少城小学在实践中不断探索，具体措施如下。

1）构建沉浸式信息化环境，扩展人与空间的连接。建设沉浸式信息化环境，将技术与学习生活深度融合，使师生从重复性劳动中解放出来，是未来学校建设的时代基础。自 2013 年起，少城小学在实践方面持续探索。首先，全校覆盖无线 Wi-Fi 网络，确保师生的学习活动能够随时在线。其次，引入交互式学习系统，如电子书包系统、TBL 学习反馈系统、一对一反馈学习系统等，可根据课程实际情况选择性使用，以实现学生学习过程数据的互动生成；目前，低学段主要采用小组合作设备，高学段则根据需求选用一对一学习系统。最后，建设可迭代的校园智能管理平台系统，利用手环等穿戴式设备收集学生的健康、行为等数据，并将互动学习系统中产生的学习数据以及在家校平台中产生的互动数据进行全面整合，形成学生的立体成长数据和参考标准。通过收集更多的沉默数据，为学生身心健康的全面发展提供评估建议，为教师和学校管理者的决策提供依据，为与家长之间更有效的沟供基础。

2）合理采用交互技术工具，增进学习过程与内容的紧密相连。首先，构建交互学习的课堂。作为学生学习发生的主要场所，课堂经历对学生成长至关重要。在交互式工具的支持下，教师能够为学生提供更多的学习过程体验，学生在学习方式的选择上也更具多样性，能够在情境中学习、在经历中学习、在合作中学习。其次，交互技术工具助力互动评价的探索。建立更加有效的评价标准，以准确评估学生能力发展水平。少城小学对期末成绩通知书进行了变革，改版为学生综合素养报告册，将学生社会实践、校本课程、科技创新、行为习惯等方面的表现纳入其中，并引入多元主体进行评价，以提供更多反馈。

3）采用虚实结合的路径，强化认知与能力的连接。虚实结合的教育路径包括两个方面：一是改良学校现有课程；二是建立虚拟空间。利用技术优势和学生认知特点，拓展校园学习时空，创新认知模式。课程是学生发展的基础路径，也是教育路径中最现实和实际的部分，课程建设综合体现了一所学校的教育理念、过程和方法、环境文化等多方面元素。例如，少城小学地处成都原点腹地，拥有深厚的历史文化底蕴。学校从“六艺”出发，结合现代核心素养的要求，共同探索构建“六艺+”课程体系，将德智体美劳、社会实践、国际理解、科技创新等方面的理念，通过多种方式呈现出来，开设了“创客空间”“3D 设计”等多种丰富的课程。而“虚拟校园”则是围绕未来素养要求为学生提供的虚拟学习空间，应用系列虚拟学习工具和技术创造一个仿真的学习环境。在这个虚拟校园里，建设有“少城竞技场”“创意工作室”“漂流书签”等环境，参与者可以在此互动、交流经验。例如，学生可以在竞技场进行辩论、演说、广播等活动，家长也可以参与其中，共同学习。

7.2.3 技术在促进学校变革中的作用

技术的加速更迭促使学校形态在技术层面经历了诸多变革。借助大数据、人工智能等先进技术，诸多以往仅停留在构想阶段、难以实现的教育理念在当下得以落地生根。因此，我们有充分理由相信，技术能够为未来学校带来更多的福利与变革。学校运用技术的核心目的在于更高效地为学生提供学习空间与学习资源。教师借助技术手段能够更有效地组织与管理教学活动，学生则能够更灵活地与教育系统中的其他利益相关者建立联系，进而与教师、家长以及管理层实现更顺畅的沟通，推动个性化学习的实现。

1. 依托技术实现学校空间再造

传统学校作为一种实体存在，具备固定的场所、学制、课表、教材、固定学段的学生以及专职人员等要素。其诞生曾满足了工业革命时期对大规模、标准化人才的需求，然而，这种流程化、封闭化和僵化的教育形态也使传统学校屡遭诟病。随着新技术的迭代创新，人们越来越倾向于冲破传统学校的内外阻隔，谋划智能时代未来学校的空间再造。

未来学校的空间重构基于学校场域，旨在对传统学校空间的线性布局进行结构性改造，打造能够满足学生多样化学习需求的多元布局和学校新样态。以教室为例，传统教室的空间布局是线性、单一、封闭、规整的列阵式布局，而未来教室的空间布局则是灵活、开放、多样、可移动、智慧的复合功能空间。这种布局不仅能满足教师集体授课的需要，而且还能满足项目化学习、个性化学习、游戏、表演、展示等多种形式的教学需求。除此之外，未来学校的空间重构还表现为对学校有限空间整体布局的重组与改造。学校不再是由彼此分离的区域构成，而是转变为彼此连接、灵活开放的多元功能空间。例如，学校空间被建构为“未来学习中心、未来创新中心、未来艺术中心、国学启慧中心、生活体验中心、社会践行中心、未来体能中心和情绪行为中心”，从而打破了传统学校规整化、齐一化的空间布局。教室之间采用可移动隔断，实现学习空间的自由转换，以满足不同的学习需求。班级、年级之间的区隔逐渐变得模糊，甚至取消行政班，实现学生在不同功能区之间的自由流动，更好地体现随时随地可学的“泛在学习”理念。

2. 技术与学校教学深度融合

首先，技术赋能可能促使教育呈现“双线混融教学”的新趋势，推动实现无边界学习。互联网、移动终端、虚拟现实等技术彻底打破了传统学校对知识传播的垄断，使线下教育与线上教育融合共生。即使在教育资源极度匮乏的偏远农村地区，只要有技术支持，就能实现基于数字资源的泛在学习。例如，在肯尼亚一所难民营中创立的卡库马创新实验室学校，该校将国际志愿者教师与难民儿童连接起来，提供免费的远程教育。他们通过即时通讯软件 Skype 为难民儿童提供英语、数学和科学课程，使孩子们有机会接触难民营之外的世界。毋庸置疑，技术使教育不再受时间、空间和地域的限制，实现了教育空间的无限延伸。再如，2020 年的疫情全球大流行迫使全世界大多数学校从线下教育转向线上教育。据联合国教科文组织统计，全球约 16 亿学习者受到疫情影响，甚至很多学校被迫处于停课状态。疫情是对全世界的一次大考，也是对教育的一次大考，如果没有技术的“入场”，教育受到的冲击可能会更大。

其次，技术赋能使教学走向“人机共教”的新时代，“双师共存”协同交互育人可能成为未来学校的新常态。传统学校以“人”为“师”，但当人类进入“人+机器”的智能化时代后，技术全面渗透并应用到教育中，事实上促成了“机器教师”的诞生。当前，诸如智能作文评价系统、学习分析系统、智能伴学、虚拟助教等的广泛应用，正在深刻改变学校教育的图景。可见，技术与教学深度融合，可以辅助教师诊断学情，为学生提供个性化课程反馈，实现精准教学。通过大数据等技术，教师能够精准了解学生的学科能力、发展水平、个性特点等学情信息，根据大数据反馈的信息“证据”，教师可以因人而异地为学生定制个性化的学习方案。例如，智能机器人能更好地评测学生在不同方面的技能水平，集聚更多、更优质的教育资源，通过算法与数据，确定哪些资源更适合学生练习掌握，从而陪伴、辅助、督促、检查学生的自主学习，使每个人的个性化学习更有成效。甚至实现“每个孩子身边都有一个苏格拉底+达·芬奇+爱因斯坦式的 AI 教师进行一对一授课”。美国的 AltSchool 就是将技术渗透到教育的各个环节，通过大数据观察、追踪、记录每一位学生的学习数据，实时分析并快速反馈教学数据，帮助教师调整、优化教学方案，实现个性化教学。无论学生处于何种状态，教师通过技术工具的使用，都能为学生定制一个最合适的课程计划。

3. 技术与学校课程深度融合

传统学校课程供给依据课程标准设定固定课程体系，学生需被动适应学校课程安排。相较之下，未来学校课程供给以学生需求为核心，将选课自主权赋予学生。借助大数据、云计算、互联网等技术提供的学习诊断与学情分析，学生能够自主挑选符合自身兴趣且契合能力发展的课程内容。例如，美国 High Tech High 学校在技术环境支撑下，开发了 245 个跨学科主题项目，实现了技术与课程的深度融合。北京十一学校秉持“创造适合每一位学生发展的教育”这一价值理念，构建了多元化、可选择的课程体系，以满足学生个性化学习需求，实现了“一人一张课程表”。

教学活动建议

本节的教学重点是技术支持的学校发展方向和技术在促进学校变革中的作用。本节的学习旨在使学生深入理解技术支持下的学校变革以及技术在促进学校变革中的关键作用。建议教师在教学过程中尽可能多地引用实例进行讲解，引导学生结合自身的教育经历和体验，进而更加深入地掌握本节知识。

学习活动建议

学生应理解技术在促进学校变革中发挥的作用。建议学生开展的学习活动有：

1）阅读教材和推荐阅读文献等；

2）根据自己的教育经历和学习体验，理解技术在学校变革中的作用，并进行分享；

3）与同学、教师以线上或线下的方式进行讨论，以建构自己的知识和理解。

7.3　技术支持的教学方式变革：从规模化到群体个性化

个性化教育一直是不同历史时期教育一贯坚守的重要理念。在原始社会，教育尚未从生产和生活中分离出来，多数教育活动都是分散的、个别进行的，随时随地开展。到了农业社会，教学大多也是存在于统治阶级内部，且多为小规模进行，学生的年龄、既有知识结构和学习进度参差不齐，教师只能根据不同的学生施以个别教学。孔子就提出了因材施教的教育原则，并将之贯彻于日常的教育实践之中，且取得了显著的成效。进入工业社会后，为适应工业生产规模不断扩大的需要，教育形态由个别化教育转向规模化教育，以满足大量增加受教育者数量的需求。然而，随着社会的不断发展，工业时代的“标准化价值体系”在新的生产方式和生活方式中逐步瓦解。因此，群体个性化教育的社会诉求日益强烈。同时，大数据、人工智能、5G、云计算等新一代信息技术日臻成熟，正推动着个性化教育从规模化教育向新一代信息技术赋能的群体个性化教育转变。

纵观人类历史发展进程，我们可以清楚地认识到，受生产力变化影响以及技术的驱动，人类教育经历了两次大的变革：从原始的个别教育走向个性化的农耕教育，从个性化的农耕教育走向班级授课式的规模化教育。

7.3.1 规模化教育

1. 规模化教育的产生与发展

封建社会后期，随着资本主义生产关系的萌芽，与农业社会的生产关系相适应的、个别化的、分散式的农耕教育逐渐无法满足资本主义生产关系的工业文明的需求。一些资产阶级启蒙思想家和教育家积极倡导新式教育，反对封建的落后教育。特别是随着资本主义生产关系的发展，需要大量有一定知识和技术的产业工人。于是，以班级授课制为核心的批量式、标准化、集中化的规模化教育应运而生。然而，这种规模化教育在推动教育普及和效率提升的同时，也在一定程度上抑制了个性化教育的发展。

标准化的班级授课式教学是工业社会规模化教育的主要形式，班级授课产生于第一次工业革命时期。第一次工业革命的兴起，开创了以机器代替手工劳动的时代，资本主义工商业的发展和科学技术的进步，要求学校提供大量的有一定知识并掌握一技之长的工人。为此必须要普及教育，扩大教育规模，提高教育效率与质量。

从历史视角考察，班级授课制的雏形可追溯至 16 世纪的西欧。17 世纪，夸美纽斯总结了捷克兄弟会的学校教育经验和自己的教学实践，提出了班级授课制，并最早在理论上进行了阐述。他在《大教学论》中描绘了“每个学校只应该有一个教师，至少每班只能有一个教师”“一个教师一次应该能教一大批学生”的蓝图。之后，在赫尔巴特、凯洛夫等教育家的推动下，这一理论变成了现实。由于这种教学组织理论适应了资本主义经济发展的客观要求，提高了教学效率，因而逐渐被各国采用，其影响一直延续到现在。我国最早采用班级教学是于 1862 年清政府在北京开办的京师同文馆，用来培养“译员”“通事”。开办之初只设英文馆，招收学生 10 人。1905 年，清政府废除科举，兴办学堂，班级授课的方式在我国学校中开始被广泛采用。至今，它仍然是国内外教学的基本形式。

到了 20 世纪早期至中期，收音机、电视、电影等技术逐步融入教学，并形成电视教学、视听教学、远程教学等多种教学方式。教学资源的呈现方式愈加丰富，教学规模得以不断扩大，但是师生间的交流互动因信息的单向传输依然有限，并未对个性化教育变革产生较大的影响。

2. 规模化教育的特点

与从原始的个别教育走向个性化的农耕教育相比，以班级授课式为基础的规模化教育的主要特点在于：

1）教育目的。培养适应资本主义社会经济发展的各种人才，特别是工业化的应用型人才。

2）教育组织。从个性化教育走向了以班级授课为核心的规模化的现代学校教育。

3）教育内容。除了传统的教育内容外，还增加了工业文明需要的各种新技术、新知识、新能源等教育内容，以满足资本主义生产关系的发展需要，最终形成了系统化、多元化的教育内容体系。

4）教育方式。采用集中的、规模化的班级授课制，取代了以前分散的、个性化的教育方式，使人类教育进入了一个新的阶段。资本主义生产关系推动了适应工业文明的现代学校制度的建立，课程结构与教学内容不断调整，新的教学方法不断涌现，并确立了以教师为中心的教育模式。

5）教学规模。以往的教学规模是小规模的、个性化的教育，人数相对较少。随着工业化的深入推进，学校规模不断扩大，学校分类也越来越细化，形成了包括学前教育、小学教育、初中教育、高中教育、大学教育和职业教育，甚至是研究生教育在内的种类齐全、功能完备的教育体系。适龄儿童基本能够入学，形成了超大规模的学校教育体系。

3. 规模化教育的弊端

班级授课式的教学自诞生之后便存在着与个性化教学的矛盾。教育者试图通过优化教学组织形式去弥合“标准”与“个性”的鸿沟，建立二者之间的平衡。然而，教学组织形式的改变仅仅在实践层面上实现了教学实践样态的重塑，并未扭转教育者基于科学主义对教学的机械理性认识，教学仍被困囿于标准化、同质化、程序化的知识传递范式之中。显然，标准化课堂的标志是课堂目标是统一的，过程、方法甚至手段都按照严格的标准化逻辑进行规范。在保证效率的同时，这种模式与工业社会的政治制度契合，并与经济社会的工业生产所形成的“技术理性”共同作用，形成了“客观”与“机械”的课堂形态。这种形态逐渐给“创新”“自由”等思想戴上了“紧箍咒”，同时也限制了学习者个性释放与身心发展，学习者的“主体性”与“全人发展”需求受限，被学者们广泛批判。

近年来，随着互联网、云计算、大数据、人工智能、物联网等新一代信息技术的飞速发展，教育正在发生革命性的变化——从班级授课式、标准化教育，走向灵活、多样、开放、终身的群体个性化教育。

思考 7-2

请查阅相关资料并思考：规模化教育除上述特点外还具有哪些特点？请列举。

7.3.2 群体个性化教育

教育强调每个学生都应该受到关注，在尊重教育规律和学生身心发展规律的基础上，促进每个学生活泼主动地发展，是教育的主要任务。我国“十四五”规划明确提出建设高质量教育体系，到2035年建成教育强国。高质量的教育体系需要在培养大规模高素质人才的同时，为国家培养拔尖创新人才。这就从教育的包容能力和个性化服务能力整合角度，对教育的高质量发展提出了新的要求：一方面是教育系统要面向更多群体，承担保障教育公平的职责，探索“教育的可能性边缘”，即做好“规模化教育”；另一方面，教育又必须以个体学习者为起点，为学习者提供个性化服务，即实现“群体个性化教育”。

1. 原始个性化培养

教育者应当重视对学生的个性化培养，这与国内外学者早期的一些教育思想论述基本上是一致的。然而，受制于当时的资源和技术条件，这一直是教育界的一种奢望。在我国教育家孔子提出的“因材施教”的思想、苏格拉底的“产婆术”教学方法以及美国教育家约翰·杜威一直强调的“以学习者为中心”的理念中，都得到了体现。因材施教的概念最早由宋代教育学家朱熹提出，因材施教思想可以概括为：根据自己对每位弟子特点和个性的观察了解，实施差异教学，让每位弟子都能达到“仁义礼智信”的君子标准。孔子通过解析“唯上知与下愚不移”等学说，形成了他的因材施教的主张。苏格拉底的“产婆术”本质上是通过引导学习者练习不同情境的思辨，塑造学习者的思维结构。关于个性化学习，杜威曾说过：“我们试图寻求把每一个学生的成就置于教育的中心。”

人类不是一开始就在学校中进行班级教学的。在原始社会时期，教育在生产活动中自发产生，教学无专职教师和固定的场所，以传授生活经验为主，处于一种不知而行的自在状态，口耳相传是主要的教学方式。家庭教育是构建个体灵魂的雏形，父母是孩子最长久的老师，发挥了极其重要的作用。进入农业社会，有组织的教学逐渐产生，但由于早期教学只是在统治阶级或宗族内部小规模进行，学生的年龄、既有知识结构和学习进度参差不齐，教师只能根据不同的学生施以个别教学。春秋战国时期，“学在官府”的局面被打破，私学开始出现，涌现出许多学派，号称“九流十家”，与公学优势互补，共同构筑了中国古代的教育体系。古希腊、古罗马时代的各类学校及欧洲中世纪的教会学校、宫廷教育等，均采用个别教学的形式。

2. 群体个性化教育的内涵

标准化和个性化的优点合二为一，衍生了群体个性化教育，也有一些学者倾向于使用大规模个性化教学或规模化因材施教之类的表述。迈克尔·富兰等指出，大规模个性化教学指的是个性化教学在覆盖群体上的广泛使用，真正实现“在任何一个时刻都将每一个孩子放在中心，根据他们每个人的学习能力和学习动机，提供量体裁衣的教学”。也有学者将大规模个性化教学定义为，在特定的教育机构和组织中，教师以大数据为依托，以信息资源和智能学习资源为工具，以课堂教学为主要渠道，以在线学习和支持服务为辅助，按照学生的个性需求和发展状态开展有目的、有计划、有组织的教学，并通过教与学的相互调适，帮助学习者实现更加充分的发展。

群体个性化教育并不是完全根据每个人的个性需求独立开展教学，而是一种教育供给的模式变化，核心是借助大数据、人工智能和在线教育，以人机协同方式针对参与教育机构组织教学活动的学习者实施其适应的教学，也就是学界讨论的翻转课堂、混合式教学、智慧课堂等形态的结合和升级。在大数据时代，个体数据的系统性获取、学习空间的广泛使用和智能学习支持服务理念的兴起，是个性化教学从针对个体的教学转向针对群体规模化、个性化教学的支撑性条件。群体个性化教育的基础是大数据，逻辑是通过目标差异化、内容定制化、教学过程精准化、学习方式自主化、学习环境泛在化等实现教学场景重建、教学组织重构、教学理念重塑和学习方式变革。大数据在群体个性化教育中扮演支配性角色，作用于全方位的教与学，既是大数据时代在校园内的延伸，也可通过大数据改变教与学方式，为智能时代培养创新能力强、信息素养高、发展方位全的时代新人。

3. 群体个性化教育的积极探索

规模化教育和个性化培养看似是相悖的两种取向，在传统教育形式中“很难找到合理的平衡点”，但以大数据、人工智能等为代表的新一代信息技术有望帮助教与学突破“规模化教育”忽视学习者差异性的壁垒，通过重塑教育服务理念、内容和运行机制，这些技术可以使学习环境更具个性化、学习内容更加丰富，学习手段更加适切。它们为规模化教育和个性化培养提供“技术支撑和基因载体”，为二者有机结合提供可能，从而实现群体个性化教育。

（1）适应性教学

从20世纪60年代至今，技术支持的适应性教学大致经历了从程序教学（programmed instruction，PI）到计算机辅助教学（computer-assisted instruction，CAI），再到智能导师系统（intelligent tutoring system，ITS）的变化。适应性教学通过调整个性化学习内容、设计个性化学习路径、呈现个性化学习界面、提供个性化诊断和建议、给予个性化提示和反馈等途径，支持学生的个性化学习。早期的PI和CAI看似满足了学生自定步调的学习需要，但实际上系统所呈现的内容、路径、界面、建议反馈等都是教育者或技术人员预先设定的，缺乏足够的应变性，系统不具备自学习能力，直接影响个性化学习的规模化推广。近年来，随着人工智能等技术的不断发展和成熟，ITS可以初步模拟优秀人类教师的思维，以动态变化的适应性内容和丰富多样的教学干预措施支持学生的个性化学习。例如，基于学习者学习风格和知识水平的自适应学习系统——KLSAS，能依据学习者的测试表现和偏好动态，定期更新以增强系统的适应性，从而使每位学习者能够动态选择适合自己当前水平的学习内容及其呈现策略。该系统能通过监测面部特征、肢体语言和对话线索，识别学生的认知状态和情感状态，并通过自然语言对话纠正学生的认知偏差、激发学生的学习动机。整体而言，适应性教学正朝着强智能性、易变通和广包容的方向发展，其对群体个性化教育的支撑作用也越来越显著。

（2）大规模在线开放课程

2012年以来，以Coursera、Udacity、edX为代表的MOOC开始出现，为全球学习者提供了丰富的在线学习资源，开启了声势浩大的超大规模线上教育。毫无疑问，慕课的开放性为广大学习者个性化课程选择提供了方便。但是，当前大多数慕课平台仍以简单的静态模式组织教学，其功能往往局限于资源呈现和学习管理，较少考虑教学交互和学习支持，静态课程资源与个性化学习需求之间的矛盾凸显。陈丽等人提出，引入学习分析和大数据技术能够使这些平台逐步具备记录、存储、分析学习者过程性学习数据的功能，进而根据学习者的学习偏好与需求有针对性地推送学习资源，帮助教师为不同学习者提供更加及时、精准和个性化的辅导服务。在大数据、人工智能等技术的加持下，慕课平台将越发关注数据资源的价值挖掘和智能技术的深度应用，实现其从大规模知识传播平台向大规模个性化教育平台的“角色”转变。

（3）数据驱动的精准化教学

群体个性化教育的核心落点一定在“教学”。如果一对多的集体教学模式不改变，因材施教便不可能真正实现。随着大数据技术与教育教学的深度融合，数据驱动的精准教学成为当下信息化教学改革的热点话题，也是群体个性化教育理念落地的最有效途径之一。数据驱动的精准教学旨在以数据为基础，驱动“精准化教”“个性化学”的实现。该教学范式突破了经验模仿教学范式和计算辅助教学范式所固有的局限性，呈现出科学化、精准化、智能化、个性化四大特征。数据驱动的精准教学在继承“因材施教”教育思想的基础上，倡导一种以“精益、高效、和谐”为核心文化特色的极致发展理念。通过大数据精准教学系统的支持，教师能够开展课前的精心教学设计、课中的精细授导、课后的精益辅导，最终实现“轻负高质、兼顾人人”的教学目标。近年来，浙江、江苏、上海等地推进的精准教学改革实验进展明显，取得了积极成效，为全国推广群体个性化教育提供了区域样本和学校样本。

思考 7–3

您认为学习过程中的智能资源推荐是否会形成“信息茧房”？为什么？

7.3.3　技术赋能群体个性化教育的实现路径

以互联网、大数据、人工智能等为代表的新一代信息技术的快速发展，为破解教育规模化与个性化之间的矛盾带来了契机。因材施教正在从小规模化、经验主导型向大规模化、数据驱动型转变。杨现民构建了数据驱动规模化因材施教的逻辑框架（图 7-4），包含过程逻辑、数据逻辑和协同逻辑，并从区域教育发展的角度出发，提出了数据驱动规模化因材施教的三条实践路径。

1. 数据驱动规模化精准识材

数据驱动规模化精准识材的重点在于“识”，即通过“识”来描述“材”的属性、概括“材”的特征。一方面要完善教育数据采集机制，更全面地收集能真实反映学生五育发展水平的数据；另一方面要升级学生画像技术，从众多属性中抽取出核心特征，从而实现学生学业发展状况的精准刻画与评价。

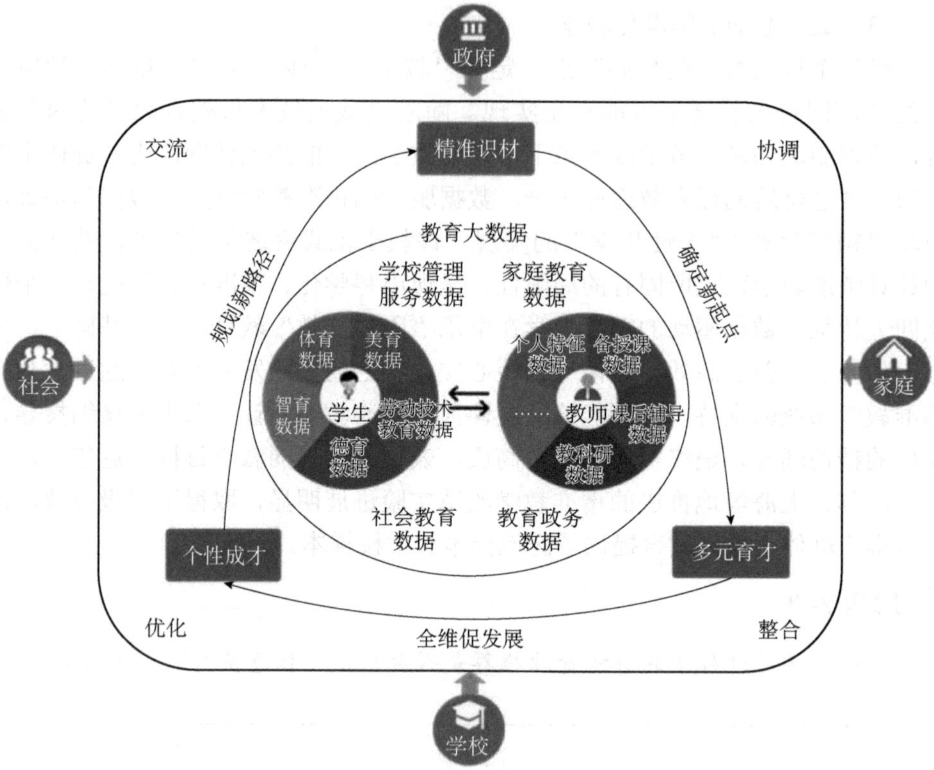

图 7-4　数据驱动规模化因材施教的整体框架

资料来源：杨现民，张瑶. 教育规模化与个性化矛盾何以破解？——数据驱动规模化因材施教的逻辑框架与实践路径[J]. 中国远程教育，2022（8）：42-52+79.

2. 数据驱动规模化多元育才

多元育才不仅体现在育人方式的多元性，还体现在育人方向和育人主体的多元性。当前，推进数据驱动规模化多元育才需要抓好精准教学改革、多方协同育人、个性化资源与服务供给三项关键性工作。

（1）推进数据驱动的精准教学改革

教师通过对教学互动中收集到的数据进行分析，可以深化自己对教学过程和支持方式的理解，反思并优化教学设计和学习环境，以满足学生的不同需求和期望。

（2）打造家校社政育人共同体，探索多方协同育人新模式

数据驱动的规模化因材施教需要充分发挥政府、学校、家庭和社会四方力量，成立家校社政育人共同体，构建信息互通、供需互通、角色互通的大协同育人模式。

（3）推广个性化学习推荐技术，精准供给优质资源与服务

规模化因材施教需要在精准识材的基础上，借助强大的个性化学习推荐技术，为每位学习者智能推送最适合的学习资源与服务，实现从“人找资源”到“资源找人”的转变。从推荐内容来看，主要包括课程、习题、知识点、文献资料等资源，以及学习路径规划与学习伙伴匹配等服务。从推荐算法来看，主要包括基于内容的推荐算法、协同过滤推荐算法、混合推荐算法等。当然，上述推荐算法主要借鉴了电子商务领域的推荐技术，其推荐效果有待提升。近年来，研究者们提出了基于学习风格和认知水平的学习资源推荐模型、基于学习者访问历史数据的学习资源推荐模型、基于课程知识图谱模型的学习资源推荐算法等一系列新的个性化学习推荐方法，提高了学习资源推荐的效率和精准性。

3. 数据驱动规模化个性成才

个性成才关注的是个人的长远发展。在推进规模化因材施教过程中应遵循青少年成长特点和规律，充分发挥互联网、大数据等技术在学生学业生涯规划方面的支撑作用，以培养学生清晰的自我认知和职业定位能力，助力个体未来长远发展。

教学活动建议

本节主要阐述以班级授课式为基础的规模化教育的产生、特点与弊端，分析群体个性化教育的内涵和积极探索，着重对技术赋能群体个性化教育的实现路径进行分析。建议教师在讲解时尽可能多地提供实际例子和实践案例，并鼓励学生分享案例。通过师生共同对案例的分析，帮助学生更深入地掌握本节知识。在这一节中，建议教师可组织如下活动：

1）分小组组织学生整理因材施教、以学习者为中心等更多相关教育思想，了解并完善群体个性化教育的理论基础，并按一定的理论逻辑顺序汇报展示。

2）组织学生阅读本节内容并对技术赋能群体个性化教育的路径进行讨论，鼓励每个学生对数据驱动规模化精准识材、育才和成才形成自己的认识，并用自己的语言进行表述。

学习活动建议

学生要理解群体个性化教育的内涵，掌握技术赋能群体个性化教育的实现

路径。建议学生开展的学习活动有：

1）阅读教材和推荐阅读文献等，分析实际例子和实践案例以加深理解；

2）与同学、教师以线上或线下的方式进行讨论，以建构自己的知识和理解。

学习评价

（一）学习经历评价

1. 你是否阅读了教材第七章的所有内容？

建议：如果答案为“否”，请暂停自我评价，阅读未读过的部分。

2. 你能否理解第七章中所有内容？

建议：如果答案为“否”，请首先列举不理解的内容，然后可以尝试利用以下方法解决遇到的问题。

- 利用图书馆和网络资源，查找相关文献。
- 与同学进行讨论。
- 向教师提问，争取教师的帮助。
- 将问题发布在线上讨论区，争取更多人的帮助。

（二）自测题

1. 智力教育资源共享的特征：__________、__________、__________、__________。

2. 技术支持的学校变革历程：__________、__________、__________、__________。

3. 未来学校的特征包括：__________、__________、__________。

4. 技术赋能群体个性化教育的三条实现路径是：__________、__________、__________。

5. 请你谈谈：从数字教育资源贡献到智力教育资源共享的过程中，技术发挥的作用。

6. 请概述未来学校的内涵。

7. 请谈谈你对群体个性化教育的看法。

8. 通过本章学习，对你有何启示?

推荐阅读文献

[1] 李奕，赵兴龙. 教师队伍建设的新动能——北京市教师走网带来的启示[J]. 教育研究，2019，40（1）：153-159.

[2] 张治. 走进学校 3.0 时代[M]. 上海：上海教育出版社，2018.

[3] 余胜泉，刘恩睿. 智慧教育转型与变革[J]. 电化教育研究，2022，43（1）：16-23+62.

[4] 杨现民，张瑶. 教育规模化与个性化矛盾何以破解？——数据驱动规模化因材施教的逻辑框架与实践路径[J]. 中国远程教育，2022（8）：42-52+79.

[5] 徐献军.人工智能的极限与未来[J]. 自然辩证法通讯，2018，40(1)：27-32.

参考文献

（一）著作

[1] 巴巴拉·西尔斯，丽塔·里齐. 教学技术：领域的定义和范畴[M]. 乌美娜，刘雍潜，等译. 北京：中央广播电视大学出版社，1999.

[2] 巴班斯基. 教学教育过程最优化[M]. 吴文侃译. 北京：教育科学出版社，1986.

[3] 陈昌曙. 技术哲学引论[M]. 北京：科学出版社，1999.

[4] 辞海[M]. 上海：上海辞书出版社，1980.

[5] 弗塞尔. 弗塞尔大百科词典[M]. 北京：中国大百科全书出版社，1986.

[6] 顾明远. 教育大辞典（增订合编本）[M]. 上海：上海教育出版社，1998.

[7] 顾明远. 教育大辞典（第7卷）[M]. 上海：上海教育出版社，1999.

[8] 哈贝马斯. 作为“意识形态”的技术与科学[M]. 李黎，郭官义译. 上海：学林出版社，1999.

[9] 海德格尔. 海德格尔选集[M]. 孙周兴选编. 上海：上海三联书店，1996.

[10] 韩锡斌. 混合教学研究与实践[M]. 北京：清华大学出版社，2022.

[11] 何克抗. 信息技术与课程深层次整合理论[M]. 北京：北京师范大学出版社，2008.

[12] 何克抗，李文光. 教育技术学（第2版）[M]. 北京：北京师范大学出版社，2009.

[13] 黄荣怀，庄榕霞，王运武，等. 教育技术学导论[M]. 北京：高等教育出版社，2022.

[14] 霍华德·加德纳. 多元智能[M]. 沈致隆译. 北京：新华出版社，1999.

[15] 贾纳斯泽乌斯基，莫伦达. 教育技术：定义与评析[M]. 程东元，王小雪，刘雍潜，等译. 北京：北京大学出版社，2010.

[16] 姜振寰. 技术哲学概论[M]. 北京：人民出版社，2009.

[17] 杰里米·里夫金. 熵：一种新的世界观[M]. 吕明，袁舟译. 上海：上海译文出版社，1987.

[18] 卡尔·雅斯贝斯. 时代的精神状况[M]. 王德峰译. 上海：上海译文出版社，2008.

[19] 库德里亚夫采夫，康费杰拉托夫. 物理学史与技术史[M]. 梁士元，等译. 哈尔滨：黑

龙江教育出版社：1985.
[20] 拉尔夫·泰勒. 课程与教学的基本原理（英汉对照版）[M]. 罗康，张阅译. 北京：中国轻工业出版社，2014.
[21] 拉普. 技术哲学导论[M]. 刘武，等译. 沈阳：辽宁科学技术出版社，1986.
[22] 李葆萍，杨博. 未来学校学习空间[M]. 北京：电子工业出版社，2022.
[23] 李康. 教育技术学概论——基本理论的探索[M]. 广州：广东教育出版社，2005.
[24] 李芒，金林，郭俊杰. 教育技术学导论（第 2 版）[M]. 北京：北京大学出版社，2013.
[25] 李铭，韩锡斌，程建钢. 混合教学改革手册[M]. 北京：清华大学出版社，2023.
[26] 李曙华. 从系统论到混沌学：信息时代的科学精神与科学教育[M]. 桂林：广西师范大学出版社，2002.
[27] 李运林，徐福荫. 教学媒体的理论与实践[M]. 北京：北京师范大学出版社，2003.
[28] 林德宏. 科技哲学十五讲[M]. 北京：北京大学出版社，2004.
[29] 刘大椿，岩佐茂. 环境思想研究：基于中日传统与现实的回应[M]. 北京：中国人民大学出版社，1998.
[30] 刘荣青. 课堂的革命：习本课堂的研究与实践[M]. 南昌：江西教育出版社，2018.
[31] 马克斯·韦伯. 经济与社会[M]. 林荣远译. 北京：商务印书馆，1997.
[32] 中共中央马克思恩格斯列宁斯大林著作编译局. 马克思恩格斯选集（第 2 卷）[M]. 北京：人民出版社，1995.
[33] 中共中央马克思恩格斯列宁斯大林著作编译局. 马克思恩格斯全集（第 23 卷）[M]. 北京：人民出版社，1972.
[34] 中共中央马克思恩格斯列宁斯大林著作编译局. 马克思恩格斯全集（第 46 卷上）[M]. 北京：人民出版社，1979.
[35] 中共中央马克思恩格斯列宁斯大林著作编译局. 马克思恩格斯全集（第 42 卷）[M]. 北京：人民出版社，1980.
[36] 马宪春. 学习技术系统设计[M]. 长春：吉林人民出版社，2005.
[37] 迈克尔·富兰，彼得·希尔，卡梅尔·克瑞沃拉. 突破[M]. 孙静萍，刘继安译. 北京：教育科学出版社，2009.
[38] 美国不列颠百科全书公司. 简明不列颠百科全书（中文版）[M]. 中国大百科全书出版社编译. 北京：中国大百科全书出版社，1985.
[39] 南国农. 电化教育学[M]. 北京：高等教育出版社，1985.
[40] 南国农，李运林. 电化教育学（第 2 版）[M]. 北京：高等教育出版社，1998.
[41] 南国农. 教育现代化的必由之路——南国农电化教育论文集[M]. 北京：高等教育出版社，2000.
[42] 南国农. 信息化教育概论[M]. 北京：高等教育出版社，2004.

[43] 南国农，李运林. 教育传播学（第 2 版）[M]. 北京：高等教育出版社，2005.
[44] 南国农. 教育技术学科建设：中国道路[M]. 北京：北京师范大学出版社，2010.
[45] 南国农. 信息化教育概论（第 2 版）[M]. 北京：高等教育出版社，2011.
[46] 南国农. 中国电化教育（教育技术）史[M]. 北京：人民教育出版社，2013.
[47] 普罗霍罗夫. 苏联百科词典[M]. 赵洵，等译. 北京：中国大百科全书出版社，1986.
[48] 钱时惕. 科技革命的历史、现状与未来[M]. 广州：广东教育出版社，2007.
[49] 全林. 科技史简论[M]. 北京：科学出版社，2002.
[50] 让-伊夫・戈菲. 技术哲学[M]. 董茂永译. 北京：商务印书馆，2000.
[51] 桑新民. 呼唤新世纪的教育哲学——人类自身生产探秘[M]. 北京：教育科学出版社，1993.
[52] 孙培青，杜成宪. 中国教育史（第 3 版）[M]. 上海：华东师范大学出版社，2009.
[53] 王飞. 德韶尔的技术王国思想[M]. 北京：人民出版社，2007.
[54] 王毓珣，等. 教育学视角下的未来学校[M]. 上海：华东师范大学出版社，2020.
[55] 武谷三男. 武谷三男著作集（第 1 卷）[M].东京：劲草书房，1983.
[56] 吴国盛. 技术哲学经典读本[M]. 上海：上海交通大学出版社，2008.
[57] 肖峰. 哲学视域中的技术[M]. 北京：人民出版社，2007.
[58] 肖峰. 人文语境中的技术——从技术哲学走向当代技术人学[M]. 北京：中国社会科学出版社，2011.
[59] 萧树滋. 电化教育概论[M]. 北京：北京师范大学出版社，1988.
[60] 许红梅，马玉霞，周春玲. 教育学[M]. 哈尔滨：哈尔滨工程大学出版社，2010.
[61] 许良. 技术哲学[M]. 上海：复旦大学出版社，2005.
[62] 颜士刚. 教育技术哲学[M]. 北京：中国社会科学出版社，2015.
[63] 尹俊华，庄榕霞，戴正南. 教育技术学导论（第 3 版）[M]. 北京：高等教育出版社，2011.
[64] 章伟民，曹揆申. 教育技术学[M]. 北京：人民教育出版社，2000.
[65] 张治. 走进学校 3. 0 时代[M]. 上海：上海教育出版社，2018.
[66] 中村静治. 现代日本技术与技术论[M]. 东京：青木书店，1976.
[67] 中村静治. 技术论论争史[M]. 东京：青木书店，1975.
[68] 朱永新. 未来学校：重新定义教育[M]. 北京：中信出版社，2019.
[69] 祝智庭，顾小清，闫寒冰. 现代教育技术——走进信息化教育（修订版）[M]. 北京：高等教育出版社，2011.

（二）中文期刊

[1] 阿伦娜. 中国电化教育（教育技术）年表（一）[J]. 电化教育研究，2006（11）：78-80.

[2] 阿伦娜. 中国电化教育（教育技术）年表（二）[J]. 电化教育研究，2006（12）：63-70.
[3] 阿伦娜，李建宇. 电化教育与现代教育技术[J]. 内蒙古师范大学学报（教育科学版），2001（6）：85-87.
[4] 白蕴琦，冯晓英，陈丽. “互联网+”时代教育服务供给模式改革的趋势和策略[J]. 终身教育研究，2021，32（2）：13-19.
[5] 毕家娟，杨现民. 联通主义视角下的个人学习空间构建[J]. 中国电化教育，2014（8）：48-54.
[6] 蔡锦贤. 数字教育资源在智慧校园建设中存在的问题与策略[J]. 广州广播电视大学学报，2019，19（6）：12-15+107.
[7] 曹培杰. 未来学校的兴起、挑战及发展趋势——基于“互联网+”教育的学校结构性变革[J]. 中国电化教育，2017（7）：9-13.
[8] 陈宏. 信息技术教育[J]. 中小企业管理与科技，2009（34）：208.
[9] 陈丽. “互联网+教育”的创新本质与变革趋势[J]. 远程教育杂志，2016，34（4）：3-8.
[10] 陈丽，李波，郭玉娟，等. “互联网+”时代我国基础教育信息化的新趋势和新方向[J]. 电化教育研究，2017，38（5）：5-12+27.
[11] 陈丽，唐雪萍. 我国省域推动“互联网+教育”创新的政策导向研究——基于对各省相关政策的文本分析[J]. 电化教育研究，2023，44（4）：5-16+25.
[12] 陈琳，陈耀华，毛文秀，等. 教育信息化何以引领教育现代化？——中国教育信息化25年回眸与展望[J]. 远程教育杂志，2020，38（4）：56-63.
[13] 陈向东，吴平颐，张田力. 学习空间开发的PSST框架[J]. 现代教育技术，2010（5）：19-22.
[14] 程莉莉. 教育数字化转型的内涵特征、基本原理和政策要素[J]. 电化教育研究，2023，44（4）：53-56+71.
[15] 冯大鸣. 21世纪先锋学校的创新及预示——对美国费城“未来学校”的考察与评析[J]. 全球教育展望，2007（6）：67-71.
[16] 冯晓英，王瑞雪，吴怡君. 国内外混合式教学研究现状述评——基于混合式教学的分析框架[J]. 远程教育杂志，2018，36（3）：13-24.
[17] 傅宇凡. 上海：中国在线教育“探路者”[J]. 中国教育网络，2013（1）：3.
[18] 高燕. 新加坡“未来学校”的发展及启示[J]. 外国教育研究，2013，40（1）：61-65.
[19] 顾泠沅. 青浦县改革数学教学实验简介[J]. 江苏教育，1986（2）：24-26.
[20] 顾明远. 试论教育现代化的基本特征[J]. 教育研究，2012，33（9）：4-10+26.
[21] 郭炯，黄彬，郑晓俊. 《网络学习空间建设与应用指南》解读[J]. 电化教育研究，2018，39（8）：34-38.
[22] 何克抗. 信息技术与课程深层次整合的理论与方法[J]. 电化教育研究，2005（1）：7-

15.

[23] 胡永斌，黄如民，刘东英. 网络学习空间的分类：框架与启示[J]. 中国电化教育，2016（4）：37-42.

[24] 胡正荣，李涵舒. 颠覆与重构：AIGC 的效用危机与媒介生态格局转化[J]. 新闻与写作，2023（8）：48-55.

[25] 华东师范大学新闻中心网站. C20 慕课联盟（地市教育局）在华东师大成立[J]. 中小学信息技术教育，2014（10）：6.

[26] 黄宏伟. 整合概念及其哲学意蕴[J]. 学术月刊，1995（9）：12-17.

[27] 黄明东，蔺全丽，刘婷，等. 在线群体学习制：教育 4. 0 时代大学班级授课制的“废”与“立”[J]. 现代教育管理，2022（7）：95-103.

[28] 黄荣怀，陈庚，张进宝，等. 论信息化学习方式及其数字资源形态[J]. 现代远程教育研究，2010（6）：68-73.

[29] 姜振寰. 技术、技术思想与技术观概念浅析[J]. 哈尔滨工业大学学报（社会科学版），2002，4（4）：4-7.

[30] 景玉慧，沈书生. 理解学习空间：概念内涵、本质属性与结构要素[J]. 电化教育研究，2021（4）：5-11.

[31] 柯清超，王朋利，张洁琪. 数字教育资源的供给模式、分类框架及发展对策[J]. 电化教育研究，2018，39（3）：68-74+81.

[32] 李海峰，王炜，吴曦. AECT2017 定义与评析——兼论 AECT 教育技术定义的历史演进[J]. 电化教育研究，2018，39（8）：21-26.

[33] 李海峰，王炜. 元宇宙+教育：未来虚实融生的教育发展新样态[J]. 现代远距离教育，2022（1）：47-56.

[34] 李红美，许玮，张剑平. 虚实融合环境下的学习活动及其设计[J]. 中国电化教育，2013（1）：23-29.

[35] 李建珍. 教育传播理论在信息化自主学习中的运用[J]. 电化教育研究，2006（7）：30-33+36.

[36] 李静，刘蕾. 技术赋能的高等教育规模化教育与个性化培养：逻辑必然与实践机理[J]. 中国电化教育，2021（8）：55-62.

[37] 李克东. 知识经济与现代教育技术的发展[J]. 电化教育研究，1999（1）：11-16.

[38] 李龙. 教育技术学科的定义体系——一论教育技术学科的理论与实践[J]. 电化教育研究，2003（9）：3-8.

[39] 李龙，谢云. 我国电化教育诞生的标志性事件考证[J]. 电化教育研究，2012，33（10）：17-22.

[40] 李芒. 关于教育技术的哲学思考——从技术哲学的角度论教育技术的内涵[J]. 天津电

大学报，1997（2）：12-16+21.
[41] 李芒. 关于教育技术的哲学思考[J]. 教育研究，1998（7）：69-72.
[42] 李芒. 论教育技术是“主体技术”[J]. 电化教育研究，2007（11）：5-9.
[43] 李芒，张华阳，葛楠. 教育数字化转型的要义与进路[J]. 中国电化教育，2023（8）：1-6.
[44] 李昕，荆永君，王鹏. 智能授导系统中的教学策略研究[J]. 中国电化教育，2012（10）：126-130.
[45] 李奕，赵兴龙. 教师队伍建设的新动能——北京市教师走网带来的启示[J]. 教育研究，2019，40（1）：153-159.
[46] 李莹，李亚婉. 中文开放教育资源登陆 iTunes U——来自北京广播电视大学的案例[J]. 北京广播电视大学学报，2013（1）：21-24.
[47] 李玉斌，王月瑶，马金钟，等. 教师网络学习空间评价指标体系研究[J]. 电化教育研究，2015（6）：100-106.
[48] 李云春，邓国民. 开放教育资源运动的回顾与展望[J]. 团结，2019（6）：24-27.
[49] 林辰. 试论教育传播过程的一般规律[J]. 电化教育究，1994（4）：1-5.
[50] 林克诚，章伟民. 电化教育与教育技术[J]. 外语电化教学，1982（2）：13-16.
[51] 林丽霞. 从系统论的角度看协作学习的系统特性[J]. 网络科技时代，2007（7）：97-99.
[52] 刘斌，张文兰，江毓君. 在线课程学习体验：内涵、发展及影响因素[J]. 中国电化教育，2016（10）：90-96.
[53] 刘革平，农李巧. 从“泛智”论到泛在学习进阶智慧学习：论“泛”教育思想的内在关联和价值意蕴[J]. 电化教育研究，2020，41（6）：27-32+67.
[54] 刘爽. SAMR 模型的研究热点及其进展[J]. 吉林工程技术师范学院学报，2018，34（11）：91-93+96.
[55] 刘万年，冯晓晴. 教育信息化与信息化教育[J]. 电化教育研究，2003（10）：6-10.
[56] 刘小晶，钟琦，张剑平. 翻转课堂模式在“数据结构”课程教学中的应用研究[J]. 中国电化教育，2014（8）：105-110.
[57] 刘永权，刘海德. 开放大学未来学习中心的架构——基于 PST 框架的智慧学习环境设计[J]. 中国远程教育，2014（3）：47-51+96.
[58] 陆灵明. 智慧教育研究现状、内涵及其特征分析[J]. 上海教育科研，2020（2）：19-24.
[59] 罗生全，王素月. 未来学校的内涵、表现形态及其建设机制[J]. 中国电化教育，2020（1）：40-45+55.
[60] 穆肃，庄慧娟，胡丽丹，等. 创新时代未来学校的建设：内涵特征与实践方式[J]. 现代远距离教育，2022（4）：13-22.
[61] 彭绍东. AIGC 时代基于双向赋能的人工智能教育创新框架[J]. 教育文化论坛，2023，

15（4）：12-26.

[62] 秦丹，张立新. 问题与优化：课堂精准教学实践的现实审视与反思[J]. 电化教育研究，2019，40（11）：63-69+77.

[63] 荣荣，杨现民，陈耀华，等. 教育管理信息化新发展：走向智慧管理[J]. 中国电化教育，2014（3）：30-37.

[64] 沈建. 体验性：学生主体参与的一个重要维度[J]. 中国教育学刊，2001（2）：42-44.

[65] 沈竟成. 国外教育技术发展的若干动态[J]. 电化教育研究，1988（1）：11-13.

[66] 沈书生. 学习空间：学习发生的中介物[J]. 电化教育研究，2020（8）：19-25+42.

[67] 世界慕课与在线教育联盟秘书处. 各国谋划和实施高等教育数字化战略——《无限的可能：世界高等教育数字化发展报告》节选二[J]. 中国教育信息化，2023，29（1）：9-23.

[68] 孙元涛. “未来学校”研究的共识、分歧与潜在风险[J]. 南京师大学报（社会科学版），2022（5）：5-14.

[69] 万力勇，杜静，熊若欣. 人机共创：基于 AIGC 的数字化教育资源开发新范式[J]. 现代远程教育研究，2023，35（5）：12-21.

[70] 王伯鲁. 技术起源问题探幽[J]. 北京理工大学学报（社会科学版），2000（3）：44-47.

[71] 王冬梅. 新加坡“未来学校”的实践探索及其对我国的启示[J]. 外国教育研究，2012，39（4）：38-45.

[72] 汪基德. 中国教育技术学科几个问题的探讨[J]. 教育研究，2006（7）：56-61.

[73] 王军. 项目研究引领“未来学校”建设[J]. 中小学信息技术教育，2017（5）：12-15.

[74] 王美，任友群. 对中国教育技术学科发展的再思考：方法、实践与理论[J]. 中国电化教育，2011（4）：1-7.

[75] 王琼. 基于联通主义的高校新教师 TPACK 发展研究——以邵阳学院为例[J]. 高等继续教育学报，2019，32（6）：50-56.

[76] 王文君. 教育传播涵义及教育传播学研究范畴分析[J]. 电化教育研究，2006（8）：11-13+5.

[77] 王永固，许家奇，丁继红. 教育 4. 0 全球框架：未来学校教育与模式转变——世界经济论坛《未来学校：为第四次工业革命定义新的教育模式》之报告解读[J]. 远程教育杂志，2020，38（3）：3-14.

[78] 王志军，陈丽. 联通主义学习理论及其最新进展[J]. 开放教育研究，2014，20（5）：11-28.

[79] 吴斓，陈丽. 基于扎根理论的 cMOOC 学习者学习过程的研究[J]. 中国远程教育，2019，40（12）：1-11+92.

[80] 吴南中. 混合学习空间：内涵、效用表征与形成机制[J]. 电化教育研究，2017，38

(1)：21-27.

[81] 吴南中，夏海鹰，黄娥. 课堂形态演进：迈向大数据支持的大规模个性化教学[J]. 电化教育研究，2020，41（9）：81-87+114.

[82] 吴南中，邢西深. 大数据支持大规模个性化教学的发生逻辑[J]. 终身教育研究，2021，32（2）：20-28+39.

[83] 吴鹏泽，杨琳. 在线教育价值何在——基于价值共创理论的在线教育知识传播模式[J]. 中国电化教育，2022（12）：61-67.

[84] 吴岩. 深入实施教育数字化战略行动　以教育数字化支撑引领中国教育现代化[J]. 中国高等教育，2023（2）：5-10.

[85] 熊泉，宫丽颖. ICT 在新加坡数字教育中的运用[J]. 出版参考，2016（3）：29-31.

[86] 许亚锋，张际平. 面向体验学习的未来课堂设计——基于改进的 PST 框架[J]. 中国电化教育，2013（4）：13-19.

[87] 颜士刚. 信息技术影响教育发展的历史、原因及趋向[J]. 电化教育研究，2009（12）：10-15.

[88] 颜士刚. 论技术 · 教育与人的发展——兼论教育领域的技术观[J]. 现代远程教育研究，2014（1）：20-26+32.

[89] 杨开城，王斌. 从技术的本质看教育技术的本质[J]. 中国电化教育，2007（9）：1-4.

[90] 杨现民，张瑶. 教育规模化与个性化矛盾何以破解？——数据驱动规模化因材施教的逻辑框架与实践路径[J]. 中国远程教育，2022（8）：42-52+79.

[91] 杨现民，赵鑫硕，刘雅馨，等. 网络学习空间的发展：内涵、阶段与建议[J]. 中国电化教育，2016（4）：30-36.

[92] 杨宗凯，王俊，吴砥，等. ChatGPT/生成式人工智能对教育的影响探析及应对策略[J]. 华东师范大学学报（教育科学版），2023，41（7）：26-35.

[93] 余胜泉，刘恩睿. 智慧教育转型与变革[J]. 电化教育研究，2022，43（1）：16-23+62.

[94] 俞树煜. 从辅助到创新：教育中技术作用的再认识[J]. 电化教育研究，2021，42（12）：21-28+35.

[95] 袁磊，徐济远，苏瑞. AIGC 催生学习型社会新格局：应然样态、实然困境与创新范式[J]. 现代远距离教育，2023（3）：12-19.

[96] 张军. 构建中国特色智慧教育体系的思考与实践[J]. 中国高等教育，2022（Z2）：9-12.

[97] 张湘洛. 人类教育的三次跨越[J]. 学术交流，2008（7）：175-178.

[98] 张治，李永智. 迈进学校 3.0 时代——未来学校进化的趋势及动力探析[J]. 开放教育研究，2017，23（4）：40-49.

[99] 赵河. 联通主义学习理论视域下教师信息化能力提升策略探析[J]. 河南教育：教师教育（下），2019（6）：16-18.

[100] 赵艳，肖曼，张晓林，等. 开放教育资源的可持续发展：现状、问题与挑战[J]. 图书馆论坛，2019，39（3）：42-50.

[101] 郑永和，周丹华，熊建辉，等. 中国共产党领导下我国教育技术百年历程[J]. 中国远程教育，2022（3）：1-9+76.

[102] 周洪宇，鲍成中. 扑面而来的第三次教育革命[J]. 辽宁教育，2014（16）：10-12.

[103] 周平. 基于现代教育技术的翻转课堂及其理论基础溯源[J]. 外语电化教学，2015（2）：72-77.

[104] 祝智庭. 世界各国的教育信息化进程[J]. 外国教育资料，1999（2）：79-80.

[105] 祝智庭，管珏琪. “网络学习空间人人通”建设框架[J]. 中国电化教育，2013（10）：1-7.

[106] 祝智庭，管珏琪，丁振月. 未来学校已来：国际基础教育创新变革透视[J]. 中国教育学刊，2018（9）：57-67.

[107] 祝智庭，贺斌. 智慧教育：教育信息化的新境界[J]. 电化教育研究，2012，33（12）：5-13.

[108] 祝智庭，胡姣. 教育数字化转型的实践逻辑与发展机遇[J]. 电化教育研究，2022，43（1）：5-15.

[109] 祝智庭，郑浩，谢丽君，等. 新基建赋能教育数字转型的需求分析与行动建议[J]. 开放教育研究，2022，28（2）：22-33.

（三）学位论文

[1] 李弘. 欠发达地区基础教育师资需求变化与教师教育改革研究[D]. 南昌：江西师范大学，2006.

[2] 刘兴红. 教育技术观念的变迁和发展——关于教育技术的哲学基础的探讨[D]. 武汉：华中师范大学，2001.

[3] 申昌安. 运用语义网络促进学习者高阶思维能力发展的研究[D]. 南昌：江西师范大学，2010.

[4] 徐爱萍. 智力资本的三维协同机理与绩效评价研究[D]. 武汉：武汉理工大学，2009.

[5] 杨丹妮. “未来学校”理念及本土化实践研究[D]. 上海：华东师范大学，2022.

[6] 马丽英. 未来学校：兴起、探索及构建路径[D]. 武汉：华中师范大学，2020.

（四）报纸

[1] 陈宗周. 终身学习时代来临[N]. 电脑报，2017-04-10（007）.

[2] 丁雅诵. 国家中小学智慧教育平台累计浏览量超 7 亿[N]. 人民日报，2022-04-03（001）.

[3] 阳锡叶，张圣华，李伦娥，等. 湖南：省级统筹让教育信息化发展搭上“动车”[N]. 中国教育报，2022-10-18（01）.

[4] 张怀水. 我国已建成世界最大规模高等教育、职业教育体系[N]. 每日经济新闻，2022-10-13（003）.

（五）网络资源

[1] 光明网. 上海交大成为 Coursera 全球百家合作伙伴[EB/OL]. [2013-10-25]. https://epaper.gmw.cn/gmrb/html/2013-10/25/nw.D110000gmrb_20131025_4-06.htm.

[2] 光明网. 在线开放课有助于解决教育资源分配难题[EB/OL]. [2018-01-16]. https://m.gmw.cn/toutiao/2018-01/16/content_120341900.htm.

[3] 国家互联网信息办公室. 数字中国发展报告（2020 年）[R/OL]. [2021-04-25]. http://www.cac.gov.cn/2021-06/28/c_1626464503226700.htm.

[4] 国务院. “十四五”数字经济发展规划[Z/OL]. 2021-12-12. [2023-12-30]. https://www.gov.cn/zhengce/content/2022-01/12/content_5667817.htm.

[5] 教育部. 高等学校数字校园建设规范（试行）[Z/OL]. 2021-03-12. [2023-12-30]. http://www.moe.gov.cn/srcsite/A16/s3342/202103/W020210322388403183703.doc.

[6] 人民网. 增加师生互动 学堂在线推出智慧教学工具“雨课堂”[EB/OL]. [2016-06-17]. http://tc.people.com.cn/n1/2016/0617/c183008-28453329.html.

[7] 中共中央，国务院. 中国教育现代化 2035[Z/OL]. 2019-02-23. [2023-12-30]. https://hxzyrz.hnnu.edu.cn/_upload/article/files/4e/63/7371e200476784ecb791bb19dd54/098b7518-30b8-4983-83b4-8b4ffc1c933e.pdf.

[8] 中国教育新闻网. 东西部高校课程共享联盟的探索与实践[EB/OL]. [2021-12-27]. https://baijiahao.baidu.com/s?id=1720267304495441270&wfr=spider&for=pc.

[9] 中华人民共和国教育部. 2014 年教育大事记[EB/OL]. [2015-02-26]. http://www.moe.gov.cn/jyb_xwfb/gzdt_gzdt/s5987/201502/t20150226_185926.html.

[10] 中华人民共和国教育部. 教育部办公厅关于开展 2014 年度“一师一优课、一课一名师”活动的通知[Z/OL]. 2014-07-01. [2023-12-30]. http://www.moe.gov.cn/srcsite/A06/jcys_jyzb/201407/t20140703_171300.html.

[11] 中华人民共和国教育部. 教育部关于全面启动实施“教学点数字教育资源全覆盖”项目的通知[Z/OL]. 2012-11-19. [2023-12-30]. http://www.moe.gov.cn/srcsite/A16/s3342/201211/t20121119_144800.html.

[12] 中华人民共和国教育部. 教育部关于实施全国中小学教师信息技术应用能力提升工程的意见[Z/OL]. 2013-10-25. [2023-12-30]. http://www.moe.gov.cn/srcsite/A10/s7034/201310/t20131028_159042.html.